Wirkungsorientiertes Controlling im politisch-administrativen System

Beiträge zum Controlling

Herausgegeben von Wolfgang Berens

Band 12

PETER LANG

Frankfurt am Main · Berlin · Bern · Bruxelles · New York · Oxford · Wien

Andreas Röhrig

Wirkungsorientiertes Controlling im politisch-administrativen System

Unter besonderer Berücksichtigung
der Gestaltungsmöglichkeiten
von öffentlichen Verwaltungen

PETER LANG
Internationaler Verlag der Wissenschaften

Bibliografische Information der Deutschen Nationalbibliothek
Die Deutsche Nationalbibliothek verzeichnet diese Publikation
in der Deutschen Nationalbibliografie; detaillierte bibliografische
Daten sind im Internet über <http://www.d-nb.de> abrufbar.

Zugl.: Münster, Univ., Diss., 2006

Logo auf dem Umschlag:
Logo des Lehrstuhls für Betriebswirtschaftslehre,
insb. Controlling der
Westfälischen Wilhelms-Universität Münster.

D 6
ISSN 1618-825X
ISBN 978-3-631-56068-6

© Peter Lang GmbH
Internationaler Verlag der Wissenschaften
Frankfurt am Main 2008
Alle Rechte vorbehalten.

Printed in Germany 1 2 3 4 5 7

www.peterlang.de

Geleitwort

In den vergangenen Jahren hat sich die öffentliche Verwaltung in Deutschland verändert. Insbesondere haben viele Kommunalverwaltungen alte bürokratische Systeme der Verwaltungsführung durch moderne managementorientierte Steuerungssysteme ersetzt. Die Reformen konzentrieren sich auf einen optimalen Ressourceneinsatz mit dem Ziel, die vielfältigen Leistungen der Verwaltung so effizient wie möglich zu erstellen. In der aktuellen Forschungsdebatte wird demgegenüber deutlich, dass nicht die Erstellung von Leistungen, sondern das Erzielen von Wirkungen in der Gesellschaft zunehmend in den Fokus der Betrachtung rückt. Bereits ein Blick über die nationalen Grenzen hinaus zeigt, dass sich einige internationale Vorreiter in der Verwaltungsmodernisierung zunehmend auch mit den Wirkungen der Verwaltungsleistungen beschäftigen. Um diesen Wandel auch in Deutschland zu vollziehen, bedarf es der Entwicklung angepasster Instrumente sowie der Schaffung eines integrierten Bezugsrahmens für das Controlling im politisch-administrativen System.

Herr RÖHRIG entwickelt in seiner Arbeit einen Controlling-Bezugsrahmen, über welchen es gelingen kann, für das Management öffentlicher Verwaltungen nicht nur Kosten- und Prozessaspekte abzubilden, sondern auch die eigentlichen gesellschaftlichen Wirkungen von Gesetzen und deren Vollzug zu beschreiben und zu steuern. Durch ein modernes und nachhaltiges *wirkungsorientiertes Controlling* im politisch-administrativen System kann idealerweise das Ziel erreicht werden, die Steuerungskreise des politischen und des administrativen Systems ineinander zu überführen. Damit leistet die Umsetzung dieses wirkungsorientierten Ansatzes einen Beitrag dazu, das Zusammenspiel von Verwaltung und Politik im Sinne des Bürgers zu verbessern.

Dieser theoretische interdisziplinäre Ansatz kann dazu beitragen eine bestehende konzeptionelle Lücke in der aktuellen Forschungsdebatte zu schließen. Gleichzeitig kann das gegenseitige Verständnis unterschiedlicher Teildisziplinen aus der betriebs-, volks-, verwaltungs- und politikwissenschaftlichen Forschung gestärkt werden, indem das wirkungsorientierte Controlling an der Schnittstelle dieser vier genannten Disziplinen für das politisch-administrative System verankert wird.

An einem konkreten Praxisbeispiel wird gezeigt, wie über eine Strukturierung der angestrebten Ziele und Wirkungen einerseits und des Prozesses der Produkterstellung andererseits eine geschlossene und ausgewogene Darstellung des Verwaltungshandelns gelingen kann. Eine sachgerechte Kommunikation der Verwaltungsbeiträge zum Gemeinwohl fördert die Akzeptanz von Steuern und Abgaben sowie die Kooperationsbereitschaft mit staatlichen Einrichtungen. Die Verwaltungsführung kann durch den Einsatz eines wirkungsorientierten Controllings die Lücke zwischen strategischem Verwaltungsmanagement und den Ansprüchen ökonomisch rationaler Politik ein Stück weit schließen und sich damit als kompetenter Gesprächspartner erweisen.

Herrn RÖHRIG kommt der Verdienst zu, sich einer in der theoretischen Auseinandersetzung mit dem Controlling in den öffentlichen Verwaltungen bisher vernachlässigten Themenstellung angenommen zu haben. In diesem Zusammenhang gelingt Herrn RÖHRIG eine verständliche verdichtende Darstellungs- und Integrationsform, welche für weitergehende Arbeiten eine systematische Grundlage darstellt. Weiterhin ist der innovative Charakter der vorliegenden Ausarbeitung zu unterstreichen. Dies zeigt sich insbesondere darin, dass er in Abweichung zu der bisher vornehmlich auf den Bereich der öffentlichen Verwaltung orientierten Sichtweise die politische Rationalität in die Betrachtungsweise einbezieht und damit eine stringente und durchgehende Verbindung in einem Gesamtsystem, im Sinne der Führungsunterstützung des Controllings, in den Vordergrund stellt. Herr RÖHRIG leistet somit wichtige Beiträge für die Weiterentwicklung des Controllings in der öffentlichen Verwaltung. Die von ihm angestrengten Überlegungen sind neben dem theoretischen Erkenntnisgewinn zudem für die praktische Ausübung des Controllings im politisch-administrativen System von hoher Relevanz und Aktualität.

Münster, im März 2008   Prof. Dr. Wolfgang Berens

Vorwort

Die vorliegende Arbeit entstand während meiner Tätigkeit als wissenschaftlicher Mitarbeiter am Lehrstuhl für Betriebswirtschaftslehre, insbesondere Controlling an der Westfälischen Wilhelms-Universität Münster und wurde im Sommersemester 2006 als Dissertationsschrift angenommen. Besonderer Dank gilt meinem akademischen Lehrer und Erstgutachter PROF. DR. WOLFGANG BERENS, welcher exzellente Arbeitsbedingungen am Lehrstuhl hergestellt und die notwendigen akademischen Freiheiten eingeräumt hat. Herrn PROF. DR. ALOYS PRINZ danke ich recht herzlich für die Übernahme des Zweitgutachtens.

Spezielle Anerkennung und großer Dank gilt Herrn DR. THOMAS MOSIEK. Neben konstruktiver Kritik und kreativen Anregungen hat er durch außerordentliches Engagement und hohem zeitlichen Einsatz zur Entstehung dieser Arbeit mit beigetragen. Für zahlreiche Hinweise möchte ich ferner ganz herzlich Herrn DR. KLAUS FLACKE danken.

Für die Unterstützung bei Recherchearbeiten, Literaturbeschaffung und -verwaltung möchte ich Frau Dipl.-Kffr. MICHELLE BECKMANN danken, für die Entlastung bei zahlreichen technischen Arbeiten sind die Verdienste von Frau Dipl.-Kffr. ANETA KRZYZANOWSKA-MARX zu würdigen.

Ein herzlicher Dank richtet sich an Frau BIRGIT GERHARDT für die Unterstützung und gute Zusammenarbeit während der Projektarbeiten. Herrn DR. BRUNO KALTENBORN möchte ich nicht zuletzt deshalb dankend erwähnen, da seine Ausarbeitungen in der dargestellten Fallstudie eine hohe Relevanz besitzen. Insgesamt möchte ich allen ehemaligen Kollegen sowie dem gesamten Team am Lehrstuhl für Betriebswirtschaftslehre, insbesondere Controlling sowie den Kollegen bei der BMS Consulting GmbH für das außerordentlich gute Arbeitsklima danken.

Darüber hinaus danke ich ganz herzlich meinen Eltern sowie meiner Tante, die mich auf allen meinen bisherigen Stationen stets liebevoll unterstützt haben. Meinem Bruder DR. LARS T. RÖHRIG möchte ich für die motivierenden Worte zum richtigen Zeitpunkt danken.

Den größten Dank und die höchste Anerkennung möchte ich an meine Partnerin MAIKA WINZEN richten, die mich jederzeit bedingungslos unterstützt hat und für mich der größte Rückhalt während der Bearbeitungszeit war.

Düsseldorf, im März 2008   Dipl.-Kfm. Andreas Röhrig

Inhaltsverzeichnis

Abbildungsverzeichnis... XIII
Abkürzungsverzeichnis...XVII

1   Einleitung.. 1
  1.1   Ausgangslage und Problemstellung..................................... 2
  1.2   Zielsetzung der Arbeit.. 3
  1.3   Vorgehensweise der Untersuchung..................................... 4

2   Rahmenbedingungen und strukturelle Besonderheiten
        im Reformprozess der Verwaltungsmodernisierung.................... 9
  2.1   Rahmenbedingungen und Entwicklungsstufen
        der Verwaltungsmodernisierung 9
    2.1.1   Untersuchungsgegenstand und Begriffsabgrenzung................ 9
    2.1.2   Rahmenbedingungen des Verwaltungsmanagements............ 14
    2.1.3   Entwicklungsstufen der Verwaltungsmodernisierung............ 16
      2.1.3.1   Entwicklung zum New Public Management...................... 16
      2.1.3.2   Elemente des Neuen Steuerungsmodells 19
      2.1.3.3   Aktivierender Staat und Bürgerkommune 21

  2.2   Strukturelle Besonderheiten im politisch-administrativen Kontext.............. 22
    2.2.1   Zielsystematisierung im politisch-administrativen System.................. 23
    2.2.2   Management- und Steuerungsprozesse
            im politisch-administrativen System...................... 25
    2.2.3   Führung im politisch-administrativen System................ 30
    2.2.4   Integration der Bürger in die Gesamtsteuerung................ 36
      2.2.4.1   Bedeutung der Kundenorientierung in der öffentlichen Verwaltung . 36
      2.2.4.2   Möglichkeiten bürgerschaftlichen Engagements
                im politisch-administrativen System 39
    2.2.5   Wettbewerbsformen im politisch-administrativen System.................... 41

  2.3   Implikationen für den weiteren Untersuchungsverlauf 43

3   „Wirkung" als Zieldimension eines Controllings
        im politisch-administrativen System 47
  3.1   Controlling-Verständnis in der Privatwirtschaft........................... 47
  3.2   Controlling-Verständnis im politisch-administrativen System.................. 51
  3.3   Motive für den Einsatz eines wirkungsorientierten Controllings.............. 56
    3.3.1   Gesetzliche Implikationen für ein Controlling 56
    3.3.2   Nutzensteigerung durch fakultatives Controlling................... 62
  3.4   Perspektiven eines wirkungsorientierten Controllings
        im politisch-administrativen System 64
    3.4.1   Möglichkeiten eines wirkungsorientierten Controllings 64

3.4.2   Herausforderungen der Wirkungsoperationalisierung............................ 66

3.5   Implikationen für den weiteren Untersuchungsverlauf 67

4   Systematisierung und Beurteilung
        wirkungsorientierter Modelle und Bewertungsinstrumente...................... 71

4.1   Wirkungsorientierte Controlling-Konzepte und Modelle............................ 71
        4.1.1   Das 3-Ebenen-Konzept... 71
        4.1.2   Das 5-Ebenen-Konzept... 74
        4.1.3   Das Ziel- und Ergebnisebenenmodell öffentlicher Leistungserstellung. 77

4.2   Der Qualitätsbegriff im politisch-administrativen System 80
        4.2.1   Begriff und Bestimmungsfaktoren... 81
        4.2.2   Qualitätsdimensionen im politisch-administrativen System................. 82
        4.2.3   Qualitätsdimensionen eines aktivierenden Staates 84
        4.2.4   Qualitätsmanagementmodelle in der öffentlichen Verwaltung 87
              4.2.4.1   Das Excellence-Modell
                        der European Foundation for Quality Management........................ 87
              4.2.4.2   Das Common Assessment Framework 89

4.3   Nutzen-Kosten-Methoden als Bewertungsinstrumente 91
        4.3.1   Die Kosten-Nutzen-Analyse 91
        4.3.2   Die Nutzwertanalyse... 92
        4.3.3   Die Kosten-Wirksamkeits-Analyse 92

4.4   Anforderungskategorien für die Bewertung
        eines integrierten Bezugsrahmens im politisch-administrativen System 93

4.5   Einordnung wirkungsorientierter Qualitätsmanagementmodelle
        und Bewertungsinstrumente 97
        4.5.1   Einordnung der Qualitätsmanagementmodelle............................ 97
        4.5.2   Einordnung der Nutzen-Kosten-Methoden............................... 98

4.6   Beurteilung wirkungsorientierter Controlling-Konzepte und Modelle 100
        4.6.1   Beurteilung des 3-Ebenen-Konzepts 101
        4.6.2   Beurteilung des 5-Ebenen-Konzepts 102
        4.6.3   Beurteilung des Ziel- und Ergebnisebenenmodells
                öffentlicher Leistungserstellung.. 104

4.7   Notwendigkeit der Erweiterung eines bestehenden Controlling-Modells... 106

5   Entwicklung und Darstellung des Erweiterten Ziel-und Ergebnisebenen-
        modells öffentlicher Leistungserstellung als integrierter Bezugsrahmen
        für ein wirkungsorientiertes Controlling
        im politisch-administrativen System 107

5.1   Erweiterungen des Ziel- und Ergebnisebenenmodells
        öffentlicher Leistungserstellung im Überblick.. 107

5.2   Konstruktion und Bedeutung des Erweiterten Modells............................. 109
        5.2.1   Integration von Qualitätsdimensionen 110

5.2.2   Die Ebene des Leistungserstellungsprozesses 112
5.2.3   Darstellung der Finanzebene.. 117
5.2.3.1   Der Einsatz des kameralistischen Rechnungswesens 117
5.2.3.2   Beurteilung des kameralistischen Rechnungswesens vor dem
           Hintergrund aktueller Informationsbedürfnisse 119
5.2.4   Darstellung der Ressourcenebene.. 121
5.2.4.1   Der Einsatz der Kosten- und Leistungsrechnung............................ 122
5.2.4.2   Der Einsatz eines Drei-Komponenten-Rechnungssystems.............. 123
5.2.4.3   Beurteilung der Rechnungslegungskonzepte
           in Bezug auf deren Informationsgehalt 126
5.2.5   Darstellung der Outputebene 128
5.2.5.1   Der Einsatz von Kennzahlen zur Ermittlung des Outputs 129
5.2.5.2   Beurteilung der Erfüllung von Informations-
           und Steuerungsanforderungen auf der Ebene des Outputs.............. 131
5.2.6   Darstellung der Impactebene 132
5.2.6.1   Ausgewählte Gestaltungsmöglichkeiten
           zur Optimierung der Kundenorientierung 134
5.2.6.2   Beurteilung der Informationsbedarfserfüllung
           einer Impact-Betrachtung 138
5.2.7   Darstellung der Outcomeebene.. 138
5.2.7.1   Die Bedeutung von Ursache-Wirkungsbeziehungen...................... 142
5.2.7.2   Evaluationen im politisch-administrativen System........................ 143
5.2.7.2.1 Anforderungen an Evaluationen.. 148
5.2.7.2.2 Vor- und Nachteile von Evaluationen.. 153
5.2.7.3   Der Einsatz von Indikatorensystemen... 155
5.2.7.3.1 Anforderungen an Indikatoren 160
5.2.7.3.2 Vor- und Nachteile von Indikatorenrechnungen........................... 161
5.2.7.4   Beurteilung der Informationszwecke von Indikatorenrechnungen
           und Verfahren der Outcome-Evaluation 163
5.2.8   Bewertung von institutionellen Vollzugsalternativen
           und Gesetzesfolgen 166
5.2.8.1   Materielle Gesetzesfolgenabschätzungen 167
5.2.8.2   Administrative Kosten des Gesetzes... 169
5.2.8.3   Institutionen-Evaluation.. 170

5.3   Darstellung des Gesamtzusammenhangs zur potenziellen Integration
           von Ressourcen- und Wirkungsbetrachtungen................................. 171

6   Integration der Ergebnisse in den Führungskreislauf
           des politisch-administrativen Systems 175

6.1   Gestaltungspotenziale und Wertschöpfungsbilanz 175
6.1.1   Identifikation von Gestaltungspotenzialen 176
6.1.2   Wertschöpfungsbeiträge politisch-administrativer Akteure 178

6.2   Die Balanced Scorecard zur Umsetzung politischer Programme 182
6.2.1   Die Grundidee und die Funktionsweise der Balanced Scorecard........ 183

6.2.2   Die Balanced Scorecard im politisch-administrativen Umfeld 185

6.3   Evolutionspfad für ein wirkungsorientiertes Controlling 189

7   Fallstudie: Wirkungsorientiertes Controlling
         beim Vollzug des Bundeserziehungsgeldgesetzes in NRW 193

7.1   Projektmanagement 194

7.2   Vollzug des Bundeserziehungsgeldgesetzes in NRW 197

7.3   Betriebswirtschaftliche Betrachtung des BErzGG-Vollzuges 201
       7.3.1   Darstellung der Finanzebene 201
       7.3.2   Darstellung der Kostenebene 203
       7.3.3   Darstellung der Outputebene 207
                7.3.3.1   Kennzahlenanalyse eines Versorgungsamtes 207
                7.3.3.2   Kennzahlenanalyse und Kostenhochrechnung
                          auf Basis weiterer verfügbarer Kosten 209
       7.3.4   Darstellung der Impactebene 214

7.4   Systematisierung von Wirkungen und Messmethoden 219
       7.4.1   Ziel- und Wirkungssystematik 220
       7.4.2   Ziele, Evaluationsbereiche und Messmethoden 222

7.5   Analyse ausgewählter Wirkungen des BErzGG 224
       7.5.1   Konsequenzen für die Erwerbsneigung 226
       7.5.2   Bruttoentgelteinbuße 228
       7.5.3   Nettoeinkommensänderung 230
       7.5.4   Ausgaben und Ausgabenstruktur 233
       7.5.5   Geburtenrate 234
       7.5.6   Kindesentwicklung 237
       7.5.7   Betriebliche Wirkungen 240

7.6   Integration von Ressourcen- und Wirkungsbetrachtung 243
       7.6.1   Wirkungsmodell für Produkte zum BErzGG 244
       7.6.2   Hochrechnungen einzelner Wirkungen für NRW 247
       7.6.3   Wertschöpfungsbilanz für den Bereich BErzGG in NRW 253
       7.6.4   Gestaltungsoptionen für eine Wertschöpfungsoptimierung 254
       7.6.5   Relative Wertschöpfungsbetrachtung des BErzGG 257
       7.6.6   Möglichkeiten und Grenzen eines wirkungsorientierten Controllings
                am Beispiel der Versorgungsverwaltung NRW 259

8   Resümee 263

Literaturverzeichnis 267
Quellenverzeichnis 289

Abbildungsverzeichnis

Abbildung 1: Darstellung des Untersuchungsverlaufs 7

Abbildung 2: Verwaltungsaufbau in Deutschland 12

Abbildung 3: Vom Bürokratiemodell zum New Public Management 18

Abbildung 4: Die Entwicklungsstufen kommunaler und staatlicher Leitbilder 21

Abbildung 5: Gegenüberstellung von Input- und Outputorientierung 27

Abbildung 6: Gegenüberstellung von Output- und Outcomeorientierung 29

Abbildung 7: Integration von Politik- und Verwaltungskreislauf 31

Abbildung 8: Optimierung politisch-administrativer Steuerung 35

Abbildung 9: Konzeption eines Informationsversorgungssystems 53

Abbildung 10: Zusammenwirken von Manager und Controller 54

Abbildung 11: Einordnung des Controllings 55

Abbildung 12: Das 3-Ebenen-Konzept 73

Abbildung 13: Das 5-Ebenen-Konzept I 75

Abbildung 14: Das 5-Ebenen-Konzept II 76

Abbildung 15: Ziel- und Ergebnisebenen öffentlicher Leistungserstellung 77

Abbildung 16: Spannungsverhältnis im öffentlichen Sektor 81

Abbildung 17: Qualitätsverständnis für das politisch-administrative System 86

Abbildung 18: Das EFQM-Modell für Excellence 88

Abbildung 19: Die Grundstruktur des Common Assessment Framework 90

Abbildung 20: Anforderungskategorien für die Beurteilung wirkungsorientierter Konzepte 96

Abbildung 21: Erweitertes Ziel- und Ergebnisebenenmodell öffentlicher Leistungserstellung 109

Abbildung 22: Qualitätsdimensionen im Modell 111

Abbildung 23: Ebene des Leistungserstellungsprozesses 113

Abbildung 24: Wertkette einer öffentlichen Institution 114

Abbildung 25: Finanzebene 117

Abbildung 26: Ressourcenebene 121

Abbildung 27: Kamerale versus doppische Rechnungsstile 126

Abbildung 28: Outputebene 129

Abbildung 29: Impactebene 133

Abbildung 30: Überblick über Ansätze zur Zufriedenheitsermittlung 135

Abbildung 31: Handlungsportfolio 136

Abbildung 32: Ablauf eines Wirkungsmanagements I 139

Abbildung 33: Outcomeebene 140

Abbildung 34: Klassifizierung von Evaluationsgegenständen 145

Abbildung 35: Evaluations-Standards 151

Abbildung 36: Zuordnung von Standards 153

Abbildung 37: Vor- und Nachteile von Evaluationen 154

Abbildung 38: Störfaktoren indikatorbasierter Abweichungsanalysen 158

Abbildung 39: Anforderungen an Indikatoren 161

Abbildung 40: Vor- und Nachteile von Indikatoren im Wirkungsbereich 162

Abbildung 41: Ebene der Gesetzgebung und Gesetzesbewertung 167

Abbildung 42: Das Erweiterte Ziel- und Ergebnisebenenmodell öffentlicher
               Leistungserstellung.. 172
Abbildung 43: Strategische Optionen.. 177
Abbildung 44: Optionen zur Wertschöpfungssteigerung................................. 179
Abbildung 45: Managementempfehlung in Abhängigkeit
               der Steuerungspotenziale... 180
Abbildung 46: Wertschöpfungsorientierte Profilierungsmöglichkeiten................. 181
Abbildung 47: Die Balanced Scorecard... 184
Abbildung 48: Die BSC im politisch-administrativen System............................ 186
Abbildung 49: Ablauf eines Wirkungsmanagements II 187
Abbildung 50: Wirkungsorientiertes Controlling
               im politisch-administrativen System.. 189
Abbildung 51: Entwicklungspfade der Wertschöpfungsbetrachtung................... 190
Abbildung 52: Ausgestaltung der Übersetzungsfunktion................................... 191
Abbildung 53: Projektziele.. 194
Abbildung 54: Haushalt der Versorgungsämter in NRW 2001-2003 202
Abbildung 55: Produktbereich BErzGG.. 204
Abbildung 56: Kennzahlen zum Vollzug des BErzGG...................................... 211
Abbildung 57: Kostenanteile der Wertschöpfungsbereiche
               BErzGG NRW 2003... 214
Abbildung 58: Handlungsportfolio für den Bereich BErzGG............................ 218
Abbildung 59: Datenblatt BErzGG 2003 219
Abbildung 60: Ziele und Wirkungen des BErzGG... 220
Abbildung 61: Wirkungshierarchie mit Produkten.. 221
Abbildung 62: Evaluationsbereiche... 222
Abbildung 63: Prognose der Arbeitsmarktpartizipation.................................... 227
Abbildung 64: Bruttoentgelt von Frauen in Westdeutschland in den ersten 20
               Jahren nach einem einjährigen Erziehungsurlaub...................... 230
Abbildung 65: Elternzeitbedingte Reduktion
               des Haushaltsnettoeinkommens.. 231
Abbildung 66: Klassifikation fiskalischer Konsequenzen................................... 232
Abbildung 67: Durchschnittliche Konsumausgaben für ein Kind
               in Deutschland 1998 nach Haushaltsnettoeinkommen............... 234
Abbildung 68: Betriebswirtschaftliche Kosten
               elternzeitbedingter Erwerbsunterbrechungen.......................... 242
Abbildung 69: Wirkungsmodell für Produkte zum BErzGG.............................. 244
Abbildung 70: Leistungstransformation 246
Abbildung 71: Ableitung der Gruppeneinteilung für die Effektabschätzung 247
Abbildung 72: Bruttoentgeltverluste von Frauen 248
Abbildung 73: Nettoeinkommenseffekte aufgrund kindbedingter
               Erwerbsunterbrechungen in NRW 250
Abbildung 74: Fiskalische Konsequenzen kindbedingter
               Erwerbsunterbrechungen in NRW 251
Abbildung 75: Fiskalischer Effekt der reduzierten Erwerbspartizipation............. 252
Abbildung 76: Betriebliche Kosten-Nutzen-Analyse für NRW.......................... 253

Abbildung 77:   Wertschöpfungsbilanz 254
Abbildung 78:   Wertschöpfungsoptionen im BErzGG 255

Abkürzungsverzeichnis

Abs.	Absatz
allg.	allgemein
Art.	Artikel
Bd.	Band
BErzGG	Bundeserziehungsgeldgesetz
BFuP	Betriebswirtschaftliche Forschung und Praxis
BGBl.	Bundesgesetzblatt
bGFA	begleitende Gesetzesfolgenabschätzung
BHO	Bundeshaushaltsordnung
BR MS	Bezirksregierung Münster
BSC	Balanced Scorecard
bspw.	beispielsweise
bzgl.	bezüglich
bzw.	beziehungsweise
ca.	circa
CAF	Common Assessment Framework
DBW	Die Betriebswirtschaft
d. h.	das heißt
Diss.	Dissertation
DM	Deutsche Mark
EFQM	European Foundation for Quality Management
EPOS.NRW	Einführung von Produkthaushalten zur outputorientierten Steuerung in Nordrhein-Westfalen
EStG	Einkommensteuergesetz
et al.	et alli
f.	folgend
ff.	fortfolgend
GFA	Gesetzesfolgenabschätzung
GG	Grundgesetz
ggf.	gegebenenfalls
GGO	Gemeinsame Geschäftsordnung der Bundesministerien
GGRZ	Gemeinsames Gebietsrechenzentrum
GO NW	Gemeindeordnung für das Land Nordrhein-Westfalen
GoöB	Grundsätze ordnungsmäßiger öffentlicher Buchführung
GVBl.	Gesetz- und Verordnungsblatt
HBeglG	Haushaltsbegleitgesetz
HGrG	Haushaltsgrundsätzegesetz
HKR	Haushalts-, Kassen- und Rechnungswesen
Hrsg.	Herausgeber
http	Hyper Text Transfer Protocol
i. Br.	im Breisgau
i. d. R.	in der Regel
IFAC	International Federation of Accountants

IMK	Konferenz der Innenminister und -senatoren der Länder
inkl.	inklusive
insb.	insbesondere
IPSAS	International Public Sector Accounting Standards
Jg.	Jahrgang
KGSt	Kommunale Gemeinschaftsstelle für Verwaltungsvereinfachung
KLR	Kosten- und Leistungsrechnung
KNA	Kosten-Nutzen-Analyse
krp	Kostenrechnungspraxis
KWA	Kosten-Wirksamkeits-Analyse
LBV	Landesamt für Besoldung und Versorgung
LDS	Landesamt für Datenverarbeitung und Statistik
LeGes	Zeitschrift LeGes – Gesetzgebung & Evaluation
LHO NW	Landeshaushaltsordnung Nordrhein-Westfalen
Lj.	Lebensjahr
MGSFF	Ministerium für Gesundheit, Soziales, Frauen und Familie
ModernG	Gesetz zur Modernisierung von Regierung und Verwaltung
NKF	Neues Kommunales Finanzmanagement
NKH	Neues Kommunales Haushaltswesen
NKR	Neues Kommunales Rechnungswesen
NKRS	Neues Kommunales Rechnungs- und Steuerungssystem
NKU	Nutzen-Kosten-Untersuchungen
NÖH	Neues Öffentliches Haushaltswesen
NPM	New Public Management
Nr.	Nummer
NRW	Nordrhein-Westfalen
NSI	Neue Steuerungsinstrumente
NSM	Neues Steuerungsmodell
NWA	Nutzwertanalyse
o. a.	oben angegeben
OECD	Organisation for Economic Co-operation and Developement
pGFA	prospektive Gesetzesfolgenabschätzung
PPP	Public Private Partnership
rd.	rund
rGFA	retrospektive Gesetzesfolgenabschätzung
S.	Seite
SchwbR	Schwerbehindertenrecht
SER	Soziales Entschädigungsrecht
SEVAL	Schweizerische Evaluationsgesellschaft
SOEP	Sozioökonomisches Panel
Sp.	Spalte
u. a.	unter anderem
Univ.	Universität
usw.	und so weiter
VÄ	Versorgungsämter

VA DU	Versorgungsamt Duisburg
VGG	Verwaltungsreform-Grundsätze-Gesetz
vgl.	vergleiche
Vol.	Volume
VOP	Verwaltung, Organisation, Personal
VV	Verwaltungsvorschriften
wif!	Wirkungsorientierte Verwaltungsreform im Kanton Zürich
WiPol	Wirtschaftsforschung und Politikberatung
WISU	Das Wirtschaftsstudium
WOV	Wirkungsorientierte Verwaltungsführung
www	World Wide Web
z. B.	zum Beispiel
ZfB	Zeitschrift für Betriebswirtschaft
Zfbf	Zeitschrift für betriebswirtschaftliche Forschung
Zfo	Zeitschrift Führung und Organisation
ZögU	Zeitschrift für öffentliche und gemeinwirtschaftliche Unternehmen
zugl.	zugleich

1 Einleitung

In der theoretischen Debatte um die zukünftigen Entwicklungslinien der Forschungen über das politisch-administrative System zeichnet sich ab, dass es darauf ankommt, *interne und externe Steuerungsprobleme* des öffentlichen Sektors zusammenzuführen. Der gemeinsame Nenner unterschiedlicher Forschungsansätze für den politisch-administrativen Sektor besteht in der *Dezentralisierung* und *Transparenz*. Während Dezentralisierung die Abkehr von hierarchischer Integration und damit mehr Eigenverantwortlichkeit beinhaltet, wird über die Transparenzfunktion eine deutliche, verstehbare und frei zugängliche *Dokumentation* interner und externer Beziehungen, Kosten sowie Ergebnisse angestrebt.[1]

Eng verbunden mit der Dokumentation tatsächlicher Verhältnisse sind die Fragestellungen bzgl. der *Legitimität* und der *Effektivität* des politisch-administrativen Handelns. Während die Legitimität primär die juristische und die politische Rationalität betrifft, tangiert die Effektivität die ökonomische aber auch eine originäre inhaltliche Rationalität.[2] Die Effektivität im Rahmen der ökonomischen Rationalität kann als Bewertungskriterium für den Erreichungsgrad *gesellschaftlicher Wirkungsziele* interpretiert werden. Die inhaltliche Rationalität wird hingegen von JANN umschrieben als Problemlösungskapazität bzw. Problemlösungsfähigkeit der Verwaltung, welche neben der Professionalität und Expertise, auch von politischen Handlungsspielräumen, und damit insgesamt von der Informations- und Konfliktverarbeitungskapazität des politisch-administrativen Systems bestimmt wird. Somit gehört zur Effektivität in diesem Zusammenhang neben der Berücksichtigung der Wirkung als Zieldimension im Gesamtsystem auch die Entwicklung und Umsetzung geeigneter Programme und Instrumente zur Abbildung und Beeinflussung gesellschaftlicher Verhältnisse.[3]

Die Ausführungen deuten auf die Notwendigkeit hin, sich mit der Effektivität sowie einer transparenten Darstellung der Zusammenhänge des politisch-administrativen Systems auseinanderzusetzen. In der Praxis zeigt sich lediglich, dass viele auch durch die Politik legitimierte Controlling-Systeme in öffentlichen Verwaltungen auf eine immer schnellere und kostengünstigere Produkterstellung bei gleichzeitiger Erhöhung der Ausbringungsmenge und festen oder sinkenden Kapazitäten abzielen. Auch wenn durch ein derartiges Controlling in vielen Bereichen der Verwaltung die Wirtschaftlichkeit gesteigert werden kann, gibt es zahlreiche Beispiele, bei denen mechanistisch an den eigentlichen Zielen der Politik und Verwaltungsführung „vorbeiproduziert" wird.

Die Fragen nach der Effektivität von Politik- und Verwaltungshandeln sowie nach der Verantwortung für die Zielerreichungskontrolle werden regelmäßig zu selten gestellt. Beantwortet werden können diese Fragen von Verwaltungsmanagern derzeit in vielen Bereichen nur unzureichend, da es wenige geeignete Modelle gibt, um eine Messung der gesellschaftlichen Wirkungen öffentlichen Handelns vorzunehmen. Versteht sich

---

[1] Vgl. Jann (2005a), S. 59.
[2] Vgl. Jann (2005a), S. 54.
[3] Vgl. Jann (2005a), S. 54.

Controlling konsequent als Führungsunterstützung, gilt es, in Abhängigkeit der jeweiligen Gestaltungsspielräume von Politik und Verwaltung spezifische Koordinations- und Informationsinstrumente zu entwickeln, welche eine sachgerechte Entscheidungsunterstützung von Wirkungsprozessen ermöglichen.

Gelingt es die internen und externen Beziehungen, Kosten sowie Ergebnisse im politisch-administrativen Prozess transparent abzubilden und zu bewerten, sowie im Idealfall anhand der effektiven Zielerreichung die Planungs- und Steuerungsprozesse zu optimieren, kann ein Mehrwert entstehen, der sowohl der Gesamtgesellschaft als auch einzelnen gesellschaftlichen Akteuren zugute kommt.

1.1 Ausgangslage und Problemstellung

Die Realität zeigt, dass es in vielen Verwaltungen nicht gelingt, die durch das Neue Steuerungsmodell[4] angestrebten Reformwirkungen vollständig zu entfalten. Die oftmals isolierte Einführung einzelner betriebswirtschaftlicher Instrumente *ohne konzeptionellen Gesamtrahmen* führt in vielen Bereichen zu Wellen des Aktionismus und nachfolgend zur Desillusion. Das Ziel der Nachhaltigkeit von Verwaltungsmodernisierung – verstanden als ein Set aus Bestandfestigkeit, Zielerreichungs- und Weiterentwicklungsfähigkeit[5] – gerät in Gefahr, wodurch die Akzeptanz für die Aufnahme weiterer notwendiger Modernisierungsprojekte stetig schwindet. Neben der ungenügenden inhaltlichen Abstimmung einzelner Steuerungsinstrumente ist die oftmals feststellbare Indifferenz der Politik, welche sich in einer geringen Bereitschaft, die Erreichung festgelegter (Wirkungs-) Ziele zu überprüfen, äußert[6], eine Hauptursache für die mangelnde Wirksamkeit der Reformen. Politischen Entscheidungsträgern kann in diesem Kontext vielfach ein fehlender Wille zur rationalen Entscheidungsfundierung und zur dringend notwendigen Verantwortungsübernahme vorgeworfen werden. Die Dominanz kurzfristiger Effizienzaspekte und damit ein nicht vorhandener, aber *erforderlicher Weitblick* im Rahmen der Umsetzung der deutschen Verwaltungsmodernisierung sind weitere Gründe für den Reformstillstand.[7]

Ein Blick über die Ländergrenzen zeigt, dass andere Staaten bereits den Fokus ihrer Betrachtung erweitert haben und versuchen, die Auswirkungen des Handelns im politisch-administrativen System abzubilden. „ ... OECD member countries ... begin placing more emphasis on outcomes, while continuing to be attentive to costs, inputs and outputs".[8] In der deutschen Praxis hingegen findet diese erweiterte Betrachtung bislang wenig Aufmerksamkeit. Grundvoraussetzung für einen Wandel auch in Deutschland ist aber zunächst die Entwicklung von Instrumenten, die unter der Bedingung eines vertretbaren Aufwandes sowohl zu einer *größeren Wirkungstransparenz* des öffentlichen Aufgabenvollzugs als auch zu einer *schlüssigeren Steuerungsphilosophie* führen

---

[4]   Zum Begriff des Neuen Steuerungsmodells vgl. ausführlich Kapitel 2.1.3.
[5]   Vgl. Klages (2003), S. 4 ff.
[6]   Vgl. Budäus (1999a), S. 63 ff.
[7]   Vgl. Bühler (2002), S. 274.
[8]   Vgl. Kristensen/Groszyk/Bühler (2002), S. 8.

sollen. Die inhaltliche Entwicklung derartiger Instrumente sowie die Schaffung eines *integrierten Bezugsrahmens* sind als *zentrale Herausforderungen* des Verwaltungs-controllings der Zukunft anzusehen. Analog zu den in den letzten Jahren gestiegenen Anforderungen an das privatwirtschaftliche Controlling, mehr Kunden- und Marktin-formationen in das Reporting zu integrieren, werden in Politik und Verwaltung die Nachfragen nach Analysen zur Bedarfsgerechtigkeit sowie zu quantitativen und quali-tativen Gemeinwohlbeiträgen immer häufiger.

1.2 Zielsetzung der Arbeit

Vor dem Hintergrund der geschilderten Problemstellung ist es das Ziel der vorliegen-den Arbeit, einen *erweiterten* konzeptionellen *Bezugsrahmen* für ein modernes, nach-haltiges und *wirkungsorientiertes Controlling* im politisch-administrativen System zu konstruieren, mittels welchem es idealerweise gelingen kann, *die Steuerungskreise des politischen* und *des administrativen Systems ineinander zu überführen*. Dieser (teil-weise) interdisziplinäre Ansatz soll die hier bestehende konzeptionelle Lücke in der theoretischen Forschung schließen. Gleichzeitig soll das gegenseitige Verständnis un-terschiedlicher Teildisziplinen aus der betriebs-, volks-, verwaltungs- und politikwis-senschaftlichen Forschung gestärkt werden, indem ein Versuch unternommen wird, das wirkungsorientierte Controlling an der Schnittstelle dieser vier genannten Diszip-linen für das politisch-administrative System zu etablieren.[9]

Darüber hinaus wird das Ziel verfolgt, mittels einer *integrativen Darstellung* der über das Modell gelieferten Inhalte Gesamtzusammenhänge und Auswirkungen öffentli-chen Handelns im Sinne einer *gesellschaftlichen Wertschöpfung* interpretierbar, trans-parent darstellbar und im Idealfall steuerbar zu machen.

Zudem soll verdeutlicht werden, dass es gelingen kann, öffentliche Aufgaben oder Produkte wertschöpfungsorientiert zu klassifizieren. Eine derartige Priorisierung des öffentlichen Vollzugs, sollte die *Motivation der Beschäftigten* innerhalb des politisch-administrativen Systems auf der einen und die *Akzeptanz in der Gesellschaft* auf der anderen Seite *erhöhen*.

Mit der Darstellung eines möglichen Evolutionspfades für ein derart verstandenes Controlling wird versucht, die Komplexität des Untersuchungsbereiches auch *für die Verwaltungspraxis übersichtlich* und *beherrschbar* zu machen. Selbst die noch unvoll-ständige Umsetzung des „Erweiterten Controlling-Modells" führt zu einem verbesser-ten Verständnis der im Normalfall zunächst betriebswirtschaftlich geprägten Moderni-sierungsbestrebungen im öffentlichen Bereich.

Die Beschreibung eines ausführlichen Anwendungsbeispiels aus der Praxis soll ver-deutlichen, dass durch die Anwendung eines wirkungsorientierten Controllings tat-sächlich die beschriebenen Erkenntnisgewinne zutage gefördert werden können. Die Ergebnisse dieser Fallstudie sollen einen Beitrag dazu leisten, sich der wirkungsorien-

---

[9] JANN folgend bleibt zu hoffen, dass solche „ungewöhnlichen Kombinationen" in der Zukunft ver-mehrt anzutreffen sein werden. Vgl. Jann (2005a), S. 60.

tierten Problematik anzunehmen und sowohl wissenschaftlich als auch in der praktischen Umsetzung die Gesamtthematik *zu vertiefen* und *voranzutreiben*.

1.3 Vorgehensweise der Untersuchung

Die Zielsetzungen der vorliegenden Ausarbeitung sind handlungsleitend für die Vorgehensweise innerhalb der Untersuchung. Zunächst werden im zweiten Kapitel die
Rahmenbedingungen öffentlicher Verwaltungen dargestellt. Ausgehend von dem bereits Anfang des 20. Jahrhunderts anzutreffenden Leitbild der Behörde, welches durch
das Bürokratiemodell und die Steuerung durch Recht und Politik maßgeblich geprägt
ist, werden die wesentlichen Entwicklungsstufen der Verwaltungsmodernisierung bis
zum heutigen Zeitpunkt nachgezeichnet. Dabei spielt das Leitbild des Dienstleistungsunternehmens eine zentrale Rolle. Ein geändertes Rollenverständnis des Staates sowie
die Steuerung unter ökonomischen Gesichtspunkten sind charakteristisch in diesem
Zusammenhang. Die Modernisierungselemente dieser Entwicklungsstufe werden dem
New Public Management bzw. dem Neuen Steuerungsmodell zugeordnet. Ende des
20. Jahrhunderts tritt das Leitbild des aktivierenden Staates bzw. der Bürgerkommune
in den Vordergrund. Neben den Elementen des Neuen Steuerungsmodells spielen zusätzlich Kooperationsformen einzelner Akteure, die Aktivierung der Bürger sowie der
soziale Zusammenhalt eine zunehmend wichtige Rolle.

Das politisch-administrative Gesamtsystem zeichnet sich durch *strukturelle Besonderheiten* aus, die im Hinblick auf die Zielsetzung dieser Ausarbeitung thematisiert und
berücksichtigt werden müssen. Hierzu zählt zunächst das öffentliche Zielsystem. Im
Idealfall sollten auf die Charakteristika des Zielsystems angepasste Planungs- und
Steuerungsprozesse die Ausübung öffentlicher Aufgaben determinieren. Ein derartiges
Verständnis setzt eingespielte Steuerungsabläufe in der Führung des politisch-
administrativen Systems voraus. Nicht zuletzt beinhaltet die Aktivierungsaufgabe des
Staates die Integration der Bürger, in Form unterschiedlicher Beteiligungsrollen, in die
Gesamtsteuerung. Darüber hinaus können unterschiedliche Wettbewerbsformen Ges-
taltungspotenziale aufdecken, die einer effizienteren, aber auch effektiveren Aufgabenerledigung zuträglich sind.

Der sich aus dem Verwaltungsmodernisierungsprozess sowie den strukturellen Besonderheiten ergebende Informationsbedarf unterschiedlicher (Führungs-) Ebenen im Gesamtsystem stellt hohe Anforderungen an ein ganzheitliches Instrumentarium, welches
in der Lage sein muss, benötigte Informationen zielorientiert und differenziert bereitzustellen.

Inwiefern ein *Controlling-Ansatz* diesen Anforderungen gerecht werden kann, thematisieren die sich anschließenden Ausführungen in Kapitel 3. Hierzu werden zunächst
die wesentlichen Grundlagen eines Controllings in der Privatwirtschaft dargestellt. Der
Übertragung des zugrunde gelegten Controlling-Verständnisses auf den öffentlichen
Bereich folgt die Auseinandersetzung mit den Möglichkeiten und Herausforderungen
einer um den Wirkungsgedanken erweiterten Controlling-Philosophie im politisch-
administrativen System. Inwieweit gesetzliche Vorgaben oder Nutzenaspekte die Not-

wendigkeit eines (wirkungsorientierten) Controllings im öffentlichen Bereich implizieren, ist Gegenstand einer gesonderten Analyse. Nicht zuletzt die Ergebnisse dieser Analyse deuten auf die Notwendigkeit hin, sich mit bestehenden Konzeptionen für die öffentliche Verwaltung zu beschäftigen und der Fragestellung nachzugehen, inwieweit die Ausgestaltung bestehender Modelle oder Bewertungsinstrumente den komplexen Anforderungen an ein modernes Controlling im politisch-administrativen System entsprechen.

Durch die geschilderte Fragestellung ist die Struktur der Ausführungen des vierten Kapitels vorgezeichnet. Zunächst werden die wesentlichen Controlling-Konzeptionen für die öffentliche Verwaltung ausführlich erläutert. Einer Analyse zugänglich gemacht werden das 3-Ebenen-Konzept, das 5-Ebenen-Konzept und das Ziel- und Ergebnisebenenmodell öffentlicher Leistungserstellung. Die Bedeutung des Faktors Qualität wird durch die Ableitung unterschiedlicher Qualitätsdimensionen evident. Diese können den Vollzug einer öffentlichen Aufgabe über ihren gesamten Lebenszyklus beeinflussen. Mit der Darstellung und Beurteilung aktueller Qualitätsmanagementmodelle wie dem Common Assessment Framework-Modell oder dem Excellence-Modell der European Foundation for Quality Management soll diesem Aspekt Rechnung getragen werden. Darüber hinaus werden Bewertungsinstrumente der Nutzen-Kosten-Methoden thematisiert, mittels welcher der Umgang und die Verdichtung von Nutzen bzw. Wirkungsaspekten und Kosteninformationen vorgenommen werden kann.

Nicht zuletzt aufgrund der Komplexität der identifizierten Informationsanforderungen im politisch-administrativen System und der dem Controlling zugewiesenen Aufgaben, werden folgend *Anforderungskategorien* für die Bewertung eines *integrierten Bezugsrahmens* abgeleitet. Auf Basis dieser Kategorien erfolgt eine Analyse ausgewählter Controlling- und Führungsmodelle.

Das fünfte Kapitel beschäftigt sich auf Basis der im vierten Kapitel gewonnenen Erkenntnisse mit der *Erweiterung des Ziel- und Ergebnisebenenmodell öffentlicher Leistungserstellung* zu einem *integrierten Bezugsrahmen* für das politisch-administrative System sowie dessen *konkreter inhaltlichen Ausgestaltung*. Die Grundlage für die Weiterentwicklung bildet das Ziel- und Ergebnisebenenmodell öffentlicher Leistungserstellung. Der noch relativ abstrakten Modell-Optimierung aufgrund des in Kapitel 4 identifizierten Handlungsbedarfs folgt eine inhaltliche Konkretisierung durch die aufeinander folgende Darstellung der unterschiedlichen weiter ausdifferenzierten Ziel- und Ergebnisebenen des Modells. Im Rahmen dieser Ausführungen werden auch die maßgeblichen Instrumente und Verfahren erläutert, die für die Beschaffung, Aufbereitung und Analyse relevanter Informationen geeignet sind. Inwieweit die erhobenen Informationen auf den einzelnen Ebenen für Planungs-, Steuerungs- sowie Dokumentationszwecke geeignet sind, wird ebenfalls dargestellt. Der konkreten Beschreibung der jeweiligen Prozessschritte sowie einer Darstellung maßgeblicher Instrumente auf der Ebene der politischen Rationalität folgt die Darstellung eines integrierten Ansatzes zur Verknüpfung des inhaltlichen Gesamtzusammenhangs. Eine derart gewählte Vorgehensweise veranschaulicht den dynamischen Kreislaufcharakter des erweiterten Modells und verdeutlicht das *Potenzial für eine Wertschöpfungsoptimierung* im politisch-administrativen Vollzugsgebaren.

Voraussetzung derartiger Optimierungsmöglichkeiten ist neben der Abbildung und Bewertung kausaler Zusammenhänge im Vollzugsprozess, die Identifikation und Nutzung von *Gestaltungspotenzialen* durch Verwaltung und Politik, wie im sechsten Kapitel zu zeigen sein wird. Im Optimalfall kann die integrierte Zusammenführung der ermittelten Wirkungsergebnisse mit den zugehörigen und bewerteten Input-Größen im Sinne einer *gesellschaftlichen Wertschöpfung* interpretiert werden. Somit können sich wertschöpfungsorientierte Profilierungsmöglichkeiten – bspw. in Form einer Priorisierung öffentlicher Aufgaben – für die Führung im politisch-administrativen System ergeben. Dass derartige Erkenntnisse auch in angepassten Führungssystemen Eingang finden sollten, wird anhand der Überführung steuerungsrelevanter Größen in eine Balanced Scorecard zur Umsetzung politischer Programme thematisiert. Auf dieser Basis kann der politisch-strategische Planungs- und Steuerungsprozess sukzessive angepasst und optimiert werden.

Nicht zuletzt die intensive Auseinandersetzung mit der inhaltlichen Ausgestaltung des *Erweiterten Ziel- und Ergebnisebenenmodells öffentlicher Leistungserstellung* führt zu einer Ableitung und Beschreibung eines idealtypischen Evolutionspfades für ein wirkungsorientiertes Controlling. Mit der Darstellung eines solchen optimalen Verlaufspfades werden die Ausführungen im Rahmen des sechsten Kapitels abgerundet.

Das siebte Kapitel schildert ausführlich die Anwendung und Umsetzung eines wirkungsorientierten Gesamtansatzes. Am Praxisbeispiel des Vollzuges des *Bundeserziehungsgeldgesetzes in Nordrhein-Westfalen* wird eine zielgerichtete und dokumentierbare Wertschöpfung für die Gesellschaft nachgewiesen. Es wird dargestellt, dass Beiträge einzelner Verwaltungsbereiche isoliert sowohl in ihrer Wirtschaftlichkeit als auch in ihrer Wirksamkeit bewertbar sind. Die Kenntnis derartiger Zusammenhänge sowie die Identifikation diesbezüglicher Gestaltungspotenziale seitens der Verwaltung führt nicht nur zu einer überzeugenderen Außendarstellung, sondern unterstützt auch eine verbesserte (wirkungsorientierten) Allokation der zur Verfügung stehenden Ressourcen.

Das achte Kapitel fasst die wesentlichen Ergebnisse der Ausarbeitung in einem *Resümee* zusammen und gibt einen Ausblick auf weitere Forschungsfragen, die in der Zukunft einer Analyse zugänglich gemacht werden sollten (vgl. *Abbildung 1*).

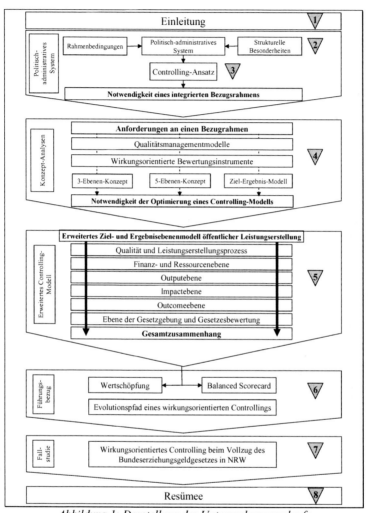

Abbildung 1: Darstellung des Untersuchungsverlaufs

2 Rahmenbedingungen und strukturelle Besonderheiten im Reformprozess der Verwaltungsmodernisierung

Seit einigen Jahren ist zu beobachten, dass die öffentliche Verwaltung[10] in Deutschland einem gewaltigen Veränderungsprozess unterliegt. Alte bürokratische Systeme der Verwaltungsführung werden durch moderne managementorientierte Steuerungsmethoden sowie Ansätze einer gesellschaftlichen Gesamtsteuerung ersetzt. Folgt man konsequent dem Gedanken der Verwaltungsmodernisierung im Sinne des New Public Management (NPM)[11] und dem Ansatz der Good Governance[12], so entstehen durch diese veränderten Steuerungsphilosophien im politisch-administrativen System[13] eine Vielzahl an neuen Herausforderungen, insbesondere für das Controlling[14]. Im Rahmen des zweiten Kapitels werden daher zunächst die wesentlichen Rahmenbedingungen und strukturellen Besonderheiten und damit die Bestimmungsfaktoren eines umfassenden Bezugssystems dargestellt.

2.1 Rahmenbedingungen und Entwicklungsstufen der Verwaltungsmodernisierung

Die Auseinandersetzung mit den Rahmenbedingungen des Verwaltungsmanagements erfordert zunächst eine Einordnung des Untersuchungsgegenstandes „politisch-administratives System", insb. der „öffentlichen Verwaltung" sowie die Klärung der damit zusammenhängenden wesentlichen Begriffe und Bestimmungsfaktoren. Die zugrunde gelegten Begrifflichkeiten begünstigen das Verständnis für die sich anschließenden Ausführungen. Die Darstellungen, ausgehend von dem klassischen Bürokratiemodell der Verwaltungen über das Neue Steuerungsmodell bis zum Leitbild des aktivierenden Staates verdeutlichen die Dynamik der Entwicklungen, denen sich die öffentlichen Verwaltungen, aber auch das politisch-administrative System, in den letzten Jahrzehnten stellen mussten und sich auch weiterhin ausgesetzt sehen.

2.1.1 Untersuchungsgegenstand und Begriffsabgrenzung

Der Staatszweck ist vorwiegend durch die in der Gesellschaft vorhandene Staatsauffassung geprägt. Dieser ist im Grundgesetz kodifiziert und bildet damit die Leitlinien für das *Handeln öffentlicher Institutionen*.[15] Diese Leitlinien werden durch die Ent-

---

[10] Das Verständnis von öffentlicher Verwaltung wird in Kapitel 2.1.1 erläutert.

[11] Begriff und Bedeutung des New Public Management werden ausführlich in Kapitel 2.1.3 thematisiert.

[12] Zum Begriff der Good Governance vgl. Kapitel 2.1.3.3.

[13] Zum Begriff des politisch-administrativen Systems vgl. Kapitel 2.1.1.

[14] Die Bedeutung und die Funktionen des Begriffs Controlling werden dem Leser in Kapitel 3 näher gebracht. Neben der Erläuterung unterschiedliche Controlling-Auffassungen aus der Privatwirtschaft, wird vor allem das zugrunde gelegte Verständnis des Controllings für das politisch-administrative System dargestellt.

[15] Grundsätzlich kann man zwischen zwei Staatskonzeptionen unterscheiden, der Idee des Sozialstaates sowie der neo-liberalistischen Staatsauffassung. Vgl. hierzu Schedler/Proeller (2000), S. 13 f. sowie Hoffjan (1998), S. 11.

scheidungsträger der Politik konkretisiert.[16] Die Aufgaben der Regierung[17] werden i. d. R. durch eine Verfassung festgelegt. Allgemein ausgedrückt leitet, lenkt und beaufsichtigt sie die *Gesamtpolitik* des Staates.

Der Begriff *Politik* wird im Rahmen dieser Ausarbeitung nach MEYER als „Gesamtheit der Aktivitäten zur Vorbereitung und zur Herstellung gesamtgesellschaftlich verbindlicher und/oder am Gemeinwohl orientierter und der ganzen Gesellschaft zugute kommender Entscheidungen"[18] definiert. *Verwaltungspolitik* bezeichnet in diesem Zusammenhang die Politik zur Steuerung der Verwaltung. Demnach lässt sich als Subjekt der Verwaltungspolitik die legitimierte politische Führung, als Objekt der Apparat der öffentlichen Verwaltung isolieren.[19] Im Idealfall bestimmt die Politik das „Was" der öffentlichen Leistungserstellung, während die Umsetzung der Leistungserstellung seitens der öffentlichen Verwaltung erfolgt. Das Zusammenspiel dieser Elemente prägt maßgeblich den *Politikprozess.*

Der Politikprozess wird mittels der Politikformulierung[20] und der Politikdurchführung[21] über das *„politisch-administrative System"* ausgeführt. Im Rahmen der Politikdurchführung werden politische Programme[22] bzw. politische Zielsetzungen festgelegt. Die politischen Zielsetzungen werden durch die Verwaltung im Rahmen der Politikdurchführung umgesetzt und konkretisiert. Damit bezieht sich dieser Begriff in erster Linie auf die *Interaktion zweier unterschiedlicher Entscheidungskreise, die idealerweise ineinander greifen sollten.*[23] Zum einen das System der politischen Rationalität, welches durch die gewählten Politiker repräsentiert wird, und auf der anderen Seite das System der verwaltungsspezifischen Rationalität.[24] VERNAU beschreibt die öffentliche Verwaltung vereinfachend als „Erfüllungsgehilfen der Politik", betont aber, dass es sich bei einer Verwaltung um ein „teilautonomes soziales System mit entsprechender eigener Systemrationalität" handelt.[25]

Es ist zu beachten, dass sich die Verwaltung in eine Vielzahl unterschiedlicher Typen unterteilen lässt. Legt man diese *Mehrebenenperspektive von Verwaltungen* zugrunde, wird deutlich, dass sich potenzielle Reformansätze immer auf eine spezifische Ebene des Mehrebenensystems beziehen, wobei mögliche Interdependenzen zu anderen Ebenen zwingend zu berücksichtigen sind und die Ausgestaltung eines Reformansatzes

---

[16]   Die Legislative steht den Parlamenten zu. Damit ist die gesetzgebende Gewalt auf Bundesebene der Bundestag und auf Länderebene die Länderparlamente.

[17]   Die Regierung ist Bestandteil der Exekutive.

[18]   Meyer (2000), S. 15.

[19]   Vgl. Bogumil/Jann (2005), S. 251 f.

[20]   Als Synonym kann auch der Begriff der Politikgestaltung verwendet werden.

[21]   Als Synonym wird der Begriff der Politikausführung gebraucht.

[22]   Hierzu gehören u. a. Gesetze, Satzungen, Absichterklärungen, Haushaltsentscheidungen sowie inneradministrative Pläne. Vgl. Naschold et al. (1996), S. 50.

[23]   Vgl. Schedler/Proeller (2000), S. 53.

[24]   Darüber hinaus kann das verwaltungsspezifische Führungssystem wiederum in weitere Führungsteilsysteme zerlegt werden.

[25]   Vgl. Vernau (2002), S. 70. Eine ausführliche Darstellung des politisch-administrativen Führungssystems erfolgt in Kapitel 2.2.3.

beeinflussen.[26] Grundsätzlich bleibt das politisch-administrative System situativ offen für die Einbeziehung weiterer am Politikprozess beteiligter Akteure bzw. Stakeholder[27].

Eine umfassende, präzise und allgemein anerkannte Definition des Begriffs der *öffentlichen Verwaltung*[28] ist aufgrund der Vielfalt öffentlicher Einrichtungen und Aufgaben in der aktuellen Literatur nicht vorzufinden.[29] Grundsätzlich lassen sich jedoch Eigenschaften identifizieren, die für eine Begriffsprägung der öffentlichen Verwaltung allgemein akzeptiert sind. Demnach trägt die öffentliche Verwaltung durch *die Vorbereitung, den Vollzug* und *die Kontrolle* politischer Entscheidungen zur Erreichung des Staatszwecks und der durch diese bestimmten öffentlichen Aufgaben[30] bei.[31]

Das tragende Prinzip der öffentlichen Verwaltung ist der Grundsatz der *Rechtmäßigkeit* bzw. der *Gesetzmäßigkeit*[32]. Der Gleichbehandlungsgrundsatz[33] ist Bestandteil des Sozialstaatsprinzips und muss von einer öffentlichen Verwaltung ebenfalls berücksichtigt werden. *Träger* öffentlicher Verwaltungen sind die Gebietskörperschaften, die in Deutschland öffentliche Verwaltungen auf Bundes-, Landes-[34] und Kommunalebene entstehen lassen (vgl. *Abbildung 2*).[35]

---

[26]   Vgl. zu den Typen des Mehrebenensystems der Verwaltung Benz (2005), S. 18 ff.

[27]   Die Bezeichnung Akteur und Stakeholder wird in dieser Ausarbeitung als synonym verwendet. Hierzu gehören neben der Verwaltung und der Politik u. a. die Bürger sowie Unternehmen. Auch lassen sich unter diesen Begriff unterschiedliche Formen rechtlicher bzw. öffentlich-rechtlicher Zusammenschlüsse subsumieren.

[28]   Die öffentliche Verwaltung bzw. die Administrative bildet mit der Regierung als oberster Institution des Staates die *Exekutive*, die ausführende Gewalt. In einigen Bundesländern in Deutschland existieren staatliche Mittelinstanzen, die die Bezeichnung Regierung innehaben. So existieren bspw. in Nordrhein-Westfalen insgesamt fünf Bezirksregierungen. Diese können bspw. als Moderator und Mittler zwischen den Kommunen und der Landesregierung fungieren.

[29]   Vgl. Schedler/Proeller (2000), S. 15 sowie Eichhorn (2002), S. 760.

[30]   Öffentliche Aufgaben können hoheitlicher Natur (bspw. Justiz, Polizei oder Verteidigung) oder aber leistender Natur sein (bspw. als Daseinsvorsorge wie u. a. Gesundheits- oder Energieversorgung), vgl. Eichhorn (2002), S. 761.

[31]   Vgl. Schedler/Proeller (2000), S. 15.

[32]   Die Gesetzmäßigkeit der Verwaltung beinhaltet sowohl den *Vorrang des Gesetzes* als auch den *Vorbehalt des Gesetzes*. Vgl. hierzu Eichhorn (2002), S. 760. „Die Gesetzgebung ist an die verfassungsmäßige Ordnung, die vollziehende Gewalt und die Rechtsprechung sind an Gesetz und Recht gebunden." Art. 20 Abs. 3 GG.

[33]   „Alle Menschen sind vor dem Gesetz gleich." Art. 3 Abs. 1 GG.

[34]   Die meisten Bundesgesetze werden über die Länder umgesetzt. Gleichzeitig werden in den Ländern die Rahmenbedingungen für die Kommunalverwaltungen gesetzt. Die Länder genießen Kulturhoheit und besitzen eigenständige Kompetenz- und Regelungsrechte im Bereich der Inneren Sicherheit und der Gesetzgebung für Funk und Fernsehen. Verwaltungsaufgaben auf Landesebene müssen differenziert werden in die Bundesauftragsverwaltung (bspw. Verwaltung von Bundesautobahnen, Vollzug von Gesetzen zur Erzeugung und Nutzung von Kernenergie), den Landesvollzug von Bundesgesetzen als eigene Angelegenheit der Länder (bspw. Sozial- und Jugendhilfe, Krankenhausplanung, Umweltschutz oder Baurecht) sowie den Landesvollzug von Landesgesetzen. Vgl. Bogumil/Jann (2005), S. 75 f.

[35]   Vgl. Eichhorn (2002), S. 761.

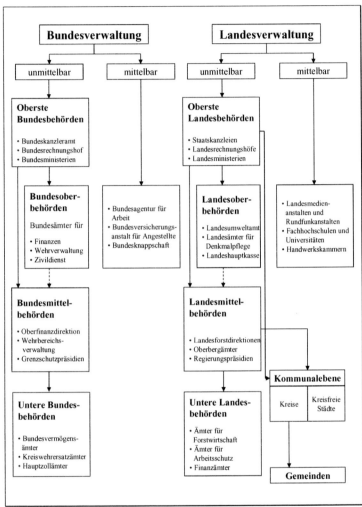

Abbildung 2: Verwaltungsaufbau in Deutschland[36]

Im Rahmen einer unmittelbaren Staatsverwaltung wird die Verwaltung direkt durch den Bund und die Länder ausgeübt, während über eine mittelbare Staatsverwaltung organisatorisch und rechtlich selbstständige Einheiten mit dem Verwaltungsvollzug

---

[36]   Vgl. Bogumil/Jann (2005), S. 68.

beauftragt werden.[37] Träger der kommunalen[38] Selbstverwaltung[39] sind im Wesentlichen die Gemeinden, Kreise und Landschaftsverbände.[40]

Die durch demokratische Auseinandersetzungen in zuständigen Gremien entwickelten politischen Ziele und die zu deren Erreichung geplanten *öffentlichen Produkte* werden im Wesentlichen durch eine öffentliche Verwaltung im Rahmen der *Politikdurchführung* umgesetzt. Damit dienen die öffentlichen Produkte unter dem in dieser Ausarbeitung zugrunde gelegten Begriffsverständnis der Erfüllung *öffentlicher Aufgaben*. Zu den öffentlichen Produkten der Verwaltung gehören u. a. Einzelentscheidungen, Anwendung von Normen, Ressourcenverteilungen, Programme sowie eine Vielzahl von *Dienstleistungen*.[41]

Neben dem *Dienstleistungscharakter* ist eine starke Heterogenität in Form *unterschiedlicher Standardisierbarkeit* kennzeichnend für öffentliche Produkte. Diese Eigenschaften haben konkrete Auswirkungen auf den Leistungserstellungsprozess und damit auch auf die Ausgestaltung der Steuerungs- und Kontrollinstrumente der Führung im politisch-administrativen System.[42]

HOFFJAN klassifiziert das Leistungsprogramm öffentlicher Verwaltungen neben den primär vorzufindenden Dienstleistungen in planende, gesetzesvorbereitende sowie gesetzesvollziehende Tätigkeiten.[43] Diese Unterscheidung spiegelt sich in der häufig anzutreffenden Differenzierung nach Funktionen von Verwaltungen wider. Eine Unterteilung findet in die Ordnungsverwaltung, die Dienstleistungsverwaltung, die politische Verwaltung sowie die Organisationsverwaltung statt.[44] Während die *Ordnungsverwaltung* den Vollzug und die Kontrolle von Gesetzen durchführt, erbringt die *Dienstleistungsverwaltung*[45] technische, personelle und finanzielle Dienstleistungen

---

[37] Hierzu zählen bspw. Körperschaften, Anstalten oder Stiftungen des öffentlichen Rechts.

[38] Aufgaben der Kommunen liegen vor allem in den Bereichen innere Verwaltung und allgemeine Staatsaufgaben, Soziales, Wirtschaftsförderung, Gesundheitswesen, öffentliche Einrichtungen und Verkehr. Somit liegt ein großer Teil der Verwaltungsaufgaben im Zuständigkeitsbereich der Gemeinden und Gemeindeverbände. Vgl. Bogumil/Jann (2005), S. 82.

[39] Die kommunale Selbstverwaltung wird durch die kommunale Selbstverwaltungsgarantie in Art. 28 Abs. 2 GG und vielen Landesverfassungen geschützt.

[40] Die kommunalen Selbstverwaltungsorgane haben dagegen keine parlamentarischen Befugnisse. Die Gemeindeordnung stellt hingegen die Verfassung der Gemeinden dar.

[41] Vgl. Naschold et al. (1996), S. 50 sowie Banner (1997), S. 18.

[42] Darüber hinaus wird öffentlichen Produkten das Charakteristikum *fehlender Marktgängigkeit* zugeschrieben. Eine Koordination von Angebot und Nachfrage erfolgt deshalb über den Staat. Vgl. hierzu Siems (2005), S. 20 ff. Als Beispiel können die Konzepte der öffentlichen und der meritorischen Güter genannt werden. Während öffentliche Güter unter Marktbedingungen ein bestehendes Angebotsdefizit ausgleichen sollen, stellt die Bereitstellung meritorischer Güter eine Kompensation möglicher Nachfragedefizite unter Marktbedingungen dar. Vgl. Musgrave/Musgrave/Kullmer (1984), S. 60 ff.

[43] Vgl. Hoffjan (1998), S. 12. Darüber hinaus kann die öffentliche Verwaltung anhand ihrer Aufgaben auch in eine Eingriffsverwaltung, eine Leistungsverwaltung und in eine Planungsverwaltung differenziert werden.

[44] Vgl. im Folgenden Bogumil/Jann (2005), S. 69.

[45] Beispielhaft genannt seien Sozial- oder Bürgerämter.

– unter Berücksichtigung von Recht und Gesetz – und verfügt i. d. R. über mehr Entscheidungsspielräume. Die *politische Verwaltung* unterstützt primär die politische Führung[46], während die *Organisationsverwaltung* die Administration der Verwaltung selbst darstellt.

2.1.2 Rahmenbedingungen des Verwaltungsmanagements

Das klassische Leitbild des traditionellen Verwaltungsmanagements wurde bereits Anfang des 20. Jahrhunderts durch MAX WEBER[47] beschrieben. Das Modell des „bürokratischen Verwaltungsstabes" gilt als theoretische Erklärung und Begründung der damaligen Managementstrukturen. Das Bürokratiemodell galt seinerzeit als Organisationstypus, der effizientes, demokratisch kontrollierbares und rechtsgebundenes Verwaltungshandeln, zumindest bei den seinerzeit überwiegend vorherrschenden Verwaltungstypen der Eingriffs- bzw. Ordnungsverwaltung sicherzustellen schien.[48] Gerade die Rechtmäßigkeit bzw. Rechtsbindung und die Kontrollierbarkeit des Verwaltungshandelns stellten damals – wie auch heute – unverzichtbare Bedingungen des modernen Verfassungsstaates dar.[49] Die personengebundene patriarchalische Herrschaft sowie die subjektive Willkür sollten durch eine personenunabhängige, nachvollziehbare und sachbezogene Umsetzung vorgegebener Regeln ersetzt werden.[50] Die Merkmale des Bürokratiemodells können folgender Auflistung entnommen werden:[51]

- Arbeitsteilung und Spezialisierung
- Formalisierung durch schriftliche Regelungen
- Amtshierarchie
- Schriftlichkeit und Aktenkundigkeit
- Trennung von Amt und Person
- Trennung von laufendem Betrieb und Finanzbudget
- Rekrutierung aufgrund nachgewiesener Fachqualifikation
- Laufbahnprinzip
- Standesgemäße Geldentlohnung
- Disziplin und Berufsethos

Die grundlegenden Rahmenbedingungen, denen sich die Verwaltungen von heute stellen müssen, haben sich indes nachhaltig verändert. Nachfolgend sollen stichpunktartig Umfeldveränderungen aufgezeigt werden, die eine Anpassung des Verwaltungsmanagements notwendig erscheinen lassen:[52]

- Wandel zur Leistungs- und Planungsverwaltung
- Gestiegene Komplexität politisch-administrativer Problemstellungen

---

[46] Hiermit sind in diesem Zusammenhang die Ministerien gemeint.
[47] Vgl. Weber (1980).
[48] Vgl. Reichard (1995), S. 58.
[49] Vgl. Frey (1994), S. 23.
[50] Vgl. Budäus (1998), S. 1.
[51] Vgl. Weber (1980), S. 551 ff.
[52] Vgl. im Folgenden u. a. Reichard (1995), S. 59 f.

- Erhöhter nationaler wie internationaler Standortwettbewerb
- Werte und Einstellungswandel in der Gesellschaft
- Erhöhte Erwartungshaltung der Bürger gegenüber den Verwaltungsleistungen
- Steigende Politik- und Staatsverdrossenheit
- Krisenhafte Finanzlage des Staates
- Sinkende Attraktivität des öffentlichen Dienstes als Beschäftigungssystem

Die Auseinandersetzung mit den geänderten Rahmenbedingungen zeigt, dass die Webersche Organisationsform für den überwiegenden Teil der heutigen öffentlichen Verwaltungen als zu unflexibel, zu langsam und zu teuer gilt. Das Bürokratie-Modell ist aufgrund der praktischen Gegebenheiten seit seiner Beschreibung kontinuierlich widerlegt worden, da u. a. die Annahme einer klaren inhaltlichen wie organisatorischen Trennung von Politik und Verwaltung in der Praxis nicht stattgefunden hat.[53]

Zahlreiche Reformaktivitäten wurden zwischen den 50er und 80er Jahren des 20. Jahrhunderts entwickelt und teilweise auch umgesetzt.[54] Allerdings bleibt zu konstatieren, dass sich viele dieser Reformansätze im Kern um das Webersche Organisationsmodell bewegten und somit keine strukturelle Änderung zu beobachten war. Im Ergebnis können die bis dahin durchgeführten Reformaktivitäten nur als begrenzt erfolgreich bewertet werden. REICHARD führt die Gründe für diesen Sachverhalt auf die fehlende Akzeptanz der Verwaltungsseite, auf eine mangelhafte Anpassung von Modernisierungskonzepten auf die Verwaltungsspezifika sowie auf den fehlenden Reformwillen bei den maßgeblichen Akteuren und Entscheidern[55] zurück.[56]

Nicht zuletzt gilt die sich dramatisch zuspitzende Finanzlage – mit ausgelöst durch die deutsche Wiedervereinigung – als eine wesentliche Ursache, sich mit zeitgemäßen, den neu vorzufindenden Rahmenbedingungen angemessenen Modernisierungskonzepten des Verwaltungsmanagements zu beschäftigen. BUDÄUS spricht von einer Modernisierungs- und Leistungslücke, die zusammen mit der dramatischen Finanzierungslage und den Dysfunktionalitäten öffentlicher Bürokratien dazu geführt haben, innovative Konzepte, Bedarfsorientierung und Wirtschaftlichkeit[57] für den öffentlichen Sektor in den Vordergrund treten zu lassen.[58] Die sich hieraus ergebenden maßgeblichen Modernisierungskonzepte können als eigenständige Entwicklungsstufen der Verwaltungsmodernisierung interpretiert werden.

---

[53]   Auch kann die theoretisch geforderte *hierarchische Steuerung* zwischen Politik und Verwaltung als widerlegt bezeichnet werden. Vgl. Vernau (2002), S. 9 f.

[54]   Während in der Nachkriegsphase zunächst die Rechtsstaatlichkeit wiederhergestellt werden musste, wurden ab Ende der 60er Jahre demokratische Defizite aufgearbeitet, indem bspw. die bürgerlichen Beteiligungsrechte gestärkt wurden. Seit dem Ende der 70er Jahre wird die Modernisierung von Staat und Verwaltung durch eine Ökonomisierungsstrategie bestimmt. Hierzu zählen u. a. Ansätze von Aufgabenprivatisierung, Marktöffnung, Deregulierung, Rechtsvereinfachung sowie Personalabbau. Vgl. König (1995), S. 357 f.

[55]   Hierzu zählen vor allem das Parlament, die Regierung sowie einzelne Verbände.

[56]   Vgl. Reichard (1995), S. 62 f.

[57]   Grundsätzlich wird gefordert, dass sowohl die Politik als auch das Recht sich stärker auf eine wirtschaftliche Bewertung des Verwaltungshandelns einlassen müssen. Vgl. König (1995), S. 358.

[58]   Vgl. Budäus (1998), S. 2 und Budäus/Grüning (1998), S. 4 ff.

2.1.3 Entwicklungsstufen der Verwaltungsmodernisierung

Die sich anschließende nationale wie internationale Diskussion über neue Reformansätze im Rahmen der Verwaltungsmodernisierung ist geprägt durch den Begriff *New Public Management* (NPM), welcher als Sammelbegriff für heterogene und landesspezifische Reformansätze fungiert. Die deutsche Variante des NPM ist das *Neue Steuerungsmodell* (NSM). Ansätze des aktivierenden Staates bzw. der Bürgerkommune ergänzen aktuell die Reformdiskussion in diesem Zusammenhang.

2.1.3.1 Entwicklung zum New Public Management

Die sich aus dem Weberschen Bürokratiemodell ergebenden Dysfunktionalitäten, führten zu Bestrebungen diese zu beheben und gipfelten in der Entwicklung des New Public Managements[59]. Dieses kann nicht als ein umfassendes, für öffentliche Verwaltungen allgemeingültiges Gesamtkonzept verstanden werden. Vielmehr handelt es sich bei den gezeigten Lösungsansätzen um aufgabenbezogene und situativ einzusetzende Organisationsformen und Steuerungsinstrumente öffentlicher Aufgabenerfüllung. Das NPM kann als ein Leitbild interpretiert werden, das verschiedene *Reformelemente zu einer Gesamtstrategie* zusammenführt, und überwiegend von einer betriebswirtschaftlichen Interpretation des Verwaltungshandelns geleitet wird.[60] Eine wesentliche Rolle spielt dabei die Orientierung an privatwirtschaftlichen Unternehmen und den dort praktizierten Managementtechniken. Neben der *Steuerung durch Recht und Politik* ist im NPM auch die *Steuerung unter ökonomischen Gesichtspunkten* zu berücksichtigen.[61] Dieser Paradigmenwechsel für die heterogene öffentliche Verwaltung vollzieht sich nach BUDÄUS auf insgesamt drei Ebenen (vgl. *Abbildung 3*).

Das *gewandelte Rollenverständnis* des Staates und der öffentlichen Verwaltung ist Gegenstand der ersten Ebene. Dieses bezieht sich auf die Erkenntnisse über das Staatsversagen und den damit verbundenen Zweifeln an einer generellen staatlichen Kompetenz für Problemlösungen.[62] Folgt man den aktuellen wissenschaftlichen Diskussionen, die in Anlehnung an die Institutionenökonomik[63] geführt werden, so sollten

---

[59] In der Schweiz spricht man von *Wirkungsorientierter Verwaltungsführung* (WOV). Dort werden seit Beginn 1990er Jahre umfassende Ansätze zur Reorganisation der Steuerungsabläufe durchgeführt. Diese Ansätze konzentrieren sich vor allem auf eine verstärkte produkt- und wirkungsorientierte Führung und betreffen alle administrativen Ebenen. Vgl. Schedler (1996), S. 13 und Reichard (2002), S. 26 f.

[60] Vgl. Schröter/Wollmann (2005), S. 63.

[61] Vgl. Budäus (1997), S. 45.

[62] Vgl. Budäus (1998), S. 3.

[63] Nach BORINS/GRÜNING herrscht weitestgehend Konsens darüber, dass sich die dem NPM zugrunde liegenden Theorien vor allem auf die Neue Institutionenökonomik zurückführen lassen. Zu nennen sind insbesondere die Public-Choice-Theorie, die Transaktionskosten-Theorie sowie die Prinzipal-Agent-Theorie. Die unterschiedlichen Managementansätze zur Binnenreform des öffentlichen Sektors werden durch den „Managerialismus" erklärt. Vgl. dazu Borins/Grüning (1998), S. 14 ff. Dabei können allerdings konzeptionelle Widersprüche in den ökonomischen Theorien und Ansätzen ausgemacht werden. Während die Public-Choice-Theorie „die politische Kontrolle der repräsentativen Regierung über die Bürokratie wieder zu etablieren" versucht, versucht der Managerialismus „das Primat von Management-Prinzipien über die Bürokratie einzurichten". Vgl. König (1998), S. 241.

diejenigen *Aufgabenfelder*[64] durch den Staat und seine öffentlichen Verwaltungen wahrgenommen werden, die eine *hohe Spezifität*, eine *hohe strategische Relevanz* sowie eine *Kostengünstigkeit* erkennen lassen.[65] Erst die Klarheit über die Leistungsbreite kann zu einer Analyse der Leistungstiefe des situativ vorzufindenden *institutionellen Arrangements*[66] führen. Im Rahmen der Leistungstiefenanalyse kann jede öffentliche Aufgabe in eine *Wertschöpfungskette* mit unterschiedlichen vor- und nachgelagerten Teilprozessen zergliedert werden, anhand welcher eine Verantwortungsstufung bzw. -teilung vorgenommen werden kann.[67] Diese mögliche *Verantwortungsstufung* führt zu einem Kontinuum an denkbaren Konstellationen bzgl. der Aufgaben- und Verantwortungswahrnehmung des Staates oder anderer Akteure im politisch-administrativen System.[68] Die Devolution, d. h. die Übertragung öffentlicher Aufgaben in die Gesellschaft wird als eine der zentralen Herausforderung im politisch-administrativen System beschrieben.[69]

In diesem Zusammenhang gewinnt das *Wirtschaftlichkeitsprinzip* im Rahmen staatlicher Tätigkeit an Bedeutung.[70] Im Vordergrund stehen dabei der Aufgabenabbau, die Privatisierung von Staatsaufgaben[71] sowie die Entwicklung neuer und innovativer Organisationsformen[72] mit dem Ziel, Handlungs- und Gestaltungsspielraum von Verwaltungen und Politik zurück zu gewinnen und die, durch die bürokratischen Organisationsmuster geförderten, starren Strukturen aufzubrechen. Grundsätzlich steht damit die Finanzierbarkeit bisheriger Strukturen und Verhaltensweisen im Mittelpunkt der ersten

---

[64] Die Aufgabenfelder bzw. Kernaufgaben des Staates können sowohl anhand der Leistungsbreite als auch anhand der Leistungstiefe beurteilt werden. Vgl. Röber (2005), S. 89.

[65] Vgl. Röber (2005), S. 91 ff. sowie u. a. Picot/Wolff (1994), S. 51 ff., Naschold et al. (1996).

[66] Unter institutionellen Arrangements wird diejenige Institutionenkonstellation bezeichnet, die mit dem Vollzug bzw. der Politikdurchführung einer öffentlichen Aufgabe beauftragt ist.

[67] RÖBER unterteilt vier Typen von Verantwortung; Gewährleistungsverantwortung, Vollzugsverantwortung, Finanzierungsverantwortung sowie Auffangverantwortung. Vgl. Röber (2005), S. 89.

[68] Das Kontinuum reicht von der kompletten Ausübung klassischer Staatsaufgaben wie die innere und äußere Sicherheit sowie die Ressourcensicherung in Form der Steuerhoheit, bei denen alle Verantwortungstypen in der Hand des Staates liegen bis zu Privatisierungskonstellationen, bei denen öffentliche Aufgaben voll auf den privaten Sektor übertragen werden. Etwaige Mischformen erfordern eine exakte Analyse und enthalten das größte gesellschaftliche Spannungspotenzial. Vgl. Röber (2005), S. 90.

[69] Neben der *Devolution öffentlicher Aufgaben* in die Gesellschaft stellt für NASCHOLD das Fehlen eines die einzelnen Verwaltungseinheiten *„koordinierenden"* strategischen Managements die zweite zentrale Herausforderung im politisch-administrativen System dar. Hierzu gehören insbesondere die Analyse, Invention und Koordination unterschiedlicher institutioneller Arrangements zur Ausübung öffentlicher Aufgaben sowie das Management bzw. die Koordination der Einstellungs- und Werteebene der Stakeholder. Darüber hinaus lässt sich das Management der Zeitstruktur, des spezifischen Modus und des Inklusionsgrades, des Wandlungsprozesses sowie das Management der prozessbegleitenden Beobachtung, welches vor allem Ergebnisvorgaben sowie prozessbegleitende und ergebnisüberwachende Beobachtung und Bewertung im Sinne von Evaluationen beinhaltet, anführen. Vgl. Naschold (1998), S. 167 ff.

[70] Vgl. Kückelhaus (1999), S. 1.

[71] „Privatisation is one answer, not the answer". Osborne/Gaebler (1993), S. 45.

[72] Vgl. Teufel (1997), S. 6.

Ebene.[73] Der Staat in seiner neuen Position als *Gewährleistungsstaat* sollte versuchen, u. a. die Forderung nach dem wirtschaftlichen Vollzug öffentlicher Aufgabenwahrnehmung zu erfüllen.[74]

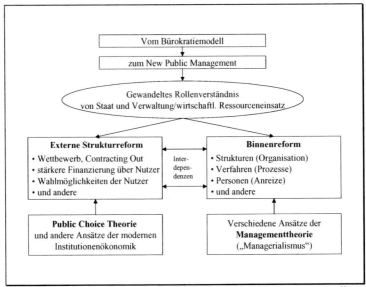

Abbildung 3: Vom Bürokratiemodell zum New Public Management[75]

Unterhalb der ersten Ebene unterteilt sich das NPM in zwei weitere Bereiche; die Ebene der externen Strukturreformen und die Ebene der Binnenreform. Auf der Ebene *externer Strukturreformen* stehen die Veränderungen externer Bedingungen im Mittelpunkt, die die Struktur- und Handelsbedingungen des öffentlichen Sektors als Ganzes betreffen. Konkret geht es um eine Stärkung der Markt- und *Wettbewerbsorientierung* der Verwaltungen, eine *Kundenorientierung* sowie eine stärkere *Einbeziehung der Bürger in politische Prozesse*.[76] Neben der Entwicklung von Konzepten zur Institutionalisierung von Wettbewerb und Wettbewerbssurrogaten zwischen öffentlichen Einrichtungen auf der einen und zwischen öffentlichen Einrichtungen und privatwirtschaftlichen Unternehmen auf der anderen Seite, rückt die Substitution der Steuerfinanzierung durch eine Gebührenfinanzierung in den Vordergrund der Betrachtung.[77]

Eine weitere Ebene befasst sich mit den *binnenorientierten Reformelementen* des NPM. Hierzu gehören vor allem Organisations- und Strukturreformen wie eine dezen-

---

[73]   Vgl. Budäus (1998), S. 3.
[74]   Vgl. Budäus (2002), S. 207.
[75]   Vgl. Budäus (1998), S. 6.
[76]   Vgl. Reichard (1995), S. 64.
[77]   Vgl. Budäus (1997), S. 44.

trale Verantwortungsstärkung und Verfahrens- oder Prozessreformen sowie Reformen des Personalmanagements. Darüber hinaus ist eine ergebnisorientierte Steuerung öffentlichen Handelns wichtiger Bestandteil der Binnenreformen.[78] Insbesondere das *Neue Steuerungsmodell (NSM)* der Kommunalen Gemeinschaftsstelle für Verwaltungsvereinfachung (KGSt)[79], das die nationale Variante des NPM für Kommunen in Deutschland darstellt,[80] betrifft primär die Ebene der Binnenreform. In Anlehnung an das niederländische Modellvorbild der Stadt Tilburg[81] ist das Konzept des NSM[82] bis heute in deutschen Kommunen in zahlreichen Varianten umgesetzt worden.[83] Grundsätzlich kann der Einsatz von Elementen des NSM auf allen Ebenen der Verwaltung nachgewiesen werden.[84] Damit wurde der Wandel *von der Behörde zum Dienstleistungsunternehmen* in weiten Teilen der öffentlichen Verwaltung vollzogen.[85]

Die innewohnenden Reform- oder Steuerungselemente betreffen in erster Linie die Kongruenz von Ressourcen- und Fachkompetenz, globale Budgetierungskonzepte, Dezentralisierung, Personalentwicklungsansätze, Kontraktmanagement, Kosten- und Leistungsrechnung (KLR) sowie den Einsatz eines Controllings. Erst bei einer Vernetzung oder den simultanen Einsatz dieser Elemente können sich die Wirkungen des NSM voll entfalten.

2.1.3.2 Elemente des Neuen Steuerungsmodells

Die Durchsetzung einer unternehmensähnlichen, *dezentralen Führungs- und Organisationsstruktur* beinhaltet in erster Linie eine klare Verantwortungsabgrenzung zwischen Politik und Verwaltung[86] und damit einhergehend eine Vergrößerung der Verantwortlichkeiten und Kompetenzen auf den unteren Ebenen der Verwaltung. Neben der Fachverantwortung wird den einzelnen Fachbereichen zunehmend auch die „zugehörige" *Ressourcenverantwortung* übertragen. Das Ergebnis ist ein Auftraggeber-Auftragnehmer-Verhältnis zwischen Politik und Verwaltung sowie auch zwischen den Führungsebenen innerhalb der Verwaltung. Um die Umsetzung zu gewährleisten müssen verschiedene Maßnahmen und Instrumente genutzt werden.

---

[78]   Zum Ausdruck kommen vor allem Elemente der Managementlehre, vgl. dazu Budäus (1998), S. 6, Schröter/Wollmann (2005), Borins/Grüning (1998), S. 11 ff und Jann (2005a). Der Schwerpunkt deutscher Reformentwicklungen liegt eindeutig auf der Binnenmodernisierung. Vgl. Budäus/Grüning (1998), S. 8.

[79]   Vgl. KGSt (1991) sowie KGSt (1993).

[80]   Vgl. Jann (2001), S. 323.

[81]   In dem aus den Niederlanden stammenden Tilburger-Modell wurde beabsichtigt, „die Stadtverwaltung nach dem Modell eines privatwirtschaftlich operierenden Konzerns" umzubauen. König (1995), S. 354. Insbesondere die Elemente Kontraktmanagement, dezentrale Ressourcenverantwortung sowie Kostenrechnung wurden dabei thematisiert. Vgl. Jann (2005b).

[82]   Vgl. zum Konzept und den Anwendungsfeldern des NSM u. a. auch Jann (2005b).

[83]   Vgl. Hill (1997), S. 28 sowie u. a. Reichard (1994), S. 67 ff. und Banner (1994), S. 5.

[84]   Vgl. Jann (2004), S. 15.

[85]   Vgl. Banner (1991), S. 6 ff.

[86]   Auf das besondere Verhältnis zwischen Politik und Verwaltung im Verwaltungsmodernisierungsprozess wird ausführlich in Kapitel 2.2.3 eingegangen.

Ziel- und Leistungsvereinbarungen über zu erzeugende Produkte oder Leistungsbündel werden in so genannten *Kontrakten*[87] zwischen den einzelnen Ebenen fixiert. Das *Produktkonzept* stellt dabei ein zentrales Element des NSM dar. Die Umstellung aller Verwaltungsaktivitäten auf den beabsichtigten Output erfordert zum einen die Zusammenlegung vieler Einzelaktivitäten in eine überschaubare Anzahl von Produkten. Zum anderen ist die Festlegung von Zielen für jedes einzelne Produkt erforderlich, um im Rahmen einer Gesamtsteuerung die Detailgestaltung abzuleiten sowie die erzielten Ergebnisse ermitteln und analysieren zu können.[88]

Im Rahmen der *Budgetierung*[89] beschließen Politik und Verwaltungsführung einen Budgetrahmen, der den einzelnen Fachbereichen vorgegeben wird. Innerhalb dieser Eckwerte bewegen sich die Fachbereiche indes relativ autonom, so dass beispielsweise Finanzmittel zwischen einzelnen Ausgabengruppen transferiert werden können. Im Ergebnis führt dieses Reformelement zu einem erhöhten eigenverantwortlichen Handeln sowie zu beobachtbaren Einspareffekten.[90] Ein weiteres zentrales Element des NSM ist die *Kosten- und Leistungsrechnung*[91]. Die von den öffentlichen Bereichen zu erbringenden Dienste werden aufbauend auf konkreten Leistungsbeschreibungen sowie Qualitäts-[92] und Kostenstandards festgelegt. Durch eine aussagefähige Kosten- und Leistungsrechnung kann der Ressourceneinsatz ermittelt und konkretisiert werden.

Die geschilderte Verantwortungsverlagerung soll eine effiziente und effektive Arbeitsweise fördern.[93] Die so mit einem größeren Gestaltungsspielraum ausgestatteten Einheiten sind mittels einer Rahmensteuerung wieder an die Vorgaben der Führungsspitze zu binden. Insgesamt ergibt sich aus dem NSM eine neue Steuerungslogik, welche die traditionelle bürokratische Steuerung mit ihren rechtlichen und hierarchischen Kontrollen ablöst. Somit steht zunächst eine *dezentrale ergebnisorientierte Steuerung* im Vordergrund.[94] Der Aufbau von geeigneten Verfahren zur systematischen Erfassung und Dokumentation aller relevanten Daten ist Aufgabe eines *Controllings*. Ein aussagefähiges *Berichtswesen* sorgt für wirksame Steuerungskreisläufe zwischen den Fachbereichen und den einzelnen Leitungsebenen.[95]

---

[87]   Im Rahmen dieser Ausarbeitung soll in Anlehnung an WOLLMANN zwischen unterschiedlichen Kontrakten unterschieden werden. *Politische Kontrakte* werden zwischen der Politik und der Verwaltung geschlossen, *Managementkontrakte* zwischen der Verwaltungsführung sowie einzelnen Verwaltungseinheiten und *Servicekontrakte* zwischen einzelnen Verwaltungseinheiten sowie *Mitarbeitergespräche* in Form von Zielvereinbarungen zwischen dem Vorgesetzten und dem Mitarbeiter. Vgl. Wollmann (2001), S. 37.

[88]   Vgl. KGSt (1993), S. 20 ff.

[89]   Empfehlungen zur Gestaltung von Budgetierungssystemen in der öffentlichen Verwaltung finden sich bei Grommas (2005), S. 52 ff.

[90]   Vgl. Reichard (1995), S. 70.

[91]   Zu dem Instrument der Kosten- und Leistungsrechnung vgl. auch Kapitel 5.2.4.1.

[92]   Zu den einzelnen Qualitätsdimensionen im politisch-administrativen System vgl. Kapitel 4.2.

[93]   Vgl. Schedler/Proeller (2000), S. 75.

[94]   Vgl. Schröter/Wollmann (2005), S. 70.

[95]   Vgl. Reichard (1995), S. 71.

2.1.3.3 Aktivierender Staat und Bürgerkommune

Das aus der beschriebenen Neuorientierung entstandene Leitbild der Dienstleistungs-
kommune oder des Dienstleistungsunternehmens wurde Ende der 1990er Jahre durch
das Leitbild der *Bürgerkommune*, auf Bundesebene des *aktivierenden Staates*[96] ergänzt
(vgl. *Abbildung 4*).[97]

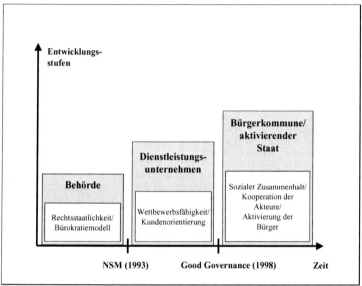

Abbildung 4: Die Entwicklungsstufen kommunaler und staatlicher Leitbilder[98]

Während das Leitbild des Dienstleistungsunternehmens primär durch die Binnenmodernisierung der Verwaltung auf Basis der Einführung betriebswirtschaftlicher Mana-
gementkonzepte gekennzeichnet ist, mit dem Ziel, einer höheren Wettbewerbsfähigkeit bzw. einer stärkeren Kundenorientierung, entspricht die Weiterentwicklung zur
Bürgerkommune der Erweiterung der Reformperspektive von der Verwaltung um *Politik* und *Gesellschaft*.[99]

---

[96]   Aktivierender Staat bedeutet in diesem Zusammenhang, „die Selbstregulierungspotenziale der
Gesellschaft zu fördern und ihnen den notwendigen Freiraum zu lassen." Bundesministerium des
Inneren (1999), S. 2.

[97]   „Ziel der Bundesregierung ist es, Staat und Verwaltung dem gewandelten Staatsverständnis und
den sich verändernden Aufgaben von Regierung und Verwaltung anzupassen." Bundesministerium
des Inneren (1999), S. 1.

[98]   In Anlehnung an Broekmate/Dahrendorf/Dunker (2001), S. 33.

[99]   Vgl. Broekmate/Dahrendorf/Dunker (2001), S. 35.

Dieser als *Good Governance*[100] bezeichnete Ansatz, entspricht einer *Gesamtsteuerung der gesellschaftlichen Entwicklung* unter *Einbeziehung aller relevanten Akteure* im Umfeld der Verwaltung. Der Bürger wird – diesem Leitbild folgend – nicht mehr ausschließlich als passiver Leistungsempfänger öffentlicher Dienstleistungen definiert. Er soll aktiv, neben weiteren Stakeholdern an der Politikformulierung sowie der Wahrnehmung der Aufgaben des Gemeinwesens beteiligt werden.[101] Damit rücken im Leitbild der Bürgerkommune bzw. des aktivierenden Staates Formen sozialer Zusammenarbeit sowie Kooperationen bzw. Aktivierungen der Bürger in den Vordergrund.[102]

Diese neue Entwicklungsstufe bedingt die Auseinandersetzung mit der konkreten Einbindung der Bürger in das politisch-administrative System. Darüber hinaus müssen neben der zentralen Fragestellung nach der konkreten Ausgestaltung des Zielsystems und der politisch-administrativen Steuerungsansätze, das damit verbundene Führungsverständnis bzw. das Verhältnis von Politik und Verwaltung einer Analyse unterzogen werden. Weitere strukturelle Besonderheiten, wie unterschiedliche Wettbewerbsformen im öffentlichen Sektor werden ebenfalls einer Diskussion zugänglich gemacht.

2.2 Strukturelle Besonderheiten im politisch-administrativen Kontext

Um zu verdeutlichen, dass ein umfassender Informationsbedarf auf unterschiedlichen Ebenen im politisch-administrativen System besteht, sollen zunächst wesentliche *strukturellen Besonderheiten* des Führungs- und Leistungssystems dargestellt werden.[103] Diejenigen Elemente, die einer ausführlicheren Betrachtung bedürfen, beziehen sich auf das *Zielsystem* im öffentlichen Sektor sowie auf die damit verbundenen *Steuerungsprozesse*. Für die Umsetzung moderner Planungs- und Steuerungsansätze bedarf es einer ausführlichen Analyse des *Verhältnisses zwischen der Politik und der Verwaltung*. Eine moderne Steuerungsphilosophie sollte die teilweise unterschiedlichen Informationsanliegen der beteiligten Akteure an der Schnittstelle beider Systeme zu-

---

[100] Der Begriff *Governance* in Verbindung mit einer Wertung wie „bad" oder „poor" kommt erstmals in einer Studie der Weltbank aus dem Jahre 1989 zum Ausdruck, in welcher man sich mit den schlechten wirtschaftlichen Zuständen in afrikanischen Regionen südlich der Sahara auseinandersetzt. Es werden negative Einflussfaktoren aus dem Bereich von Staat und Verwaltung registriert, die eine wirtschaftliche Entwicklung behindern. Governance kann aufgefasst werden als „the exercise of political power to manage a nation's affair". Der Begriff fokussiert im Gegensatz zu dem Begriff Government vor allem auf den *Prozess des Regierens*. KÖNIG spricht auch vom Konzept der „guten Gouvernanz". Vgl. Hill (2000a), S. 10, König (1998), S. 232 f., World Bank (1989), S. 60.

[101] Vgl. Hill (2000a), S. 9, Hill (2000b), S. 9 ff sowie Broekmate/Dahrendorf/Dunker (2001), S. 32 ff. Darüber hinaus werden dem Bürger definierte Beteiligungsrollen zugewiesen. Vgl. Bogumil/Holtkamp (2001), S. 10 ff. sowie Kapitel 2.2.4.

[102] Die zugrunde gelegte Legitimationsperspektive entspricht einem „Empowerment" der Menschen. Vgl. Klages (2000), S. 13.

[103] Nach HOFFJAN existieren generelle Rahmenbedingungen in der öffentlichen Verwaltung, die auf die Dringlichkeit eines verwaltungsgerechten Steuerungsinstrumentariums hinweisen. Kriterien wie die Organisationsstruktur, die Führungsstruktur und die Verhaltensstruktur, aber auch das Leistungsprogramm, das Haushaltswesen sowie das Zielsystem zählen zu den so genannte *strukturellen Systemvariablen* und spielen eine zentrale Rolle für eine Typisierung des Verwaltungsbetriebs. Vgl. Hoffjan (1998), S. 12 ff.

sammenführen können. Die Struktur des politisch-administrativen Systems bedingt darüber hinaus die Notwendigkeit der Interaktion und Kommunikation mit dem Bürger. Grundsätzlich erheben die *Bürger* Anspruch auf eine transparente Darstellung des Politikprozesses. Darüber hinaus tangieren diese in Abhängigkeit ihrer jeweiligen Beteiligungsrolle den politisch-administrativen Prozess der Gesamtsteuerung an unterschiedlichen Stellen.[104] Diese variierenden Beteiligungsmöglichkeiten sowie die daraus erwachsenden Informationsinteressen bedürfen vor dem Hintergrund der Bürgerkommune bzw. des aktivierenden Staates einer ausführlichen Thematisierung. Über die Schaffung von Kunden- bzw. Bürgerzufriedenheit kann sich Politik und Verwaltung grundsätzlich profilieren. In diesem Zusammenhang spielt bspw. auch der Standortwettbewerb eine Rolle. Die klassische Form von Wettbewerb kann allerdings in vielen Fällen im öffentlichen Sektor nicht stattfinden. Der Einsatz von Wettbewerbssurrogaten kann den fehlenden Marktmechanismus ersetzen und im Idealfall zu einer verbesserten Effizienz und Effektivität der Aufgabenausübung beitragen. Es wird sich zeigen, dass im politisch-administrativen System gerade die Aufbereitung und der Einsatz von zielgerichteten Informationen diesen Idealzustand fördern kann.

2.2.1 Zielsystematisierung im politisch-administrativen System

Organisationen, die theoretisch wie praktisch keine klaren Ziele haben, können nicht erfolgreich sein.[105] Dies macht eine Betrachtung der im Allgemeinen vorzufindenden Struktur und der Gewichtung der Ziele im *Zielsystem* des politisch-administrativen Systems erforderlich.

Das Zielsystem im politisch-administrativen System kann sowohl in *Formal-* als auch in *Sachziele* unterteilt werden. Letztere werden dabei auch als inhaltliche Ziele[106] bezeichnet, aus welchen im Wesentlichen die *Rechtfertigung des Aufgabenvollzugs* heraus erfolgen muss. Die Sachziele konkretisieren damit den quantitativen, qualitativen sowie zeitlichen Erfüllungsgrad der Verwaltungsleistungen.[107]

Die Formalziele hingegen beschäftigen sich primär mit dem ökonomischen Gehalt der Aufgabenerfüllung und messen das Ergebnis der Leistungserstellung in Form seiner monetären Auswirkungen.[108]

Eine *Priorisierung* der genannten Zielkategorien führt im Bereich des öffentlichen Sektors oftmals dazu, dass von einer Dominanz des Sachziels gegenüber dem Formalziel gesprochen wird.[109] Dies resultiert u. a. aus der Feststellung, dass z. B. die kommunale Aufgabenerfüllung nach § 1 Abs. 1 GO NW als Ausgangspunkt ihres Han-

---

[104] Vgl. Kapitel 2.1.3.

[105] Vgl. Böllhoff/Wewer (2005), S. 148.

[106] Vgl. Schuster (2001a), S. 43.

[107] Vgl. Hoffjan (1998), S. 12.

[108] Vgl. Hoffjan (1998), S. 12. In der Privatwirtschaft dominieren in aller Regel die Formalziele (z. B. Gewinnmaximierung) und bestimmen somit den Steuerungskreislauf dieser Unternehmen.

[109] Vgl. u. a. Haiber (1997), S. 397 f. Allerdings gibt es auch Autoren, die eine Gleichrangigkeit zwischen den Sach- und den Formalzielen sehen, da Pflichtaufgaben nicht um jeden Preis erfüllt werden sollten. Vgl. dazu u. a. Schuster (2001a), S. 51.

delns der *Förderung des Wohls ihrer Einwohner* (Gemeinwohlorientierung) unterliegt.[110] Die Orientierung am *Prinzip der Wirtschaftlichkeit* für öffentliche Verwaltungen spiegelt u. a. Art. 114 Abs. 2 Grundgesetz (GG)[111] wider. Daneben beschreibt § 6 des Haushaltsgrundsätzegesetzes (HGrG) u. a. dass „ ... die Grundsätze der Wirtschaftlichkeit und Sparsamkeit *zu beachten*" [112] sind. Nach HAIBER stellt das Formalziel eine Nebenbedingung des Sachziels dar, um eine Verlustminimierung, Kostendeckung und Gewinnbegrenzung zu kontrollieren.[113] Ökonomische Formalziele dienen damit der Unterstützung der *Gemeinwohlförderung* und können als Subziele oder untergeordnete Ziele der Sachziele definiert werden.

Der Zweck der Gemeinwohlförderung kann sich in vielfältigen Ausprägungen äußern. Eine Konkretisierung des Gemeinwohls kann somit nur über die Bildung von *Zielhierarchien* im Rahmen eines *Zielsystems* erfolgen, um eine *operationale Steuerung* der (Teil-)Systeme im politisch-administrativen Gesamtsystem sowie unterschiedlicher Hierarchieebenen gewährleisten zu können. Hierfür stehen die einzelnen Ziele unterschiedlicher, benachbarter Zielhierarchien in einer Zweck-Mittel-Relation. Die Subziele gewährleisten idealerweise die Erreichung der übergeordneten Ziele.[114] Als Maßnahmen zur Erfüllung der Ziele werden i. d. R. *öffentliche Produkte*, zumeist in der Form von Dienstleistungen[115], geplant und durch die Verwaltung umgesetzt.

Sofern politische Zielvorgaben (als Oberziele) ein hohes abstraktes Niveau aufweisen, sind die Ziele durch die Verwaltung entlang der Hierarchie des politisch-administrativen Systems zu konkretisieren und zu operationalisieren.[116] Die *Zielkaskadierung* gilt nicht nur für politische Vorgaben, sondern bspw. auch für Beschlussfassungen des Parlaments oder Rahmenvorgaben aus rechtlichen Regelwerken, wie u. a. dem Gesetz, Verordnungen oder dem Haushaltsplan.[117] Darüber hinaus können sich strategische Ziele auch über die Einschätzung gesellschaftlicher Entwicklungstrends,

---

[110]   KULOSA spricht im Zusammenhang der Gemeinwohlförderung von einem metaökonomischen Oberziel. Vgl. Kulosa (2003), S. 40. Vgl. darüber hinaus Budäus/Buchholtz (1997), S. 322 f.

[111]   Darin wird u. a. beschrieben, dass die Wirtschaftlichkeit der Haushalts- und Wirtschaftsführung durch den Bundesrechnungshof zu prüfen ist. Vgl. Art. 114 Abs. 2 GG.

[112]   Vgl. § 6 Abs. 1 Satz 1 HGrG. Vgl. hierzu auch Harms (1999), S. 24 f. Die Grundsätze der Sparsamkeit und Wirtschaftlichkeit sind bspw. auch in § 75 GO NW kodifiziert. Vgl. Budäus/Buchholtz (1997), S. 323.

[113]   Vgl. Haiber (1997), S. 11 f. sowie S. 397 f.

[114]   Vgl. Budäus/Buchholtz (1997), S. 324.

[115]   Produkte in der Verwaltung können neben der Bereitstellung von Dienstleistungen u. a. auch Einzelentscheidungen, Ressourcenverteilungen oder Anwendung von Normen sein. Vgl. Naschold et al. (1996), S. 50.

[116]   Dabei sollten Ziele vor allem mit anderen Zielen der Institution bzw. mit persönlichen Zielen der Mitarbeiter vereinbar sein. Darüber hinaus gilt es zu beachten, dass Ziele überschaubar, realistisch, herausfordernd, positiv formuliert, präzise sowie mess- und überprüfbar sind.

[117]   Zielkaskadierungen können über Kontrakte bzw. Zielvereinbarungen vor- und nachgelagerter Hierarchiestufen im Gesamtsystem vorgenommen werden. Im Idealfall entsteht eine Kette von Zielvereinbarungen zwischen allen Führungsebenen. In der Regel begünstigen Zielvereinbarungen einen kooperativen Führungsstil, indem sie ergebnisorientiertes Arbeiten und die Konzentration auf wichtige Vorhaben ermöglichen. Zu den unterschiedlichen Formen von Kontrakten vgl. Kapitel 2.2.2.

den Kundenerwartungen sowie deren Veränderungen ergeben.[118] Im Ergebnis wird die Planung und damit das Handeln auf unterschiedlichen Ebenen des politisch-administrativen Systems „von oben nach unten"[119] und auch die permanente Erfolgskontrolle, im Sinne der Überprüfung der Zielerreichung „von unten nach oben"[120] ermöglicht.[121]

Die Stellung der *Zielplanung* sowie der *Zielkontrolle* und damit dem *Zielmanagement* im Gesamtsystem wird evident. Die Güte der Zielplanung determiniert die Qualität und Wirksamkeit der Erfolgskontrolle, da bereits bei der Planung die relevanten Kriterien für eine Zielerreichungskontrolle antizipiert und festgelegt werden sollten. Demnach existieren drei wesentliche Elemente, die im Rahmen einer Zielplanung Berücksichtigung finden müssen. Die Analyse des *Ist-Zustands*, die *Festlegung des Ziels* bzw. des *Plan-Zustands* sowie die *Beschreibung der Maßnahme* und der Art und Weise zur Zielerreichung.[122] Die Zielkontrolle ermöglicht über eine Analyse des *Zielerreichungsgrades*[123] das potenzielle *Nach*- oder *Gegensteuern* seitens der Führung. Das Zusammenspiel von Planung, Steuerung und Kontrolle kann grundsätzlich über einen *dynamischen Regelkreis* abgebildet werden.[124] Die Relevanz des öffentlichen Produkts bzw. der öffentlichen Aufgabe in diesem Zusammenhang ist evident.[125]

Auch wird die zentrale Bedeutung für ein ganzheitliches Instrumentarium deutlich, welches in der Lage ist, zielorientiert den jeweiligen Informationsbedarf (der Führung) auf allen Ebenen des politisch-administrativen Systems[126] sowohl für die Planung als auch für die Kontrolle zu befriedigen und zu dokumentieren, um auch unterschiedliche und dynamische *Management- und Steuerungsprozesse* zu ermöglichen.

2.2.2 Management- und Steuerungsprozesse im politisch-administrativen System

Im Rahmen von Management- und Steuerungsprozessen erfolgt eine zielorientierte Steuerung von Verwaltungen bzw. Verwaltungsteilen durch die Führung im politisch-administrativen System bzw. durch das Verwaltungsmanagement. Betrachtet man ausschließlich den Steuerungsprozess im politisch-administrativen System, so lässt sich dieser Prozess in *Planung, Leistungserstellung* und *Kontrolle der Leistungserstellung* untergliedern. Aus der Festsetzung von politischen Zielen sollten sowohl die jeweili-

---

[118]   Vgl. Böllhoff/Wewer (2005), S. 149.
[119]   Als synonym wird auch der Begriff „top down" verwendet.
[120]   „Bottom up" bezeichnet das Synonym dieses Begriffs.
[121]   Vgl. Böllhoff/Wewer (2005), S. 148 f.
[122]   Vgl. Korthals (1993), S. 91.
[123]   Grundsätzlich sollten im Rahmen der Kontrolle den *Planwerten Istwerte* gegenübergestellt werden.
[124]   Vgl. Nick (2005), S. 6.
[125]   Die wesentlichen Charakteristika des öffentlichen Produktes werden in Kapitel 2.1.1 erläutert.
[126]   Dies gilt primär für die unterschiedlichen Führungsebenen in der öffentlichen Verwaltung, aber insbesondere auch für die Ebene der politischen Führung zur Überprüfung und etwaigen Korrektur der Oberziele des Gesamtsystems. Wie die Systeme der Führung im politisch-administrativen System ineinander laufen, thematisiert Kapitel 2.2.3.

gen Sachziele als auch relevante Formalziele abgeleitet werden.[127] Die Umsetzung dieser vorgegebenen Ziele durch die Verwaltung erfolgt mittels der öffentlichen Produkte. Die notwendigen Ressourcen zur Erstellung dieser Produkte müssen den Verwaltungen zur Verfügung gestellt werden. Diese Ressourcen werden auch als *Input*[128] bezeichnet. Die Ergebnisse der Verwaltungstätigkeit entstehen aus dem Produktions*prozess* der öffentlichen Verwaltung. Dieser so genannte *Output* ist in der Regel das direkte Produkt des Verwaltungshandels[129] und zudem unmittelbar aus Sicht eines Dritten erkennbar. Die *Wirkungen (Outcomes)* hingegen sind die mittelbaren Resultate einer Leistung oder eines Leistungsbündels und stellen die zielbezogenen Ergebnisse öffentlicher Leistungen für die Bürger und/oder die Gesellschaft dar.[130]

Der Steuerungsprozess im politisch-administrativen System sowie die Ausführung der Leistungserstellung auf der Prozessebene und damit im System der öffentlichen Verwaltung sind als Regelkreise zu verstehen, die über die Funktionen Planung, Umsetzung und Kontrolle geführt werden können.[131] Über die Berichterstattung ergeben sich Rückkopplungen und Lernprozesse zur Planung und Umsetzung, wodurch dieser Kreislauf entsteht.[132] Der Steuerungsprozess, der für die ausführenden Einheiten vorgesehen ist und durch die führenden Einheiten angestoßen oder festgelegt wird, kann sich grundsätzlich auf den *Input*, den *Output* oder aber auch auf den *Outcome* beziehen.

Eine *inputorientierte Steuerung*[133] auf Basis von Finanzmitteln ist charakteristisch für die klassisch reglementierte Steuerungsart des bürokratischen Verwaltungsmodells. Über die Festlegung der einzusetzenden Ressourcen werden den ausführenden Einheiten die Inputs zugewiesen, um einen fest definierten Output zu erreichen. Die Verwendung der zugewiesenen Mittel sollte sachgerecht durch die ausführende Einheit eingesetzt und verantwortet werden. Im Ergebnis behält die führende Einheit die direkte Kontrolle über die Verwendung der Inputs.

Ein bereits angesprochenes zentrales Element des NPM ist die Verschiebung einer inputorientierten Steuerung zu einer *ergebnisorientierten Steuerung*[134] der ausführenden Einheiten. Ausgangspunkt dieser Neuorientierung sind die erbrachten Leistungen einer Verwaltung und nicht mehr die zur Verfügung stehenden Ressourcen. Steuerungsgegenstand einer solchen Philosophie sind daher die öffentlichen Produkte[135] ei-

---

[127] Vgl. Kapitel 2.2.1.

[128] Hierzu gehören u. a. notwendige Personal- und Sachmittel oder Dienstleistungen Dritter. Vgl. Budäus/Buchholtz (1997), S. 328, Kristensen/Grozyk/Bühler (2002), S. 10.

[129] Der Output kann auch durch andere Auftragnehmer der Verwaltung erbracht werden, bspw. durch die Auftragsvergabe der öffentlichen Hand an private Unternehmen. Vgl. Schedler/Proeller (2000), S. 61.

[130] Vgl. Budäus/Buchholtz (1997), S. 329.

[131] Vgl. Ulrich/Sidler (1977), S. 50.

[132] Vgl. Pede (1999), S. 87 f.

[133] Vgl. Kristensen/Grozyk/Bühler (2002), S. 9.

[134] Vgl. Kapitel 2.1.3.

[135] Vgl. Kapitel 2.1.1.

ner Verwaltung.[136] In diesem Zusammenhang werden die öffentlichen Produkte nach Zweck, Menge, Qualität, Zielgruppe und Kosten differenziert und stellen damit den *Output* der Verwaltungstätigkeit dar. Den ausführenden Einheiten werden i. d. R. die finanziellen Mittel zur Erstellung des Outputs über Budgets zugesprochen. Die Effizienzverantwortung wird damit auf die untere Ebene verlagert, die Verantwortung für die Effektivität indes verbleibt auf der führenden politischen Ebene.

Abbildung 5 gibt einen Überblick über die Auswirkungen einer derartigen Verschiebung in der Steuerungsphilosophie im politisch-administrativen System.

Kriterium	Inputorientierung	Outputorientierung
Steuerung	Ressourcenvorgaben	Direkte Produktsteuerung
Definition	keine Produktdefinition	Definition eines Produktes nach Zweck, Menge, Qualität, Zielgruppe und Kosten
Produktion	Fachbereich wird laufend beeinflusst durch Politik/Verwaltungsführung	Selbstverantwortliche Erstellung des Produktes
Kontrolle	sinnlos und ungerecht	Soll-Ist-Vergleiche im Rahmen eines Berichtswesens möglich; bei Bedarf Eingriff der Führung
Systemwirkung ökonomisch	Effizienz und Effektivität kaum erreichbar (Verschwendung)	Effizienz erreichbar
Systemwirkung psychologisch	Keine Ergebnisverantwortung, Mißtrauen und Unzufriedenheit (Frustration)	Verantwortungsabgrenzung fördert Ergebnisverantwortung, Vertrauen und Zufriedenheit

Abbildung 5: Gegenüberstellung von Input- und Outputorientierung

Das Oberziel der Gemeinwohlausrichtung im öffentlichen Bereich determiniert allerdings grundsätzlich die Notwendigkeit der Einbeziehung einer Wirkungsebene in den politisch-administrativen Steuerungsprozess. Dies erfordert konsequenterweise die Erweiterung der Steuerungsphilosophie mit Fokus auf die Ebene des *Outcomes*.

Denkbar sind grundsätzlich zwei Ansatzpunkte einer *wirkungsorientierten Steuerung* bzw. eines *wirkungsorientierten Managements*. Die eigentliche wirkungsorientierte Steuerung findet im Rahmen einer *strategischen Gesamtplanung* durch die Politik über die gesamte Breite öffentlicher Aufgaben oder auch über besonders geeignete öffentliche Aufgabenfelder einer Verwaltung statt.[137] Die Art und Weise der Zielerreichung bleibt dabei den ausführenden Organen überlassen. Hierdurch wird der ausführenden Verwaltung ein großer und erweiterter Handlungs- und Gestaltungsspielraum

---

[136] Vgl. Schedler/Proeller (2000), S. 129.
[137] Vgl. hierzu auch Kapitel 2.2.3.

überlassen. Diese langfristige, an den Oberzielen des Systems stattfindende Ausrichtung der Verwaltungssteuerung ermöglicht eine direkte Unterstützung des politischen Entscheidungsprozesses. Durch die Ausrichtung der Steuerung an das jeweilige Oberziel im politisch-administrativen System, kann im Idealfall eine Umschichtung der für die Erstellung und Erreichung dieser politischen Ziele notwendigen Ressourcen erreicht werden.[138]

Idealerweise würden die bewilligten Gelder im jährlichen Haushaltsplan direkt an das Erreichen der gewünschten wirkungsorientierten Ziele gekoppelt.[139] Die Messung von Wirkungen sowie die Identifikation und Abbildung von Ursache-Wirkungs-Zusammenhängen zwischen den Leistungen und den Wirkungen[140] haben somit einen großen Einfluss auf die Erstellung eines jährlichen Haushaltsplans. Die Integration eines wirkungsorientierten Steuerungsgedankens ist damit häufig erst in einer langfristigen, strategischen Gesamtplanung sinnvoll.

Der zweite Ansatz einer *wirkungsorientierten Steuerung* findet innerhalb des Systems öffentliche Verwaltung statt. Idealerweise sollten die ausführenden Stellen über *Wirkungsvereinbarungen* auf allen relevanten Ebenen der Verwaltung gelenkt werden. Im Gegensatz zu einer bürokratischen Steuerung können in einer durch das NPM hervorgerufenen dezentralen Verwaltungsstruktur die öffentlichen Aufgaben durch *Management-* oder *Servicekontrakte* an untere Ebenen übertragen werden. Erweitert man den Gedanken der leistungsorientierten Vereinbarung im Rahmen einer outputorientierten Verwaltungsführung, in welcher detaillierte Vorgaben über die zu erstellenden Produkte sowie Angaben zur Entlohnung weitergegeben werden,[141] so ist grundsätzlich auch vorstellbar, dass einzelne Verwaltungsinstitutionen mit den dann ausführenden Organen Verträge abschließen, die explizit wirkungsorientiert ausgestattet sind. Diese Vorgaben enthalten dann Angaben über die zu erzielenden Wirkungen und Wirkungsvorgaben, Regeln zur Bezahlung des Auftragnehmers für die Wirkungserzielung, Bestimmungen über ein Controlling sowie Regelungen über Aufsicht und Sanktionen bei Nichteinhaltung.[142] Die wesentlichen Unterscheidungskriterien dieser wirkungsorientierten Verträge liegen in der Anreizstruktur, die den Auftragnehmern gegeben wird, in dem Zeitpunkt der Entlohnung, in den Berichtspflichten sowie in der Vorgehensweise zur Festlegung von geeigneten Indikatoren zur Messung der Zielerreichung.[143]

Insgesamt sind die zuletzt genannten Ansätze aber weniger als Alternativen anzusehen, sondern vielmehr als sich ergänzende Betrachtungsperspektiven aufzufassen. *Abbildung 6* stellt in kompakter Form die Auswirkungen einer Erweiterung des out-

---

[138] Bezogen auf das Leitbild des aktivierenden Staates bzw. dem zugrunde liegenden Governance-Ansatz kann dies auch die Einbeziehung und Koordination weiterer öffentlicher sowie gesellschaftlicher Akteure beinhalten. In einem solchen Fall kann man auch von strategischer Steuerung in Netzwerken sprechen. Vgl. Banner/Adamaschek (2001), S. 11.

[139] Vgl. Osborne/Gaebler (1993), S. 159 ff.

[140] Vgl. Kapitel 5.2.7.1.

[141] Vgl. Liner et al. (2001), S. 21.

[142] Vgl. Schröder/Kettiger (2001), S. 18 f.

[143] Vgl. Liner et al. (2001), S. 22.

putorientierten Steuerungsgedankens zur *outcomeorientierten Steuerungsform* der Verwaltungsführung dar.

Kriterium	Outputorientierung	Outcomeorientierung
Betonung auf ...	Effizienz	Effektivität
Zeithorizont	Kurzfristig ausgerichtet; Soll-Ist-Vergleich meist kurzfristig möglich	Langfristig ausgerichtet; Zielerreichungsgrad meist nur in größeren Abständen feststellbar
Zuordnung von Ressourcen zu Outputs/Outcomes ist ...	relativ gut möglich mit KLR	schwieriger, da Ursache-Wirkungszusammenhang oft wenig strukturiert ist
Steuerung ist ...	recht gut möglich, da Einflussmöglichkeiten auf Outputs groß sind	teilweise nur bedingt möglich, da externe Faktoren eine wesentliche Rolle spielen
Der politische Entscheidungsprozess ...	wird nur mittelbar unterstützt	wird direkt unterstützt
Umschichtungen von Ressourcen ...	werden instrumentell nicht unterstützt	werden durch den Blick auf die wesentlichen Ziele erleichtert

Abbildung 6: Gegenüberstellung von Output- und Outcomeorientierung[144]

Das entscheidende Problem für die Steuerung öffentlicher Verwaltungen ist allerdings die Ableitung einer einheitlichen Grundorientierung von Verhaltensweisen, die aus der Abstimmung von individuellen Zielen mit den organisatorischen Oberzielen hervorgehen sollte.[145] Häufig wird versucht diesem Problem mit der Entwicklung verbindlicher *Managementelemente* zu begegnen, indem bspw. Mission, Vision und Leitbild definiert und kommuniziert werden.

Unter *Mission* versteht man den Auftrag einer Organisation sowie die Beschreibung des Zweckes, der die Existenz jener Organisation rechtfertigt. Aus der Mission sind Richtwerte und Vorgaben für das konkrete Verwaltungshandeln ableitbar.[146] Unter *Vision* wird das aus Sicht der Verwaltung gewünschte Zukunftsbild bzw. der langfristige Entwicklungspfad oder Leitideen einer Organisation verstanden.[147] Für SCHEDLER/PROELLER liegt die Idee der Vision zunächst in der Gestaltung der öffentlichen Verwaltung als „menschliche Verwaltung". Derart verstanden, berücksichtigt die

---

[144] Vgl. Bühler (2002), S. 274.
[145] Vgl. Budäus (1999a), S. 56.
[146] Vgl. Schedler/Proeller (2000), S. 51, Nick (2005), S. 30 sowie Krems (2006a).
[147] Vgl. Nick (2005), S. 29 sowie Krems (2006b).

Verwaltung die individuellen Beziehungen zwischen der Verwaltung und den Stakeholdern, auch unter bewusster Aufnahme bzw. Aktivierung des Bürgers.[148]

Das *Leitbild* beschreibt im Wesentlichen die Ziele und Wertvorstellungen einer Organisation und formuliert darüber hinaus die allgemeinen Prinzipien für die Bestimmung der Aufgabenfelder.[149] KREMS präzisiert, indem das Leitbild kurz und präzise die Mission und die Vision einer Organisation beinhaltet sowie Gestaltungshilfen für deren Umsetzung formulieren kann. Im Ergebnis soll ein einheitlicher Verhaltensrahmen geschaffen werden, mittels welchem die Identifikation mit der Organisation gestärkt wird.[150] Dementsprechend werden dem Leitbild auch grundsätzlich interne wie externe Funktionen zugewiesen.[151]

Die alltägliche Operationalisierung der Oberziele ist allerdings, anders als im privatwirtschaftlichen Umfeld, aufgrund der Heterogenität der Ziele im öffentlichen Bereich problematisch. Da das Leistungsprogramm der öffentlichen Verwaltung i. d. R. durch Gesetze und demokratisch legitimierte Organe festgelegt wird,[152] erfordert eine wirkungsorientierte Steuerung grundsätzlich ein abgestimmtes Zielsystem zwischen der Politik und der Verwaltung.

2.2.3 Führung im politisch-administrativen System

Die Ausführungen der vorangegangenen Kapitel begründen die Notwendigkeit der Existenz eines deutlich *abgestimmten Zielsystems zwischen Politik und Verwaltung*[153] sowie einer nach demokratischen Vorstellungen von Gewaltenteilung und Verwaltungtransparenz geforderten *trennscharfen Aufgabenteilung* zwischen diesen beiden Akteuren im politisch-administrativen System. Diese klare Verantwortungsabgrenzung zwischen der Politik und der Verwaltung – im Sinne von *Politikformulierung* und *Politikdurchführung*, d. h. die Politik bestimmt das „Was" der öffentlichen Leistungen und die Verwaltung besitzt einen gewissen Handlungsspielraum über das „Wie" oder das „Ob" der Leistungserstellung[154] – ist indes in der Praxis oftmals nicht anzutreffen.[155]

In der Literatur werden dafür vielfältige Gründe angeführt, die sich im Wesentlichen auf *zwei Ursachenbereiche* verdichten lassen. Zum einen verhindern die *unterschiedlichen Interessen*[156] sowie die spezifischen *Anreiz- und Belohnungsstrukturen* der ein-

---

[148]   Vgl. Schedler/Proeller (2000), S. 49.

[149]   Vgl. Wagner (2001), S. 8.

[150]   Vgl. Krems (2006c).

[151]   Vgl. Nick (2005), S. 25 ff.

[152]   Vgl. Budäus (1999a), S. 57.

[153]   Die Existenz eines abgestimmten Zielsystems ist eine der zentralen *Herausforderungen einer Wirkungsoperationalisierung*. Vgl. hierzu Kapitel 3.4.2.

[154]   Vgl. Schedler/Proeller (2000), S. 52.

[155]   Vgl. Jann (2005b), S. 81.

[156]   Dazu gehört z. B., dass auch aus Machterhaltungsgründen die Politik kein gesteigertes Interesse daran haben dürfte, die Transparenz und damit Nachvollziehbarkeit politischen Handelns zu erhöhen.

zelnen Akteure eine gelebte Verantwortungsabgrenzung.[157] Die Politik und das Verwaltungsmanagement bilden unterschiedliche Rationalitäten des Denkens und Handelns.[158] Zum anderen werden oftmals *fehlende* oder *konfliktäre Zielsysteme* sowie die *mangelnde Kenntnis über das notwendige Instrumentarium* zur Umsetzung der originären Ziele als Begründung einer unzureichenden Trennung der Aufgaben angeführt.[159]

Nach SCHEDLER/PROELLER besteht die Aufgabe der Führung im politisch-administrativen System damit darin, eine optimale Kombination der beiden Rationalitäten durch eine „*Übersetzungsfunktion*" auszufüllen. Das Gesamtsteuerungssystem aus Politik und Verwaltung kann dann idealerweise durch zwei ineinandergreifende Steuerungskreise anschaulich dargestellt werden (vgl. *Abbildung 7*). Im Rahmen der Übersetzungsfunktion sollten politische Vorgaben „in führungsrelevante Ziele zerlegt und umgekehrt das Ergebnis der Verwaltungsproduktion hinsichtlich politischer Aspekte eingeordnet werden."[160]

Abbildung 7: Integration von Politik- und Verwaltungskreislauf[161]

---

[157] Vgl. u. a. Vernau (2002), S. 4.
[158] SCHEDLER/PROELLER führen dies auf jeweils unterschiedliche Denkmuster und Begrifflichkeiten sowie Sanktions- bzw. Honorierungsmechanismen zurück. Vgl. Schedler/Proeller (2000), S. 52 f.
[159] Vgl. Jann (2005b), S. 82.
[160] Vgl. Schedler/Proeller (2000), S. 53 f.
[161] In Anlehnung an Schedler/Proeller (2000), S. 53.

BOGUMIL nennt allerdings in diesem Gesamtzusammenhang das Problem der Reorganisation der politischen Führung[162] als eine der „hartnäckigsten Reformblockaden" aus Sicht der Verwaltungsmodernisierung.[163] Vor diesem Hintergrund soll zunächst etwas differenzierter dargestellt werden, welche vier normativen Modelle[164] sich über das Verhältnis von Politik und Verwaltungen in den Politik- und Verwaltungswissenschaften in den letzten Jahren herauskristallisiert haben,[165] bevor ein möglicher Entwicklungsweg zu einer langfristig verbesserten effektiven Steuerung im politisch-administrativen System aufgezeigt wird. Zu den *vier Modellen* zählen im Einzelnen die autonome Verwaltung, die hierarchische Verwaltung, die kooperative Verwaltung sowie die responsive Verwaltung.

Die Aufgabe der *autonomen Verwaltung* besteht in der Verwirklichung des Gemeinwohls, wobei eine Trennung zwischen Politik und Verwaltung nicht vorhanden ist. Die Rolle der Bürger wird in der des Untertanen in einem souveränen, traditionellen und paternalistischen Obrigkeitsstaat gesehen. Grundsätzlich existieren keine Unterschiede in der Frage der Politikformulierung sowie der Politikdurchführung. Diese Aufgaben unterliegen der neutralen Bürokratie.

Im Rahmen der *hierarchischen Verwaltung* besteht die zentrale Funktion der Verwaltung in der neutralen Ausübung der politischen Präferenzen. Durch den streng hierarchisch organisierten Aufbau orientiert sich das Handeln der Verwaltung an explizit formulierten Regeln oder Programmen. Die Grundlage dieses Modellansatzes ist also das klassische Gewaltenteilungsmodell. Die Politikformulierung wird ausschließlich in den Parlamenten durchgeführt und die Politikdurchführung wird nicht nach ihrem jeweiligen Sinngehalt hinterfragt. Somit stehen Politik und Verwaltung in diesem Modell getrennt nebeneinander, eine politische Verwaltung ist in diesem Zusammenhang nicht vorgesehen.

Im Gegensatz zu einer hierarchischen Verwaltung ist das Verhältnis zwischen Politik und Verwaltung im Rahmen einer *kooperativen Verwaltung* vor allem durch Loyalität gekennzeichnet. Durch kooperatives Verhalten wird versucht, gemeinsam gesellschaftliche Akteure in die politische Steuerung einzubeziehen. Die Politikformulierung wird zunehmend von übergreifenden Netzwerken[166] durchgeführt, während die Politikdurchführung dadurch gekennzeichnet ist, dass die handelnden Stellen über einen anwachsenden Handlungsspielraum verfügen. Aufgrund dieser Eigenschaften spricht man auch von der Rolle des Partners zwischen der Politik und der Verwaltung.

---

[162] Mit politischer Führung bezeichnet BOGUMIL zum einen die *Führung innerhalb einer Verwaltung* durch den spezifischen Personenkreis sowie die Ausgestaltung der Führungsorganisation, zum anderen subsumiert politische Führung die *Führung der Verwaltung* durch die Politik. Letzteres kann auch als das Verhältnis von Politik und Verwaltung umschrieben werden. Vgl. Bogumil (2003), S.62.

[163] Vgl. Bogumil (2003), S. 62.

[164] Die Unterscheidung dieser Modelle geht auf eine umfassende Untersuchung des dänischen öffentlichen Sektors zurück. Vgl. Jann (1998), S. 260.

[165] Vgl. hierzu und im Folgenden Bogumil (2003), S. 65 ff. sowie Jann (1998), S. 260 ff.

[166] Hierzu zählen u. a. Wissenschaftler oder Verbände, aber auch Unternehmen.

Die Befriedigung der Ansprüche und Bedürfnisse der Bürger ist Kern der *responsiven Verwaltung*. Leitgedanke des dem New Public Management zugrunde liegenden Verwaltungsmodells ist die Unterordnung der Verwaltung unter die Gesellschaft. Auftraggeber bleibt in diesem Modell allerdings die Politik. Mittels des Instrumentariums des Kontraktmanagements wird versucht, die Zielerreichung zu kontrollieren.[167] Darüber hinaus spielen Grundsätze des allgemeinen Wettbewerbs sowie Anreizstrukturen eine zentrale Rolle.[168] Bezogen auf das Verhältnis von Politik und Verwaltung zeichnet sich dieser Modellansatz – ebenso wie der hierarchische Verwaltungsansatz – durch die klare Trennung von Politik und Verwaltung aus.

An dieser Stelle kann indes konstatiert werden, dass das Verständnis einer kooperativen Verwaltung in weiten Teilen dem Stand der empirischen verwaltungswissenschaftlichen Diskussion auf unterschiedlichen Ebenen der Praxis entspricht.[169] Es lassen sich fließende Übergänge zwischen Politik und Verwaltung sowie eine zunehmende Politisierung des öffentlichen Dienstes identifizieren.[170] Zurückzuführen ist diese Funktionsvermischung auf eine oftmals zu beobachtende *aktivere Rolle der Verwaltung in der Politikformulierung*, auf *zunehmendem kooperativen Verhalten im Rahmen der Politikdurchführung* sowie auch auf *Tendenzen zur administrativen Interessenvermittlung*, d. h. die Programmierung der Politik seitens der Verwaltung.[171] Ein *effizienzgetriebenes* Modernisierungskonzept[172], welches originär eine klare Trennung von Politik und Verwaltung im Sinne einer responsiven Verwaltung voraussetzt, sollte somit nach BOGUMIL keinen Umsetzungserfolg haben.[173]

Dementsprechend kommt VERNAU auch zu folgenden zentralen Erkenntnissen bzgl. der Notwendigkeit einer *effektiven politisch-administrativen Steuerung*:[174] Bei Politik und Verwaltung handelt es sich um „soziale, *teilautonome*[175] *Systeme*", die sich gegenseitig während eines Steuerungsprozesses im Hinblick auf „die jeweils von ihnen verfolgten Ziele" *beeinflussen*. Diese teilautonome Entwicklung von Verwaltungen sowie die derzeit geringen Einflussmöglichkeiten der Politik aufgrund unzureichender Steuerungsmedien, erhöhen den *Informationsvorsprung einer Verwaltung* und damit *langfristig die Machtposition gegenüber der Politik*.

---

[167] Die Vorgabe strategischer Rahmendaten sowie das Einverständnis, die operative Steuerung alleine den Verwaltungen zu überlassen, sind kennzeichnend für den Einsatz des Kontraktmanagements.

[168] Vgl. hierzu nochmals die Ausführungen in Kapitel 2.1.3.

[169] Vgl. Bogumil (2003), S. 66 sowie Jann (1998), S. 271. Der Prototyp der kooperativen Verwaltung ist die moderne Ministerialverwaltung. Vgl. Jann (1998), S. 271.

[170] Vgl. Bogumil (2003), S. 68.

[171] Vgl. Bogumil (2003), S. 67 f.

[172] Hiermit sind primär die auf Effizienzkriterien basierenden Inhalte des NSM gemeint.

[173] Vgl. Bogumil (2003), S. 71.

[174] Vgl. im Folgenden Vernau (2002), S. 305 ff. VERNAU bezieht ihre Ausführungen dabei grundsätzlich auf Stadtverwaltungen.

[175] In diesem Zusammenhang kritisiert die Autorin die in der Praxis oftmals anzutreffende „Tabuisierung" der Autonomie der Verwaltung, was aus steuerungstechnischen Gesichtspunkten in eine Sackgasse führt. Vgl. Vernau (2002), S. 305.

Eine *effektive* politisch-administrative Steuerung ist demzufolge nach VERNAU auf wesentliche Grundpfeiler[176] wie die Dezentralisierung und die damit verbundene Ergebnisorientierung[177], die Strategieorientierung[178] sowie die Schaffung von mehr Transparenz[179] auszurichten. Darüber hinaus sollten zur Umsetzung einer erfolgreichen politisch-administrativen Steuerung parallel unterstützende Leitlinien wie die Integration[180], die Anreizorientierung[181] sowie die Flexibilität bzw. Kreisförmigkeit[182] Berücksichtigung finden. Für eine erfolgreiche Umsetzung in die Praxis sollten die genannten Leitlinien vor allem in den organisatorischen Strukturen[183], den Prozessen sowie den angewandten Instrumenten[184] ihren Niederschlag finden. Zentraler Ansatzpunkt bleibt die Umsetzung des Kontraktmanagements. Auf Prozessebene wird einerseits ein intensiverer Austausch der Akteure angeregt, andererseits wird eine stärkere Entzerrung der Verantwortlichkeitsbereiche gefordert.[185] Die angesprochenen *unzureichenden Anreiz- und Belohnungsstrukturen* im politisch-administrativen Kontext, die einer *klaren ex- ante Zielabstimmung* und damit verbunden auch der Kontrollmöglichkeit des politischen Gegners entgegenwirken, können über den ganzheitlichen Einsatz der angesprochenen Leitlinien im Idealfall überwunden werden.

Im Ergebnis lassen sich potenzielle Konflikte zwischen den Akteuren zumindest situativ beherrschbar machen. Die Erreichung politischer Ziele sowie die Lösung oder Entschärfung gesellschaftlicher Probleme wird grundsätzlich durch die *Problemlösungsfähigkeit der Verwaltung*[186] erleichtert. Diese Eigenschaft wird neben der Expertise und Professionalität im Wesentlichen durch den Grad der politischen Handlungsspiel-

---

[176] Die Grundpfeiler bezeichnet VERNAU auch als zentrale Leitlinien. Vgl. Vernau (2002), S. 306.

[177] Vgl. Kapitel 2.1.3.

[178] Hierunter ist eine ganzheitliche und langfristige Steuerung zu verstehen. Vgl. Vernau (2002), S. 306.

[179] Die Optimierung und Bereitstellung der für eine Steuerung relevanten Informationen wird unter Transparenz subsumiert. Vgl. Vernau (2002), S. 141 ff.

[180] Hierunter wird sowohl eine *horizontale Integration*, d. h. die Verbindung von fachlicher und finanzieller Steuerung innerhalb einer Steuerungsebene als auch eine *vertikale Integration*, d. h. die Zusammenführung politisch-administrativer und inneradministrativer Steuerung zu einer ebenenübergreifenden, durchgängigen Steuerungslogik subsumiert. Vgl. Vernau (2002), S. 144 ff.

[181] Unter Anreizorientierung ist die „höchstmögliche Überschneidung politisch-gewollter und administrativ-praktizierter Verhaltensweisen durch gezielten Einsatz von Anreizen und Sanktionen" zu verstehen. Vernau (2002), S. 146 f.

[182] Flexible und kreisförmige Steuerung bedeutet relativ kurze Phasen eines geschlossenen Steuerungszykluses sowie die Möglichkeit einer zeitnahen – aufgrund kurzer Reaktionszeiten – Umsteuerung seitens der Politik. Dieses kann u. a. durch den Einsatz von Methoden der Evaluation (vgl. Kapitel 5.2.7.2) begünstigt werden. Vgl. Vernau (2002), S. 147 ff.

[183] Hier wird seitens der Autorin das aus der Privatwirtschaft stammende Konzernmodell vorgeschlagen. Vgl. Vernau (2002), S. 306.

[184] An dieser Stelle werden angepasste Instrumente aus der privaten Managementpraxis vorgeschlagen. Vgl. Vernau (2002), S. 306.

[185] Vgl. Vernau (2002), S. 305 ff.

[186] Zur Problemlösungsfähigkeit einer Verwaltung gehören grundsätzlich auch Potenziale und Konzepte, die eine Aktivierung des Bürgers in den politisch-administrativen Gestaltungsprozess zulassen. Vgl. Kapitel 2.2.4.

räume determiniert.[187] Besteht also grundsätzlich einmal Konsens über die Formulierung von politischen Gemeinwohlzielen und werden diese gleichermaßen transparent sowohl nach innen als auch nach außen dokumentiert, kann langfristig die Optimierung einer effektiven politisch-administrativen Steuerung gelingen. Zu einer derart verstandenen erfolgreichen Verwaltungspolitik kann nur eine konzeptionelle, zeitbewusste und konfliktbereite politische Führung beitragen.[188]

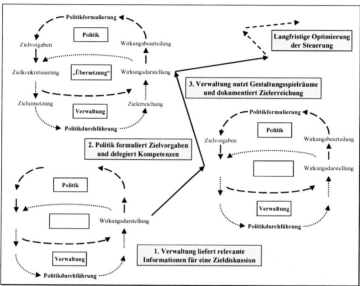

Abbildung 8: Optimierung politisch-administrativer Steuerung[189]

Darüber hinaus muss allerdings auch die Verwaltung einen Umdenkprozess verinnerlichen. Die Realisierung und Umsetzung einer effektiven politisch-administrativen Steuerung kann nur in einem Prozess der sukzessiven Annäherung zwischen Politik und Verwaltung erfolgen.[190] Da die Politik häufig auf die Vorarbeit einer Verwaltung hinsichtlich der Formulierung eines Oberzieles angewiesen ist,[191] kann die Verwaltung aus ihrer oftmals vorzufindenden „Machtposition" heraus einen *ersten Schritt* zur Entwicklung und Umsetzung einer effektiven Steuerung vollziehen, indem relevante Informationen zur Verfügung gestellt werden, mittels derer die Politik wiederum adä-

---

[187] Vgl. Jann (2005a), S. 54. JANN bezeichnet diese Problemlösungsfähigkeit der Verwaltung auch als Policy- oder inhaltliche Rationalität.

[188] Vgl. Böhret (2005), S. 48.

[189] In Anlehnung an Vernau (2002), S. 285 sowie Schedler/Proeller (2000), S. 53.

[190] Vgl. Vernau (2002), S. 283 f.

[191] Vgl. Vernau (2002), S. 265 ff.

quate Zielvorgaben beschließen sowie Kompetenzen delegieren kann.[192] „Allein aus Informationsverarbeitungsgründen ist man im politischen Prozess darauf angewiesen, dass Verwaltungen Informationen sammeln, Probleme identifizieren, Handlungsalternativen entwickeln und Entscheidungen initiieren."[193]

Der sich idealerweise daraus ergebende *Entwicklungspfad zur Optimierung der politisch-administrativen Steuerung* ist in *Abbildung 8* dargestellt.[194] Auf dem Weg dieser schrittweisen Annäherung lassen sich „intelligente Tauschgeschäfte" für beide Akteursseiten realisieren[195] und somit die unterschiedlichen Rationalitäten der Akteure zielorientiert zusammenführen.

2.2.4 Integration der Bürger in die Gesamtsteuerung

Die Notwendigkeit der Einbeziehung des Bürgers in das politisch-administrative Gesamtsystem wurde bei der Thematisierung der Entwicklungsstufen der Verwaltungsmodernisierung[196] dargestellt. Im Rahmen einer *Good Governance* werden die Bürger selbst als maßgebliche Subjekte und Objekte der Modernisierung hervorgehoben.[197] Die Einbeziehung des Bürgers in die politisch-administrative Gesamtsteuerung wird zunächst in Form von zwei Beteiligungsrollen konkretisiert. Der Dienstleistungscharakter einer öffentlichen Aufgabe erfordert oftmals die Berücksichtigung eines externen Faktors während des Leistungserstellungsprozesses. Nicht zuletzt dieser Aspekt erfordert die Auseinandersetzung mit der *Bedeutung der Kundenorientierung* und der *Rolle des Bürgers als Kunde* in der öffentlichen Verwaltung. Darüber hinaus kann der Bürger z. B. an kommunalen Planungsprozessen beteiligt werden. Hier spielt u. a. die Integration in *Bürgerkommunen* oder die Beteiligung an der Erstellung von *Bürgerhaushalten* eine Rolle

2.2.4.1 Bedeutung der Kundenorientierung in der öffentlichen Verwaltung

Die Kundenorientierung stellt im privatwirtschaftlichen Bereich einen wesentlichen Erfolgsfaktor dar. Die essentielle *Bedeutung der Kundenorientierung*[198] in der Privat-

---

[192] Dezentrale Einheiten verfügen oftmals über detailliertere Kenntnisse über die Vollzugsmöglichkeiten von Gesetzen und Vorgaben, als eine steuernde (politische) Zentraleinheit. Vgl. Benz (2005), S. 19.

[193] Bogumil/Jann (2005), S. 33.

[194] VERNAU legt dafür ein Kreislaufmodell aus Reputationsaufbau und Vertrauensbildung zugrunde, mit welchem erklärt wird, wie die Kooperationsbereitschaft eines Akteurs sukzessive durch die Kooperation eines anderen Akteurs gesteigert werden kann. Vgl. Vernau (2002), S. 281 ff.

[195] Vgl. Vernau (2002), S. 284.

[196] Vgl. Kapitel 2.1.3.

[197] Vgl. Wollmann (2001), S. 43.

[198] Der Begriff Kundenorientierung kann in der Privatwirtschaft nach BRUHN wie folgt definiert werden: „Kundenorientierung ist die umfassende, kontinuierliche Ermittlung und Analyse der Kundenerwartungen sowie deren interne und externe Umsetzung in unternehmerische Leistungen sowie Interaktion mit dem Ziel, langfristig stabile und ökonomisch vorteilhafte Kundenbeziehungen zu etablieren." Bruhn (1999), S. 10.

wirtschaft kann an der so genannten Erfolgskette der Kundenorientierung[199] nachvollzogen werden. Verkürzt dargestellt führt die gezielte Ausrichtung auf den Kunden demnach zu einer hohen *Kundenzufriedenheit*. Sofern diese Kundenbeziehung einer regelmäßigen Pflege unterworfen ist, steigt die Loyalität und im Idealfall die *Kundenbindung* an das Unternehmen. Im Ergebnis kann im privatwirtschaftlichen Sektor der *Gewinn* dadurch gesteigert werden, dass der Kunde in den Mittelpunkt des unternehmerischen Handelns gestellt wird. Dabei wird die Kette grundsätzlich von internen und externen Faktoren determiniert, was eine Steuerung der Erfolgsgrößen der Kundenorientierung erfordert.[200]

Eine etwaige Übertragung einzelner Erkenntnisse einer Erfolgskette der Kundenorientierung auf die spezifischen Gegebenheiten im öffentlichen Sektor erfordert neben einer ausführlichen Auseinandersetzung mit dem Begriff und der Bedeutung der Kundenorientierung in diesem Bereich, auch die Beantwortung nach der Sinnhaftigkeit einer derartigen Ausrichtung in der öffentlichen Verwaltung.

Die Vielschichtigkeit des Begriffs Kunde in der öffentlichen Verwaltung macht zunächst eine Begriffsabgrenzung notwendig. Grundsätzlich kann zwischen den internen und den externen Kunden unterschieden werden. Als interne Kunden werden im Rahmen dieser Ausarbeitung jene Einheiten oder Personen im politisch-administrativen System bezeichnet, die auf Vorleistungen anderer Verwaltungseinheiten – auch zur Produkterstellung – angewiesen sind. Im weitesten Sinne sind die internen Kunden damit die Mitarbeiter[201] der jeweils betrachteten Einheit. Externe Kunden nutzen auf Basis von Anspruchsgrundlagen die fertig gestellten Produkte bzw. Dienstleistungen.[202] Zur Erläuterung der Notwendigkeit einer Kundenorientierung wird im Rahmen dieser Ausarbeitung der externe Kunde[203] im oben bezeichneten Sinne verstanden.[204]

Der Begriff Kundenorientierung wird in der öffentlichen Verwaltung oftmals mit dem Begriff der *Bürgerorientierung* gleichgesetzt, soweit es sich nicht um eine verwaltungsinterne Leistungserstellung im weiteren Sinne handelt. Unter Kundenorientierung wird im Rahmen dieser Ausarbeitung die „stringente Ausrichtung der *Dienstleistungen*

---

[199] Vgl. hierzu Bruhn (2003), S. 8 ff. und Bruhn (2002), S. 39.

[200] Vgl. Bruhn (2002), S. 39.

[201] Die Bedeutung der Mitarbeiter als Potenzial einer öffentlichen Verwaltung wird ausführlich in Kapitel 4.2.2 thematisiert.

[202] Vgl. hierzu Hopp/Göbel (1999), S. 77 ff., Klages (1998), S. 125 f.

[203] Externe Kunden können sowohl natürliche als auch juristische Personen, Behörden, (Personen-) Gemeinschaften sowie Auftraggeber/Adressaten sein, die Verwaltungshandlungen nachfragen und die von Verwaltungshandlungen unmittelbar betroffen sind bzw. mittelbar betroffen sein könnten. Vgl. Heiß (2000), S. 203.

[204] Die Vielzahl an möglichen Ausprägungen externer Kunden macht deutlich, dass eine weitere Abgrenzung hinsichtlich unterschiedlicher Kundentypen erfolgen kann. Hierzu lassen sich in der Literatur zahlreiche Einteilungen finden. Beispielhaft genannt seien an dieser Stelle die Abgrenzungen von DUNKHORST, KLINGEBIEL sowie der KGST. Während beispielsweise die KGST insgesamt zehn Kundentypen in Analogie zur Wirtschaft differenziert, unterscheidet KLINGEBIEL lediglich drei externe Kundentypen. DUNKHORST schlägt vor, die Kunden auf Basis der Verwaltungsleistung zu differenzieren. Vgl. Dunkhorst (1999), S. 34 f., KGSt (1995), S. 28 ff. sowie Klingebiel (1997), S. 634.

an den Bedürfnissen der Bürger"[205] verstanden. Die Kundenorientierung stellt ein Sachziel der öffentlichen Verwaltung dar.[206]

Da das Aufgabenspektrum von öffentlichen Verwaltungen sehr stark variiert, muss eine Strukturierung öffentlicher Aufgaben in Bezug auf die Notwendigkeit einer kundenorientierten Ausrichtung vorgenommen werden. Die Dienstleistungsorientierung in der vorliegenden Begriffsdefinition deutet an, dass eine Kundenorientierung primär im Bereich der *Leistungsverwaltung* notwendig ist. Da bspw. Maßnahmen der Eingriffsverwaltung im weitesten Sinne in die Grundrechte eingreifen, indem dem Bürger ein Tun, Dulden oder Unterlassen vorgegeben wird, erscheint eine offensiv gelebte Kundenorientierung in diesem Bereich i. d. R. nicht zielführend in Bezug auf die Gemeinwohlausrichtung als Oberziel. Im Bereich von Ordnungsverwaltungen ist sehr differenziert mit dem Subziel der Kundenorientierung umzugehen. Sofern bspw. die vollziehende Aufgabe der Verwaltung, also der unmittelbare Kontakt mit dem Bürger, einen bewussten Eingriff in die Freiheit darstellt, dominiert ausschließlich das Oberziel der Gemeinwohlausrichtung. Wirkt hingegen der Aufgabenvollzug schützend auf den Bürger, so kann der direkte kundenorientierte Kontakt einen positiven Effekt auf die empfundene Anspruchserfüllung erwirken.[207]

Der *Gewinn als Zielgröße* im öffentlichen Sektor erfährt eine nachrangige Bedeutung. Die Folge ist der Wegfall dieses zentralen Bestandteils der Erfolgskette aus der Privatwirtschaft im Falle einer potenziellen Übertragung auf den öffentlichen Bereich. Demnach steht als zweitletztes Glied die Kundenbindung sowie – als Voraussetzung für eine Kundenbindung – die Kundenzufriedenheit im Mittelpunkt der Betrachtung. Bedeutung erhält in diesem Zusammenhang die Qualität[208] der öffentlichen Aufgabenerfüllung, welche auch über die vorzufindende Wettbewerbsform mitbestimmt werden kann.

Auch wenn sich die öffentliche Verwaltung oftmals keinem direkten Wettbewerb[209] stellen kann – somit grundsätzlich keine Kundenbindung angestrebt werden muss – sollte es zumindest das Ziel bleiben, *die Kunden- bzw. Bürgerzufriedenheit zu steigern*. Denn trotz des Bestehens gesetzlicher Normvorschriften für eine Vielzahl von Verwaltungsleistungen trägt das Sachziel der Kundenorientierung dazu bei, dass die

---

[205]   Gleich (1997), S. 4. SCHINDERAs Begriffsbestimmung in diesem Zusammenhang besagt, dass die Probleme, Wünsche und Bedürfnisse aktueller und potenzieller Kunden am Anfang der Überlegungen zu stehen haben – und nicht die Produkte der Verwaltung. Vgl. Schindera (1998), S. 4.

[206]   Vgl. hierzu auch Haiber (1997), S. 397. Eichhorn subsumiert das Ziel der Kundenorientierung wie auch das Ziel der Leistungsfähigkeit, der Wettbewerbsfähigkeit sowie der Sozial- und Umweltverträglichkeit unter die wirtschaftlichen Sachziele/Leistungsziele. Vgl. Eichhorn (2001), S. 88 sowie Eichhorn (1993), S. 860 ff.

[207]   Eine kundenorientierte Ausrichtung von Organisations- und politischen Verwaltungen ist aufgrund der Funktionen dieser Verwaltungstypen i. d. R. nicht das primär auszufüllende Subziel.

[208]   Die Berücksichtigung umfassender Qualitätsaspekte kann auch dazu beitragen, eine kundenorientierte Ausgestaltung der Verwaltungsprozesse zu gewährleisten. Dabei stehen die Mitarbeiter der öffentlichen Verwaltung im Mittelpunkt. Vgl. Knust (1998), S.16. Zum Begriff und der Bedeutung von Qualität im politisch-administrativen System sowie zu ausgewählten Qualitätsmanagementmodellen im Rahmen dieser Ausarbeitung vgl. Kapitel 4.2.

[209]   Zu den unterschiedlichen Formen des Wettbewerbs im öffentlichen Bereich, vgl. Kapitel 4.2.

Erfüllung des öffentlichen Auftrages „bedarfsdeckend, nachfragegerecht, sicher, dauerhaft und möglichst komfortabel"[210] erfolgt, was einer *empfundenen Anspruchserfüllung* zuträglich sein dürfte.

Eine insofern erzeugte Kundenzufriedenheit ist Ausgangspunkt, die Forderung *value for money*,[211] von immer selbstbewusster, kritischer und widerspruchsbereiter auftretenden Bürgern,[212] zumindest in ersten Ansätzen zu erfüllen.[213] Darüber hinaus kann über die erzeugte Kundenzufriedenheit eine Kundenbindung derart erreicht werden, dass potenzielles Engagement und damit das Einbringen spezifischer Stärken der Bürgerschaft in den politisch-administrativen Prozess begünstigt wird.[214]

2.2.4.2 Möglichkeiten bürgerschaftlichen Engagements im politisch-administrativen System

In der *Bürgerkommune* geht es darum, die Bürger stärker an kommunalen Planungsprozessen zu beteiligen und damit das freiwillige Engagement zu fördern.[215] Zu den Zielen einer Bürgerkommune gehören neben der Steigerung der Akzeptanz kommunaler Dienstleistungen, eine Wiederbelebung kommunaler Demokratie, die Stärkung der Solidarität aufgrund der Bildung von Netzwerken, eine Effizienzsteigerung aufgrund der Entlastung der Haushalte und eine Effektivitätssteigerung durch die Verbesserung politischer Zielsetzungen und damit verbundener Ergebnisse.[216]

Es existieren drei Säulen in Form idealtypischer Beteiligungsrollen des Bürgers in einer Bürgerkommune.[217] Neben dem *Bürger als Kunden*[218] der Leistungserstellung und dem *Bürger als Mitgestalter* des Gemeinwesens, ist der Bürger auch *politischer Auftraggeber* insbesondere aufgrund seines Wahlrechtes.[219] Im Ergebnis kann der Bürger sowohl an der Politikformulierung als auch an der Politikdurchführung beteiligt werden.[220] Damit die einzelnen Beteiligungsrollen ihre volle Wirkung entfalten können,

---

[210] Vgl. Eichhorn (2001), S. 88.

[211] Der Begriff *value for money* bezeichnet den Anspruch der Bürger auf Gegenleistung für die zu erbringenden Gebührenzahlungen an den öffentlichen Sektor.

[212] Vgl. Lachnit (2000), S. 29.

[213] Darüber hinaus existieren zahlreiche Initiativen der Bundesregierung im Rahmen des aktivierenden Staates. Vgl. hierzu für einen kurzen Überblick Bundesministerium des Inneren (2005), S. 46 ff.

[214] Bspw. kann sich die Erfolgsposition einer Institution dadurch verbessern, dass sich im Rahmen eines Innovationsmanagements Kunden in den Entwicklungs- und Angebotsprozess integrieren lassen. Vgl. Palupski (1997), S. 179 f.

[215] Die Relevanz zeigt sich darin, dass immerhin mehr als 50 % der befragten Bürgermeister in einer Umfrage in Baden-Württemberg und Nordrhein-Westfalen aus dem Jahr 2003 angeben, dass sie eine Bürgerkommune werden wollen. Vgl. Bogumil/Holtkamp (2005), S. 128.

[216] Vgl. Bogumil/Holtkamp (2005), S. 130.

[217] Vgl. Bogumil/Holtkamp (2001), S. 10 ff. sowie Bogumil/Holtkamp (2005), S. 130 ff.

[218] Vgl. Kapitel 2.2.4.1.

[219] Damit kommt der Bürger als politischer Auftraggeber in erster Linie in Kontakt mit dem Politikformulierungsprozess, während die beiden anderen Rollen primär die Phase der Politikdurchführung betreffen. Vgl. Bogumil/Holtkamp (2001), S. 11.

[220] Vgl. Hill (2000a), S. 9, Hill (2000b), S. 9 ff. sowie Broekmate/Dahrendorf/Dunker (2001), S. 32 ff.

bedarf es einer „grundlegenden Umgestaltung des kommunalen politisch-administrativen Systems".[221]

Neben der Schaffung von Organisationsstrukturen, die einer *politikfeldübergreifenden Koordination* förderlich sind, können im Rahmen eines *Partizipationsmanagements* Entscheidungen darüber getroffen werden, in welcher Art und Weise die Ergebnisse aus der Bürgerbeteiligung ins politisch-administrative System eingespeist werden sollen. Über die *Dezentralisierung* von Aufgaben werden Anreize gesetzt, sich an der lokalen Politik zu beteiligen. Alles in allem erfordert die Umgestaltung des kommunalen Systems einen derartigen *Kulturwandel*, dass die Entscheidungsträger in dem System proaktiv auf die Bürger zugehen und die Beteiligung eher als Nutzen denn als Belastung empfinden.[222]

Die Ergebnisse einer empirischen Untersuchung[223] zu Bürgerkommunen kommen zu dem Schluss, dass die gesetzten Ziele im Ansatz durch die Bürgerkommune erfüllt werden. Allerdings identifiziert die Studie in zu erwartenden Widerständen der Akteure und einer sich verschlechternden kommunalen Haushaltslage zwei Problemfelder im Zusammenhang mit der Umsetzung der Bürgerkommune.

Das Modellprojekt „*Kommunaler Bürgerhaushalt*" in Nordrhein-Westfalen[224] kann als ein Versuch zur Stärkung kommunaler Demokratie interpretiert werden. Aus dem gut dreijährigen Pilotprojekt in sechs Kommunen in NRW konnten wichtige Erkenntnisse abgeleitet werden. Der kommunale Haushalt soll demnach neben der Vermittlung von Informationen und der damit verbundenen Schaffung von Transparenz, zur Beteiligung der Bürgerschaft anregen. Im Ergebnis können Entscheidungshilfen für die Politik generiert werden. Über die letztendlichen Entscheidungen soll Rechenschaft abgelegt werden.[225] Als zentrales Ergebnis des Projektes wird festgehalten, dass ein „großer Bedarf an Informationen über den Haushalt und eine hohe Bereitschaft zur Beteiligung an seiner Aufstellung"[226] existiert.

Die Ansätze und Ergebnisse der Bürgerkommune und des Bürgerhaushalts lassen darauf hoffen, dass in Zukunft weitere Modellprojekte zur Aktivierung und Beteiligung der Bürgerschaft stattfinden. Das empirisch festgestellte *hohe Interesse* seitens der Bürger an *Informationen* aus dem politisch-administrativen Umfeld kann zumindest

---

[221]   Bogumil/Holtkamp (2001), S. 12.
[222]   Vgl. Bogumil/Holtkamp (2001), S. 12.
[223]   Vgl. Bogumil/Holtkamp/Schwarz (2003).
[224]   Vgl. Innenministerium NRW/Bertelsmann Stiftung (2004).
[225]   Vgl. Innenministerium NRW/Bertelsmann Stiftung (2004), S. 4. Neben dem genannten Projekt sind weitere Projekte in Deutschland zum Bürgerhaushalt zu nennen. Hierzu zählen u. a. Projekte in Berlin und in Potsdam. Darüber hinaus wurde mit der Initiative „Europäische Bürgerhaushalte" ein länderübergreifendes Projekt initiiert. Vgl. u. a. Baumann/Vogelsang/Weidner (2003) und Sintomer/Herzberg/Röcke (2005).
[226]   Vgl. Innenministerium NRW/Bertelsmann Stiftung (2004), S. 4.

als Tendenzindikator zur Notwendigkeit der *Optimierung der Transparenz* im Gesamtsystem interpretiert werden.[227]

Ein weiterer Ansatz in diesem Zusammenhang, der den Betrachtungshorizont vor allem auf die Vernetzung lokaler Akteure erweitert, ist die *Good Local Governance*.[228] Auf kommunaler Ebene zielt der Ansatz vor allem auf die Verbesserung der Lebensqualität vor Ort. In dem Kriterienset wurden sechs Themenfelder entwickelt, die durch anzupassende Indikatormatrizen eine Konkretisierung erfahren können:[229]

- Zukunft gestalten durch gemeinsame Zielvorstellungen
- Problemlösung durch Partnerschaften
- Effiziente Verwaltung und effektive Zusammenarbeit zwischen Rat und Verwaltung
- Strategisches Management und Transparenz
- Zielorientierter Ressourceneinsatz und kommunales Budget
- Innovation fördern, Wissen verankern und lernen

WEGENER betont, dass es sich um kein Patentrezept, sondern um einen Konzeptentwurf und ein potenzielles Selbstevaluuierungskonzept handelt.[230]

Grundsätzlich identifizieren BOGUMIL/HOLTKAMP wesentliche Erfolgsfaktoren zur Förderung des bürgerschaftlichen Engagements in Kommunen.[231] Demnach können neben der Bereitstellung überzeugender Angebote seitens der Verwaltung, einer frühzeitigen Einbindung der Akteure sowie der Ausrichtung auf die Eigeninteressen und direkte Ansprachen beim Bürger maßgebliche Erfolgsfaktoren darstellen. Im Idealfall entsteht ein (Standort-)Wettbewerb um die engagierten Bürger, die zielgerichtet ihre jeweiligen Stärken in den politisch-administrativen Prozess einbringen können.

2.2.5 Wettbewerbsformen im politisch-administrativen System

Wettbewerb im privatwirtschaftlichen Bereich ist ein treibender Faktor für Effizienz und Innovationen. Auch BANNER/ADAMASCHEK bezeichnen den Wettbewerb als den entscheidenden Erfolgsfaktor betrieblicher Optimierung.[232] In öffentlichen Verwaltungen können grundsätzlich ganz unterschiedliche Formen von Wettbewerb ihren Niederschlag finden, die sich von der privatwirtschaftlichen Form des marktlichen Wett-

---

[227] VOGEL nennt beispielhaft weitere Möglichkeiten einer Bürgerbeteiligung. Demnach kann der Bürger verstärkt auch als Co-Planer im Rahmen strategischer Stadtentwicklungen und operativer Planungen auftreten. Darüber hinaus ist vorstellbar, dass die Bürger als Berater und Leitungsverstärker von Kommunalpolitik und -verwaltung fungieren und die Selbstorganisation von Einrichtungen oder Projekten sowie operativen Stadtstiftungen organisieren können. Vgl. dazu ausführlich Vogel (1999), S. 146 ff.

[228] Vgl. ausführlich Pröhl (2002).

[229] Vgl. im Folgenden Wegener (2002), S. 16.

[230] Vgl. Wegener (2002), S. 17 ff.

[231] Vgl. im Folgenden Bogumil/Holtkamp (1999), S. 110 ff.

[232] Vgl. Banner/Adamaschek (2001), S. 9.

bewerbs unterscheiden können. Sofern Formen von echtem Markt-Wettbewerb[233] im öffentlichen Sektor anzutreffen sind, steigt die Notwendigkeit auch im öffentlichen Bereich Kunden zu binden.[234]

Allerdings geht es im öffentlichen Bereich oftmals um einen geführten Wettbewerb, der über verschiedene Marktmechanismen erzeugt werden kann.[235] Der Wettbewerb kann sowohl in *marktlichen*, in *quasi-marktlichen* sowie in *nicht-marktlichen* Formen stattfinden. Die beiden letztgenannten Formen simulieren lediglich einen Marktmechanismus und können auch als Wettbewerbssurrogate bezeichnet werden.

Zu den Instrumenten eines marktlichen Wettbewerbs gehören bspw. Formen der Ausschreibung, in denen sowohl ausschließlich private oder aber private und öffentliche Anbieter in Konkurrenz treten können.[236] Hingegen ist die Verantwortungsdelegation in Form von Zielvereinbarungen[237] der zentrale Wettbewerbsmechanismus in einem quasi-marktlichen Wettbewerb. Vor allem bei den nicht-marktlichen Formen des Wettbewerbs wird versucht, über eine erhöhte Transparenz oder den direkten Vergleich Beteiligter einen Anreiz zur Identifikation von Ineffizienzen aufzudecken. Hierbei sind verschiedene Formen von Wettbewerbssurrogaten möglich.

Der *Leistungsvergleich* ist ein Wettbewerbssurrogat für den nicht-marktlichen Wettbewerb. Darüber hinaus spielt das Instrument des *Benchmarkings* eine zentrale Rolle. Das Benchmarking enthält neben dem Aspekt des Vergleichens vor allem den Aspekt des kontinuierlichen Lernens[238] und wird in der Zukunft einen weiteren Bedeutungszuwachs erfahren.[239] Darüber hinaus können über Preiswettbewerbe, bei denen schon die Teilnahme einer Institution einen Imagezuwachs mit sich bringt, extrinsische Anreizwirkungen zu Innovationen und Verbesserungen ausgelöst werden.[240]

---

[233] Unter echtem Wettbewerb wird derjenige Wettbewerb verstanden, der nicht durch die Etablierung künstlicher Marktmechanismen geschaffen wird.

[234] Vgl. Kapitel 2.2.4.1.

[235] Vgl. im Folgenden Schedler/Proeller (2000), S. 155 ff. sowie Schuster (2001b), S. 206 ff.

[236] Darüber hinaus können Formen eines Contracting Out oder das Outsourcing unter die Form des marktlichen Wettbewerbs subsumiert werden. Während das Contracting Out Leistungen direkt an einen Dritten auslagert, ist die Beschaffung zum eigenen Gebrauch das Kennzeichen von Outsourcing und damit das Abgrenzungskriterium dieser beiden Marktmechanismen. Vgl. Schedler/Proeller (2000), S. 166 f.

[237] Allerdings steht nach MUSIL das Demokratieprinzip sowohl in der Kommunalverwaltung als auch in der unmittelbaren Staatsverwaltung einer verbindlichen Verabredung von Zielvereinbarungen entgegen. Dies resultiert aus der partiellen Unterbrechung des Legitimationszusammenhangs zum Parlament bzw. zu der unmittelbar legitimierten Instanz. Für übergeordnete Ebenen dürfen demnach Zielvereinbarungen keine Verbindlichkeit besitzen. Dieser Sachverhalt trifft indes nicht auf die funktionale Selbstverwaltung zu. Vgl. Musil (2005), S. 434.

[238] Vgl. Schedler/Proeller (2000), S. 161.

[239] Eine ausführliche Darstellung zum Instrument des Benchmarkings sowie zur Eignung im öffentlichen Sektor findet sich u. a. bei Berens/Fritsch (2003) sowie bei Berens/Hoffjan (1998), S. 466 ff.

[240] An dieser Stelle spielt der Speyerer Qualitätswettbewerb eine zentrale Rolle. Dieser Wettbewerb wurde erstmalig 1992 im Auftrag der Hochschule für Verwaltungswissenschaften Speyer ins Leben gerufen. Vgl. u. a. Hill (1997), S. 29.

Grundsätzlich können aber nicht alle Bereiche im öffentlichen Sektor dem Marktwettbewerb preisgegeben werden, da bspw. aus politischen Gründen die Verteilungsfunktion nicht durch den Markt geregelt werden soll.[241] Darüber hinaus kommt MUSIL zu dem Schluss, dass vor allem verfassungsrechtliche Hürden den Wettbewerb *innerhalb einer staatlichen Verwaltung*, also zwischen einzelnen Verwaltungsorganisationen, stark einschränken.

Insofern findet Wettbewerb innerhalb der öffentlichen Verwaltung i. d. R. nicht statt.[242] Ein Marktmechanismus, der fortlaufend Modernisierungszwänge verlangt und damit mindestens als Effizienztreiber[243] gelten kann, fehlt weitestgehend.[244]

Die Funktion des Wettbewerbs führt i. d. R. zu einer sukzessiven Optimierung der Aufgabenausübung. Die Verbesserung der Politikdurchführung[245] sollte vor dem Hintergrund genannter Ziele stets angestrebt werden. Da im öffentlichen Sektor vor allem *Wettbewerbssurrogate* zur künstlichen Etablierung eines Marktmechanismus Verwendung finden, kommt zunächst der Strukturierung und Aufbereitung relevanter Informationen eine zentrale Bedeutung zu. Um die positiven Effekte „des (künstlichen) Marktes" zu nutzen, werden Informationen in variierenden Detaillierungsgrad auf unterschiedlichen Ebenen des politisch-administrativen Systems benötigt, um bspw. Leistungsvergleiche oder das Benchmarking durchzuführen. Da es sich bei solchen Vergleichen oftmals um spezifische Teilbereiche eines Vollzugsprozesses handelt, bietet es sich an, über die gesamte Prozess- bzw. Wertschöpfungskette der Aufgabenausübung institutionalisierte Mechanismen zu installieren, die eine Messung zielorientierter Tatbestände ermöglichen.

2.3 Implikationen für den weiteren Untersuchungsverlauf

Die bislang dargestellten Rahmenbedingungen und Verwaltungsmodernisierungskonzepte sowie die wesentlichen strukturellen Besonderheiten deuten auf eine *hohe Grundkomplexität* in dem Untersuchungsbereich hin und determinieren darüber hinaus

---

[241] Als Beispiel lässt sich in diesem Fall die Polizei nennen. Nichtsdestotrotz lassen sich auch bei der Polizei eine Reihe von Ansätzen vor allem für eine leistungs- aber auch wirkungsorientierte Steuerung identifizieren. Vgl. zu unterschiedlichen nationalen wie internationalen Ansätzen Promberger/Koler/Koschar (2005).

[242] MUSIL gelangt zu der Erkenntnis, dass aufgrund einer Reihe von verfassungsrechtlichen Hindernissen der Einführung von Wettbewerb innerhalb der staatlichen Verwaltung Grenzen gesetzt sind. Allerdings können einzelne Elemente zur Stärkung ökonomischer Anreize führen. Als Alternativen für eine effizientere staatliche Aufgabenerfüllung führt der Autor die komplette Aufgabenprivatisierung bzw. die partielle Beteiligung Privater an. Verfassungsrechtlich stehen einer Aufgabenprivatisierung weitestgehend keine Schranken im Weg, während bei einer partiellen Beteiligung Privater die grundrechtlichen Berechtigungen sowie die Anforderungen an die demokratische Legitimation gewahrt bleiben müssen. Vgl. Musil (2005), S. 431 ff.

[243] Grundsätzlich sind durch gesetzte Modernisierungszwänge auch Effektivitätsverbesserungen denkbar.

[244] Vgl. Hieber (2003), S. 25.

[245] Eine Verbesserung des Politikprozesses schließt auch fallweise eine Optimierung der Politikformulierung mit ein.

den jeweiligen Handlungsrahmen für etwaige Gestaltungsmöglichkeiten der Entscheidungsträger im politisch-administrativen System. Folgend sollen die bisherigen Ausführungen auf die maßgeblichen Aussagen konzentriert werden, um die Evidenz zur Etablierung eines *Integrations- und Informationsinstrumentariums* zu verdeutlichen:

- Die Ausführungen zu den Entwicklungsstufen der Verwaltungsmodernisierung – vor allem aber zu den Elementen des NSM – deuten an, dass nur der gleichzeitige Einsatz bzw. die Vernetzung der einzelnen Elemente die Wirkung dieser Modernisierungsphilosophie voll entfalten lässt. Die Zusammenführung dieser Elemente kann nur über einen *ganzheitlichen* Rahmen erfolgen, der eine Klammer um die Modernisierungselemente zu legen vermag und die *Integration* und das Zusammenspiel der Komponenten verdeutlichen kann.

- Der sich parallel vollziehende Wandel im Rollenverständnis zum aktivierenden Staat bzw. zur Bürgerkommune erfordert die Berücksichtigung unterschiedlicher Beteiligungsrollen der Bürger. Ergebnis ist ein stetig hohes Interesse an Informationen aus dem System sowie an einer *transparenten Darstellung der Abläufe* im Politikprozess. Darüber hinaus steigt die Notwendigkeit für Verwaltungsinstitutionen, spezifische Anforderungen zu berücksichtigen, sobald sie mit dem Bürger als (Dienstleistungs-)Kunden oder Mitgestalter in Kontakt treten.

- Die eindeutige hierarchische Zielausrichtung im politisch-administrativen System – ausgehend von dem vorgeschriebenen Oberziel der Gemeinwohlausrichtung, über Zielkaskaden zu untergeordneten Sach- und/oder Formalzielen – bedingt ein den Ansprüchen genügendes ganzheitliches Informationsversorgungssystem zur langfristigen Optimierung des politisch-administrativen *Planungs-, Steuerungs- und Kontrollkreislaufes.*

- Die primär in der Verwaltungspraxis vorzufindenden, aber auch die sich aus der Zielsystematisierung notwendigerweise ergebenden Planungs- und Steuerungsphilosophien im Untersuchungsbereich, deuten auf unterschiedliche *operative, strategische* aber auch *politische* Informationsbedürfnisse hin, die es zu erfüllen gilt.

- Das Verhältnis zwischen der Politik und der Verwaltung ist nicht immer konfliktfrei. Über den Einsatz „intelligenter Tauschgeschäfte" kann es gelingen, die effektive politisch-administrative Steuerung langfristig zu optimieren. Grundlage hierfür sind allerdings spezielle und *wirkungsorientierte* Informationen über den Prozess der Politikdurchführung, die idealerweise wieder Eingang in die Politikformulierung finden.

- Der Marktmechanismus als Effizienz- und Effektivitätstreiber ist allgemein anerkannt. Offensichtlich finden im öffentlichen Sektor aber vor allem Wettbewerbssurrogate als Ersatz eines echten Wettbewerbs Anwendung. Um notwendige Informationen für Leistungsvergleiche oder das Instrument des Benchmarkings bereitzustellen, bedarf es entlang der *gesamten Wertschöpfungskette* Möglichkeiten, bedarfsgerechte Informationen zu generieren.

Um den dargestellten Ansprüchen gerecht zu werden, ist ein Instrumentarium erforderlich, welches in der Lage ist, die sich aus den unterschiedlichen Elementen ergebenden *Informationsinteressen* differenziert und zielorientiert zu befriedigen. Dass in diesem Zusammenhang der objektive Bedarf an *wirkungsorientierten* Informationen besonders hoch ist, lässt sich aus allen angeführten strukturellen Besonderheiten ableiten. Während die Führung im politisch-administrativen System in der Regel an planungs-, steuerungs- und kontrollrelevanten Informationen interessiert ist, fordert das externe Umfeld primär eine transparente Dokumentation der Wirksamkeit und Wirtschaftlichkeit politisch-administrativen Handelns.

Die Einführung eines Controllings stellt ein Element des NSM dar. Inwieweit das *Controlling* generell in der Lage ist, den an dieser Stelle genannten Anforderungen gerecht zu werden, um sich von einem – zunächst isolierten – Teilelement der Verwaltungsmodernisierung, zu einem *zentralen Integrationsinstrumentarium* zu entwickeln, wird ausführlich in Kapitel 3 thematisiert.

3 „Wirkung" als Zieldimension eines Controllings im politisch-administrativen System

Die folgenden Ausführungen beschäftigen sich mit der Darstellung des zugrunde liegenden *Controlling-Verständnisses*. Der Beschreibung in der Literatur diskutierter Controlling-Konzeptionen und Aufgaben in der Privatwirtschaft folgt die Ableitung einer Controlling-Definition, die es erlaubt, eine Übertragung der Controlling-Philosophie auf den öffentlichen Sektor vorzunehmen.

Darüber hinaus werden die Motive für den Einsatz eines Controllings in der öffentlichen Verwaltung analysiert. Dies beinhaltet eine Darstellung gesetzlicher Vorschriften einzelner Bundesländer zum Einsatz des Modernisierungselementes Controlling bzw. isolierter Controlling-Instrumente. Ergänzend wird in diesem Zusammenhang eine mögliche Nutzensteigerung aufgrund des fakultativen Einsatzes des Controllings in den öffentlichen Verwaltungen thematisiert. Einer Erläuterung des wirkungsorientierten Controlling-Ansatzes für das politisch-administrative System folgt die Darstellung der wesentlichen Perspektiven eines solchen Ansatzes. In diesem Zusammenhang werden zukünftige Möglichkeiten, aber auch potenzielle Herausforderungen dargestellt.

3.1 Controlling-Verständnis in der Privatwirtschaft

Die Entstehung von Controllerstellen geht bis in das 15. Jahrhundert zurück.[246] Seine Verbreitung in Deutschland fand das Controlling allerdings erst mit der Etablierung erster Controllerstellen Ende der 50er Jahre des 20. Jahrhunderts in Großunternehmen.[247] Aus einer Untersuchung aus dem Jahre 1988[248] geht bereits hervor, dass von 300 beobachteten Unternehmen 72,3 % Controllingstellen eingerichtet hatten. Besonders gut zu erkennen war, dass mit der Zunahme der Größe der einzelnen Unternehmen die Häufigkeit der installierten Stellen anstieg. Während das Controlling in der Praxis inzwischen eindeutig akzeptiert ist, bleiben hinsichtlich einer theoretischen Fundierung deutliche Erkenntnislücken u. a. in Form unterschiedlicher Auffassungen bzgl. der zugrunde liegenden Konzeption des Controllings. Die Diskrepanz zwischen Theorie und Praxis erfordert eine Auseinandersetzung mit der theoretischen Begründung des Controllings. Auch hinsichtlich der *Controllership* gibt es in der theoretischen Diskussion Unterschiede. Der Begriff „Controllership" stammt aus dem anglo-amerikanischen Sprachraum und bezeichnet im Sinne dieser Arbeit die Aufgaben des Controllers als institutionalisierten Controllingträger. Es fehlt an einem einheitlichen Grundverständnis. Um diesen Diskrepanzen zu begegnen, ist es notwendig, ein einheitliches Begriffsverständnis zugrunde zu legen.

Grundsätzlich werden in der Literatur verschiedene *Controlling-Konzeptionen* diskutiert. Die Controllingforschung unterscheidet dabei zwischen einer *funktionalen* und einer *institutionellen Sicht*. Bei der funktionalen Perspektive handelt es sich um eine

---

[246] Unter der Bezeichnung „Countroller" arbeiteten Aufgabenträger am englischen Königshof, die für die Aufzeichnung ein- und ausgehender Güter zuständig waren. Vgl. dazu Weber (2004), S. 9.

[247] Vgl. Horváth (2003), S. 52.

[248] Vgl. Küpper/Winckler/Zhang (1990), S. 439.

gedanklich-analytische Betrachtung von Aufgaben, Tätigkeiten und Handlungen des Controllings, während sich die institutionelle Perspektive mit den Handlungsträgern, ihren Motiven sowie den Regeln bei der Realisierung des Controllings in konkreten Unternehmenskontexten beschäftigt.[249] Die folgenden Ausführungen legen zunächst die funktionale Perspektive dar, bevor die institutionelle Perspektive des Controllings thematisiert wird.

Aus einer Reihe unterschiedlicher Ansätze erfolgt ein Rückgriff auf KÜPPER, der vier grundlegende Controlling-Konzeptionen systematisiert.[250] Die *gewinnzielorientierte Controlling-Konzeption* hat die „Sicherung der Gewinnerreichung bei allen Entscheidungen und Handlungen der Unternehmung"[251] zum Gegenstand. Ausgehend von dem Erfolgsziel als Führungsgröße der Unternehmung können die controllingrelevanten Aufgaben abgeleitet werden.[252] Die Zusammenführung von Bereichsinteressen oder Bereichszielen auf ein gemeinsames Oberziel manifestiert die Notwendigkeit einer solchen Konzeption. Der zeitliche Fokus dieser Konzeption beschränkt sich allerdings auf die operative und die taktische Ebene der Unternehmensführung. Im Vordergrund stehen hier quantitative Größen. Die Berücksichtigung von qualitativen Größen, d. h. der Betrachtung von Erfolgspotenzialen, wird in dieser Konzeption nicht dem Controlling zugerechnet.

Die *informationsorientierte Controlling-Konzeption* versteht „das Controlling als eine zentrale Einrichtung der betrieblichen Informationswirtschaft."[253] Hierbei steht die Koordination des Informationsbedarfes mit der Informationserzeugung und der Informationsbereitstellung im Vordergrund,[254] im Kern also die Informationsversorgung. Diese Sichtweise hat als Bezugspunkt den Ausbau und die Erweiterung der Bedeutung des Rechnungswesens. Vor allem durch den vermehrten Einsatz von EDV-unterstützenden Systemen erfährt diese Controlling-Konzeption ihr theoretisches Fundament.

Die dritte Konzeption ist *planungs- und kontrollorientiert*. Grundlage dieser Controlling-Konzeption ist das Problem der „Abstimmung zwischen Planung, Kontrolle und Informationssystem."[255] HORVÁTH sieht die Funktion des Controllings hier in der ergebnisorientierten Koordination von Planung und Kontrolle sowie der Informationsversorgung.[256] Die Aufgaben der informationsorientierten Controlling-Konzeption sind hierin enthalten. Auch eine Nähe zur gewinnzielorientierten Konzeption ist unverkennbar. Dabei wird jedoch der Schwerpunkt auf die Betonung der Koordination gelegt, so dass neben den operativ-taktischen Momenten auch die strategische Ebene mit in die Betrachtung aufgenommen wird.

---

[249] Vgl. Scherm/Pietsch (2001b), S. 207.
[250] Vgl. Küpper (2001), S. 7 ff.
[251] Vgl. Küpper (2001), S. 7.
[252] Vgl. Pfohl/Zettelmeyer (1987), S. 148.
[253] Vgl. Müller (1974), S. 683.
[254] Vgl. Küpper (2001), S. 10.
[255] Vgl. Küpper (2001), S. 11.
[256] Vgl. Horváth (2003), S. 151.

Die *koordinationsorientierte Controlling-Konzeption* sieht die Controlling-Funktion „im Kern in der Koordination des Führungsgesamtsystems zur Sicherstellung einer zielgerichteten Lenkung."[257] Das Controlling steigert durch die Verminderung der Koordinationsdefizite innerhalb des Führungsgesamtsystems[258] die Effektivität und die Effizienz der Unternehmung.[259] Mittels systembildender und systemkoppelnder Maßnahmen sollen die Aufgabenträger des Controllings Strukturen in der Unternehmung schaffen, die mit der obersten Zielsetzung konform gehen.

Neben den angeführten Ausprägungen existieren zwei weitere Ansätze, die sich mit den konzeptionellen Grundlagen des Controllings beschäftigen. Die Konzeption von SCHERM/PIETSCH beschreibt Controlling als *Führungs- und Führungsunterstützungsfunktion.*[260] Controlling als Führungsfunktion erklärt sich durch die Aufgabe der Reflexion der Entscheidungen, die im Rahmen anderer Führungsfunktionen getroffen werden und gleichermaßen durch die Reflexion der funktionsinternen und funktionsübergreifenden Abstimmung dieser Entscheidungen. Controlling als Führungsunterstützungsfunktion ist eine Informationsaufgabe, die sich aus der Führungsfunktion ableiten lässt, da für die Erfüllung der Reflexionsaufgabe eine informatorische Gesamtsicht benötigt wird, die die Interdependenzen zwischen den Führungsfunktionen berücksichtigt.[261]

Controlling als *Sicherstellung von Führungsrationalität*[262] legt einen idealtypischen Führungszyklus, bestehend aus drei Führungsprozessphasen, zugrunde. In der Willensbildungsphase soll das Controlling die Handlungsmuster der Reflexion und der Intuition ausbalancieren, während in den Phasen der Willensdurchsetzung und der Kontrolle die Sicherstellungsfunktion vor allem auf die flexible Verarbeitung von Durchsetzungs- und Realisationserfahrungen abzielt. Neben diesen auf den Führungszyklus ausgerichteten Aufgaben soll zusätzlich die Rationalität der Datenbereitstellung und die Verbindung anderer Führungshandlungen, insbesondere die Verknüpfung von Planung, Kontrolle und Informationsversorgung, sichergestellt werden.

Um eine konkrete Aufgabenzuordnung zum Bereich des Controllers vorzunehmen, bedarf es allerdings einer Betrachtung aus institutioneller Sicht. Aus der funktionalen Controllingtheorie und den verschiedenen Controlling-Konzeptionen lassen sich im Kern zwar Controllingaufgaben ableiten, eine genaue Zuordnung der Aufgaben zum Controller lässt sich indes nur durch Plausibilitätsüberlegungen herstellen und besitzt keine Allgemeingültigkeit. Um die Zuordnung der Controllingaufgaben zum Aufgabenträger Controller zu vollziehen, wird exemplarisch auf die qualitative Interpretation

---

[257] Vgl. Küpper/Weber/Zünd (1990), S. 282.

[258] Zu den einzelnen Teilsystemen bzw. Führungs- oder Managementfunktionen des Führungssystems gehören das Planungs-, das Organisations-, das Kontroll- und das Personalführungssystem.

[259] Vgl. Weber (2004), S. 29.

[260] Vgl. Scherm/Pietsch (2001a), S. 81 ff., Scherm/Pietsch (2001b), S. 206 ff.

[261] Vgl. Scherm/Pietsch (2000), S. 402 ff.

[262] Vgl. Weber (2004), S. 47 ff., Weber (2000), S. 1931 ff., Weber/Schäffer (1999c), S. 731 ff., Weber/Schäffer (2001), S. 75 ff., Scherm/Pietsch (2001b), S. 207 ff.

von WEBER rekurriert. Die Aufgaben des Controllers liegen demnach schwerpunktmäßig in den Bereichen *Planung, Kontrolle*[263] und *Informationsversorgung*[264].

Zu den wesentlichen Aufgaben im Bereich Planung gehören neben der *Planungsunterstützung*, die *Planentstehungskontrolle* und das *Planungsmanagement*.[265] Das *Planungsmanagement* beinhaltet die Gestaltung des Planungssystems[266] sowie die methodische und instrumentelle Hilfestellung der Planer. Eine Unteraufgabe im Bereich Planungsmanagement besteht in der Übernahme prozessualer Teilaufgaben im Planungsablauf. Bei der *Planungsunterstützung* versucht der Controller, dem Management delegierbare Aufgaben im Entscheidungsprozess abzunehmen. Hierzu gehören bspw. das Auffinden und die Aufbereitung entscheidungsrelevanter Informationen, die Alternativengenerierung, die monetäre Bewertung und das Hinterfragen von Entscheidungsalternativen sowie die Prüfung angestrebter Lösungen. Im Bereich der *Planentstehungskontrolle* wird dem Controller auch ein inhaltlicher Einfluss auf die Planung zugewiesen. Zum einen liegt der Fokus auf der Begrenzung des Opportunismus der Entscheidungsträger, zum anderen auf der Eingrenzung des Fehlverhaltens aufgrund begrenzter kognitiver Fähigkeiten des Managements. Erreicht werden kann dies seitens des Controllers durch kritisches Hinterfragen und Infragestellen der potenziellen Pläne.

Die Zuordnung von Aufgaben aus dem *Bereich Kontrolle*[267] ist dafür ausschlaggebend, dass Controlling oftmals nur mit Kontrolle gleichgesetzt wird. Nichtsdestotrotz stellt dieser Bereich einen wesentlichen Aufgabenschwerpunkt der Controller dar. Die Durchführung von *Soll-Ist-Vergleichen*, die Analyse auftretender Abweichungen innerhalb einer *Abweichungsanalyse* sowie die Erarbeitung von Vorschlägen für geeignete *Anpassungsmaßnahmen* stehen im Mittelpunkt der Aufgabendurchführung. Die Aufspaltung der Abweichungsanalyse in einen rechentechnischen Teil und in einen inhaltlichen Teil wird dabei bewusst vorgenommen, um die Problemlösungskompetenz der Controller zu verdeutlichen.

Der Aufgabenkern im Bereich der *Informationsversorgung*[268] liegt in der Bereitstellung führungsrelevanter Informationen. Dabei lassen sich die Festlegung von *Art und Umfang* der bereitgestellten Informationen sowie die allgemeine *Transparenzverantwortung* als Teilaufgaben identifizieren. Zur Art der Informationsbereitstellung gehören *monetäre Daten* wie Kostengrößen, aber auch *Mengendaten* wie Qualitäts- und Zeitgrößen spielen eine immer größere Rolle. Zur Festlegung des Umfangs der bereitzustellenden Daten gehört das genaue Austarieren des Spannungsfeldes zwischen Informationsangebot, -nachfrage und -bedarf, um die Informationen zielorientiert weiterzuleiten. Die Transparenzverantwortung lässt sich in die *Systemverantwortung*, d. h. Sicherstellung der bedarfsgerechten Funktionsweise datenliefernder Systeme, die *Berichtsverantwortung* gegenüber dem Management, d. h. Verantwortung für objektive,

---

[263] Vgl. Weber (2004), S. 307 ff.
[264] Vgl. Weber (2004), S. 99 ff.
[265] Vgl. im Folgenden Weber (2004), S. 338 ff.
[266] WEBER spricht hier von einer Kernaufgabe der Controllertätigkeit. Vgl. dazu Weber (2004), S. 343.
[267] Vgl. Weber (2004), S. 352.
[268] Vgl. Weber (2004), S. 105 ff.

nachvollziehbare und benutzeradäquate Zahlen sowie in die *Kommunikationsverant-wortung* differenzieren. Die Kommunikationsverantwortung beschreibt die ständige Interaktion mit dem Management zur Auslösung zielorientierter Handlungen.

3.2 Controlling-Verständnis im politisch-administrativen System

Die *Übertragung* einer Controlling-Philosophie aus der Privatwirtschaft *auf das poli-tisch-administrative System* bedarf nicht nur der Berücksichtigung bereits thematisier-ter Besonderheiten im öffentlichen Sektor. Grundsätzlich erfordert die Auseinander-setzung mit der „richtigen" Controlling-Konzeption die Identifikation relevanter Merkmale, die sich auf das politisch-administrative System anpassen lassen.

Die Gemeinwohlausrichtung des öffentlichen Sektors schließt grundsätzlich die Über-tragung der *gewinnzielorientierten Konzeption* aus. Die Koordination des Informati-onsbedarfes mit der Informationserzeugung und der Informationsbereitstellung steht bei der *informationsorientierten Konzeption* im Vordergrund. Dieser Aspekt ist zu be-rücksichtigen, greift allerdings auch im öffentlichen Sektor zu kurz.

Integriert ist dieser Aspekt hingegen bei der *planungs- und kontrollorientierten Kon-zeption*, die damit den Fokus neben dem operativen auch auf den strategischen Aufga-benbereich ausweitet. Die Ganzheitlichkeit des vorliegenden Analysegegenstandes beinhaltet indes die Auseinandersetzung auch mit der politischen Rationalität.

Im Rahmen des *koordinationsorientierten Ansatzes* wird das Führungsgesamtsystem derart koordiniert, dass eine Steigerung relevanter Erfolgsgrößen sichergestellt wird. Darüber hinaus werden mittels systembildender und systemkoppelnder Maßnahmen Strukturen gebildet, die der obersten Zielsetzung entsprechen sollen. Letztere Maß-nahmen können uneingeschränkt auf das Controlling im politisch-administrativen Sys-tem übertragen werden.

Der Charakter der *Führungsunterstützungsfunktion* scheint zunächst eine mögliche Klammer für die genannten Funktionen darzustellen. Allerdings ist grundsätzlich zu diskutieren, inwieweit das Controlling auch als *Führungsaufgabe* zu interpretieren ist.

Demgegenüber kann sich die *Sicherstellung der Führungsrationalität* im politisch-administrativen Bereich grundsätzlich auf die Systemrationalität der öffentlichen Ver-waltung, aber auch auf das System der politischen Rationalität beziehen. In diesem Zusammenhang sei nochmals auf SCHEDLER/PROELLER verwiesen, welche die Aufga-ben der Führung im politisch-administrativen System in der Kombination der beiden Rationalitäten mittels einer Übersetzungsfunktion verstehen.[269]

Die Ausführungen verdeutlichen insgesamt, dass sich die Konzeptionen überwiegend für die Übertragung auf den politisch-administrativen Bereich eignen. Darüber hinaus ist ihnen mehrheitlich die *Koordinationsorientierung* – allerdings in einem unter-schiedlichen Ausmaß – gemeinsam. Auch sind die meisten Konzeptionen (unterneh-

---

[269] Vgl. Schedler/Proeller (2000), S. 53 f.

mens-)*zielorientiert.*[270] Um allerdings ein einheitliches Grundverständnis für den Rahmen dieser Arbeit zu begünstigen, soll folgende Controlling-Definition von BERENS ET AL. sowie MOSIEK gelten, die die maßgeblichen Elemente der geschilderten Konzeptionen umfasst und abdeckt: „*Controlling ist die Beschaffung, Aufbereitung, Analyse und Kommunikation von Daten zur Vorbereitung zielsetzungsgerechter Entscheidungen.*"[271]

Damit beinhaltet die Definition die Herstellung von (Ergebnis-)Transparenz, verbesserten Koordinationsmöglichkeiten zwischen unterschiedlichen (Ziel-) Hierarchien und Führungsinformationen. Zur Vorbereitung zielsetzungsgerechter Entscheidungen sollte das Controlling die *Effizienz* und die *Effektivität* herausarbeiten sowie *Gestaltungsmöglichkeiten* aufzeigen.[272] Demnach unterstützt das Controlling die Führung bei der Ausgestaltung und Ausübung der *Übersetzungsfunktion*, mittels welcher die politischen Vorgaben bzw. Oberziele zerlegt und die Ergebnisse der Verwaltungsproduktion hinsichtlich ihrer jeweiligen Zielerreichung, aber auch bzgl. der politischen Oberziele eingeordnet werden können.

Somit kommt der primäre Charakter der *Führungsunterstützung* des Controllings zum Ausdruck. Das Controlling versorgt in einem so verstandenen Kontext, das Verwaltungsmanagement und die Politik mit allen relevanten Informationen hinsichtlich des Erreichungsgrades gesetzter Ziele, auch der Wirkung. Zum einen kann damit der Politik ermöglicht werden, im Idealfall im Rahmen einer strategischen Planung *die Gesamtheit der Verwaltung wirkungsorientiert zu führen*, zum anderen kann innerhalb einer Verwaltung *zwischen unterschiedlichen Ebenen wirkungsorientiert gesteuert* werden.[273]

Die inhaltliche Einordnung von Informationen ist in ein durch das Controlling zu betreibendes *Informationsversorgungssystem* zu gewährleisten. *Abbildung 9* stellt die Konzeption eines Informationsversorgungssystems nach HOFFJAN dar.

An der Spitze dieses Modells finden sich die Managementelemente Mission, Vision und Leitbild der öffentlichen Verwaltung wieder.[274] Das Zielsystem erfährt eine Konkretisierung u. a. über die Sach- und Formalziele der Verwaltung. Diese werden wiederum über die Produkte abgebildet.[275] Über einzelne Koordinations- und Informationsinstrumente können relevante ziel- und produktbezogene Informationen operationalisiert und einer Auswertung zugänglich gemacht werden. Damit handelt es sich bei

---

[270] Vgl. Horváth (2003), S. 153.

[271] Vgl. Rieper/Witte/Berens (1996), S. V., Berens/Hoffjan/Strack (1995), S. 144, Berens/Bertelsmann (2002), Sp. 281 und Mosiek (2002), S. 20.

[272] Vgl. Pook/Fischer (2002), S. 46. KRAUS bezeichnet das Controlling auch als ein Konzept „zur Steuerung des Verwaltungshandelns im Hinblick auf die Effektivität, die Effizienz und den Finanzmittelbedarf", Kraus (1999), S. 199.

[273] Vgl. Kapitel 2.2.2.

[274] Vgl. Kapitel 2.2.2.

[275] Vgl. Kapitel 2.2.1.

diesem System um ein Lenkungssystem mit einem Steuerungselement, der top down-Planung, und einem Regelungsinstrument, der bottom up-Berichterstattung.[276]

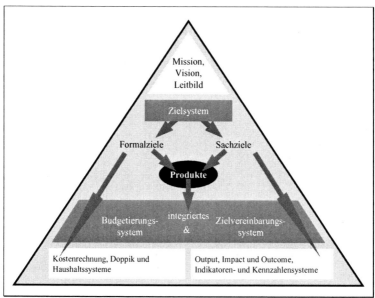

Mission,
Vision,
Leitbild

Zielsystem

Formalziele   Sachziele

Produkte

Budgetierungs-   integriertes   Zielvereinbarungs-
system   &   system

Kostenrechnung, Doppik und   Output, Impact und Outcome,
Haushaltssysteme   Indikatoren- und Kennzahlensysteme

Abbildung 9: Konzeption eines Informationsversorgungssystems[277]

Damit tangiert das Controlling neben dem operativen und dem strategischen Aufgabenbereich einer öffentlichen Verwaltung auch den politischen Aufgabenbereich im Gesamtsystem. Unter *strategischem Controlling* werden primär die Aspekte der Informationsbereitstellung über den Erreichungsgrad politischer Zielsetzungen sowie die Überprüfung der Erforderlichkeit von durch die Verwaltung wahrgenommener Aufgaben bzw. Maßnahmen subsumiert.[278] Dem strategischen Controlling sind damit vorrangig Aufgaben im Effektivitätsbereich zuzuschreiben, während sich im Bereich des *operativen Controllings* die Aufgaben im Wesentlichen auf Wirtschaftlichkeitsaspekte stützen und damit die Effizienzebene betreffen.[279] Darüber hinaus kann das *politische Controlling* einen Beitrag dazu leisten, die eigentliche Qualität der politischen Ziele bzw. der den Vollzug legitimierenden oder einschränkenden Gesetze zu überprüfen.

In diesem Zusammenhang zeigt sich, dass über das Controlling auch direkt Führungsfunktionen ausgeübt werden können. Darüber hinaus wird eine enge Zusammenarbeit zwischen den potenziellen Aufgabenträgern des Controllings erforderlich, da die Führung i. d. R. für die Zielsetzungen und damit auch für die Planung und Steuerung von

---

[276] Vgl. Berens/Hoffjan (2004), S. 10.
[277] In Anlehnung an Hoffjan (1998), S. 161 sowie Berens/Hoffjan (2004), S. 11.
[278] Vgl. Brüggemeier (1998), S. 82 ff.
[279] Vgl. Budäus (2002), S. 210.

Zielgrößen und – vor allem – Budgets verantwortlich ist. Als Aufgabenträger kommen grundsätzlich mehrere Personengruppen in Betracht.[280] Eine mögliche Form der Interpretation gibt *Abbildung 10*. Hier wird der Zusammenhang zwischen dem (Verwaltungs-)Manager als Führungskraft und dem Controller in Bezug auf die Aufgabenwahrnehmung des Controllings dargestellt. Sowohl der Manager als auch der Controller können somit die in der Definition geschilderten abstrakten Aufgaben ausüben.

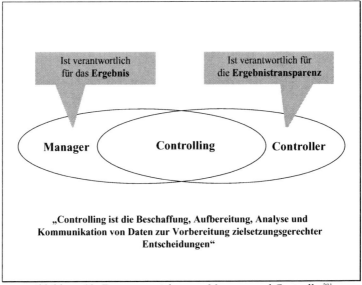

Abbildung 10: Zusammenwirken von Manager und Controller[281]

Konkretere Aufgabenschwerpunkte des Controllers liegen auch im politisch-administrativen System in den Bereichen Planung, Kontrolle und Informationsversorgung.[282] Darüber hinaus kommt der *Beratungsfunktion* des Controllers eine zunehmende Bedeutung zu. Der zugrunde gelegten Controlling-Definition folgend liegt ein Schwerpunkt der abstrakten Aufgabenzuordnung im Bereich der Kommunikation. Da sich das zielorientierte Wissen im politisch-administrativen System oftmals zunächst auf den Controller verdichtet, ist ein optimales Zusammenspiel von Controller und Führungskraft auf allen Ebenen im politisch-administrativen System erforderlich, was ebenfalls in *Abbildung 10* dargestellt wird.[283] Im Ergebnis wird an dieser Stelle deutlich, dass das Controlling unter zugrunde Legung der Begriffsdefinition von

---

[280] Vgl. Weber (2000), S. 1932.
[281] Die Darstellung erfolgt in Anlehnung an Deyhle (1997), S. 154.
[282] Vgl. Kapitel 3.1.
[283] In diesem Zusammenhang erlangen verhaltensorientierte Aspekte des Controllings eine zentrale Rolle. Vgl. hierzu ausführlich Hoffjan (1998), S. 57 ff.

BERENS ET AL. und MOSIEK wesentliche Elemente, Aufgabenfelder und Ebenen der Verwaltungsmodernisierung tangiert.

Bezogen auf die Struktur des aktuellen Reformprozesses der Verwaltungsmodernisierung[284] lässt sich das Controlling, wie in *Abbildung 11* dargestellt, abstrakt einbinden.

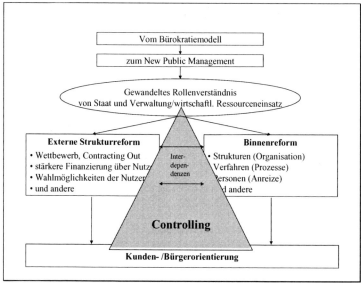

Abbildung 11: Einordnung des Controllings[285]

Es ist ersichtlich, dass alle Reformebenen durch ein umfassendes Controlling tangiert und somit einer Auswertung durch das Controlling zugänglich gemacht werden sollten. Im Ergebnis verknüpft ein derart verstandenes Controlling die einzelnen Ebenen des Reformprozesses zu einem Gesamtsystem.[286] Dem Controlling kommt damit eine wesentliche Unterstützungsfunktion zur Rekonstruktion und Wiedergewinnung von Handlungsmöglichkeiten von Staat und Verwaltung zu.[287] Aus diesem Grund bezieht sich das *wirkungsorientierte Controlling-Verständnis* immer auf das *politisch-administrative Gesamtsystem*.

Die inhaltliche Entwicklung wirkungsorientierter Instrumente sowie die Schaffung eines *integrierten Bezugsrahmens* wurden bereits als die zentralen Herausforderungen des Controllings der Zukunft beschrieben.[288] Unter einem integrierten Bezugsrahmen wird in dieser Ausarbeitung ein *konzeptionelles Idealbild* verstanden, welches auf ei-

---

[284] Vgl. Kapitel 2.1.3.
[285] Vgl. Budäus (2002), S. 207.
[286] Vgl. Budäus (2002), S. 207 f.
[287] Vgl. Budäus (2002), S. 205.
[288] Vgl. Kapitel 1.1.

nem *hohen Abstraktionsniveau* einen Realitätsausschnitt der *Planungs-, Steuerungs- und Kontrollkreisläufe* innerhalb der relevanten Umwelt des *politisch-administrativen Systems* darzustellen vermag.[289]

Die bis zu dieser Stelle sehr theoretisch und abstrakt geführte Diskussion über das zugrunde gelegte Controlling-Verständnis, soll im folgenden Kapitel anhand einer A-nalyse kodifizierter Tatbestände in einzelnen Bundesländern bzgl. der Legitimation eines Controllings erweitert werden. Im Anschluss daran wird der *Nutzen* eines fakultativen wirkungsorientierten Controlling-Verständnisses thematisiert. Grundsätzlich werden in den folgenden Ausführungen zunehmend auch Controlling-Instrumente angeführt,[290] die den beschriebenen Aufgabenschwerpunkten des Controllers oder auch dem Aufgabenbereich des Managers zuzuordnen sind.

3.3 Motive für den Einsatz eines wirkungsorientierten Controllings

Die Diskussion über den konkreten inhaltlichen Fokus und die organisatorische Ausgestaltung des *Controllings* wird in der *Praxis* oft induktiv geführt. Die Existenz eines kritischen Bestandes von Aufgaben, führt vielfach zum funktionalen und organisatorischen Ausweis eines Controllings mit oftmals wenig spezifiziertem Dienstleistungsspektrum und unklarer Evolutionsperspektive.[291] Dagegen sollte zumindest deduktiv geprüft werden, inwieweit Controlling-Aufgaben in öffentlichen Institutionen fakultativ aufgrund des erwarteten Steuerungsnutzens bestehen oder aber aufgrund gesetzlicher Pflichten obligatorisch erbracht werden müssen.

3.3.1 Gesetzliche Implikationen für ein Controlling

An dieser Stelle soll diskutiert werden, in welchem Umfang die Verbreitung einzelner Instrumente oder Konzepte des Controllings durch (gesetzliche) Vorgaben gefördert wird, um auf dieser Basis eine bessere Einschätzung der Rahmenbedingungen für die bisherige Evolution eines Controllings in der öffentlichen Verwaltung vornehmen zu können.

Der vorgeschriebene Einsatz von Controlling-Instrumenten ist grundsätzlich immer dann denkbar, wenn *Informationsbedürfnisse organisationsfremder Adressaten* abgedeckt werden sollen, eine *konzeptionelle Standardisierung organisationsübergreifende Auswertungsvorteile* liefert oder die *Wirtschaftlichkeit der Umsetzung* durch zentrale Vorarbeiten deutlich gesteigert werden kann.

Da die Einschätzung dieser Sachverhalte in der Praxis unterschiedlich ausfällt, verfolgen der Bund und die Länder in Deutschland ihre Modernisierungsstrategien mit in-

---

[289] Da die Grenzen eines Bezugsrahmens zu einem Modell fließend sein können, kann der integrierte Bezugsrahmen im Idealfall durch ein ganzheitliches Modell ausgefüllt werden. Hingegen können zur Darstellung und Operationalisierung von Teilaspekten wiederum spezifischere Modelle verwendet werden.

[290] Die wesentlichen Controlling-Instrumente werden in Kapitel 5 ausführlich erläutert.

[291] Zur Dienstleistungsfunktion des Controllings vgl. Mosiek (2002), S. 49 ff.

haltlich abweichenden Ansätzen und höchst unterschiedlicher Intensität. Während einige Bundesländer die Einführung der Elemente des Neuen Steuerungsmodells *top down* vorstrukturieren und verordnen, fördern andere Länder *bottom up* die Entwicklung individueller Konzepte, um sich herausbildende Gemeinsamkeiten langfristig standardisieren zu können. Im Folgenden sollen verschiedene Beispiele skizziert werden, anhand derer die unterschiedliche gesetzliche Regelungstiefe bzgl. der Einführung eines Controllings einzelner Bundesländer und die jeweiligen Umsetzungshorizonte veranschaulicht werden.

Die *nordrhein-westfälische Landesregierung* plant aktuell die Einführung von Produkthaushalten zur outputorientierten Steuerung (EPOS.NRW) in allen Bereichen der Landesverwaltung auf Basis der integrierten Verbundrechnung.[292] Die integrierte Verbundrechnung basiert auf einem doppischen Rechnungskonzept und folgt einem dreistufigen Aufbau in Form einer *integrierten Ergebnis-, Finanz- und Vermögensrechnung*.[293] Damit erfolgt eine grundlegende Modernisierung der Landesverwaltung im Bereich „Neues Haushalts- und Rechnungswesen". Das Gesetz zum Neuen Kommunalen Finanzmanagement (NKF), das die integrierte Verbundrechnung für die 396 Städte und Gemeinden in NRW verbindlich vorschreibt, ist seit dem 01.01.2005 in Kraft. Hierin heißt es, dass die Gemeinden spätestens in dem Haushaltsjahr 2009 ihre Geschäftsvorfälle nach dem System der doppelten Buchführung zu erfassen und zum 01.01.2009 eine Eröffnungsbilanz aufzustellen haben. Die Verpflichtung zur Aufstellung eines Gesamtabschlusses für den „Konzern Kommune" ist für den 31.12.2010 vorgesehen.[294]

Das im Rahmen des Projektes EPOS.NRW erstellte Rahmenkonzept verfolgt den Zweck der Homogenisierung, im Sinne der Schaffung eines Gleichgewichtes ressortspezifischer und übergreifender Anforderungen,[295] mittels der Kernelemente Produkthaushalt und Budgetierung. Das gemeinsame Austarieren vor- und nachgelagerter Stellen im Rahmen des Haushaltsverfahrens, bestehend aus Haushaltsaufstellung und Haushaltsvollzug, ist eine Zielvorstellung des Projektes. Eine Veränderung der Führungskultur – von einem primär hierarchischen zu einem kooperativen Führungsstil – wird über das Instrument der Budgetvereinbarungen angestrebt. Das Führen über Ziele soll durch eine interdependente Zielplanung gewährleistet werden.[296] Der Auf- und Ausbau von Controllingsystemen soll den beigemessenen Nutzwert seitens der Initiatoren, vor allem den der Kosten- und Leistungsrechnung[297], für die Binnensteuerung

---

[292] Vgl. im Folgenden Finanzministerium des Landes NRW (2005a), S.1 ff.
[293] Vgl. Kapitel 5.2.4.2.
[294] Vgl. Art. 1 §§ 1 und 2 NKFG NRW.
[295] Vgl. Finanzministerium des Landes NRW (2005b), S. 5.
[296] Weitere Kernelemente im Rahmenkonzept EPOS.NRW liegen in der Mehrjahresplanung und dem Aufstellen strategischer Ziele sowie in der Einführung einer integrierten Verbundrechnung. Vgl. Finanzministerium des Landes NRW (2005b), S. 12 ff.
[297] Nachdem die Kommunen in der Vergangenheit teilweise eine Vorreiterrolle bei der Implementierung von Elementen des NSM übernommen hatten, begannen die Ministerien in geeignet erscheinenden unteren und mittleren Landesbehörden und -einrichtungen mit der Pilotierung der einzelnen Elemente des Neuen Steuerungsmodells. Auf diese Weise hatten bereits im April 2004 über 150 Behörden und Einrichtungen in NRW Kosten- und Leistungsrechnungen eingeführt.

der Verwaltung, verdeutlichen. Ein derartiger Aufbau findet auf allen Ebenen der Landesverwaltung, der Behörden, in den Ressorts und bei der Landesregierung statt. Controlling ist nach diesem Konzept „die systematische Verknüpfung von Planung und Aufstellung von Produkthaushalten mit der Verwaltungsführung durch Budget-vereinbarungen und die systematische Kontrolle der Zielerreichung auf allen Füh-rungsebenen."[298] Kerngedanke ist damit die Transparenz von Zielen und Ergebnissen, auch um die Effektivität der Führung zu steigern.[299] Die Selbststeuerung auf allen Füh-rungsebenen soll durch Controlling-Instrumente innerhalb eines Controlling-Kreislaufes unterstützt werden.[300] Eine vollständige Umsetzung der geschilderten Mo-dernisierungsvorhaben soll in der Zukunft sukzessive – auch anhand von Umsetzungs-erfahrungen aus Modellprojekten – vollzogen werden.

In *Baden-Württemberg* wurden die zentralen Vorarbeiten in Bezug auf ein Verwal-tungscontrolling frühzeitiger vorgenommen. Bereits 1997 hat das Finanzministerium Baden-Württemberg ein Gutachten für ein Szenario zur landesweiten Einführung der Kosten- und Leistungsrechnung in Auftrag gegeben. Dieses Gutachten kommt auf der Grundlage vorsichtiger Annahmen zu dem Schluss, dass ein umfassendes Controlling-System in Verbindung mit der dezentralen Budgetverantwortung in der Landesverwal-tung die Wirtschaftlichkeit erheblich steigern kann. Sodann wurde 1999 unter der Fe-derführung des Innenministeriums eine für die Landesverwaltung verbindliche Cont-rolling-Rahmenkonzeption erarbeitet, die einen auf die Verwaltung zugeschnittenen, aber doch unverkennbar betriebswirtschaftlichen Ansatz verfolgt.[301] Controlling wird in Baden-Württemberg als Führungsunterstützung durch Bereitstellung steuerungsre-levanter Informationen verstanden, durch welche eine ganzheitliche Steuerung mög-lich wird.[302]

Aufbauend auf einem Produktkatalog wurde die KLR flächendeckend im Rahmen ei-nes Stufenkonzeptes eingeführt. Grundsätzlich soll die Kostenrechnung in Zukunft von einer Ist-Kostenrechnung um eine Plan-Kostenrechnung erweitert werden. Auch wurden Ansätze zu einer prozessorientierten Kostenrechnung dargestellt.[303] Auf diesen Instrumenten aufbauend, soll ein produktorientierter Haushalt flächendeckend in 2007/2008 aufgestellt werden.[304] In diesem Zusammenhang ist für die Zukunft auch

---

[298] Finanzministerium des Landes NRW (2005b), S. 12. Controlling wird an dieser Stelle primär als Führungsaufgabe verstanden, im Rahmen derer die Controller die Führungskräfte unterstützen. Vgl. Finanzministerium des Landes NRW (2005a), S.60.

[299] Vgl. Finanzministerium des Landes NRW (2005b), S. 11 f.

[300] Vgl. Finanzministerium des Landes NRW (2005a), S. 54.

[301] Im Rahmen eines Kabinettsbeschlusses vom 22.11.1999 wurde die Durchführung des Gesamtpro-jektes „Neue Steuerungsinstrumente" beschlossen. Dieses Projekt beinhaltet ab dem Jahr 2000 ei-ne flächendeckende Einführung neuer Managementinstrumente. Zu diesen zählen in Baden-Württemberg neben dem operativen und strategischen Controlling ein Haushaltsmanagementsys-tem, die KLR, die mit der Einführung einer dezentralen Budgetierung verbunden ist sowie ein Führungsinformationssystem. Die Gesamtverantwortung für dieses Projekt liegt beim Finanzmi-nisterium. Vgl. Landtag Baden-Württemberg (2004), S. 5.

[302] Vgl. Innenministerium Baden-Württemberg (1999), S. 7.

[303] Vgl. Landtag von Baden-Württemberg (2004), S. 29.

[304] In diesem Zusammenhang erfolgt zunächst eine Ergänzung des Haushaltsplans um KLR-Daten.

mit dem Aufbau bzw. Ausbau von umfassenden Kennzahlen- und Indikatorensystemen zu rechnen.[305] In Baden-Württemberg wird zwischen einer operativen und strategischen Controllingebene differenziert. Eine Verknüpfung dieser Ebenen[306] sowie die Weiterentwicklung des Controllings zu einem strategisch-politischen Controlling, bei dem die strategisch verwaltungsinterne Ausrichtung sich konsequent aus dem Regierungsprogramm durch die Ableitung politischer Ziele entwickeln soll, ist für die Zukunft geplant.[307] Die Einführung eines umfassenden Controllings wurde grundsätzlich auf mehrere Jahre veranschlagt.[308]

Einen ähnlichen Weg beschreitet *Hessen*, indem, gesteuert von dem Ministerium der Finanzen, im Rahmen eines Gesamtprojektes zunächst landesweite Vorgaben auf Basis einer landeseinheitlichen Softwarelösung entwickelt werden, bevor dieses so genannte Landesreferenzmodell auf alle Behörden und Einrichtungen bis Ende 2006 ausgeweitet werden soll. Das übergeordnete Projektziel der Neuen Verwaltungssteuerung ist darüber hinaus die Errichtung eines Produkthaushaltes mit ergebnisorientierter dezentraler Budgetierung bis zum Jahr 2008.[309] Das am 8. November 2000 in der achtzehnten Sitzung des hessischen Kabinettsausschusses „Verwaltungsreform" verabschiedete Controllingkonzept geht in strategischer Hinsicht noch über die baden-württembergische Rahmenkonzeption hinaus:

„Strategisch ausgerichtete Steuerung beginnt mit der Regierungserklärung des Ministerpräsidenten. Beratend unterstützt von der Staatskanzlei bestimmt der Ministerpräsident die Leitlinien der Politik der Landesregierung, die sich – soweit vorhanden – an den wesentlichen Inhalten der Koalitionsvereinbarung ausrichtet. Aufgabe der Staatskanzlei ist es, die Umsetzung der Vorgaben aus der Regierungserklärung und – soweit vorhanden – aus der Koalitionsvereinbarung zu ‚controllen'. Dies beinhaltet, die erfolgsrelevanten Informationen aus den einzelnen Ressorts zu sammeln und aufzubereiten, sie der Landesregierung zur Verfügung zu stellen und diese bei der Interpretation des vorliegenden Materials und der Beurteilung von Entscheidungsalternativen zu beraten. Konkret bedeutet das, die von einzelnen Mitgliedern der Landesregierung definierten Teilziele und die daraus abgeleiteten Maßnahmen zusammenzustellen, ihren Erfolg auf der Basis von Kennzahlen zu überwachen ... und die Landesregierung bei der Interpretation dieses Materials im Hinblick auf die Zielführigkeit sowie bei der Beurteilung von Entscheidungsalternativen zu beraten. Analog setzt sich dies in allen Verwaltungsebenen fort."[310]

Daraus folgt für Hessen, „dass der Wählerwille festgestellt wird, daraus politische Ziele abgeleitet und in politische Programme (Koalitionsvereinbarung, Regierungserklä-

---

[305] Vgl. Innenministerium Baden-Württemberg (1999), S. 33.
[306] Das Instrument der Balanced Scorecard fungiert in diesem Zusammenhang als das „verknüpfende" Element.
[307] Vgl. Innenministerium Baden-Württemberg (1999), S. 127 ff.
[308] Vgl. Innenministerium Baden-Württemberg (1999).
[309] Vgl. Hessisches Ministerium der Finanzen (2006).
[310] Hessisches Ministerium der Finanzen (2000), S. 11.

rung) mit messbarer Wirkung umgesetzt werden. Ferner werden Leistungsdefizite
(z. B. Wirtschaftsförderungsprogramme haben nicht den gewünschten Effekt auf den
Arbeitsmarkt) und Fehlsteuerungen (z. B. Mitnahmeeffekte bei Investitionszulagen)
identifiziert. Da sich die Rahmenbedingungen politischen Handelns (z. B. größere
Sensibilität der Bürger für Umweltschutzprobleme) ebenfalls ständig ändern können,
sind jederzeit Zieländerungen oder Zielanpassungen vorzunehmen."[311] Insgesamt
zeichnet sich das hessische Konzept somit durch die Ergänzung des klassisch-
betriebswirt-schaftlichen Verwaltungscontrollings um eine strategisch-politische Komponente mit Wirkungsmessung aus.

Über die inhaltliche Konkretisierung in Hessen und Baden-Württemberg hinaus hat
Berlin als erstes Bundesland Elemente des Neuen Steuerungsmodells durch das Verwaltungsreform-Grundsätze-Gesetz (VGG) vom 17. Mai 1999 gesetzlich kodifiziert.[312]
Das Neue Steuerungsmodell zielt auf den Ausbau einer unternehmensähnlichen, dezentralen Führungs- und Organisationsstruktur ab. Am 1. April 2003 hat der Senat
durch die Zielvorgabe einer grundlegenden aufgabenkritischen Reform und Straffung
der gesamten Landesverwaltung einen Masterplan beschlossen, die Neuordnungsagenda 2006[313], die alle wichtigen politischen Neuordnungsprojekte und -vorhaben
enthält, die den öffentlichen Sektor Berlins strukturell verändern. Wesentliche übergeordnete Ziele dieser Neuordnungsagenda 2006 sind die Konzentration auf Kernaufgaben und die konsequente Beschränkung auf die staatliche Gewährleistungsverantwortung, eine verstärkte strategische Zielsteuerung staatlicher Investitionen und politischer Programme sowie der ziel- und wirkungsorientierte Einsatz von Finanzmitteln
durch entsprechende Steuerungs- und Controllingverfahren. Entsprechend dieser Neu-
ausrichtung wird die gesamte Kostenträgerstruktur der Hauptverwaltung zur Abbildung und Messung der (Ziel-)Wirkungen von Maßnahmen in die Zielsysteme integriert. Auch existieren in einigen Bereichen bereits Indikatorensysteme und werden
Zielvereinbarungen, Wirkungsrechnungen sowie Evaluationen durchgeführt oder zumindest geplant. Auch finden teilweise bereits Methoden der Nutzen-Kosten-
Untersuchungen ihren Einsatz. Durch diese umfassende gesetzliche Regelung hat Berlin – zumindest beim Einsatz moderner, wirkungsorientierter Verfahren – eine Vorreiterrolle übernommen.

Insgesamt gesehen wird im Ländervergleich[314] deutlich, dass der Einsatz des Controllings als Teilelement neuer Steuerungselemente gefördert wird. Neben der Formalisierung von Basisinstrumenten in öffentlichen Verwaltungen sind allerdings strategische
bzw. wirkungsorientierte Steuerungsgrößen in Controlling-Gesamtkonzepten derzeit
noch unterrepräsentiert.[315] Ein singulärer Einsatz von *Wirkungsmessungen* bzw. um-

---

[311] Hessisches Ministerium der Finanzen (2000), S. 15.

[312] Vgl. insb. §§ 1 bis 7 VGG.

[313] Vgl. Berlin (2006).

[314] Die Schlussfolgerungen beziehen sich auf die dargestellten Analysen in den vier genannten Ländern. Da es sich um insgesamt drei Flächenländer und einen Stadtstaat handelt, können vergleichsweise repräsentative Aussagen getätigt werden.

[315] In vielen Fällen sind derartige Konzepte allerdings bereits in der Planung integriert.

fassenden *Evaluationen* wäre indes zumindest bei Förderprogrammen[316] zu erwarten. Demgegenüber beschränkt sich in der Realität die Bewertung für den Erfolg eines Förderprogramms – i. d. R. in allen Bundesländern – oftmals auf das Kriterium, dass die vorgesehenen Mittel auch tatsächlich abgeflossen sind. Inhaltliche Evaluationen in Abhängigkeit gesetzter Ziele sind derzeit eher noch die Ausnahme.[317] Auf EU-Ebene – sei es der Europäische Sozialfonds oder der EU-Strukturfonds – sind Wirkungsanalysen in Form von Evaluationsberichten hingegen fester Bestandteil eines vorgeschriebenen, umfangreichen Berichtswesens. Die EU nimmt somit bei den Förderprogrammen in konzeptioneller Hinsicht eine Vorbildfunktion ein.

Die Ausführungen zu dem Einsatz von auf Gesetze bzw. Kabinettsbeschlüsse zurückzuführenden Controlling-Instrumenten haben gezeigt, dass es sehr unterschiedliche Rahmenbedingungen für den Betrieb eines Controllings gibt. Insgesamt wird jedoch deutlich, dass zwar einige operative Basisinstrumente ihren Ursprung in konkreten gesetzlichen Regelungen haben bzw. verbindlich vorgeschrieben sind, die inhaltliche Ausgestaltung und die konzeptionelle Integration von Instrumenten, die den strategischen Bereich des Controllings betreffen, demgegenüber aber sehr individuell gelöst werden.

Vergleicht man die identifizierten gesetzlichen Implikationen für ein Controlling in der öffentlichen Verwaltung mit der theoretisch-abstrakten Controlling-Definition im Rahmen dieser Ausarbeitung, so kann festgehalten werden, dass sich die dargestellten Tatbestände durchaus unter der Definition subsumieren lassen. Allerdings tangiert die Vielzahl der Basisinstrumente lediglich den operativen Handlungsraum einer öffentlichen Verwaltung. In Anlehnung an die sich aus den Gesetzen abzuleitende Zielsystematisierung,[318] fehlt es an konkreten Bestimmungen, die den strategischen wie auch politischen Handlungsraum des politisch-administrativen Systems ausfüllen. Ein notwendiger ganzheitlicher sowie erkennbar zusammenhängender Einsatz operativer, strategischer und politischer Instrumente eines wirkungsorientierten Controllings kann zumindest flächendeckend nicht identifiziert werden.

Über den obligatorischen Einsatz von Controlling-Instrumenten hinaus, sollte geprüft werden, inwiefern ein *erwarteter Steuerungsnutzen* den Einsatz auch von wirkungsorientierten Controlling-Instrumenten in der Praxis bestimmt.

---

[316] In Berlin wurde mit der Einrichtung eines Fördercontrollings zur Analyse der Wirkungen von Zuwendungen in einigen Fachabteilungen diesem Tatbestand bereits Rechnung getragen.

[317] Bürokratieabbau, Deregulierung und Evaluation sollen nach Auskunft des Bundesministeriums des Inneren in der Zukunft auf Bundesebene allerdings eine größere Rolle spielen. Hierzu gehören auch die Evaluationen von Förderprogrammen oder Institutionen. Vgl. Bundesministerium des Inneren (2005), S. 42.

[318] Vgl. Kapitel 2.2.1.

3.3.2 Nutzensteigerung durch fakultatives Controlling

Analog zur Privatwirtschaft wird in weiten Teilen der öffentlichen Verwaltung Controlling auch als eine interne Steuerungsfunktion verstanden. Demnach müsste es – soweit es keine formalisierten Rahmenvorgaben oder Gesetze gibt – individuell wahrgenommene Vorteile geben, die für eine professionelle *Beschaffung, Aufbereitung, Analyse und Kommunikation von Daten zur Vorbereitung zielsetzungsgerechter Entscheidungen* in Verwaltung und Politik sprechen. Der Einsatz eines jeden Instrumentes müsste auf eine – zumindest implizite – Kosten-Nutzen-Analyse[319] mit im Ergebnis positivem Nettonutzen zurückzuführen sein.

Im Folgenden soll daher der Nutzen isolierter Controlling-Instrumente skizziert sowie Synergien zwischen einzelnen Instrumenten aufgezeigt werden.[320] Hierbei ist die Reihenfolge der Beschreibung der Instrumente und ihres Steuerungsnutzens an einem in der Praxis oftmals zu beobachtenden Evolutionspfad bei dem Aufbau eines Controllings in Verwaltungen angelehnt, der sich nicht nur aus den gesetzlichen Vorlagen ableitet, sondern sich auch an der Entwicklung des NSM orientiert.[321] Im Ergebnis gilt es die Frage zu beantworten, warum Informationen über die Wirkung von Maßnahmen bis heute nur unzureichend fakultativ berücksichtigt wurden.

Die Ausrichtung am Wirtschaftlichkeitsprinzip[322] hat zur Folge, dass bei der Implementierung eines Controllings zunächst der *Nutzen isolierter Ressourcenverbrauchskonzepte*[323] sehr hoch bewertet wird, was zu einer Einführung von Doppik- und Kostenrechnungssystemen führt. In diesem Kontext werden Kostenrechnungssysteme zu Beginn der Implementierung vielfach nur bis auf die Kostenstellenebene ausdifferenziert, da hierdurch organisatorische Verantwortungen ohne komplexe Kalkulationsmodelle ausreichend abbildbar werden.

Der Übergang von der inputorientierten zur *ergebnisorientierten Steuerung* sowie eine dezentrale Verantwortungsstärkung bedeutet bezogen auf die Nutzung von Management-Informationen und die Ausgestaltung eines Verwaltungscontrollings, dass über die periodengerechte Bewertung der Kosten der ergebnisbezogenen Zuordnung im Sinne einer Kostenträgerrechnung besondere Bedeutung beigemessen wird. Über die Kostenzuordnung hinaus sind festgelegte Leistungsergebnisse nach Art, Qualität und Quantität wesentlicher Bestandteil der outputorientierten Steuerungsphilosophie.[324]

Der durch die Dezentralisierung sowie durch die ergebnisorientierte Steuerung gewonnene Handlungs- und Gestaltungsspielraum verspricht eine zunehmend *effiziente-*

---

[319] Zur Funktionsweise der Kosten-Nutzen-Analyse vgl. Kapitel 4.3.1.

[320] Die folgende Auflistung einzelner Controlling-Instrumente besitzt keinen Anspruch auf Vollständigkeit.

[321] Wie bereits dargelegt, basieren die Bemühungen, ökonomisches und manageriales Denken in der öffentlichen Verwaltung anzuwenden und ein primär führungsunterstützendes Controlling zu implementieren vor allem auf der seit Anfang der 1980er Jahre stattfindenden Bewegung des NPM bzw. des NSM. Vgl. Reichard (2001), S. 13 sowie Kapitel 2.1.3.

[322] Vgl. Kapitel 2.1.3.

[323] Vgl. Kapitel 5.2.4.

[324] Vgl. ausführlich Kapitel 5.2.4 sowie Kapitel 5.2.5.

re Handlungsweise. In diesem Kontext wird der *Nutzen* von solchen Controlling-Instrumenten besonders hoch eingeschätzt, die in der Lage sind, *Leistungen mess-, vergleich- und beurteilbar* zu machen. Im Sinne eines Leistungscontrollings wird versucht, über objektivierte Kennzahlensysteme Zeit- und Organisationsvergleiche durchzuführen sowie ein für die dezentrale Leistungsdokumentation erforderliches Berichtswesen zu entwickeln. Durch den Übergang zu einer produktorientierten Steuerung[325] rücken neben Effizienz- zwar auch *Effektivitätskriterien* in den Vordergrund,[326] eine Ausrichtung an Outcomes – gewollten und ungewollten (Leistungs-)Wirkungen im Hinblick auf die Erreichung politischer Ziele – ist indes in der *Praxis* oftmals in einem Gesamtansatz *nicht gegeben.*

Aufgrund der notwendigen Einbeziehung der Wirkungsbetrachtung[327] ergeben sich aber immer dann Optimierungspotenziale in Verwaltungen, wenn dort eigenständige Handlungs- und Gestaltungsspielräume mit gesellschaftlichen Wirkungskonsequenzen bestehen. Die *Identifikation gemeinwohlbezogener Gestaltungsspielräume* und ihre *Beeinflussung* durch eine gezielte Allokation der zur Verfügung stehenden Ressourcen sind die wesentlichen *Ziele* eines *wirkungsorientierten Controllings.* Dieser Ansatz fördert grundsätzlich die Problemlösungsfähigkeit der Verwaltung.[328]

In Verbindung mit einer offenen Kommunikation kann neben einer *Stärkung* der *legitimatorischen Basis* von Politik und Verwaltung[329] ein *intrinsischer Motivationsschub* bei den Beschäftigten erreicht werden, da auch die gesellschaftlichen Ergebnisse ihrer Arbeit bewertbar werden. Gleichzeitig werden durch ein wirkungsorientiertes Handeln die wesentlichen Prinzipien einer Good Governance erfüllt,[330] unter der vor allem die Qualität der Zusammenarbeit und Entscheidungsfindung zwischen staatlichen und gesellschaftlichen Gruppen in Angelegenheiten des öffentlichen Interesses verstanden wird.[331]

Es ist zu beobachten, dass, über die durch gesetzliche Regelungen vorgegebenen Basisinstrumente des Controllings hinaus, in der Realität zahlreiche weitere Steuerungshilfen eingesetzt werden bzw. eingesetzt werden sollten, welche sich, wie beschrieben, über den wahrgenommenen Nettonutzen legitimieren lassen. Um die Vorteile eines

---

[325] Der Begriff produktorientierte Steuerung wird als Synonym einer outputorientierten Steuerung verwendet.

[326] Vgl. Kapitel 5.2.5.

[327] Die Überprüfung der Erfüllung politisch geforderter Ziele sollte dagegen, wie bereits ausführlich im Kapitel 2.2.2 hergeleitet, im Fokus der Handlungsträger stehen. Vereinfacht gesprochen ist es nicht zweckmäßig, immer mehr Bescheide schneller und kostengünstiger zu erstellen, wenn die eigentliche Intention der politischen Entscheidungsträger völlig andere gesellschaftliche Wirkungen adressiert.

[328] Vgl. hierzu die Ausführungen zur *Problemlösungsfähigkeit der Verwaltung* in Kapitel 2.2.3.

[329] Vgl. Horváth/Kühnle (2002), S. 330.

[330] Vgl. OECD (2002), S. 183 ff. und Mosiek/Gerhardt/Wirtz/Berens (2003), S. 27. „The concept of governance ... as presented by the European Commission, is defined in terms of a set of princibles – regarding openness, participation, accountability, effectiveness and coherence – related to the exercise of powers by the institutions of the European Union." Curtin/Dekker (2005), S. 5. Vgl. auch Heldeweg (2005), S. 178.

[331] Vgl. Hill (2000a), S. 11 und Kapitel 2.1.3.

wirkungsorientierten Controllings nutzen zu können, sollte die Entwicklung von geeigneten Modellen und Instrumenten gefördert wird, um sowohl den Anwendungsaufwand als auch den Informationsgewinn zu optimieren. Ein obligatorischer Einsatz derartiger Instrumente erscheint immer dann sinnvoll, wenn der Informationsgewinn aus der Perspektive einer Einzeleinrichtung mit externen Effekten verbunden ist und es daher zu einem insgesamt zu geringen Angebot von Wirkungsinformationen kommt.

3.4 Perspektiven eines wirkungsorientierten Controllings im politisch-administrativen System

Die Informations- und Koordinationsbeiträge eines wirkungsorientierten Controllings konnten verdeutlicht werden und deuten damit auf dessen Notwendigkeit hin. Der Einsatz eines wirkungsorientierten Controllings eröffnet demnach kontextspezifische Vorteile für das politisch-administrative System. Allerdings sind auch zentrale Herausforderungen, die sich gerade aus einer Wirkungsoperationalisierung ergeben, zu berücksichtigen.

3.4.1 Möglichkeiten eines wirkungsorientierten Controllings

Obwohl allgemein anerkannt wird, dass die Erreichung beabsichtigter gesellschaftlicher Wirkungen die Zwecksetzung und damit Legitimationsbasis von Politik und Verwaltung ist, bleibt die Frage jedoch regelmäßig unbeantwortet, warum Wirkungsziele in der Praxis so selten Eingang in den politisch-administrativen Politikformulierungs- und Politikdurchführungsprozess finden.[332] Die Argumente, die für die Etablierung eines solchen Ansatzes sprechen, werden im Folgenden zusammenhängend dargestellt.

Nach BRÜGGEMEIER lassen sich Chancen einer wirkungsorientierten Sichtweise u. a. dadurch abgrenzen, indem die negativen Auswirkungen eines Verzichts auf einen derart verstandenen Ansatz betrachtet werden.[333] Bei dieser Sichtweise könnte ein Verzicht auf ein wirkungsorientiertes Controlling zu *Zielverschiebungen* führen. Eine fehlende Wirkungsorientierung kann beinhalten, dass im Rahmen des Leistungserstellungsprozesses der Output zwar effizient erstellt wird, die Wirkungen des erstellten Outputs aber nicht die beabsichtigten Zielvorstellungen der Politik erfüllen. Wirkungsorientierte Vorgaben seitens der Politik führen demnach nicht nur zu einer *Einführung und Etablierung des Oberziels der Gemeinwohlförderung* in den politisch-administra-tiven Prozess, sie berücksichtigen darüber hinaus die *Verantwortung der Politik gegenüber den Wählern*, da die Erreichung der politisch geforderten Ziele gesellschaftlich überprüft werden kann.

Neben den Zielverschiebungen existieren nach BRÜGGEMEIER weitere Phänomene, die aufgrund eines fehlenden wirkungsorientierten Ansatzes auftreten können. Zum einen besteht die Gefahr, dass *Effizienzgewinne auf Kosten der Effektivität* realisiert werden.

---

[332] Vgl. Mosiek/Gerhardt (2003), S. 288.
[333] Vgl. im Folgenden Brüggemeier (2004), S. 379 ff.

Da im aktuellen Reformprozess Verwaltungen oftmals an der Erfüllung von Finanzzielen gemessen werden, sind Vorgehensweisen denkbar, die zwar die Effizienz erhöhen, aber zu Lasten der Effektivität des Leistungsprogramms führen. Zum anderen ist es auch möglich, dass ohne ein wirkungsorientiertes Controlling *Effizienzverluste durch eine Vernachlässigung der Effektivität* auftreten. Eine Fokussierung auf Einsparungen im Leistungserstellungsprozess kann dazu führen, dass das eigentliche Ziel, bspw. die Senkung des Volumens von Transferleistungen an den Bürger, vernachlässigt wird. Die Folge könnten marginale Einsparungen im Verwaltungsablauf sein, eine Beschränkung des Transfervolumens indes ist nicht garantiert. Ein integriertes Wirkungscontrolling würde auch dem Phänomen der *vermeintlichen Effektivität auf Kosten der Effizienz* vorbeugen. Taktisch motivierte Erhöhungen der Ressourcen in den ausführenden Bereichen führen nicht zwangsläufig zu einer Erhöhung der Effektivität. Erst ein regelmäßiges wirkungsorientiertes Verwaltungscontrolling verdeutlicht idealerweise die Zusammenhänge zwischen dem Ressourceneinsatz, dem Leistungsergebnis sowie dem erzeugten Outcome.

Eine wirkungsorientierte Sichtweise kann den Zusammenschluss unterschiedlicher Akteure erfordern. Ein nachhaltiges Agieren dieser Gruppen[334] in Form von Kooperationen kann nur durch die Bereitstellung und Koordination der notwendigen Informationen durch ein umfassendes Controlling sichergestellt werden. Das wirkungsorientierte Controlling liefert die instrumentelle Basis, um rationale Entscheidungen im Rahmen einer *Good Governance* zu gewährleisten. Derart verstanden fungiert ein *wirkungsorientiertes Controlling* auch *als Bindeglied* zwischen der Politik und dem Verwaltungsmanagement. Darüber hinaus ermöglicht der Rückkoppelungsprozess durch ein wirkungsorientiertes Controlling im Rahmen des Managementprozesses eine systematische Optimierung im Umgang und Einsatz mit den wirkungsorientierten Informationen. Diese *Lerneffekte* im politisch-administrativen Prozess tragen damit auch zu einer *Versachlichung und Entideologisierung* der Wirkungsthematik bei. Eine Auseinandersetzung mit der Wirkungsorientierung schafft darüber hinaus eine *Transparenz* in den politisch-administrativen Abläufen und wirkt darüber hinaus einer zunehmenden *Legitimations- und Akzeptanzproblematik* der „Neuen Steuerung" entgegen. Sofern politische, wirkungsorientierte Ziele trotz Kürzungen und Sparmaßnahmen im Umsetzungsprozess erreicht werden, erkennt der Bürger, dass ein adäquater Gegenwert für seine Steuergelder geschaffen wird.[335]

---

[334] Denkbar ist bspw. der Zusammenschluss einzelner Ministerien oder unterschiedlicher Organisationseinheiten.

[335] Vgl. Bühler (2002), S. 276.

3.4.2 Herausforderungen der Wirkungsoperationalisierung

Neben den geschilderten Möglichkeiten ergeben sich bei der Entwicklung eines Wirkungscontrollings im politisch-administrativen System zahlreiche Herausforderungen. Die *wesentlichen Gründe für das Scheitern in der Konzeptions- oder Realisierungsphase* sollen im Folgenden dargestellt werden.[336]

Im Rahmen der Diskussion über operatives und strategisches Controlling wurde deutlich, dass in der Realität die Grenzen der Gestaltung von Rahmenbedingungen und der Setzung von Wirkungszielen zu denen der operativen Umsetzung verschwimmen. Grundvoraussetzung für effektives Wirkungscontrolling ist die Existenz eines deutlich *abgestimmten Zielsystems zwischen Politik und Verwaltung,*[337] sowie eine darauf basierende trennscharfe Aufgabenteilung.[338] Sind auf dieser Basis Wirkungsziele durch die Politik formuliert und gesetzliche Rahmenbedingungen für die Umsetzung geschaffen, müssen Verwaltungen geeignete Instrumente entwickeln, um sowohl die *Gesamtwirkung* der politischen Entscheidung, als auch den durch sie *steuerbaren Wirkungsanteil* abzubilden.

Hieraus ergibt sich die zweite Voraussetzung für die Funktionsfähigkeit des Wirkungscontrollings: Die *Zielerreichung* muss in Abhängigkeit der jeweiligen Entscheidungshorizonte anhand *operationaler Indikatoren abbildbar* sein.[339] Dies wird insbesondere aufgrund der Komplexität der zu messenden sozialwissenschaftlichen Phänomene sowie deren oftmals nur langfristigen Reaktionen erschwert. Neben der *Messbarkeitsanforderung* bezieht sich die dritte Voraussetzung für ein Wirkungscontrolling auf die Notwendigkeit der Ableitung und Verifizierung bzw. Falsifizierung von *hypothetischen Kausalbeziehungen* zwischen Ressourceneinsatz, operativen Steuerungsobjekten wie Produkten oder Leistungen und beabsichtigten Wirkungszielen. Diese Prämisse erfordert eine systematische Abbildung der Wirkungskanäle und Gestaltungspotenziale auf den unterschiedlichen administrativen Ebenen.

Betrachtet man alle drei Voraussetzungen im Kontext der primären Führungsunterstützungsabsicht des Controllings, wird deutlich, dass jeweils *unterschiedliche Koordinations- und Informationsleistungen* gefordert sind. Im Bereich der Wirkungszielabstimmung kann das Controlling *moderierend und beratend* auf Basis von Kontraktmanagement- und Zielvereinbarungsprozessen *unterstützen*. Erfolgskritisch ist in diesem Zusammenhang – und dies zeigt die Wechselwirkung der einzelnen Anforderungen –, dass bereits bei der Zielabstimmung der Messbarkeit Rechnung getragen werden muss. Das eigentliche *Messdesign* sowie die *kausale Verknüpfung von Ressourceneinsatz*

---

[336] Vgl. im Folgenden auch Mosiek/Gerhardt (2003), S. 289.

[337] Der Entwicklungsweg zu einer ex-ante Wirkungszielabstimmung wurde bereits in Kapitel 2.2.3 skizziert.

[338] MOSIEK/GERHARDT fordern, dass eine klare strategische Ausrichtung erkennbar sein muss. Vgl. Mosiek/Gerhardt (2003), S. 289.

[339] In diesem Zusammenhang sollte der Einfluss einzelner Maßnahmen nach Möglichkeit isoliert bewertbar sein. Darüber hinaus sollte der Erhebungsaufwand der Bedeutsamkeit des politischen Ziels entsprechen. Vgl. Mosiek/Gerhardt (2003), S. 289. Man kann auch von einer notwendigen Effizienz des Wirkungscontrollings sprechen.

und Wirkung stellen analytisch damit die zentrale Herausforderung für das Controlling dar.

Der Untersuchungsverlauf erfordert, sich zunächst mit der Konstruktion eines integrierten Bezugsrahmens für das politisch-administrative System auseinander zusetzen, bevor eine Thematisierung der Herausforderungen einzelner Messbarkeitsanforderungen, wie auch potenzieller Möglichkeiten zur Identifikation von Kausalketten stattfinden kann.

3.5 Implikationen für den weiteren Untersuchungsverlauf

Das Ziel der Schaffung eines erweiterten Handlungs- und Entscheidungsspielraumes und das in diesem Kontext festgestellte Defizit an Informationen über die Gemeinwohlauswirkungen begründen grundsätzlich den *faktischen Bedarf eines Wirkungscontrollings* für das politisch-administrative System.[340] Folgend werden u. a. die zentralen Koordinations- und Informationsinstrumente im Rahmen eines wirkungsorientierten Controllings zusammenfassend dargestellt.

* Die Voraussetzung für ein erfolgreiches Controlling im politisch-administrativen System ist zunächst die Aufstellung eines eindeutigen Zielsystems mit der Formulierung von Wirkungszielen als Ausdruck des politischen Willens.[341] Es ist darauf zu vertrauen, dass an dieser Stelle der beschriebene Prozess der sukzessiven Annäherung zwischen den beteiligten Akteuren vollzogen und die „intelligenten Tauschgeschäfte" zur Umsetzung einer effektiven politisch-administrativen Steuerung realisiert werden.[342]

* Geht man nunmehr davon aus, dass die Integration politischer Wirkungsziele zur Handlungsmaxime im politisch-administrativen System wird und nicht wie bisher die Vorgabe konkreter Umsetzungsmaßnahmen, so erhält die Gesamtbetrachtung eine neue Dimension. Neben der Berücksichtigung von Wirtschaftlichkeitsaspekten finden unmittelbar auch Wirksamkeitsaspekte Eingang in die Entscheidungsfindung von öffentlichen Verwaltungen.[343]

* Zur Realisierung der Wirkungsziele bedarf es einer Konkretisierung in Form inhaltlicher Maßnahmenbündel der Produkte. Produkte sind damit zentraler Gegenstand der operativen Steuerung. Zur Delegation diesbezüglicher Handlungsspielräume sind koordinierende Instrumente erforderlich, die integriert eine Formal- und Sachzielabstimmung gewährleisten. In diesem Kontext legen Kontrakte oder Zielvereinbarungen fest, welche Organisationseinheit oder Person welche Sachzie-

---

[340] Vgl. Kapitel 3.3.2.
[341] Vgl. Kapitel 2.2.1. Von der Politik muss darüber hinaus gefordert werden, sich aus den operativen Belangen der Verwaltung zurückzuziehen und ihre Arbeit auf die Vorgabe strategischer Wirkungsziele sowie die Überprüfung von deren Erreichung mittels eines geeigneten Berichtswesens zu beschränken. Vgl. Bogumil (2003), S. 63.
[342] Vgl. Kapitel 2.2.3.
[343] Vgl. Budäus/Buchholtz (1997), S. 325.

le in nachprüfbarer Weise umzusetzen haben. In den Vereinbarungen zwischen zentralen und dezentralen Verantwortungsträgern wird festgehalten, welche Leistungen und Produkte in welcher Qualität und Quantität erstellt werden sollen.[344]

- Darüber hinaus können ebenfalls Vereinbarungen über die Rahmenbedingungen der Produkterstellung getroffen werden (z. B. Infrastruktur, Fortbildung etc.). Zur Koordination der Formalziele muss neben den Zielvereinbarungen über ein geeignetes Budgetierungssystem eine Abstimmung der Ressourcen erfolgen. Charakteristisch hierfür ist die Veranschlagung von Globalsummen für definierte Aufgaben, Produktbereiche oder Organisationseinheiten sowie eine flexiblere Haushaltswirtschaft.[345] Durch die Verknüpfung von Finanz- und Fachverantwortung auf dezentraler Ebene werden aufgrund des erhöhten Gestaltungsfreiraumes Optimierungspotenziale freigesetzt, die ein wirtschaftlicheres Handeln bedingen können.[346]

- Neben den genannten Koordinationsinstrumenten bedarf es geeigneter Informationsinstrumente zur Dokumentation der Formal- und Sachzielerreichung. Für die Abbildung der Formalziele eignen sich Kostenrechnungssysteme, welche auch auf dem nach wie vor vorherrschenden Rechnungsstil der Kameralistik aufbauen können.[347] Vorrangiges Ziel einer solchen Kostenrechnung sind die Wirtschaftlichkeitssteuerung sowie das Kostenmanagement.[348] Eine Liquiditätsplanung kann ggf. weiterhin über die Haushaltsrechnung erfolgen. Soweit kein doppisches Konzept implementiert ist, muss ergänzend eine aussagekräftige Anlagen- bzw. Vermögensrechnung betrieben werden.

- Bei der Einführung von Kostenrechnungssystemen wird regelmäßig befürchtet, dass diese zu einer Fixierung auf Einsparungen führt, so dass die entscheidenden Kriterien Qualität und Wirkung der Verwaltungsdienstleistung nur noch nachrangig berücksichtigt werden.[349] Daher sind inhaltlich parallel Indikatoren- und Kennzahlensysteme zu betreiben, welche die mit einem kalkulierten Produkt verbundenen Sachziele möglichst umfassend abbilden sollen. In Abhängigkeit des sachlichen Profils eines Produktes ist zu entscheiden, welche Indikatoren[350] und damit korrespondierende Systeme geeignet sind, die vereinbarte Zielerreichung valide und wirtschaftlich zu messen. In Betracht kommen Messkonzepte, die sowohl die Output- als auch die Outcomeebene in den Fokus der Analysen rücken. Hierzu zählen gerade in einem wirkungsorientierten Kontext auch die Methoden der Outcome-Evaluation, die vor allem eine Bewertung des Kausalzusammenhangs zwischen dem Output und dem Outcome erzeugen sollen.[351]

---

[344] Vgl. Bogumil (2003), S. 63.
[345] Vgl. Naschold/Jann/Reichard (1999), S. 50.
[346] Vgl. Pook/Fischer (2002), S. 45.
[347] Vgl. Naschold/Jann/Reichard (1999), S. 50.
[348] Vgl. Pook/Fischer (2002), S. 44.
[349] Vgl. Klages (2003), S. 7.
[350] Die Aufgaben und Funktionsweise von Indikatorenrechnungen werden ausführlich in Kapitel 5.2.7.3 dargelegt.
[351] Vgl. zu den Methoden der Evaluation ausführlich Kapitel 5.2.7.2.

Die Fragestellung einer detaillierten und konkreten Ausgestaltung eines *integrierten Bezugsrahmens*, der in der Lage ist, diesen *Realisations- und Wirkungsprozess* übersichtlich zu strukturieren, zielführende Bewertungskriterien zuzuordnen und zu verdeutlichen, wie die Planungs-, Steuerungs- und Kontrollkreisläufe von Politik und Verwaltung – vor dem Hintergrund sich ändernder Rahmenbedingungen – ineinander übergehen, sollen im folgenden Kapitel 4 thematisiert werden.

4 Systematisierung und Beurteilung wirkungsorientierter Modelle und Bewertungsinstrumente

Die bisherigen Ausführungen zeigen, dass ein integrierter Bezugsrahmen nur über ein umfassendes Modell abzubilden ist. Daher werden zunächst ausgewählte wirkungsorientierte Controlling-Modelle bzw. Konzepte dargestellt. Das Thema Qualität ist auch für das politisch-administrative System evident. Dies erfordert eine Auseinandersetzung mit einem zugrunde gelegten Qualitätsverständnis sowie der Darstellung maßgeblicher Qualitätsmanagementmodelle. Darüber hinaus können die Nutzen-Kosten-Methoden als wirkungsintegrierende Bewertungsinstrumente Informationen über die Wirtschaftlichkeit von Maßnahmen im Untersuchungskontext liefern. In diesem Zusammenhang werden unterschiedliche Methoden dieser Verfahren vorgestellt.

Um eine Beurteilung möglicher Bezugsrahmen vorzunehmen, bedarf es einer ausführlichen Ableitung einzelner Anforderungen an einen integrierten Bezugsrahmen. Die Fragestellung, inwieweit die dargestellten Verfahren einer Bewertung zugänglich gemacht werden können, ist handlungsleitend für eine potenzielle Beurteilung bestehender Konzepte und Modelle.

4.1 Wirkungsorientierte Controlling-Konzepte und Modelle

Das vorliegende Kapitel befasst sich mit relevanten wirkungsorientierten Controlling-Konzeptionen und Modellen. Ihrer chronologischen Erscheinung in der Literatur folgend, werden zunächst das 3-Ebenen-Konzept dann das 5-Ebenen-Konzept und abschließend das Modell der Ziel- und Ergebnisebenen öffentlicher Leistungserstellung ausführlich dargelegt.

4.1.1 Das 3-Ebenen-Konzept

Das 3-Ebenen-Konzept (3-E-Konzept) von BUDÄUS/BUCHHOLTZ wurde als konzeptioneller Ansatz für ein Controlling entwickelt, um dem damaligen Umbruch[352] in den öffentlichen Verwaltungen Rechnung zu tragen.[353] Mittels dieses Ansatzes soll der systematische Zugang zur ökonomischen Bewertung des Verwaltungshandelns gewährleistet werden. Darüber hinaus soll das 3-E-Konzept „die Grundlage für die Zuständigkeitsfelder von Politik und Ökonomie in öffentlichen Verwaltungen"[354] abbilden. Die Besonderheiten im interdependenten Zielsystem[355] der öffentlichen Verwaltung führen dazu, dass *von Erfolg oder von Rechtmäßigkeit* des Verwaltungshandelns erst gesprochen werden kann, sofern ein Beitrag zur Förderung des Gemeinwohls unter Berücksichtigung von Wirtschaftlichkeitsrestriktion geleistet wird.[356]

---

[352] Vgl. die Ausführungen zur Verwaltungsmodernisierung, dem New Public Management bzw. dem Neuen Steuerungsmodell in Kapitel 2.1.3.

[353] Vgl. Budäus/Buchholtz (1997), S. 322.

[354] Budäus/Buchholtz (1997), S. 323.

[355] Vgl. Kapitel 2.2.1.

[356] Vgl. Budäus/Buchholtz (1997), S. 324 sowie Kapitel 2.2.1.

Das 3-E-Konzept basiert auf der Untersuchung unterschiedlicher Ansätze im Rahmen der politischen Erfolgskontrolle.[357] Die Synopse von bestehenden Prozessmodellen einschließlich deren Bewertungskriterien aus den Bereichen der Programmevaluation[358], der externen Auditierung[359] sowie des Performance Measurements führte zu der Extraktion der Elemente des 3-Ebenen-Konzepts im Rahmen eines Querschnittsvergleiches. Die „Auswahl der Elemente des Bezugsrahmens erfolgte dabei auf einem relativ hohen Abstraktionsniveau, um die vielfältigen Aspekte des öffentlichen Leistungsprozesses umfassend abbilden zu können und auf dieses Weise ein geeignetes Referenzmodell auch für weitere Forschungsarbeiten"[360] zu generieren.

Die entstandene *Basiskonzeption* unterteilt den Leistungsprozess[361] der öffentlichen Verwaltung in die Prozessschritte *Ziele, Inputs, Prozess, Outputs*[362] sowie *Outcomes*[363]. Die verwendeten Bewertungskriterien *Kosteneffizienz*[364], *Effizienz* sowie *Effektivität* führen im Ergebnis zu der Bezeichnung des 3-E[365]-Konzeptes. Neben diesen 3-E-Kriterien finden als Nebenbedingungen in Form von Standards die *Qualität* sowie der *Grundsatz der Recht- und Gesetzmäßigkeit* inkl. des Grundsatzes der *Gleichheit*[366] Anwendung in dem Konzept.[367]

Abbildung 12 verdeutlicht den Zusammenhang der einzelnen Prozessschritte sowie der genannten Bewertungskriterien.

---

[357] Vgl. im Folgenden Budäus/Buchholtz (1997), S. 326 ff.

[358] Die Abgrenzung des in dieser Ausarbeitung zugrunde gelegten Verständnisses von Evaluation bzw. Programmevaluation erfolgt ausführlich in Kapitel 5.2.7.2.

[359] Hier greifen die Autoren vor allem auf internationale Ansätze der externen Auditierung zurück. Konkret handelt es sich um Ansätze aus Großbritannien, Australien sowie Neuseeland.

[360] Budäus/Buchholtz (1997), S. 327.

[361] Der Leistungsprozess bezeichnet den Gesamtprozess innerhalb eines Systems. Sofern von Leistungserstellungsprozess oder Produktionsprozess gesprochen wird, ist insbesondere der Prozessschritt der originären Leistungserstellung gemeint.

[362] Zur Erstellung des Outputs differenzieren BUDÄUS/BUCHHOLTZ darüber hinaus in die *Leistungsbereitschaft* sowie in die *Leistungsabgabe*. In die Leistungsbereitschaft gehen ausschließlich innerbetriebliche Ressourcen ein, während in die Leistungsabgabe auch der so genannte externe Faktor mit einbezogen werden kann.

[363] Der Outcome wird unterschieden in einem *subjektiven* sowie einen *objektiven* Outcome. Dabei bezeichnet der subjektive Outcome die Auswirkungen auf die individuellen Ziele der Leistungsnutzer, während der objektive Outcome sich an den Zielsetzungen des Gemeinwohls orientiert.

[364] Hinter der Kosteneffizienz verbirgt sich der englische Begriff *Economy*.

[365] „The three E's": Economy, Efficiency and Effectiveness. Diese Begriffe finden sich auch in der englischsprachigen Performance Measurement-Literatur zum öffentlichen Sektor wieder. Vgl. Coates/Rickwood/Stacey (1993), S. 201 ff.

[366] In der Literatur findet sich oftmals die englische Bezeichnung *Equity*.

[367] Vgl. Budäus/Buchholtz (1997), S. 328 f.

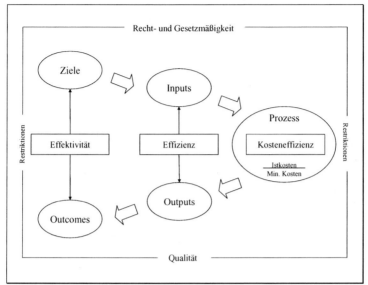

Abbildung 12: Das 3-Ebenen-Konzept[368]

Der Leistungsprozess in der öffentlichen Verwaltung wird durch die aufeinander folgenden Teilprozesse dargestellt. Ausgangspunkt in diesem Modell ist das *Zielsystem* der öffentlichen Verwaltungen. Auf Basis der Ziele werden unterschiedliche Maßnahmen zur Erreichung dergleichen abgeleitet. Die notwendigen Ressourcen zur Erfüllung dieser Maßnahmen werden als *Inputs* bezeichnet. Die Kombination der benötigten Ressourcen zur Erstellung des öffentlichen Produktes[369] findet im (Produktions-) *Prozess* statt. Das Ergebnis der öffentlichen Leistungserstellung manifestiert sich im *Output*. Die Ziel bezogenen Wirkungen der Ergebnisse öffentlicher Leistungserstellung beim Bürger sowie in der Gesellschaft werden im Prozessschritt *Outcome* abgebildet.

Die *Effektivität* beschreibt das Verhältnis von den Outcomes zu den Zielen. Sie ist damit eine Maßgröße dafür, inwieweit die Wirkungen des Verwaltungshandelns zur Zielerreichung beigetragen haben.[370] Aus dem Verhältnis des Outputs[371] zu dem eingesetzten Input ergibt sich das Bewertungskriterium der *Effizienz*. Damit wird die *Wirt-*

---

[368] Vgl. Budäus/Buchholtz (1997), S. 332.
[369] Zur Definition des öffentlichen Produktes vgl. Kapitel 2.1.
[370] Vgl. Budäus/Buchholtz (1997), S. 329 f. Aufgrund der Messproblematiken der Effektivität stellen die Autoren als Ergänzung zur Messung der Effektivität die Kennzahlen der *Kosten-Effektivität* sowie der *Output-Effektivität* dar. Letztere beschreibt das Verhältnis zwischen dem Output und dem Outcome, während die Kosten-Effektivität das Verhältnis von Input zu Outcome beschreibt.
[371] In Anlehnung an die bereits geschilderte Differenzierung in die Komponenten der Leistungsbereitschaft und der Leistungsabgabe, kann sich die Effizienz auch auf die differenzierten Größen beziehen.

schaftlichkeit[372] des Verwaltungshandelns bestimmt. Während eine Messung im Bereich des Inputs sowohl auf Kosten als auch auf nicht-monetären Größen basieren kann, erfolgt die Messung im Bereich der Outputs i. d. R. durch Rückgriff auf nicht-monetäre Größen.[373] Im Ergebnis ergeben Effizienzkriterien oftmals gemischtdimensionale Kennzahlen. Das Bewertungskriterium der *Kosteneffizienz* bestimmt die kostenminimale Beschaffung und den kostenminimalen Einsatz von Ressourcen bei vorgegebenen Prozess- oder Outputbedingungen.[374] Rechnerisch ermittelt sich die Kosteneffizienz als das Verhältnis von Ist-Kosten zu Soll-Kosten.[375]

Die Festlegung operabler *Qualitätsstandards* wird als wesentliche Voraussetzung zur Anwendung der Bewertungskriterien angeführt.[376] Dabei sind Qualitätsstandards grundsätzlich im Rahmen von Planungsprozessen durch das Management festzulegen.[377] Dem 3-E-Konzept liegen demzufolge Standards für die *Prozess-*, die *Potenzial-* sowie die *Outputqualität* zugrunde. Während die Qualität eine Handlungsvariable darstellt, repräsentiert der Grundsatz der *Recht- und Gesetzmäßigkeit* eine Restriktion im politisch-administrativen Leistungsprozess, dem sich die ökonomische Bewertung der Leistungserbringung bzw. Politikdurchführung unterzuordnen hat.[378]

BUDÄUS betont, dass die inhaltliche und rechenmäßige Ausfüllung der Ebenen des Konzeptes die systematische Erfassung und Dokumentation der Verwaltungsleistungen darstellt. Damit ist das 3-E-Konzept nicht nur ein Dokumentations-, sondern auch ein Planungskonzept, in welchem bspw. auf der Zielebene Messgrößen festgelegt werden, die über das Ergebnis des Leistungserstellungsprozesses einer Zielerreichungskontrolle zugeführt werden können. Damit wird deutlich, dass alle drei Ebenen im Sinne einer Mittel-Zweck-Relation miteinander verknüpft sind.[379]

4.1.2 Das 5-Ebenen-Konzept

Eine stärkere Ausdifferenzierung erfährt das *5-Ebenen-Konzept* (5-E-Konzept) von BUSCHOR. Bei diesem *Führungsmodell*[380] handelt es sich – wie im Falle des 3-E-Konzepts – um eine modellhafte Darstellung des staatlichen Leistungsprozesses. Für das Reformprojekt „Wirkungsorientierte Verwaltungsreform im Kanton Zürich

---

[372] Der Begriff der Wirtschaftlichkeit umfasst im 3-E-Konzept sowohl das Kriterium der Effizienz als auch das Kriterium der Kosteneffizienz.

[373] Vgl. Budäus/Buchholtz (1997), S. 330.

[374] Vgl. Buchholtz (2001), S. 52.

[375] Vgl. Budäus/Buchholtz (1997), S. 330.

[376] Vgl. Budäus/Buchholtz (1997), S. 330 f. Als Begründung führen die Autoren Möglichkeiten der Effizienzsteigerung zu Lasten der Qualität an. Darüber hinaus ist es denkbar, dass die qualitative Verbesserung des Outputs positive Auswirkungen auf den Outcome haben kann.

[377] Die unterschiedlichen Aspekte bzw. Dimensionen eines ganzheitlichen Qualitätsverständnisses werden im Rahmen dieser Ausarbeitung an späterer Stelle ausführlich thematisiert. Vgl. hierzu Kapitel 4.2.

[378] Vgl. Budäus/Buchholtz (1997), S. 331 f.

[379] Vgl. Budäus (2000), S. 19 f.

[380] Vgl. Buschor (2002), S. 65.

(wif!)"[381] wurde das 5-E-Konzept als *Orientierungsrahmen* entwickelt. Im Vergleich zu dem dargestellten 3-E-Konzept erfährt dieses Modell eine Erweiterung der Betrachtungsebenen, dargestellt in *Abbildung 13*.

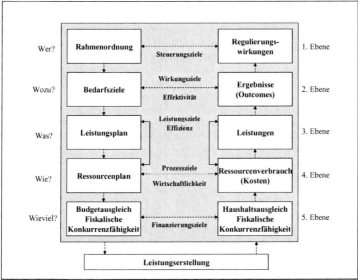

Abbildung 13: Das 5-Ebenen-Konzept I[382]

Insgesamt liegen dem Modell *fünf relevante Fragestellungen* zugrunde, die nach BUSCHOR bei jedem der durchgeführten Reformprojekte/Programme beantwortet werden müssen.[383] Die Fragestellung des *Wer?* beschäftigt sich mit der Auseinandersetzung mit der bestmöglichen *Trägerschaft*, im Sinne der *Wirksamkeit*[384] der eigentli-

---

[381] Wif! wurde im Jahr 1995 im Kanton Zürich angestoßen und im Rahmen einer Abstimmung der Züricher Bürgerinnen und Bürger im Jahr 1996 als Rahmengesetz für eine Verwaltungsreform bestätigt. Der zeitliche Horizont dieses umfassenden Modernisierungsprozesses umfasste zwei Legislaturperioden. Auslöser war nicht zuletzt eine mangelnde strategische Steuerungsfähigkeit der Verwaltung. Der klassische öffentliche Haushalt war nicht in der Lage, die Wirkungen der Staatstätigkeit abzubilden. Darüber hinaus war ein ganzheitliches Controlling mit Informationen über Leistungen und deren Wirkungen nicht vorhanden. Die Ziele, die durch dieses Projekt verfolgt wurden, waren zum einen eine verstärkte *Bürger- und Kundenorientierung* und eine *Verbesserung der Effizienz und Wirtschaftlichkeit*. Neben der *Verbesserung der Steuerungsprozesse* sowie einer *Optimierung der Steuerungsinstrumente* wurden insbesondere eine *verstärkte Zielorientierung* mit Trennung von strategischer und operativer Führung und eine *Stärkung der Effektivität* angestrebt. Insgesamt wurden unter diesen Zielsetzungen 63 Einzel- und Querschnittsprojekte initiiert. Vgl. wif! (2002), S. 3 ff. Eine ausführliche Dokumentation der Einzel- und Querschnittsprojekte findet sich bei wif! (2006).

[382] Vgl. wif! (2002), S. 9.

[383] Vgl. Buschor (2002), S. 65.

[384] Efficacy.

chen Aufgabe. Das *Wozu?* dient der Hinterfragung der mit der Leistung zu erreichenden Wirkungen, also der *Effektivität*[385]. Das *Was?* hinterfragt die *Effizienz*[386] der Leistungserstellung, in diesem Fall das Verhältnis von Qualität und Menge zu den angestrebten Wirkungszielen. Die *Wirtschaftlichkeit*[387] einer Leistungserstellung wird mit dem *Wie?* untersucht, während die Frage des *Wieviel?* die *Finanzierbarkeit*[388] der Leistung vor dem Hintergrund verfügbarer Mittel untersucht. Die permanente Auseinandersetzung mit Aspekten der Rahmenordnung, der Effektivität, der Effizienz, der Wirtschaftlichkeit sowie der Finanzierbarkeit wird durch den Einsatz des 5-E-Konzepts gewährleistet.

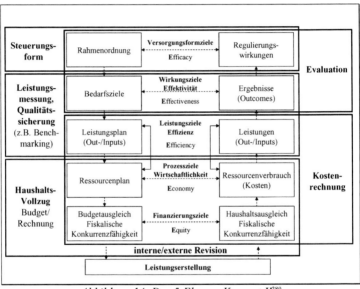

Abbildung 14: Das 5-Ebenen-Konzept II[389]

Die Auswahl unterschiedlicher Instrumente zur Überprüfung der genannten Fragestellungen orientiert sich regelmäßig an der Betrachtungsebene und wird letztendlich auch durch diese determiniert. Grundsätzlich gelingt es eine grobe, aber durchaus generelle Einordnung möglicher Instrumente zu den einzelnen Ebenen durchzuführen. So lassen sich bspw. zu den Fragestellungen des *Wer?* und des *Wozu?* i. d. R. *Verfahren der Evaluation* zuordnen, während in der Verwaltungs- oder Betriebssteuerung und im

---

[385] Effectiveness.

[386] Efficiency.

[387] Der Begriff Wirtschaftlichkeit wird in dem Konzept von BUSCHOR zur Beschreibung der *Economy* verwendet. Damit fungiert er im Gegensatz zu dem 3-E-Konzept nicht als Oberbegriff für die Effizienz sowie die Kosteneffizienz.

[388] Equity.

[389] Vgl. Buschor (2002), S. 66.

Bereich der Ressourcenoptimierung Instrumente wie die *Leistungsmessung* oder die *Kostenrechnung* zuzuordnen sind. Die Einhaltung von Budgetvorgaben erfordert darüber hinaus herkömmliche *Formen der Haushaltsführung*.[390] Die Zuordnung der geschilderten Instrumente zu den einzelnen Ebenen des 5-E-Konzeptes zeigt *Abbildung 14*. Interpretiert man den Orientierungsrahmen als *Kreislaufmodell*, so stehen die *Soll-Werte* der jeweiligen Aufgabe auf der linken, die *Ist-Werte* der Aufgabe auf der rechten Seite des Modells. Im Rahmen einer fortlaufenden Planung und Berichterstattung kann somit der Eingang relevanter Daten in den Steuerungskreislauf eines politisch-administrativen Prozesses gewährleistet werden.

4.1.3 Das Ziel- und Ergebnisebenenmodell öffentlicher Leistungserstellung

Das *Ziel- und Ergebnisebenenmodell öffentlicher Leistungserstellung* (vgl. *Abbildung 15*) ist ein weiteres Controlling-Modell auf Basis einer Prozessbetrachtung. Diese Systematisierung von MOSIEK ET AL.[391] nimmt eine modifizierte und erweiterte Darstellung der Konzeptionen von BUDÄUS/BUCHHOLTZ[392] sowie BUSCHOR[393] vor.[394]

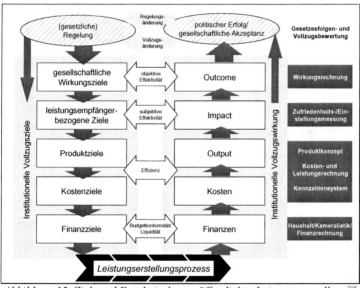

Abbildung 15: Ziel- und Ergebnisebenen öffentlicher Leistungserstellung[395]

[390] Vgl. Buschor (2002), S. 65.
[391] Vgl. Mosiek/Gerhardt/Wirtz/Berens (2003) sowie Mosiek/Gerhardt (2003).
[392] Vgl. Kapitel 4.1.1.
[393] Vgl. Kapitel 4.1.2.
[394] Vgl. Mosiek/Gerhardt/Wirtz/Berens (2003), S. 29.
[395] Vgl. Mosiek/Gerhardt/Wirtz/Berens (2003), S. 29 und Mosiek/Gerhardt (2003), S. 289 ff.

Die aus dem 3-E-Konzept bekannten Prozessschritte Ziele, Output und Outcome, sind in diesem Modell weiter in so genannte *Ziel- und Ergebnisebenen* ausdifferenziert worden. Damit wird eine Gegenüberstellung von Plan- und Ist-Größen auf unterschiedlichen Ebenen ermöglicht. Im Rahmen dieses Controlling-Modells wird – ähnlich wie im 5-E-Konzept – eine *finanzielle* sowie eine *wertmäßige* Ebene unterteilt.[396] Daraus resultieren auf der einen Seite die *Ebene der Finanzziele* und deren zugehörigen Ergebnisse, *die Finanzen* sowie auf der anderen Seite die *Ebene der Kostenziele* inklusive ihrer *Kostenergebnisse*.

Die Besonderheiten der öffentlichen Verwaltung erfordern aus Sicht der Autoren in der Ergebnisbewertung eine differenzierte Abgrenzung unterschiedlicher Wirkungsebenen. Demnach gilt es für das Controlling bei der Bewertung zwischen dem *Output*, dem *Impact* sowie dem *Outcome* zu unterscheiden.[397] Grundlage für die *outputorientierte Verwaltungssteuerung* ist eine operationalisierte Leistungsbewertung über quantitative und qualitative Kennzahlen.[398] Die zugehörigen Ziele werden über die *Ebene der Produktziele* abgebildet, während die Ergebnisse in Form des *Outputs* in dem Modell dargestellt werden.

Auf der Wirkungsebene werden grundsätzlich die politisch gewollten Ziele mit den tatsächlich eingetretenen Wirkungen verglichen.[399] In diesem Modell ist eine zusätzliche Differenzierung der Wirkungsebene vorgenommen worden, um zu verdeutlichen, dass die subjektive Wahrnehmung des Leistungsergebnisses durch den Empfänger – der Impact – nicht in allen Fällen mit der gesamtgesellschaftlich relevanten Wirkung – dem Outcome – übereinstimmen muss, auch wenn dies in Einzelfällen denkbar ist.[400]

Um auf der einen Seite die durch *die integrative Leistungserstellung bedingte Beeinflussbarkeit des Leistungsergebnisses* und auf der anderen Seite auch *die für die Wirkung bedeutsame Funktion der Zufriedenheit des Leistungsempfängers* einer separaten Analyse zuzuführen, nehmen die Autoren einen eigenständiger Ausweis in Form einer *Impact-Darstellung* vor.[401] Da allerdings die Befriedigung *subjektiver Bedürfnisse*[402] einzelner Leistungsempfänger in einzelnen Fällen nur als Subziel anzusehen ist, kann im Idealfall die Erreichung des Oberziels und damit die *objektive Effektivität* einer Maßnahme sowie der diese flankierende Aufgabenwahrnehmung einer Analyse in

---

[396] Damit wird den aktuellen Gegebenheiten sowie den Tendenzen bzgl. des Rechnungsstils in den öffentlichen Verwaltungen Rechnung getragen. Vgl. hierzu auch Kapitel 5.2.3 sowie Kapitel 5.2.4.

[397] Vgl. Mosiek/Gerhardt/Wirtz/Berens (2003), S. 29.

[398] Vgl. Mosiek/Gerhardt/Wirtz/Berens (2003), S. 28.

[399] Vgl. Haldemann (1998), S. 199.

[400] Wie bereits in Kapitel 4.1.1 dargestellt, differenzieren die Autoren des 3-E-Konzepts in ihrer Konkretisierung des *Basiskonzeptes* ebenfalls zwischen einem subjektiven Outcome (individuellen Zielen der Leistungsnutzer) und einem objektiven Outcome, mit dem Hinweis, dass der subjektive Outcome aufgrund einer zunehmenden Kundenorientierung einen Bedeutungszuwachs erfahren wird. Vgl. Budäus/Buchholtz (1997), S. 329. Allerdings folgt die Darstellung des 3-E-Konzeptes in diesem Falle nicht den Erweiterungshinweisen.

[401] Vgl. Mosiek/Gerhardt/Wirtz/Berens (2003), S. 28.

[402] Insofern wird das Bewertungskriterium auf der Impactebene als *subjektive Effektivität* bezeichnet.

Form einer *Outcome-Darstellung* zugänglich gemacht werden.[403] Ergebnis dieser Differenzierung ist die *Impactebene*, die den Zielerreichungsgrad *leistungsempfängerbezogener Ziele* darstellt. Darüber hinaus die *Outcomeebene*, die den Erreichungsgrad *gesellschaftlicher Wirkungsziele* über die Ergebnisgröße des *Outcomes* abbilden kann.

Der *Grundsatz der Rechtmäßigkeit* wird in dem Modell von MOSIEK ET AL. über die „Eingabe" politischer oder gesetzlicher Rahmenvorgaben[404] abgebildet. Die hierarchische Anordnung der Ziel- und Ergebnisebenen verdeutlicht, dass eine Ausführungskonkretisierung von der Verwaltung vorzunehmen ist. Letztendlich führt die dargestellte Zielhierarchie zu dem *Prozess der Leistungserstellung*. Mittels der Ausführung dieses Prozesses werden die wesentlichen Grundlagen gelegt, die einzelnen Ergebnisse der differierenden Ober- bzw. Subziele zu erreichen. Die Überprüfung der jeweiligen Zielerreichungsgrade führt letztendlich zu einer Bewertung des Erfolges auf allen unterschiedlichen Ebenen des Modells. Im Idealfall kann somit auch ein *politischer Erfolg* abgebildet werden, der mit einer *gesellschaftlichen Akzeptanz* eng korreliert. Die Erkenntnisse über den politischen Erfolg führen in diesem Modell zu einer möglichen Anpassung von grundsätzlichen (gesetzlichen) Regelungen bzw. institutionalisierten Vollzugsformen. Auf Basis der gewonnenen Erkenntnisse können somit angepasste oder neue „Eingaben" Eingang in den politisch-administrativen Planungs- und Steuerungsprozess finden. Damit kommt der *Kreislaufgedanke* des Ziel- und Ergebnisebenenmodells öffentlicher Leistungserstellung zum Tragen.

Grundsätzlich gilt es situativ zu prüfen, inwieweit ein potenziell vorhandenes Controlling-Instrumentarium in der Lage ist, die komplexen Ober- und Subziele der Verwaltung, die sich hinter den einzelnen Ziel- und Ergebnisebenen verbergen, sachgerecht abzubilden und darüber hinaus steuerbar zu machen.[405] Aus diesem Grunde werden den Ziel- und Ergebnisebenen einzelne Controlling-Instrumente zugeordnet.[406]

Auf der Ebene der Finanzen spielt der Rechnungsstil der *Kameralistik* im Rahmen einer *Finanzrechnung* nach wie vor eine zentrale Rolle in der Verwaltungspraxis. Daneben sind angepasste *Kennzahlensysteme* sowie die *Kosten- und Leistungsrechnung* neben der Etablierung des *Produktkonzeptes* i. d. R. zwingend notwendig, um eine Ergebnisbewertung auf der Kosten- bzw. der Outputebene durchzuführen. Die Wahrnehmung des adressierten Leistungsempfängers, der Leistungsimpact, kann i. d. R. über *Kennzahlen oder Indikatoren*, die die Zufriedenheit sowie die Einstellungen der Leistungsempfänger abzubilden in der Lage sind, ermittelt werden.[407] Im Rahmen von *Wirkungsrechnungen* sehen die Autoren den Einsatz spezifischer *Wirkungsindika-*

---

[403] Vgl. Mosiek/Gerhardt/Wirtz/Berens (2003), S. 28.
[404] Das Modell weist die Bezeichnung „(gesetzliche) Regelung" aus.
[405] Vgl. Mosiek/Gerhardt/Wirtz/Berens (2003), S. 28.
[406] Damit orientiert sich das Modell der Ziel- und Ergebnisebenen in dieser Hinsicht an dem 5-E-Konzept. Allerdings wird in dem Modell von MOSIEK ET AL. eine differenzierte Zuordnung vorgenommen.
[407] Vgl. Mosiek/Gerhardt/Wirtz/Berens (2003), S. 28.

toren vor. Über den Einsatz *retrospektiver Gesetzesfolgenabschätzungen* kann idealerweise eine Bewertung der Regulierungsnotwendigkeit erfolgen.[408]

Die *Bewertungskriterien* des Ziel- und Ergebnisebenenmodells lehnen sich an die dargestellten Spezifika des Modells an. So unterscheiden die Autoren eine *objektive Effektivität* sowie eine *subjektive Effektivität*. Demgegenüber gibt das Kriterium der *Effizienz* die Relation des Outputs auf den Input wieder. Damit impliziert das Modell den bewerteten Input auf der Höhe der Produktziele. Darüber hinaus bewertet die *Budgetkonformität*, die Übereinstimmung zwischen den Budgetzielen und Budgetergebnissen, während die *Liquidität* die finanzielle Zahlungsfähigkeit der Institution bewertet.

4.2 Der Qualitätsbegriff im politisch-administrativen System

Die wesentlichen Rahmenbedingungen und strukturellen Besonderheiten sowie das wirkungsorientierte Controlling-Verständnis im politisch-administrativen System wurden bereits dargelegt. Das Zusammenspiel dieser Elemente der Verwaltungsreform determiniert grundsätzlich die *Qualität* im Rahmen des politisch-administrativen Gesamtsystems. Die Qualitätsanforderungen können anhand einzelner Qualitätsdimensionen über den gesamten Prozess der Politikformulierung und der Politikdurchführung abgebildet und zugeordnet werden.[409]

Die Auseinandersetzung mit dem Qualitätsbegriff sowie dessen Bestimmungsfaktoren führt zur Darstellung der grundsätzlichen Qualitätsdimensionen im politisch-administrativen System. Dem Leitbild eines aktivierenden Staates folgend ermöglicht die Integration spezifischer Qualitätsdimensionen die Vervollständigung des zugrunde liegenden Qualitätsverständnisses. Aufgabe der Führung im Rahmen eines Qualitätsmanagements ist es, durch geeignete Qualitätsmanagementmodelle die organisatorischen Abläufe von Geschäfts- oder Leistungsprozessen, sowie die Zuständigkeiten und die Bereitstellung der notwendigen Ressourcen zu regeln.[410] Das European Foundation for Quality Management-Modell oder das Common Assessment Framework-Modell stellen exemplarisch zu nennende Qualitätsmanagementmodelle für den öffentlichen Sektor dar.

---

[408] An dieser Stelle sprechen die Autoren auch die Alternative einer Public Private Partnership (PPP) an.

[409] Hierzu gehören aus prozessualer Sicht die Prozessschritte der Ziele, des Inputs, des Leistungserstellungsprozesses sowie der Ergebnisse und Wirkungen öffentlicher Produkte und Aufgaben. Somit wird auch an dieser Stelle die Bedeutung bisheriger Ausführungen für ein wirkungsorientiertes Controlling, welches durch die Bereitstellung relevanter Information die Führung unterstützt, deutlich.

[410] Vgl. Ebel (2003), S. 37.

4.2.1 Begriff und Bestimmungsfaktoren

Qualität wird als die *Gesamtheit von Merkmalen und Eigenschaften einer öffentlichen Aufgabe bzw. eines öffentlichen Aufgabenvollzugs definiert, welche dazu geeignet sind explizit oder implizit gegebene Erfordernisse zu erfüllen.*[411] Um diese kontextabhängigen *Qualitätsanforderungen*[412] im Rahmen des politisch-administrativen Systems zu strukturieren, bedarf es der Berücksichtigung unterschiedlicher und umfangreicher *Qualitätsdimensionen.*

Allerdings gilt es zunächst zu klären, welche Faktoren die Anforderungen an die Qualität bestimmen. Die Qualität im politisch-administrativen Bereich wird durch das *Spannungsverhältnis im öffentlichen Sektor* determiniert (vgl. *Abbildung 16*).

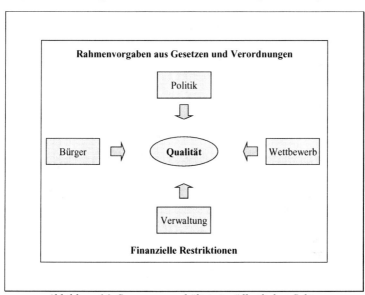

Abbildung 16: Spannungsverhältnis im öffentlichen Sektor

---

[411] In Anlehnung an Broekmate/Dahrendorf/Dunker (2001), S. 36 f. Die Erweiterung innerhalb der Begriffsdefinition wird vom öffentlichen Produkt auf die *öffentliche Aufgabe* bzw. auf den *öffentlichen Aufgabenvollzug* vorgenommen. Zum einen kann damit nach wie vor die öffentliche Aufgabe durch das öffentliche Produkt konkretisiert und operationalisiert werden, auf der anderen Seite erlaubt die Erweiterung im Ergebnis eine weitere Ausdifferenzierung der Qualitätsdimensionen im politisch-administrativen Umfeld.

[412] Im privatwirtschaftlichen Umfeld spricht man von dem so genannten „Magischen Dreieck", indem das Dreiecksverhältnis zwischen dem Wettbewerb, dem Kunden und der Unternehmung ausschlaggebend ist für die Bestimmung der Dienstleistungsanforderungen und damit der Dienstleistungsqualität. Vgl. hierzu Bruhn (2000), S. 30 ff. Dieses Dreieck kann nicht direkt auf den öffentlichen Bereich übertragen werden, sondern erfordert eine gezielte Modifikation bzw. Erweiterung der Determinanten.

Dieses Spannungsverhältnis besteht aus dem situativen Beziehungsgeflecht zwischen dem *politischem System*[413] und dem System der *Verwaltungsführung*[414], der *Rolle des Bürgers*[415] sowie etwaigen Formen des *Wettbewerbs*[416]. Neben dem Beziehungsgeflecht beeinflussen mögliche *finanzielle Restriktionen* sowie spezifische Rahmenvorgaben aus *Gesetzen und Verordnungen*[417] die expliziten und impliziten Erfordernisse an das öffentliche Produkt bzw. die öffentliche Aufgabe. Im Ergebnis sind vielfältige Konstellationen in dem Spannungsverhältnis denkbar. Die daraus abgeleiteten Qualitätsanforderungen lassen sich unterschiedlichen Qualitätsdimensionen zuordnen.

4.2.2 Qualitätsdimensionen im politisch-administrativen System

Nach einer auf DONABEDIAN[418] zurückzuführenden Klassifizierung kann man im Rahmen eines umfassenden Qualitätsmanagements grundsätzlich eine Potenzial-, eine Prozess- und eine Ergebnisdimension unterscheiden.[419] Während die *Potenzialdimension* die organisatorischen, sachlichen und vor allem auch persönlichen Leistungsvoraussetzungen des Leistungsanbieters beinhaltet, bezieht sich die *Prozessdimension* auf sämtliche Prozesse während der Leistungserstellung und die *Ergebnisdimension* gibt Aufschluss über das Leistungsergebnis am Ende eines Erstellungsprozesses.[420] Die Qualität des Potenzials nimmt Einfluss auf die Qualität der Prozesse, welche wiederum die einzelnen Ergebnisse beeinflussen.[421]

Nach MEFFERT/BRUHN ergibt sich die Notwendigkeit der Leistungsfähigkeit eines Dienstleistungsanbieters insbesondere aus der *Potenzialorientierung*.[422] Insofern rü-

---

[413] Das „Magische Dreieck" muss um den politischen Akteur bzw. um die Gestaltungsziele des politischen Auftraggebers erweitert werden, der sogleich an die Spitze des Konstruktes zu setzen ist.

[414] Vgl. Kapitel 2.2.3.

[415] Die unterschiedlichen Beteiligungsrollen des Bürgers wurden bereits hinreichend thematisiert.

[416] Vgl. Kapitel 2.2.5.

[417] Die spezifischen Gesetze und Rahmenvorgaben finden idealerweise ihren Niederschlag in einem angepassten Zielsystem. Daneben sollten auch die finanziellen Restriktionen in Form von einzuhaltenden Nebenbedingungen in dem Zielsystem berücksichtigt werden. Vgl. Kapitel 2.2.1.

[418] Vgl. Donabedian (1980), S. 77 ff. Im englischsprachigen Original unterteilt der Autor die Qualitätsdimensionen in *Structure*, *Process* sowie *Outcome*. Structure umfasst dabei die Komponenten Input und Organisation, Process die Komponenten Content, Configuration sowie Procedural End Point. Der Outcome bezieht sich ebenfalls auf den Procedural End Point sowie dem Impact. Vgl. Donabedian (1980), S. 90.

[419] Vgl. Meffert/Bruhn (2003), S. 273 sowie Mosiek (2002), S. 75 ff.

[420] Vgl. Meffert/Bruhn (2003), S. 273.

[421] Vgl. Donabedian (1980), S. 82 ff.

[422] Meffert/Bruhn (2003), S. 60 ff. Aus der geschilderten Notwendigkeit der Leistungsfähigkeit eines Dienstleistungsanbieters ergeben sich unterschiedliche Anforderungen an die Vermarktung der jeweiligen Dienstleistung. Die Dokumentation spezifischer Dienstleistungskompetenzen vor und während der Leistungsausübung sollte in den Vordergrund gestellt werden. Dies gilt insbesondere bei einzigartigen Leistungsangeboten. Die Angebotspotenziale eines Dienstleistungsanbieters sind derart zu verbinden, dass ein differenzierter Einsatz von Herstellungskomponenten, im Sinne einer Angebotsoptimierung zustande kommt. Darüber hinaus wird im Rahmen der Materialisierung des Fähigkeitspotenzials eine Wettbewerbsprofilierung angestrebt. Für die öffentliche Verwaltung bedeutet dies i. d. R. die Optimierung des Erscheinungsbildes von Räumlichkeiten, Ausstattung und Personal. Vgl. Meffert/Bruhn (2003), S. 61 f.

cken im öffentlichen Sektor primär die Mitarbeiter in den Fokus der Betrachtung. Das Know-how der *Mitarbeiter* sowie deren unterschiedliche Fähigkeiten[423] sind wesentliche *Erfolgsfaktoren zur Ausübung des Leistungsprozesses.* Nicht zuletzt für diesen Aspekt stellt die Qualifikation und Motivation der Mitarbeiter ein zentrales Element dar.[424] Grundsätzlich gelten die Beschäftigten als die wichtigste Ressource in der öffentlichen Verwaltung. Dies spiegelt sich auch in den Kommentaren zur Umsetzung einzelner Reformelemente wider.[425] In diesem Zusammenhang kommt auch der *Führungsqualität* im politisch-administrativen System eine besondere Bedeutung zu. Diese kann sich sowohl auf das System der politischen Rationalität als auch auf das System der Verwaltungsführung beziehen. Dies ist der Tatsache geschuldet, dass es sich im Gesamtsystem um zwei unterschiedliche Systemrationalitäten handelt. Aspekte des Führungsstils gehören ebenso wie eine konzeptionelle, zeitbewusste und konfliktbereite politische Führung zu den Kriterien der Führungsqualität.[426]

Die Auswahl der Inputfaktoren beeinflusst die *Prozessqualität.* Der Prozess der *Leistungserstellung* setzt sich i. d. R. aus einer Vielzahl von Teilaufgaben zusammen. Die Verbesserung einzelner Teilaufgaben führt zur sukzessiven Optimierung des Gesamtprozesses und damit zu einer *Verbesserung des Ergebnisbeitrages.* Aufgrund des lange Zeit fehlenden Wettbewerbs in den öffentlichen Verwaltungen sind Optimierungspotenziale oftmals in der Ausübung des Leistungserstellungsprozesses auszumachen.[427]

Die Ergebnisse können als Ausfluss des Produktionsprozesses bezeichnet werden.[428] Gerade im Rahmen eines wirkungsorientierten Ansatzes kann sich die *Ergebnisqualität* allerdings auf unterschiedliche Dimensionen beziehen.[429] Der direkte Ausfluss wird als Output bezeichnet und durch die *Leistungsqualität* bestimmt. Die Integration einer

---

[423] Eine Unterscheidung der Arten menschlicher Leistungsfähigkeit kann nach MEYER in muskuläre, geistige und sensorische Fähigkeiten erfolgen. Unter die geistige Fähigkeit werden z. B. auch alle Formen von Beratung subsumiert. Vgl. Meyer (1994), S. 19.

[424] Vgl. Hill (1997), S. 28. HILL nennt beispielhaft die Identifikation mit den Organisationszielen, die Schaffung von Leistungsanreizen, die Optimierung von Aus- und Weiterbildung, den Umgang mit der Informationstechnologie sowie soziale und kommunikative Fähigkeiten als wesentliche Ansatzpunkte.

[425] Vgl. stellvertretend Teufel (1997), S. 5 sowie Hill (1997), S. 28.

[426] Vgl. Kapitel 2.2.3.

[427] Die Funktion des Marktmechanismus als Effizienz- und idealerweise auch als Effektivitätstreiber wurde in Kapitel 2.2.5 thematisiert. Aktuell werden verstärkt über Leistungsvergleiche sowie das Instrument des Benchmarkings institutionalisierte Formen des Vergleichens und Lernens ausgeübt, welche oftmals Verbesserungspotenziale im Leistungserstellungsprozess offenlegen.

[428] Vgl. Felix (2003), S. 27.

[429] Einige Autoren beziehen hingegen die Ergebnisqualität auf den Effect. Der Effect bezeichnet nach SCHRÖDER/KETTIGER die „unmittelbaren, objektiven, d. h. direkt ersichtlichen bzw. nachweisbaren (Aus-) Wirkungen der Leistungserbringung." Schröder/Kettiger (2001), S. 13. Die Autoren separieren den Effect als eigenständigen Prozess- bzw. Wirkungsschritt im Untersuchungsbereich der sozialen Arbeit. Vgl. Schröder/Kettiger (2001), S. 15. Diese Zuordnung wird für die Untersuchung eines ganzheitlichen Bezugsrahmens im politisch-administrativen System indes nicht weiter verfolgt, da im Falle der Berücksichtigung die klare Abgrenzung der folgend zu definierenden Wirkungsebenen zu verwischen droht.

Wirkungsqualität, also der Fragestellung inwieweit die von der Verwaltung oder auch von anderen Akteuren produzierte Leistung die gewünschten Wirkungen erreicht,[430] macht eine weitere Ausdifferenzierung der Ergebnisdimension notwendig.

Neben der Notwendigkeit der Leistungsfähigkeit des Dienstleistungsanbieters ist vor allem mit der möglichen Einbeziehung des externen Faktors eine weitere Besonderheit bei der Dienstleistungserstellung zu berücksichtigen.[431] Der Bürger als Kunde kommt häufig in den direkten Kontakt mit den Potenzialfaktoren einer Institution. Insofern erzeugt die spezifische Ausgestaltung der Potenziale und der Prozesse eine individuelle Wirkung beim Leistungsempfänger. Das Ergebnis dieser subjektiven Empfindung der Dienstleistungsqualität wird als *Impact* bezeichnet. In diesem Zusammenhang kann der Mitarbeiter als direktes Bindeglied zum externen Kunden mit seinem Verhalten die Qualität der Kundenzufriedenheit[432] nachhaltig beeinflussen.[433]

Das Ergebnis wird als Outcome bezeichnet, sofern dieses in Form einer objektiven Wirkung dargestellt werden kann. Diese Differenzierung wird insbesondere für solche Fälle bedeutend, in denen eine direkte Kausalität zwischen dem öffentlichen Produkt und dem Outcome identifiziert wird. Dann beeinflusst die Qualität der Potenzialfaktoren direkt die Qualität des Outcomes.[434]

4.2.3 Qualitätsdimensionen eines aktivierenden Staates

Durch die Erweiterung des Grundverständnisses einer öffentlichen Verwaltung vom Dienstleistungsunternehmen zum Leitbild der Bürgerkommune bzw. des aktivierenden Staates, werden im öffentlichen Sektor neben den genannten Dimensionen zusätzliche Qualitätsmerkmale relevant. Vor dem Hintergrund der Good Governance-Philosophie[435] sind vor allem die *Aktivierungsqualität*, die *Kooperationsqualität* sowie die *politische Qualität* zu unterscheiden.

Die Neugestaltung des Kräftedreiecks zwischen der Politik, der Verwaltung sowie dem Bürger ist die Herausforderung der Zukunft.[436] Dabei sind im Good Governance-Ansatz Staat und Gesellschaft gleichberechtigte Akteure oder Partner bei der Wahrnehmung von Aufgaben für das Gemeinwohl.[437] Daneben bedeutet aktivierender Staat

---

[430] Vgl. Hill (2000a), S. 10.
[431] Vgl. Meyer (1994), S. 19 ff. sowie Meffert/Bruhn (2003), S. 62 ff. Darüber hinaus ist die Immaterialität von Dienstleistungen ein weiteres Spezifikum.
[432] Die Auswirkungen einer hohen Kundenzufriedenheit im öffentlichen Sektor werden in Kapitel 2.2.4.1 thematisiert.
[433] Vgl. Heiß (2000), S. 203.
[434] Nach GRÖNROOS kann man in Bezug auf den Umfang und die Art einer erstellten Serviceleistung grundsätzlich eine *technische Qualitäts-* und eine *funktionale Qualitätsdimension* unterscheiden. Die technische Dimension fragt nach dem „Was" der Leistungserstellung, also dem Umfang bzw. dem Outcome, während die funktionale Dimension dem „Wie", also der Form der Leistungserstellung nachgeht. Vgl. Grönroos (2000), S. 63 ff.
[435] Zum Begriff der Good Governance vgl. Kapitel 2.1.3 sowie Hill (2000a), S. 11 f.
[436] Vgl. Bogumil/Holtkamp (2001), S. 10.
[437] Vgl. Bundesministerium des Inneren (1999), S. 2.

ebenfalls, dass die Verwaltung dafür Sorge zu tragen hat, bürgerschaftliche Aktivitäten zu initiieren, zu koordinieren sowie zu vernetzen.[438] Unter Qualitätsaspekten steht die Fähigkeit einer Verwaltung zur Schaffung einer *Infrastruktur bürgerschaftlichen Begegnens* im Vordergrund. Dies beinhaltet die Qualifikation und Kompetenz der Entscheidungsträger bspw. Anregungen für eigenverantwortliche Bürgerprojekte anzustoßen sowie die Qualifizierung der eigenen Mitarbeiter zum Networking voranzutreiben. Die Fähigkeit zur Einbeziehung der Bürger kann grundsätzlich als *Aktivierungsqualität*[439] verstanden werden.[440]

Die Fähigkeit der *Zusammenarbeit einer Verwaltung mit anderen Verwaltungen* bzw. Unternehmen aus der Privatwirtschaft[441] zur Ausübung einer öffentlichen Aufgabe kann durch die *Kooperationsqualität* abgebildet werden. Als Merkmale für die Kooperationsqualität können neben der Partnerfähigkeit im Sinne eines fairen Umgangs miteinander, die Anschlussfähigkeit zur Überwindung von Schnittstellen, die Kompromiss- und Verhandlungsfähigkeit sowie die Gemeinschaftsfähigkeit im Sinne der Berücksichtigung der Interessen Dritter subsumiert werden. Darüber hinaus liegen in der *Offenlegung und der Transparenz der Ziele sowie des Handelns* einer Verwaltung zentrale Aspekte zur Beurteilung der Kooperationsqualität.[442]

Insgesamt wird deutlich, dass zwischen der Aktivierungs- und der Führungs- bzw. zwischen der Kooperations- und der Führungsqualität Schnittmengen bestehen. Die bewusste Trennung dieser Qualitätsdimensionen erfolgt vor dem Hintergrund, dass für die Umsetzung und vor allem im laufenden Betrieb der sich aus den Qualitätserfordernissen ergebenden Maßnahmen stets die Mitarbeiter im politisch-administrativen System verantwortlich zeichnen. Neben den originären Dimensionen – der Potenzial- und der Prozessqualität – ist es nunmehr auch denkbar, dass Formen des gesellschaftlichen Engagements, unterschiedliche Kooperationskonstellationen oder institutionelle

---

[438] Vgl. Hill (2003), S. 20. Zur aktiven Rolle des Staates vgl. auch Klages (2000), S. 13 ff.

[439] HILL spricht in dem Zusammenhang auch von „Community Building" bzw. „Community Development". Damit geht der Ansatz der Aktivierungsqualität „über anspruchsvolle Bürgerbeteiligungsmodelle hinaus". Vgl. Hill (2000a), S. 12.

[440] Der Ansatz der Aktivierungsqualität ist auch im Ansatz des so genannten Partizipationsmanagements enthalten. Vgl. hierzu Bogumil/Holtkamp (2001), S. 12 sowie die Ausführungen zur Bürgerkommune in Kapitel 2.2.4.2.

[441] Eine ausführliche Darstellung über die Eigenschaften und Voraussetzungen von Kooperationen und Partnerschaften findet sich bei Stember (2005), S. 8 ff. In diesem Zusammenhang wird oftmals auch von der so genannten *Public Private Partnership* gesprochen. Public Private Partnerships bezeichnen institutionalisierte Formen von Kooperationsmodellen zwischen staatlichen und privaten Trägern und verbinden somit öffentliche und private Verantwortung zur Erreichung konvergierender Ziele. Vgl. Schedler/Proeller (2000), S. 208 f. sowie Budäus/Grüning (1996), S. 281. Eine ausführliche Operationalisierung des Begriffs des Public Private Partnerships findet sich bei ROSCHMANN. Neben den Formen und Modellen werden auch die Anwendungen, die Vor- und Nachteile sowie die Entscheidungskriterien einer Operationalisierung dargelegt. Vgl. Roschmann (2005), S. 36 ff. Zu den rechtlichen Rahmenbedingungen von Public Private Partnerships vgl. Beck (2005), S. 54 ff.

[442] Vgl. Hill (2000a), S. 12. HILL verwendet an dieser Stelle ausschließlich den Begriff der Kooperationsqualität.

Arrangements – die Aktivierungs- und die Kooperationsqualität – die Qualitätsanforderungen für den öffentlichen Aufgabenvollzug determinieren.

Letztendlich wird die Politikdurchführung erheblich durch politische Vorgaben beeinflusst. Grundsätzlich bietet sich ein „faszinierender Spielraum" für eine „aktivierende Politik".[443] Insofern wird die Zugrundelegung einer *politischen Qualität* evident. Hierunter kann bspw. die politische Erfolgskontrolle subsumiert werden, die u. a. Aussagen beinhalten kann, inwieweit – unabhängig von der eigentlichen Leistungserstellung – politische Vorgaben, Programme oder Kooperationen grundsätzlich in der Lage sind, beabsichtigte Veränderungen in einem Themen- oder Problemfeld zu erzielen.[444]

Die aus der Privatwirtschaft stammende historische Entwicklung des effizienzorientierten internen Qualitätsverständnisses über die Phasen der Qualitätskontrolle, der Qualitätssicherung bis zum umfassenden Qualitätsmanagement[445] erfährt im politisch-administrativen System der Gesamtsteuerung im Ergebnis eine wesentliche Erweiterung um eine *externe* und *effektivitätsorientierte* Sichtweise (vgl. *Abbildung 17*).

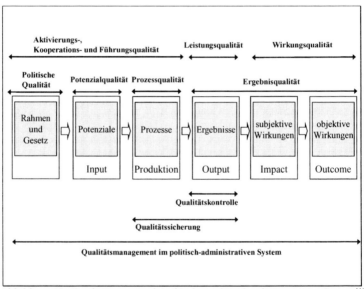

Abbildung 17: Qualitätsverständnis für das politisch-administrative System[446]

Die dieser Ausarbeitung zugrunde liegenden Begriffsdefinition erlaubt die mögliche Integration und Einbeziehung des Bürgers in Form der Aktivierungsqualität sowie die Berücksichtigung von Kooperationsformen oder bspw. Transparenzaspekten, die

---

[443] Klages (2000), S. 15.
[444] Vgl. Wegener (2002), S. 89 f.
[445] Vgl. Harrison/Stupak (1993), S. 419.
[446] Erweiterte Darstellung in Anlehnung an Felix (2003), S. 12 und S. 26.

durch Kriterien der Führungsqualität bewertet werden können. Dies führt im Ergebnis zu einer Ausdifferenzierung der Ergebnisqualität in die Leistungs- und Wirkungsqualität sowie zur Berücksichtigung angesprochener Qualitätsaspekte im aktivierenden Staat. Im weitesten Sinne kann damit auch die politische Qualität einbezogen werden, was zu einer Bewertung politischer Vorgaben führen kann.

4.2.4 Qualitätsmanagementmodelle in der öffentlichen Verwaltung

Das zugrunde gelegte Qualitätsverständnis erfordert eine Auseinandersetzung mit aktuellen Modellen des Qualitätsmanagements in der öffentlichen Verwaltung und Politik. Grundsätzlich kann man zwischen Modellen externer Zertifizierung[447] sowie Selbstbewertungsmodellen unterscheiden. Der Untersuchungsgegenstand macht eine Betrachtung wesentlicher Selbstbewertungsmodelle notwendig, da im Ergebnis nach einem Bezugsrahmen gesucht wird, über den mittel- oder unmittelbar der Planungs-, Steuerungs- und Kontrollprozess im politisch-administrativen System optimiert werden kann.

Darüber hinaus kann man zwischen Modellen mit Ursprung in der Privatwirtschaft und Modellen, die ihren Ausgangspunkt in der öffentlichen Verwaltung haben, differenzieren. Die Analyse bestehender Modelle führt exemplarisch zur Darstellung des Excellence-Modells der European Foundation for Quality Management sowie des Common Assessment Frameworks.

4.2.4.1 Das Excellence-Modell
der European Foundation for Quality Management

1988 wurde die European Foundation for Quality Management (EFQM) als gemeinnützige Stiftung der Privatwirtschaft, mit dem Ziel der Stärkung europäischer Unternehmen im internationalen Wettbewerb, gegründet. Seit Mitte der 90er Jahre wird das EFQM-Modell zunehmend in der öffentlichen Verwaltung eingesetzt.[448]

Das EFQM-Modell stellt eine unverbindliche Rahmenstruktur zur Bewertung einer Organisation in Bezug auf die Vorgehensweise[449] in der Führung sowie beim Erzielen von Ergebnissen dar.[450] Der Aufbau des EFQM-Modells besteht aus neun Themenfeldern,[451] deren impliziter Zusammenhang auf Basis folgender Prämisse fußt: Überragende Ergebnisse mit Bezug auf Leistung, Kunden, Mitarbeiter und Gesellschaft wer-

---

[447] Beispielhaft genannt sei die externe Zertifizierung nach der DIN ISO 9000ff. Normenreihe, welche eine neutrale Beurteilung der Qualitätsfähigkeit einer Institution durch einen anerkannten externen Dritten darstellt. Vgl. Ebel (2003), S. 145. Zur ISO 9000ff. Normenreihe vgl. allgemein DIN (2000), S. 11 ff.

[448] Vgl. Bundesverwaltungsamt (2000b), S. 11.

[449] Eine überragende Vorgehensweise wird als Excellence bezeichnet.

[450] Vgl. EFQM (2003), S. 5 ff.

[451] Die neun Themenfelder sind in 32 Teilkriterien untergliedert, denen wiederum einzelne Orientierungspunkte zugeordnet sind. Anhand dieser Kriterien empfiehlt sich auch die Selbstbewertung. Vgl. Seghezzi (2003), S. 255 ff.

den durch eine Führung erzielt, die Politik und Strategie mit Hilfe der Mitarbeiter, Partnerschaften und Ressourcen sowie der Prozesse umsetzen (vgl. *Abbildung 18*).[452]

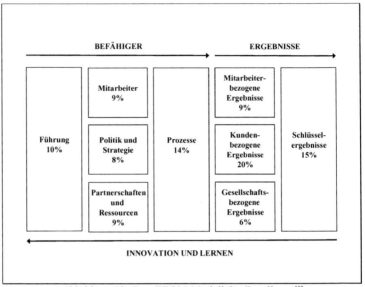

Abbildung 18: Das EFQM-Modell für Excellence[453]

Die drei Hauptsäulen des Modells, Führung, Prozesse und Schlüsselergebnisse, bilden die zentralen Qualitätsdimensionen ab, auf denen das Modell beruht. Die zwischen den Hauptsäulen befindlichen Angaben stellen eine Untergliederung dar, die veranschaulicht, mit welchen Mitteln die Umsetzung des Modells erreicht werden kann bzw. welche Zwischenergebnisse hierfür notwendig sind.

Das Modell ist in *Befähiger-* und *Ergebnis-Kriterien* unterteilt, die jeweils ein Gewicht von 50 % ausmachen. Während die Befähiger-Kriterien beschreiben, was eine Organisation tut und wie sie vorgeht, veranschaulichen die Ergebnis-Kriterien die Zielerreichung. Die Dynamik des Modells wird durch die Pfeile dargestellt. *Innovation und Lernen* kann die Befähiger verbessern und damit wiederum positiv auf die Ergebnisse einwirken.[454]

Dem EFQM-Modell für Excellence liegt als Kernstück die so genannte RADAR-Logik zugrunde.[455] Die RADAR-Logik wird i. d. R. im Rahmen einer Fremd- oder

---

[452] Vgl. EFQM (2003), S. 12.
[453] Vgl. EFQM (2003), S. 28.
[454] Vgl. EFQM (2003), S. 12.
[455] Vgl. EFQM (2003), S. 27 ff. RADAR setzt sich aus insgesamt vier Elementen zusammen: Results, Approach, Deployment sowie Assessment and Review. Eine detaillierte Beschreibung findet sich bei EFQM (2003), S. 27 ff.

Selbstbewertung unter Verwendung der RADAR-Bewertungsmatrix eingesetzt. Sofern eine Organisation mit Hilfe der Bewertungsmatrix beurteilt wird, erfahren die in *Abbildung 18* dargestellten Kriterien eine Gewichtung.[456]

4.2.4.2 Das Common Assessment Framework

Das CAF ist ein standardisiertes Selbstbewertungsmodell für die öffentliche Verwaltung. Es kann europaweit auf allen Ebenen der Verwaltung Anwendung finden.[457] Die wesentlichen *Zielsetzungen* des CAF bestehen in der kontinuierlichen Erfassung der Merkmale öffentlicher Verwaltungen, in der instrumentellen Unterstützung zur Optimierung der Verwaltungsleistung, in der Bindegliedfunktion für eine europaweite Vergleichbarkeit unterschiedlicher Qualitätsmanagementmodelle sowie in der Fähigkeit Leistungsvergleiche zwischen Organisationen des öffentlichen Sektors zu unterstützen.[458]

Der Beschluss in allen EU-Mitgliedstaaten das Common Assessment Framework (CAF)[459] einzuführen, ist auf die 1. Europäische Qualitätskonferenz im Jahr 2000 zurückzuführen. Im Jahr 2002 wurde die erste Version des CAF durch eine aktualisierte Fassung ersetzt. Die EFQM[460] war maßgeblich an der Entwicklung des CAF beteiligt, was sich in der Logik und Struktur des Modells widerspiegelt (vgl. *Abbildung 19*).[461]

Ebenso wie das EFQM-Modell besteht das CAF aus insgesamt neun Themenfeldern, die sich in weitere Teilkriterien aufgliedern lassen und deren Erfüllungsbeitrag über insgesamt 250 situativ anpassbare Indikatoren abgebildet werden kann:[462]

- Führungsebene
- Organisationspolitik und -strategie
- Personalmanagement
- Externe Partnerschaften und Ressourcen
- Prozess- und Veränderungsmanagement
- Kunden- und bürgerorientierte Resultate
- Mitarbeiterzufriedenheit
- Auswirkungen auf die Gesellschaft
- Leistungsergebnisse der Organisation

Mit relativ geringem Aufwand lässt sich mit Hilfe des CAF eine Stärken-Schwächen-Analyse der eigenen Institution als Überblick erstellen, die den Beteiligten veranschaulicht, welchen Platz sie im nationalen und internationalen Vergleich einnehmen.

---

[456] Die Kriterien wurden bereits 1991 als Ergebnis eines europaweiten Abstimmungsprozesses festgelegt. Vgl. EFQM (2003), S. 28.

[457] Vgl. Saatweber (2003), S. 97.

[458] Vgl. CAF (2003), S. 5.

[459] Das CAF kann als *Gemeinsames Europäisches Qualitätssystem* übersetzt werden.

[460] Vgl. Kapitel 4.2.4.1.

[461] Vgl. Engel (2002), S. 35.

[462] Vgl. CAF (2003), S. 6 f.

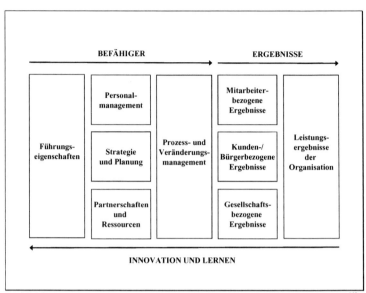

Abbildung 19: Die Grundstruktur des Common Assessment Framework[463]

Das CAF soll als einfacher und leicht handhabbarer Rahmen für eine Bewertung der Leistungsfähigkeit einer Organisation dienen. Die EU sieht das Modell darüber hinaus als Bindeglied zwischen den verschiedenen Modellen und Methoden des Qualitätsmanagements, die in der öffentlichen Verwaltung der EU-Mitgliedstaaten eingesetzt werden. So soll es auch einen gewissen Grad der Vergleichbarkeit der Bewertungsergebnisse sicherstellen. Neben dem leichten Einstieg ins Qualitätsmanagement ist die Einführung von leistungsvergleichenden Untersuchungen bzw. Benchmarks von Einrichtungen des öffentlichen Sektors ein zentrales Anliegen des CAF. Das gemeinsame europäische Qualitätsbewertungssystem berücksichtigt in besonderer Weise den Charakter von Verwaltungsorganisationen, insbesondere auch, weil die *Berücksichtigung gesellschaftlicher Wirkungen* explizit beabsichtigt ist. Das CAF als gemeinsames europäisches Qualitätsbewertungssystem steht nicht im Wettstreit mit anderen Bewertungssystemen, sondern versucht diese zu ergänzen und deren wichtigste Elemente zu verbinden.

Das CAF und das EFQM-Modell als Variante für die öffentliche Verwaltung sind auf das System der Verwaltungsführung beschränkt und bewerten die Bestleistungen, die durch die *Umsetzung* politischer Zielsetzungen erreicht werden.[464] Der Hauptzweck des CAF liegt damit im *dynamischen Lernen und Verbessern der Organisation*.[465]

---

[463] Vgl. CAF (2003), S. 6.
[464] Vgl. CAF (2003), S. 9.
[465] Vgl. Engel (2002), S. 35.

4.3 Nutzen-Kosten-Methoden als Bewertungsinstrumente

Die vorausgegangenen Ausführungen machen deutlich, dass es sowohl dynamische Controlling- als auch Qualitäts-Modelle gibt, die in der Lage sind, Wirkungsinformationen im Handlungsraum der öffentlichen Verwaltung oder des politisch-administrativen Systems abzubilden. Um auf dieser Basis zu einem möglichst ausgewogenen Formal- und Sachreporting zu gelangen, sind Instrumente notwendig, die eine *Integration von Wirkungsinformationen* vornehmen, um in Form von *Wirtschaftlichkeitsanalysen* kompakt die Vor- und Nachteile möglicher Handlungskonsequenzen darstellen.

Während im Rahmen von Wirksamkeitsanalysen die tatsächlichen Wirkungen einer Maßnahme eruiert werden, bewerten Wirtschaftlichkeitsanalysen die Effizienz einer betroffenen Maßnahme, indem die Relation von Kosten und Nutzen (bzw. Wirkungen) ermittelt wird. Dabei spielen das Maximumprinzip sowie das Minimumprinzip eine wesentliche Rolle. Es geht also einerseits um die Fragestellung, inwieweit mit gegebenen Mitteln ein maximales Ergebnis erzeugt und andererseits darum, ob ein definiertes Ergebnis mit einem möglichst geringen Mitteleinsatz und Aufwand erreicht werden kann. Diese *punktuelle Darstellung von Handlungskonsequenzen* im öffentlichen Sektor wird oftmals durch Methoden der Nutzen-Kosten-Untersuchungen vorgenommen.

Zu den etablierten Methoden der Nutzen-Kosten-Untersuchungen (NKU) gehören die *Kosten-Nutzen-Analyse* (KNA), die *Nutzwertanalyse* (NWA) sowie die *Kosten-Wirksamkeits-Analyse* (KWA). Die Verfahren der Nutzen-Kosten-Methoden sind umfassender als die rein betrieblichen Verfahren der Wirtschaftlichkeitsrechnung, da sie auch *außerbetriebliche, gesellschaftliche* Vor- und Nachteile einbeziehen. Das *Ziel dieser Verfahren* liegt in der *Optimierung des gesamtgesellschaftlichen Nutzens* bei gegebenen finanziellen Mitteln.[466] Sowohl die Bundeshaushaltsordnung (BHO) als auch z. B. die Landeshaushaltsordnung NRW (LHO NW) schreiben den Einsatz von Nutzen-Kosten-Untersuchungen für solche Fälle bindend vor, in welchen geeignet erscheinende Maßnahmen von erheblicher finanzieller Bedeutung sind.[467]

4.3.1 Die Kosten-Nutzen-Analyse

Die *Kosten-Nutzen-Analyse* beruht grundsätzlich auf den Methoden der Investitionsrechnung. Ausgerichtet am Allgemeinwohl als oberstem Ziel scheint die KNA zunächst prädestiniert für den Einsatz im politisch-administrativen Kontext.[468] Notwendigerweise werden für den Einsatz der KNA alle relevanten Handlungskonsequenzen einer Entscheidung erfasst.[469] Dabei werden sowohl alle internen als auch alle externen Effekte bei dieser Methode einbezogen. Die *Ermittlung des monetären Gegenwartswertes* sowohl der Nutzenaspekte der relevanten Handlungskonsequenzen als auch der Kosten machen im Ergebnis Nutzen und Kosten vergleichbar, da diese sodann dieselbe Dimension aufweisen. Grundsätzlich wird eine Maßnahme als vorteilhaft oder

---

[466] Vgl. Klümper/Möllers/Zimmermann (2004), S. 452.
[467] Vgl. § 7 BHO sowie § 7 LHO NW inkl. den Verwaltungsvorschriften (VV) zur LHO.
[468] Eine Bewertung der Methoden der Nutzen-Kosten-Methoden wird in Kapitel 4.5.2 vorgenommen.
[469] Vgl. Rürup (1982), S. 109.

sinnvoll bewertet, sofern der bewertete Barwert des Nutzens größer als der Barwert der Kosten ist. Bei einer Auswahl zwischen mehreren Alternativen ist das Entscheidungskriterium für die Auswahl die Größe der positiven Differenz zwischen dem bewerteten Nutzen und den bewerteten Kosten.[470]

4.3.2 Die Nutzwertanalyse

Im Gegensatz zur KNA wird bei dem Ansatz einer *Nutzwertanalyse* auf eine monetäre Bewertung verzichtet. Die Auswahl einer optimalen Alternative unter mehreren Möglichkeiten ist das Ziel einer NWA. Die Entscheidungsgrundlage im Rahmen einer NWA ist dabei stets ein gesetztes Ziel. Sämtliche Alternativen werden unter Beachtung dieses Ziels subjektiv bewertet. Die Ergebnisse dieser Bewertungen sind dimensionslose Nutzwerte, die einen subjektiven Ordnungsindex darstellen.[471]

Für die Durchführung einer NWA stellt die Entwicklung und Ableitung eines hierarchischen Zielsystems eine notwendige Voraussetzung dar. Ausgehend von dem Oberziel werden so genannte Subziele abgeleitet und konkretisiert. Auf diese Weise entstehen Kriterien, die für die Bewertung der Alternativen genutzt werden können. Diese Kriterien werden entsprechend ihrer Bedeutung gewichtet. Die Gewichtung ist ebenso wie die ursprüngliche Zielsetzung stark subjektiv geprägt. Zur Erleichterung dieser Nutzen-Kosten-Methode werden den einzelnen Zielen und Unterzielen Punktwerte zugeordnet. Oftmals erhalten nachgelagerte Ziele auf einer Hierarchiestufe insgesamt 100 Punkte, was zum einen rechnerisch eine Erleichterung darstellt, zum anderen das Denken in Prozentsätzen erlaubt. Der Grad der Zielerreichung eines jeden Kriteriums wird durch Punktwerte dargestellt. Die Multiplikation dieser Punktwerte mit den zuvor vergebenen Zielgewichten ergibt die Teilnutzenwerte. Die Addition aller Teilnutzenwerte führt im Ergebnis zu dem gewünschten Nutzwert. Der Vergleich der Nutzwerte unterschiedlicher Alternativen führt zu der Auswahl der besten Alternative nach eben diesem Kriterium.

4.3.3 Die Kosten-Wirksamkeits-Analyse

Die *Kosten-Wirksamkeits-Analyse* stellt eine hybride Mischform der bereits vorgestellten Methoden der Kosten-Nutzen-Untersuchungen dar. Wie bei der NWA wird der Nutzen von Maßnahmen bei der KWA nicht monetär bewertet. Eine monetäre Bewertung der Kosten erfolgt soweit möglich. Nicht direkt bewertbare Kostenbestandteile werden als negativer Nutzen interpretiert und somit dem positiven Nutzen gegenübergestellt bzw. von diesem in Abzug gebracht.[472] Im Ergebnis liefert die KWA einen monetären und einen dimensionslosen Zielwert. Eine Alternative mit dem größten Nutzen und dem geringsten monetären Kosten ist immer dominant und deshalb grundsätzlich zu wählen. Sofern keine dominante Konstellation nach der KWA vorliegt, ist in der Regel eine Entscheidung nicht unmittelbar zu treffen. Für diesen Fall können

---

[470] Vgl. Klümper/Möllers/Zimmermann (2004), S. 453.
[471] Vgl. Rürup (1982), S. 109 f.
[472] Vgl. Klümper/Möllers/Zimmermann (2004), S. 467.

beispielsweise Schwellenwerte definiert werden, die eine Entscheidungsfindung erleichtern. Beispielsweise kann durch die Festlegung einer Kostenschwelle, diejenige unter den Alternativen gewählt werden, die die Kostenschwelle unterschreitet, dabei aber den größten Nutzen hervorbringt. Alternativ kann ein Mindestnutzen festgesetzt werden, der die Alternativen mit einem geringeren Nutzen aussondert. Zu wählen ist dann diejenige Alternative aus den restlichen, die die geringsten Kosten aufweist. So erlaubt die Definition von Schwellenwerten eine Vor- oder Endauswahl der einzelnen Alternativen. Sofern die Schwellenwertbildung lediglich eine Vorauswahl von Alternativen begünstigt, kann bspw. mittels des Nutzen-Kosten-Verhältnisses eine endgültige Entscheidung über die zu priorisierende Alternative getroffen werden.

4.4 Anforderungskategorien für die Bewertung eines integrierten Bezugsrahmens im politisch-administrativen System

Inwiefern die dargestellten Konzepte und Modelle den aktuellen Anforderungen an einen ganzheitlichen Bezugsrahmen genügen, wird Gegenstand der folgenden Ausführungen sein.[473] Zunächst werden die relevanten Anforderungskategorien dargestellt. Basierend auf den definierten Kategorien wird eine Einordnung ausgewählter Konzepte vorgenommen, um den Bedarf einer Erweiterung dezidiert darzustellen.

Das Controlling wurde in Kapitel 3.2 als *Beschaffung, Aufbereitung, Analyse und Kommunikation von Daten zur Vorbereitung zielsetzungsgerechter Entscheidungen* definiert. Diese Auffassung beinhaltet, dass die Koordination zwischen unterschiedlichen Hierarchiestufen im politisch-administrativen System sowie zwischen unterschiedlichen Zielen von Politik und Verwaltung ermöglicht – und optimalerweise verbessert – wird.[474] Das permanente Hinterfragen der operativen als auch strategischen Ausrichtung führt das Controlling automatisch in eine Brückenfunktion zwischen Politik und Verwaltung.[475] Neben der Stimulierung horizontaler und vertikaler Kommunikationsprozesse, sollte das Controlling in der Lage sein, vor allem die unterschiedlichen Interessen der einzelnen Stakeholder zu bedienen.

Aus den strukturellen Besonderheiten[476] des politisch-administrativen Systems sowie den grundsätzlichen Verwaltungsmodernisierungstendenzen[477] resultieren weitgehende Informationsbedürfnisse im öffentlichen Sektor. Kenntnis über die Qualität des politisch-administrativen Vollzugs im Rahmen dieser Umwelt sollte ein Ziel der Führung im politisch-administrativen System[478] sein. Abweichende Interessen unterschiedlicher Führungsebenen determinieren grundsätzlich die Anforderungen an ein Informationsversorgungssystem. Der Betrachtungshorizont muss sich über die von der Politik zu formulierenden Ziele – bspw. auf Basis von Gesetzen –, über die mittel- und unmittel-

---

[473] Grundsätzlich ist natürlich die jeweilige Zielsetzung der einzelnen Konzepte, Modelle und Instrumente zu berücksichtigen.

[474] Vgl. Kraus (1999), S. 199 f.

[475] Vgl. Scherer (2002), S. 11 f.

[476] Vgl. Kapitel 2.2.

[477] Vgl. Kapitel 2.1.

[478] Vgl. zum Begriff der Führung im politisch-administrativen System Kapitel 2.2.3.

bare Umsetzung über die öffentliche Verwaltung – möglicherweise unter Einbeziehung weiterer Stakeholder – bis zu der Überprüfung der Ergebnisse und Wirkungen und damit der Überprüfung der Erfüllung ursprünglich gesetzter Ziele erstrecken. Das Controlling muss dabei in der Lage sein, relevante Informationen im benötigten Detaillierungsgrad empfängerspezifisch bereitzustellen. Über die systemkoppelnde Funktion erfolgt eine Aufbereitung und Nutzung von bestehenden Elementen eines Informationssystems, während über die systembildende Funktion Maßnahmen zur Optimierung des Informationssystems, z. B. in Form der Einführung und Nutzung von (weiteren) Controlling-Instrumenten vorgenommen werden.[479]

Die grundsätzlichen Fragen, welche Daten in diesem Zusammenhang zu *Dokumentationszwecken* (verpflichtend) erhoben werden müssen bzw. welche Informationen für eine *sachgerechte Planung und Steuerung* erforderlich sind, müssen jeweils kontextabhängig für jede Institution neu beantwortet werden.[480] Grundsätzlich können jedoch einige *zentrale Beurteilungskategorien* abgeleitet werden, die in einer Analyse und Bewertung möglicher Bezugsrahmen Eingang finden müssen.

Bei der Ausübung der Führungsfunktion sollte optimalerweise ein kontinuierlicher Verbesserungsprozess entstehen, der es erlaubt, wichtige Erkenntnisse der Politikdurchführungsphase – nicht nur bzgl. der Wirkungszielerfüllung – neu in die Planungs- und Steuerungsprozesse der politischen sowie verwaltungsspezifischen Rationalität zu integrieren. Auf dieser Basis sind Regelungs- und/oder Vollzugsanpassungen grundsätzlich denkbar. Somit wird die Legitimität der Verwaltungsausübung gewährleistet. Allerdings können auch verwaltungsspezifische Gestaltungsspielräume genutzt werden, um eine Optimierung der Faktorenkombination zur Ausübung des Leistungserstellungsprozesses zu vollziehen. Somit wird deutlich, dass es sich im politisch-administrativen System um zunächst zwei Entscheidungskreise handelt, die auf Basis eines *Prozessmodells* ineinander überlaufen können. Insofern besteht die Anforderung an einen ganzheitlichen Bezugsrahmen, den gesamten Politikformulierungs- und Politikdurchführungsprozess in Form eines *politisch-administrativen Kreislaufmodells* zu berücksichtigen und darzustellen.[481]

Im öffentlichen Rechnungswesen sind aktuell zwei zentrale Entwicklungslinien erkennbar.[482] Zum einen ist im finanzwirtschaftlichen Bereich eine Ablösung zahlungsorientierter kameraler Rechnungsstile durch ressourcenorientierte doppische Rechnungsstile auszumachen. Zum anderen ergänzen neue Steuerungsrechnungen und damit verbundene Informationsinstrumente im leistungswirtschaftlichen Bereich die bisherigen Kalkulationsrechnungen. Diesen beiden zentralen Entwicklungslinien folgend, sollte ein integrierter Bezugsrahmen in der Lage sein, eine differenzierte Darstellung sowie eine hierarchische Einordnung unterschiedlicher Ziele[483] und idealerweise der

---

[479] Vgl. Budäus (2002), S. 205.

[480] Vgl. Mosiek/Gerhardt/Wirtz/Berens (2003), S. 28.

[481] Vgl. Kapitel 2.2.3.

[482] Vgl. im Folgenden Bräunig (2004), S. 310.

[483] Vgl. die Ausführungen zu den heterogenen Zielen im politisch-administrativen System in Kapitel 2.2.1.

damit verbundenen Ergebnisse im Sinne einer Ursache-Wirkungsdarstellung sowohl im finanzwirtschaftlichen Bereich als auch im gesamten leistungswirtschaftlichen Bereich zu gewährleisten. Die Möglichkeit einer Gegenüberstellung von *Plan- und Ist-Werten* in Anlehnung an das Zielsystem auch unter Berücksichtigung potenzieller *kausaler Zusammenhänge* stellen Anforderungskategorien für einen Bezugsrahmen dar.

Die einem Prozessmodell zugrunde liegenden *Bewertungskriterien*[484] sollen eine Beurteilung unterschiedlicher Zusammenhänge des Leistungsprozesses im Gesamtsystem gewährleisten.

Die Berücksichtigung operabler Qualitätsstandards gilt als wesentliche Voraussetzung zur Anwendung von Bewertungskriterien.[485] Während die Bewertungskriterien das Verhältnis einzelner Prozessebenen innerhalb eines Leistungserstellungsprozesses angeben,[486] stellt die Qualität auf die Erfüllung expliziter und impliziter Erfordernisse an die öffentliche Aufgabe bzw. den öffentlichen Aufgabenvollzug ab.[487] Insofern verdeutlicht die Berücksichtigung und Darstellung ganzheitlicher *Qualitätsdimensionen* in einem Bezugsrahmen den Zusammenhang zwischen einer prozessorientierten Darstellung und der geforderten und notwendigen Güte öffentlicher Produkte, der öffentlichen Aufgabe und des öffentlichen Aufgabenvollzugs[488] aus Sicht aller relevanten Anspruchsgruppen.

Die Ermittlung der Zielerreichung wird innerhalb des Controllings regelmäßig mit sachgerechten Instrumenten durchgeführt. Die *Zuordnung* relevanter *Controlling-Instrumente* bzw. Steuerungs- und Dokumentationsrechnungen zur Ermittlung und zur Abbildung spezifischer Daten sowohl in den finanz- und den leistungswirtschaftlichen Bereichen als auch auf prozessualer Ebene wird ebenfalls unter die Anforderungen eines wirkungsorientierten Bezugsrahmens subsumiert. Dem Controlling obliegen die spezifische Ausgestaltung dieser Steuerungs- und Dokumentationsinstrumente sowie die Auswertung und Kommunikation der Ergebnisse.[489]

Die *Trennung unterschiedlicher Beteiligungsrollen*[490] muss ebenfalls über einen integrierten Bezugsrahmen erfolgen. Die Beurteilung des Leistungsergebnisses im politisch-administrativen System erfährt nicht zuletzt vor dem Hintergrund der charakteristischen Zielsystematisierung eine besondere Bedeutung. Der Bürger als Auftraggeber muss ebenso in das Gesamtsystem integriert werden, wie der Bürger als Mitgestalter − in unterschiedlich denkbaren Konstellationen − oder auch als Kunde einer Verwaltungsdienstleistung.

---

[484] Hierunter sind vor allem relationale, produktorientierte Kriterien zu subsumieren.

[485] Vgl. Kapitel 4.1.1 sowie Budäus/Buchholtz (1997), S. 330 f.

[486] Vgl. Nullmeier (2005), S. 431.

[487] Vgl. Kapitel 4.2.

[488] Im Sinne eines Bewertungsmaßstabs.

[489] Vgl. Bräunig (2004), S. 318 f. An dieser Stelle kommen die System koppelnden und System bildenden Funktionen des Controllings zum Tragen.

[490] Hierunter fallen in diesem Zusammenhang die unterschiedlichen Beteiligungsrollen des Bürgers, vgl. hierzu Kapitel 2.2.4. Darüber hinaus sind aber auch institutionelle Kooperationsformen mit privaten und/oder öffentlichen Trägern denkbar, die ebenfalls unter den Begriff der Beteiligungsrollen subsumiert werden.

Öffentliche Institutionen müssen auch dem Demokratie- und Öffentlichkeitsprinzip gerecht werden.[491] Vereinfacht gesprochen bedeutet dies, die Informationsinteressen der Allgemeinheit[492] zu berücksichtigen sowie Mechanismen zu installieren, die eine parlamentarische Kontrolle – im Sinne der Rechtmäßigkeit der Verwaltungsausübung – gewährleisten können. Eine *transparente* Darstellung der Abläufe und Ergebnisse macht etwaige Eingriffs- und Steuerungsaktivitäten deutlich. Die Informationsinteressen können mittels der Bereitschaft einer offenen Dokumentation[493] und Kommunikation der Ergebnisse befriedigt werden. Diese Bereitschaft kann natürlich nicht durch einen Bezugsrahmen hergestellt werden. Allerdings trägt zumindest eine *strukturierte* und *verständliche* Abbildung relevanter Sachverhalte dazu bei, im Falle einer offenen Dokumentation, eine generell leichtere *Nachvollziehbarkeit* der komplexen Zusammenhänge für die interessierte Öffentlichkeit zu gewährleisten, und damit die Legitimität des Handelns zu verdeutlichen.

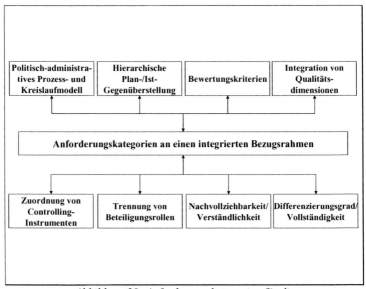

Abbildung 20: Anforderungskategorien für die
Beurteilung wirkungsorientierter Konzepte

Die Kategorie *Differenzierungsgrad und Vollständigkeit* beinhaltet eine zusammenfassende Einschätzung der Integration relevanter Sachverhalte und Tatbestände, die die

---

[491] Vgl. Scherer (2002), S. 10.

[492] An dieser Stelle soll noch einmal auf die Forderung „value for money" eingegangen werden. Hierin können diejenigen Bestrebungen zusammengefasst werden, die den Steuern- und Gebührenzahlern einen möglichst hohen Gegenwert an öffentlichen Leistungen zuführen. Vgl. Kapitel 2.2.4.1.

[493] In diesem Zusammenhang ist die Bereitwilligkeit gemeint, Ergebnisse zu veröffentlichen.

allgemeine Güte sowie die Eignung des Konzeptes oder Modells in seiner Gesamtschau beurteilen.

Abbildung 20 gibt einen Überblick über die Anforderungskategorien, die für eine Beurteilung zugrunde gelegt werden.

4.5 Einordnung wirkungsorientierter Qualitätsmanagementmodelle und Bewertungsinstrumente

In diesem Kapitel wird eine Einordnung und Beurteilung der dargestellten Qualitätsmanagementmodelle und Bewertungsinstrumente vorgenommen. Es wird im Ergebnis deutlich werden, dass die Intentionen der dargestellten Modelle und der wirkungsintegrierenden Bewertungsinstrumente eine Analyse und Beurteilung dieser Verfahren – zur Überprüfung der Eignung als Bezugsrahmen für das politisch-administrative System – nicht erlauben.

4.5.1 Einordnung der Qualitätsmanagementmodelle

Die Darstellungen des EFQM-Modells sowie des CAF zeigen, dass es sich bei diesen Modellen um dynamische (Selbstbewertungs-)Modelle der Führung handelt, deren Zwecksetzungen vor allem in der *Optimierung der Organisation* liegen. Die Differenzierung des CAF in neun Themenfelder sowie insgesamt 250 Sachverhalte darstellende Indikatoren deutet auf ein gut durchstrukturiertes Modell hin, welches in der Lage ist, Qualitätssachverhalte in der öffentlichen Verwaltung, d. h. in der Politikdurchführung ausgewogen zu bewerten. Für den isolierten Bereich der Qualitätsmanagementmodelle wurde festgestellt, dass sich insbesondere mit dem Modell des CAF ein Selbstbewertungsansatz herauskristallisiert hat, der in der Lage ist die unterschiedlichen Qualitätsmodelle und Qualitätsansätze im öffentlichen Sektor – auch international – zu verbinden.

Vor dem Hintergrund der Zielsetzung dieser Ausarbeitung, der damit verbundenen Ausweitung des Qualitätsverständnisses auch auf den politischen Bereich sowie den darüber hinaus zugrunde gelegten Anforderungskategorien für einen integrierten Bezugsrahmen wird allerdings deutlich, dass die Qualitätsmanagementmodelle als Grundlage eines integrierten Bezugsrahmens *keiner Bewertung unterzogen* werden können, da deren originäre Intention einer Beurteilung vor diesem Hintergrund nicht gerecht werden würde.

- Gerade die Erweiterung des zugrunde liegenden Qualitätsverständnisses und die Bedeutung des Zusammenführens der beiden Steuerungskreisläufe im politisch-administrativen System zu einem Gesamtsteuerungsansatz wurden als zentrale Ansprüche definiert. Insofern muss ein integrierter Bezugsrahmen grundsätzlich auch das System der politischen Führung mit einbeziehen und in letzter Konsequenz auch die politische Qualität bewerten können. Das EFQM-Modell hingegen will explizit nicht die Excellence politischer Strategien in die Betrachtung integrieren.[494]

- Darüber hinaus wurde deutlich, dass die Verbesserung strategischer – vor allem wirkungsorientierter – *Planungsmöglichkeiten* Ziel der Führung im Rahmen einer outcomeorientierten Management- und Steuerungsphilosophie sein muss. In diesem Zusammenhang muss aus Controllingsicht primär das öffentliche Produkt bzw. der Leistungsprozess differenziert in den Mittelpunkt der Betrachtung gestellt werden, um auf Basis ermittelter Ergebnisse, neue operative und strategische Planungsroutinen anzustoßen. Dagegen verstehen sich die Qualitätsmanagementmodelle primär als Beurteilungsinstrumente zur Bewertung einer Organisation in Bezug auf eine potenzielle Excellence, denn als Bezugsrahmen auch zur Ableitung differenzierter Planungs- und Steuerungsmaßnahmen.

Die Ausführungen verdeutlichen, dass eine Beurteilung der Qualitätsmanagementmodelle vor dem Hintergrund der Zielsetzung dieser Ausarbeitung nicht zielführend ist. Im folgenden Kapitel wird zunächst eine Einordnung der Methoden der Nutzen-Kosten-Untersuchungen anhand ihres zentralen Abgrenzungskriteriums untereinander vorgenommen, bevor auch auf deren Eignung für den weiteren Untersuchungsverlauf eingegangen wird.

4.5.2 Einordnung der Nutzen-Kosten-Methoden

Während es sich sowohl bei der Nutzwertanalyse als auch bei der Kosten-Wirksamkeits-Analyse vornehmlich um eine dimensionslose Bewertung des Gesamtzusammenhangs handelt, verfolgt die Kosten-Nutzen-Analyse eine Darstellung der zu untersuchenden Sachverhalte in Form einer monetären Bewertung. Dieser Unterschied kann als das maßgebliche Abgrenzungskriterium der einzelnen Nutzen-Kosten-Methoden angeführt werden.

In dieser ausschließlich monetären Bewertung liegt der Hauptkritikpunkt der *Kosten-Nutzen-Analyse*. Zwar lässt sich im Idealfall eine Gesamtwirkung monetär darstellen und somit eine Priorisierung der gewählten Maßnahmen anhand der bewerteten Nutzenüberschüsse durchführen, eine exakt quantifizierbare Bewertung aller vorstellbaren Effekte ist jedoch oftmals nicht gegeben. Im Ergebnis wird zum Teil auf nicht objektive *Methoden der Bewertung*[495] zurückgegriffen oder der betroffene Sachverhalt wird bspw. als Merkposten in einer Art Nebenrechnung mitgeführt.[496] In einem solchen Fall kann die Kosten-Nutzen-Analyse bspw. mit einer *Argumentationsbilanz* verknüpft werden. Für die Durchführung einer Kosten-Nutzen-Analyse[497] spricht, dass eine

---

[494] Vgl. EFQM (2003), S. 34.
[495] So werden u. U. nicht objektivierbare Bewertungsmaßstäbe zugrunde gelegt, die keinen allgemeinen Konsens herstellen können.
[496] Vgl. Klümper/Möllers/Zimmermann (2004), S. 459.
[497] Inkl. der möglichen Darstellung nicht monetär bewertbarer Sachverhalte bspw. in einer Argumentationsbilanz.

durchgehend monetäre Bewertung einzelner Sachverhalte *Transparenz* in den gesamten Entscheidungsprozess bringt.

Ähnliche Vorteile werden auch der *Nutzwertanalyse* zugesprochen. Durch die Zerlegung komplexer Entscheidungsprobleme in Teilentscheidungen werden die zugrunde liegenden *Werturteile offen gelegt*. Darüber hinaus wird in der möglichen *Einbeziehung externer Betroffener oder Experten* ein weiterer Vorteil der Nutzwertanalyse gesehen. Allerdings stellt der Nutzwert nur eine dimensionslose Wertzahl dar. Zu den Nachteilen dieser Methode gehört auch der Aufwand, der eine ausführliche Auseinandersetzung mit praktikablen Höchst- oder Mindestwerten für bestimmte Zielkriterien[498] mit sich bringt. Sofern etwaige Extremwerte diese Begrenzungen über- oder unterschreiten, wird die gesamte Projektalternative obsolet. Die erforderliche *Nutzenunabhängigkeit* von Teilzielen sorgt für die Vermeidung von Doppelbewertungen. In der Praxis indes stellt die Isolierung von den gleichen Sachverhalt beschreibenden Teilzielen oftmals ein weiteres Problem der genannten Methode dar und wirkt damit einer Vermeidung von Doppelbewertungen entgegen.[499]

Wie in Kapitel 4.3 erläutert, stellt die *Kosten-Wirksamkeits-Analyse* (KWA) eine Mischform der bereits beurteilten Methoden der Nutzen-Kosten-Untersuchungen dar. Dies spiegelt sich auch in den Vor- und Nachteilen dieser Methode wider. Während die Nachteile der KWA primär ebenfalls in der theoretisch erforderlichen Nutzenunabhängigkeit der Teilziele zu sehen sind, erhöht die Einbeziehung der bewertbaren Kostenkomponenten die nachvollziehbare Transparenz der Methode. Die Komplexität des Ergebnisses[500] ist hingegen bei der KWA deutlich höher als bei den anderen Verfahren der Nutzen-Kosten-Untersuchungen. Dies resultiert vornehmlich aus der Tatsache, dass nicht nur ein einzelner Wert als Ergebnis vorliegt, sondern die Kosten der einzelnen Alternativen dem zugehörigen Nutzwert gegenübergestellt werden müssen.

Die Nutzen-Kosten-Untersuchungen sind punktuelle Verfahren zur Beurteilung der Wirtschaftlichkeit von Handlungsmaßnahmen im Kontext des politisch-administrativen Systems. Damit beziehen sich die Methoden grundsätzlich auf den zu untersuchenden Gegenstandsbereich. Die Dokumentations- und Kommunikationsweise der Ergebnisse dieser Methoden – oftmals in Form einer Gegenüberstellung von *Argumentationsbilanzen* – stellt eine Stärke dieser Verfahren dar, welche eine transparente, verdichtende Darstellung politisch-administrativer Sachverhalte erlaubt.

Die verfolgte Zielsetzung dieser Ausarbeitung lässt hingegen auch eine Bewertung der Nutzen-Kosten-Methoden nicht zu, da diesen Verfahren ebenfalls objektiv eine andere Intention – die der Durchführung von punktuellen Wirtschaftlichkeitsanalysen unter Berücksichtigung von Nutzen- bzw. Wirkungsinformationen – unterstellt werden kann und nicht u. a. die Beurteilung von Wirkungen.

Während sich die Qualitätsmanagementmodelle und Bewertungsinstrumente nicht adäquat beurteilen lassen, ist eine solche Beurteilung anhand der Anforderungskatego-

---

[498] Die Festlegung entspricht letztendlich einer subjektiven Gewichtung der Bewertungskriterien.
[499] Vgl. Klümper/Möllers/Zimmermann (2004), S. 465 f.
[500] Damit ist nicht die Komplexität der Gesamtmethode gemeint.

rien für Controlling-Konzepte möglich. Die dargestellten Controlling-Konzepte scheinen aufgrund ihrer jeweiligen Abbildungszwecke grundsätzlich geeignet, sich einer Analyse anhand der abgeleiteten Anforderungskategorien (vgl. *Abbildung 20*) zu unterziehen.[501] Anhand dieser Kategorien wird zunächst eine verbale Beurteilung des 3-Ebenen-Konzepts vorgenommen, bevor das 5-Ebenen-Konzept einer Analyse unterzogen wird. Im Anschluss erfolgt eine Würdigung des Ziel- und Ergebnisebenenmodells öffentlicher Leistungserstellung. Die isolierte Darstellung der Beurteilung der einzelnen Konzepte und Modelle erfolgt anhand der abgeleiteten Anforderungskategorien und beinhaltet das Wissen um den Aufbau sowie die Funktionsweise der jeweils alternativ untersuchten Konzepte bzw. Modelle.[502]

4.6 Beurteilung wirkungsorientierter Controlling-Konzepte und Modelle

Das sich dynamisch wandelnde Umfeld[503] sowie die Ausdehnung des Gegenstandsbereiches auf das politisch-administrative System[504] erfordert eine neue Auseinandersetzung mit den ausgewählten wirkungsorientierten Controlling-Konzepten und -Modellen. In diesem Zusammenhang wurden für die Beurteilung wirkungsorientierter Konzepte Anforderungskategorien abgeleitet,[505] die folgend in Bezug auf das 3-Ebenen-Konzept, das 5-Ebenen-Konzept sowie das Ziel- und Ergebnisebenenmodell öffentlicher Leistungserstellung diskutiert werden. Dabei legen die Anforderungskategorien im Wesentlichen Wert auf eine ausdifferenzierte Darstellung relevanter Zusammenhänge in dem Gesamtsystem, berücksichtigen aber auch die Gesamtgüte der jeweiligen Konzepte vor dem Hintergrund differenzierter Planungs-, Steuerungs- und Kontrollmöglichkeiten in dem Untersuchungsbereich. Eine Beschreibung des Erfüllungsgrades einzelner Kategorien erfolgt weitestgehend wertneutral. Dies resultiert aus der Tatsache, dass die Intention der untersuchten Konzepte oder Modelle bzgl. der Anforderungskategorien nicht in allen Fällen transparent zu isolieren ist und damit eine Einzelbewertung erschwert.[506] Insofern erfolgt auch lediglich *eine Gesamtbeurteilung* der Konzepte über alle abgeleiteten Kategorien vor dem Hintergrund der in dieser Ausarbeitung vorliegenden Zielsetzung.

---

[501] Wohl wissend, dass eine Bewertung der dargestellten Controlling-Konzepte und -Modelle – auch vor dem Hintergrund ihrer jeweiligen Intentionen – Raum für differierende Meinungen lässt.

[502] Vgl. Kapitel 4.1.

[503] Vgl. Kapitel 2.1.3 sowie Kapitel 2.2.

[504] Im Gegensatz zu dem isolierten Untersuchungsbereich der öffentlichen Verwaltung.

[505] Vgl. Kapitel 4.4.

[506] Dies kann zum Beispiel an der eingeschränkten menschlichen Rationalität bzw. begrenzten Kapazitätsmöglichkeiten liegen, die einem Zugriff und/oder der Verarbeitung aller diesbezüglich relevanten Informationen entgegenstehen. Ein weiterer Grund kann darin gesehen werden, dass eine Intention – für die eine Anforderungskategorie gebildet wurde – bewusst nicht von den jeweiligen Autoren verfolgt wurde. Eine dritte Möglichkeit liegt in der objektiven Identifikation von Verbesserungspotenzialen, was im Ergebnis auch zu einer Gesamteinschätzung der Konzepte bzw. Modelle über alle gebildeten Anforderungskategorien verleitet.

4.6.1 Beurteilung des 3-Ebenen-Konzepts

Das Konzept von BUDÄUS/BUCHHOLTZ gilt zu Recht als *Referenzmodell für ein Controlling in der öffentlichen Verwaltung.*[507] Den Autoren ist es gelungen, mit dem „3-Ebenen-Prozessmodell" ein Basiskonzept für die öffentliche Verwaltung in Theorie und Praxis zu etablieren. Wie in Kapitel 4.1.1 thematisiert, betont BUDÄUS, dass die inhaltliche und rechenmäßige Ausfüllung des Modells eine systematische Erfassung und Dokumentation der Verwaltungsleistungen darstellt, und damit das 3-E-Konzept neben einem Dokumentations- zu einem Planungskonzept erhebt.[508]

- Die Darstellung einzelner *Prozessschritte*[509] im 3-E-Konzept verdeutlicht den Ablauf des Leistungsprozesses der öffentlichen Verwaltung bzw. des politisch-administrativen Systems. Es finden jedoch keine weiteren visualisierten Differenzierungen bspw. für Analyse- und Auswertemöglichkeiten innerhalb einzelner Prozessschritte statt. Zudem wurde die Darstellung eines dynamischen Lern- und Entwicklungsprozesses in Form eines *Kreislaufmodells* nicht gewählt.

- Eine *hierarchische Plan-/Ist-Gegenüberstellung* bzgl. unterschiedlicher Plan- und Ergebnisgrößen im finanz- oder leistungswirtschaftlichen Bereich wird in diesem Modell nicht vorgenommen.

- Durch die Verwendung der *Bewertungskriterien* Effektivität, Effizienz sowie Kostenwirtschaftlichkeit können zielführende Bewertungsrelationen gebildet werden. In der Konzept Erläuterung wird verbal darauf hingewiesen, dass eine Unterteilung sowohl in eine subjektive als auch in eine objektive Effektivität vorgenommen werden kann, eine Differenzierung im Planungs- und Dokumentationskonzept bleibt indes aus.

- Die Berücksichtigung operabler Qualitätsstandards wird in dem Konzept angesprochen. Es wird auf die erforderliche Berücksichtigung der *Qualitätsdimensionen* Potenzial, Prozess und Ergebnisqualität hingewiesen, was von Bedeutung ist, da die Berücksichtigung der Qualität als Voraussetzung für die Anwendung der Bewertungskriterien gilt.

- Die *Zuordnung von Controlling-Instrumenten* findet im Rahmen des 3-Ebenen-Konzepts nicht statt. Eine Ausdifferenzierung unterschiedlicher Plan- und Ist-Bereiche wurde nicht vorgenommen, was als wesentliche Voraussetzung für eine Zuordnung von Instrumenten gelten kann.

- Eine visualisierte *Trennung von Beteiligungsrollen* findet im Rahmen des 3-Ebenen-Konzepts keine Berücksichtigung. Es erfolgt allerdings der Hinweis, dass die Kundenorientierung einen Bedeutungszuwachs erfahren wird.

---

[507] Vgl. Kapitel 4.1.1.
[508] Vgl. Budäus (2000), S. 19 f.
[509] Die Prozessschritte Ziele, Inputs, Prozess, Outputs und Outcomes werden dem Konzept zugrunde gelegt.

Die Kategorie *Differenzierungsgrad* und *Vollständigkeit* beinhaltet eine aggregierte Aussage über die wesentlichen Anforderungskategorien im Sinne einer *Gesamtbeurteilung*. Diese Beurteilung wird auch vor dem Hintergrund des Aufbaus und der Funktionsweise der anderen untersuchten Controlling-Konzepte vorgenommen. Im Ergebnis besticht das 3-Ebenen-Konzept als Referenzmodell für die öffentliche Verwaltung durch seine überschaubare Darstellungsart. Es ist sehr *verständlich* und *nachvollziehbar*.

Vor dem Hintergrund der dieser Ausarbeitung zugrunde liegenden Zielsetzung ist eine weitere Ausdifferenzierung unterschiedlicher Prozessschritte notwendig. Auf dieser Basis lassen sich sodann zielorientierte Planungs-, Steuerungs- und Dokumentationsinstrumente zuordnen. Auch die Darstellung eines dynamischen Kreislaufmodells für das politisch-administrative Gesamtsystem sowie die Berücksichtigung des strategisch-politischen Umfeldes sollten in einem erweiterten Modell angestrebt werden. Darüber hinaus führt die Integration ganzheitlicher Qualitätsdimensionen dazu, dass ein möglicher Bezugsrahmen auch alle wichtigen Führungsaspekte berücksichtigt.

4.6.2 Beurteilung des 5-Ebenen-Konzepts

Das 5-Ebenen-Konzept[510] erfährt gegenüber dem 3-E-Konzept eine wesentliche Erweiterung in der Ausgestaltung und Darstellungsweise.

* Die Darstellung des 5-E-Konzepts erfolgt über ein *Prozessmodell*, welches den dynamischen Kreislaufprozess im politisch-administrativen System andeutet. Auf Basis gesetzter Ziele werden Pläne entworfen, die mittels einzusetzender Ressourcen über einen Leistungserstellungsprozess in Form von Ergebnissen umgesetzt werden. Die Ergebnisse und Wirkungen können den unterschiedlichen Plangrößen gegenübergestellt werden. Das Prozessmodell beinhaltet somit ebenfalls unterschiedliche Prozessschritte. Der Ausweis eines separaten Inputs hingegen wird nicht vorgenommen.

* Eine differenzierte und *hierarchische Plan-/Ist-Gegenüberstellung* unterschiedlicher Planungs- und zugehöriger Ergebnisgrößen in finanz- oder leistungswirtschaftlichen Bereichen wird in diesem Modell dargestellt. Die Ausdifferenzierung erfolgt anhand fünf relevanter Fragestellungen, die die Konstruktion der Ebenen des Modells determinieren. Die Planungsgrößen werden bestimmt durch die Rahmenordnung, die Bedarfsziele, den Leistungsplan, den Ressourcenplan sowie den Budgetausgleich. Die jeweils zugehörigen Ergebnisgrößen werden durch die Regulierungswirkungen, die Outcomes, die Leistungen, den Ressourcenverbrauch sowie den Haushaltsausgleich repräsentiert. Die Gegenüberstellung der einzelnen Größen bildet den Erfüllungsgrad der Steuerungs-[511], der Wirkungs-, der Leistungs-, der Prozess- sowie der Finanzierungsziele ab.

---

[510] Vgl. Kapitel 4.1.2.

[511] In diesem Zusammenhang wird auch von Versorgungsformzielen gesprochen.

- Dem 5-Ebenen-Konzept werden unterschiedliche *Bewertungskriterien* zugrunde gelegt. Auch hier können grundsätzlich die Kriterien Effektivität, Effizienz sowie Wirtschaftlichkeit gebildet werden. Darüber hinaus werden dem Konzept zwei weitere Bewertungskriterien – zum einen auf der Ebene der politischen Steuerungsziele, zum anderen auf der Ebene der Finanzierungsziele – zugeordnet. Die Efficacy bewertet die Wirksamkeit der Rahmenordnung, während die Equity Auskunft über die Finanzierbarkeit bzw. den Eigenkapitalanteil Auskunft geben kann.

- Eine *Integration unterschiedlicher Qualitätsdimensionen* findet hingegen nicht statt. Das Instrument der Qualitätssicherung wird auf der Ebene der Bedarfsziele und des Leistungsplans zugeordnet.

- Durch die differenzierte Darstellung unterschiedlicher Plan- und Ergebnisgrößen auf unterschiedlichen Ebenen gelingt es, einzelne *Controlling-Instrumente zuzuordnen*. So werden neben der Budget- und Kostenrechnung, die Leistungsmessung und Qualitätssicherung[512] sowie die Methoden der Evaluation zugeordnet und abgegrenzt.

- Eine *Trennung von Beteiligungsrollen* findet in diesem Modell nicht statt.

Die Kategorie *Differenzierungsgrad* und *Vollständigkeit* liefert eine allgemeine Aussage über die Güte sowie die Eignung eines Konzepts in seiner Gesamtschau. Trotz der deutlich gestiegenen Komplexität der Darstellungsform innerhalb des Konzepts, u. a. hervorgerufen durch eine hierarchische Ausdifferenzierung einzelner Bewertungsebenen sowie der Einbeziehung und Zuordnung von den Ebenen zugehörigen Instrumenten, bleibt das 5-Ebenen-Konzept *nachvollziehbar* und *verständlich*. Im Ergebnis zeigt das Konzept von BUSCHOR eine deutliche Weiterentwicklung bzw. einen *Entwicklungssprung* auf dem Weg zu einem integrierten Bezugsrahmen. Gerade die Ausdifferenzierung in unterschiedliche Planungs- und Ergebnisgrößen, die Zuweisung von Instrumenten sowie die Darstellung in Form eines dynamischen Kreislaufmodells zeichnen das 5-Ebenen-Konzept aus.

Allerdings lassen sich vor dem Hintergrund der abgeleiteten Anforderungskategorien auch für dieses Konzept Optimierungspotenziale identifizieren. Die Qualitätssicherung bezieht sich auf die Ebenen zur Abbildung der Prozess- bzw. Wirkungsziele, womit eine ganzheitliche Berücksichtigung umfangreicher Qualitätsdimensionen explizit nicht gegeben ist. Auch ist eine grundsätzlich detailliertere Zuordnung von Instrumenten denkbar und durchführbar. Um das Konzept als ganzheitlichen Bezugsrahmen für das politisch-administrative System auszugestalten, bedarf es darüber hinaus der Integration weiterer Umweltvariablen bzw. Rahmenbedingungen des Gesamtsystems. Die Ausdifferenzierung des Prozessschrittes des Inputs ist ebenfalls notwendig.

---

[512] Hier wird konkret das Instrument des Benchmarkings angeführt.

4.6.3 Beurteilung des Ziel- und Ergebnisebenenmodells öffentlicher Leistungserstellung

Das Ziel- und Ergebnisebenenmodell öffentlicher Leistungserstellung von MOSIEK ET AL.[513] ist eine modifizierte und erweiterte Darstellung des 3-E- sowie des 5-E-Konzepts.[514]

- Dieses Modell stellt ebenfalls ein *Prozessmodell* dar, welches ausgehend von den Oberzielen im politisch-administrativen System eine implizite Zuordnung der Ressourcen bzw. des Inputs vornimmt. Über den Leistungserstellungsprozess werden die Ergebnisse erzeugt, die wiederum Wirkungen auf unterschiedlichen gesellschaftlichen Ebenen hervorrufen können. Die Erfolgskontrolle politisch formulierter Oberziele, die sich bspw. aus gesetzlichen kodifizierten Regelungen oder Normen ergeben, sowie die sich aus den Oberzielen ergebenden Subziele können in diesem Prozessmodell grundsätzlich über unterschiedliche Ziel- und Ergebnisebenen gewährleistet werden. Auf der anderen Seite ermöglicht dieses Modell auch die Überprüfung institutioneller Vollzugsziele, indem auch Aussagen über eine aggregierte institutionelle Vollzugswirkung ermittelt werden können. Hierfür bedarf es einer gemeinsamen Betrachtung aller Ergebnisbeiträge der einzelnen Ebenen. Ein so ermittelter Wertschöpfungsbeitrag[515] kann im Idealfall über eine politische bzw. gesellschaftliche Beurteilung Auswirkungen auf die bestehenden Vollzugsstandards, aber auch auf die grundsätzlich vorgegebenen (gesetzlichen) Regelungen haben. Somit ist in diesem Modell ersichtlich, wie die Steuerungskreise von Verwaltung und Politik ineinander überlaufen.

- Die einzelnen Ziel- und Ergebnisebenen dieses Modells stehen in einer *hierarchischen Plan-/Ist-Beziehung* zueinander. Eine Erweiterung erfolgt durch die Aufspaltung der „Wirkungsebene". Es erfolgt eine Differenzierung in die Wirkungsebenen Outcome sowie Impact.

- Nicht zuletzt aus der geschilderten Differenzierung ergeben sich in der Darstellung des Modells auch unterschiedliche *Bewertungskriterien*. Der Erfüllungsgrad Leistungsempfänger bezogener Ziele wird über das Kriterium der subjektiven Effektivität, der Erreichungsgrad gesellschaftlicher Wirkungsziele hingegen wird über die objektive Effektivität abgebildet. Neben dem Kriterium der Effizienz gibt das Modell Auskunft über die Budgetkonformität und über den Grad der Liquidität, d. h. den finanziellen Zustand der jeweiligen Institution.

- Eine *Integration ganzheitlicher Qualitätsdimensionen* wird in diesem Modell nicht vorgenommen. Zwar wird die Notwendigkeit der Berücksichtigung von Qualitätsanforderungen angeführt, eine explizite Umsetzung im Rahmen des Modells erfolgt indes nicht.

---

[513] Vgl. Mosiek/Gerhardt/Wirtz/Berens (2003) sowie Mosiek/Gerhardt (2003) sowie Kapitel 4.1.3.

[514] Vgl. Mosiek/Gerhardt/Wirtz/Berens (2003), S. 29.

[515] Das Verständnis sowie der Begriff Wertschöpfung wird ausführlich in Kapitel 6.1.2 thematisiert.

- Das Ziel- und Ergebnisebenenmodell nimmt ebenfalls eine *Zuordnung von Controlling-Instrumenten* vor. In Anlehnung an die Differenzierung der Wirkungsebene werden Instrumente der Zufriedenheits- bzw. Einstellungsmessung zur Ermittlung des Impacts zugeordnet. Wirkungsrechnungen sollen für die Analyse und Darstellung des Outcomes, Gesetzesfolgen- und Vollzugsbewertungen sollen etwaige, notwendig erscheinende Änderungen im Regelungs- bzw. Vollzugsgebaren anzeigen. Neben der Kosten- und Leistungsrechnung dienen vor allem das Produktkonzept sowie Kennzahlensysteme zur Abbildung von Kostenergebnissen bzw. Ergebnissen in Form des Outputs. Die Finanzebene wird über die Instrumente des Haushalts, dem diesem zugrunde liegenden Rechnungsstil der Kameralistik sowie der Finanzrechnung repräsentiert.

- Die *Trennung unterschiedlicher Beteiligungsrollen* wird in dem Modell von MOSIEK ET AL. im Ansatz berücksichtigt. Es findet eine Differenzierung der Wirkungsebenen statt. Damit wird eine kundenorientierte Ausrichtung gewährleistet. Auch wird über die Darstellung der gesellschaftlichen Akzeptanz die Rolle des Bürgers als Auftraggeber zum Ausdruck gebracht. Darüber hinaus deutet die Integration etwaiger Regelungs- bzw. Vollzugsänderungen die Möglichkeit der Einbeziehung unterschiedlicher Akteure auf der politischen Ebene an. Allerdings findet eine Berücksichtigung einer potenziellen Beteiligung auf der Ebene des Politikdurchführungsprozesses und damit im System der verwaltungsspezifischen Rationalität nicht statt.

Durch die Zusammenführung der Erkenntnisse aus dem 3-E-Konzept sowie aus dem 5-E-Konzept erfährt das Ziel- und Ergebnisebenenmodell öffentlicher Leistungserstellung sowohl in der *Vollständigkeit* als auch im *Differenzierungsgrad* in Bezug auf einen ganzheitlichen Bezugsrahmen einen *weiteren, deutlichen Bedeutungszuwachs*. Die steigende Komplexität hat kaum Auswirkungen auf die *Nachvollziehbarkeit* und *Verständlichkeit* des Modells. Allerdings können auch für dieses Modell Handlungsbedarfe, vor allem in der Integration ganzheitlicher Qualitätsdimensionen, in einer Ausdifferenzierung weiterer Bewertungskriterien – auch im Zusammenhang mit der Transformation und potenziellen Verschmelzung der Rechnungsstile im öffentlichen Rechnungswesen –, in der Ausdifferenzierung des Inputs, in der Ausdifferenzierung des Leistungserstellungsprozesses, in einer Verdeutlichung potenzieller Wirkungszusammenhänge sowie in der notwendigen Zuordnung weiterer Controlling-Instrumente identifiziert werden.

4.7 Notwendigkeit der Erweiterung eines bestehenden Controlling-Modells

Die Gesamtbeurteilung der unterschiedlichen Konzepte sowie des Ziel- und Ergebnisebenenmodells hat gezeigt, dass die Eignung der untersuchten potenziellen Bezugsrahmen für das politisch-administrative System variiert. Grundsätzlich kann festgestellt werden, dass das Ziel- und Ergebnisebenenmodell öffentlicher Leistungserstellung in der Gesamtbeurteilung dem Idealbild eines integrierten Bezugsrahmens am Nähesten kommt. Dies resultiert aus der Tatsache, dass dieses Modell aus der Synopse der beiden anderen Konzepte hervorgegangen ist.[516]

Damit stellt das *Ziel- und Ergebnisebenenmodell* für die vorliegende Ausarbeitung die *Basis für die Weiterentwicklung* eines Controlling-Bezugsrahmens für das politisch-administrative System dar. Es konnte bereits auf eine Vielzahl von Optimierungspotenzialen bei der Beurteilung der Controlling-Konzepte hingewiesen werden. Der primäre Ansatzpunkt für die Weiterentwicklung liegt in der *Integration ganzheitlicher Qualitätsdimensionen* im politisch-administrativen System und damit auch dem Aspekt der politischen Qualität.

Die Folgen einer solchen Integration determinieren allerdings in Ansätzen auch die Ausgestaltung und den Differenzierungsgrad einzelner Prozessschritte, wie den Input oder den Leistungserstellungsprozess. Darüber hinaus werden weitere Verbesserungen innerhalb des Modells vorgenommen.

---

[516] Vgl. Mosiek/Gerhardt/Wirtz/Berens (2003), S. 29.

5   Entwicklung und Darstellung des Erweiterten Ziel- und Ergebnisebenenmodells öffentlicher Leistungserstellung als integrierter Bezugsrahmen für ein wirkungsorientiertes Controlling im politisch-administrativen System

Die Ausführungen des *fünften Kapitels* beschäftigen sich mit der Darstellung des *Erweiterten Ziel- und Ergebnisebenenmodells öffentlicher Leistungserstellung*. Nach einer Erläuterung der Weiterentwicklung des Modells, erfolgt eine isolierte Darstellung einzelner Komponenten des Modells sowie deren inhaltlicher Ausgestaltung. Auf Basis der Darstellung der inhaltlichen Ausgestaltung wird deutlich, welche unterschiedlichen Rechnungszwecke durch einen stark ausdifferenzierten Controlling-Bezugsrahmen erfüllt werden können. Im Anschluss daran wird die zusammenhängende Wirkung der einzelnen Komponenten – und damit des Gesamtmodells – über einen integrierenden Gesamtansatz veranschaulicht. Im Idealfall gelingt über die inhaltliche Integration einzelner Komponenten eine Erhöhung des gesellschaftlichen Mehrwertes in Form einer gesellschaftlichen Wertschöpfungssteigerung.

5.1   Erweiterungen des Ziel- und Ergebnisebenenmodells öffentlicher Leistungserstellung im Überblick

Die Ausführungen in Kapitel 4 haben gezeigt, dass eine Optimierung bestehender wirkungsorientierter Controlling-Konzepte vor dem Hintergrund der verfolgten Zielsetzung dieser Ausarbeitung notwendig ist. Das *Erweiterte Ziel- und Ergebnisebenenmodell öffentlicher Leistungserstellung* als integrierter Bezugsrahmen für ein wirkungsorientiertes Controlling im politisch-administrativen System basiert maßgeblich auf dem von MOSIEK ET AL. formulierten Ziel- und Ergebnisebenenmodell für die öffentliche Leistungserstellung.[517]

Eine wesentliche Erweiterung erfährt das Modell durch die Integration von ganzheitlichen *Qualitätsdimensionen*.[518] Das Zusammenführen umfassender Aspekte des zugrunde liegenden Qualitätsmanagementverständnisses für das politisch-administrative System mit der prozessorientierten Sichtweise bisheriger Controlling-Modelle verdeutlicht den Anspruch zur Schaffung eines integrierten Bezugsrahmens. In diesem Zusammenhang erlangt das Modell nicht zuletzt dadurch einen zusätzlichen Bedeutungszuwachs, dass der Prozessschritt des *Inputs* weiter ausdifferenziert wird. Auf dieser Basis gelingt es, Inputfaktoren nach *internen und externen Ressourcen* zu trennen, und damit zu verdeutlichen, dass auch verwaltungsspezifische *Gestaltungsspielräume der Führung* – im Sinne von *Individualstrategien*[519] – zur Kombination und Auswahl des Inputs und damit zur Ausübung des Leistungserstellungsprozesses bestehen. In Verbindung mit einer grundsätzlichen *Differenzierung des Leistungserstellungsprozesses* kann darüber hinaus verdeutlicht werden, dass sowohl eine horizontale als auch eine vertikale Wertschöpfungsoptimierung im gesamten Vollzugsprozess stattfinden

---

[517]   Vgl. Kapitel 4.1.3.
[518]   Vgl. Kapitel 4.2.
[519]   Die Bedeutung des Begriffs Individualstrategien wird in Kapitel 6.1 erläutert.

kann. Während die *horizontale Wertschöpfung* einer Bewertung des Vollzugsprozesses anhand des physischen Durchlaufprinzips gleichkommt und über das Instrument der *Wertkette* abgebildet werden kann, bezeichnet eine *vertikale Wertschöpfungsoptimierung* die Verbesserung des Zusammenwirkens unterschiedlicher institutionalisierter Aufgabenträger, im Sinne institutioneller Arrangements.[520] Die Zuweisung weiterer *Controlling-Instrumente* nicht nur zu den einzelnen Ziel- und Ergebnisebenen verbessert die Auswahl der dem Controlling i. d. R. zur Verfügung stehenden Bewertungs-, Analyse- aber auch Planungstools. Hierzu gehören u. a. gerade für den öffentlichen Sektor notwendige Instrumente, wie das *Benchmarking* oder der *Leistungsvergleich.*[521] Insbesondere die Integration von Verfahren der *Outcome-Evaluation* sowie eine ausführliche Darstellung der *Indikatorenrechnung* verdeutlichen die Bedeutung der Outcomeebene und die damit verbundenen Möglichkeiten zur Abbildung der *Wirkungsergebnisse* sowie die potenzielle Identifikation von *Wirkungszusammenhängen.* Darüber hinaus werden Verfahren integriert, die sich speziell mit den materiellen und administrativen *Kosten und Wirkungen von Gesetzen* befassen. Die Untersuchung von Modernisierungspolitiken, die auf die Veränderung bisheriger Strukturen abzielen, wird mit der Integration der *Institutionen-Evaluation* berücksichtigt. Auch werden in dem erweiterten Controlling-Modell aktuelle Tendenzen im öffentlichen Rechnungswesen berücksichtigt, die eine Verschmelzung der kameralen Rechnungsstile mit ressourcenorientierten Verfahren bedingen. Hierfür ist die Berücksichtigung spezifischer *Bewertungskriterien* wie der *Periodenerfolg* und das *Reinvermögen* genauso Rechnung zu tragen, wie der potenziellen (zukünftigen) *Fusion der unteren beiden Ziel- und Ergebnisebenen* des Bezugsrahmens. Da die Erfüllung leistungsempfängerbezogener Ziele nicht in allen Fällen zweckmäßig erscheint, wird darüber hinaus in der *Darstellung der Impactebene* eine Einschränkung vorgenommen.

Abbildung 21 stellt das Erweiterte Ziel- und Ergebnisebenenmodell öffentlicher Leistungserstellung als Bezugsrahmen für ein wirkungsorientiertes Controlling im politisch-administrativen System dar.

Um den Aufbau, den Inhalt, die Funktionsweise sowie den jeweiligen Erkenntniszuwachs auf den einzelnen Stufen und Ebenen des Modells zu verdeutlichen, folgen die sich anschließenden Ausführungen einer inhaltlichen Logik. Ausgehend von den gegebenen Rahmenbedingungen durch Gesetz und Verordnung und einer Erläuterung der Grundstruktur des Modells führt die Betrachtung über die Prozessschritte des Modells zu einer integrativen Gesamtbetrachtung. Im Idealfall schließt sich der wertschöpfungsorientierte Kreislauf des Modells und vollzieht eine sukzessive Optimierung der Planungs-, Steuerungs- und Dokumentationsprozesse im politisch-administrativen System.

---

[520] Vgl. Kapitel 2.1.3.
[521] Vgl. Kapitel 2.2.5.

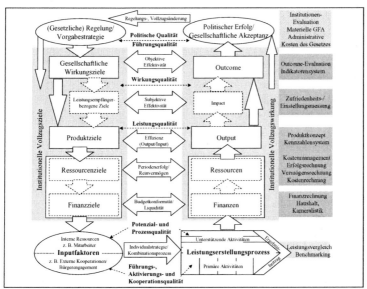

*Abbildung 21: Erweitertes Ziel- und Ergebnisebenenmodell
öffentlicher Leistungserstellung*

5.2 Konstruktion und Bedeutung des Erweiterten Modells

Die folgenden Ausführungen beschäftigen sich mit einer strukturierten und ausführlichen Darstellung der Elemente und Inhalte des Erweiterten Ziel- und Ergebnisebenenmodells öffentlicher Leistungserstellung. Zunächst werden der Grundaufbau des Modells sowie das dem Modell immanente Qualitätsverständnis dargelegt. Die Annahme einer zunächst festgelegten Zielhierarchie vorausgesetzt, wird die Ebene des Leistungserstellungsprozesses, unter welcher sowohl die Darstellung und die Kombination unterschiedlicher Inputfaktoren als auch die Wertkette als Grundlage zur Analyse des Leistungserstellungsprozesses thematisiert wird, erläutert. Nicht nur die Ergebnisse des Leistungserstellungsprozesses haben Auswirkungen auf unterschiedliche Ergebnisebenen im politisch-administrativen System. Tangiert werden neben der Finanzebene, die Ressourcenebene sowie die Output-Ebene. Das von der öffentlichen Verwaltung erstellte öffentliche Produkt kann Auswirkungen auf die Impactebene, vor allem aber auf die Ebene des gesellschaftlichen Outcomes haben. Dieser Tatbestand wiederum ermöglicht im Idealfall eine Beurteilung des Wertschöpfungsbeitrags der öffentlichen Verwaltung, aber auch anderer mit der öffentlichen Verwaltung verbundener Akteurskonstellationen sowie der Politik.

Grundsätzlich wird die Funktionsweise sowie der Nutzen zugeordneter Controlling-Instrumente auf den unterschiedlichen Ebenen dargestellt, um auf diese Weise eine Bewertung des Erfüllungsgrades wesentlicher Rechnungszwecke und Informationsbedürfnisse vornehmen zu können. Die Beurteilung isolierter, aber auch integrierter bzw. aggregierter Ergebnisse ist zwingend notwendig, um Aussagen über die Planungs- bzw. Steuerungsrelevanz, aber auch über den immanenten Kontroll- und Dokumentationscharakter abzuleiten.

5.2.1 Integration von Qualitätsdimensionen

Die Notwendigkeit der *Integration spezifischer Qualitätsdimensionen* wurde ausführlich thematisiert.[522] Über die Berücksichtigung von Qualitätsstandards werden im Prinzip die Anforderungen an die zu formulierenden Ziele definiert bzw. auf die Ergebnisse Einfluss genommen. Die Darstellung im Erweiterten Ziel- und Ergebnisebenenmodell erfolgt deshalb *zwischen den Ziel- und Ergebnisebenen*, um den *beeinflussenden Charakter einzelner Qualitätsstandards* sowohl in der Politikformulierung als auch in der Politikdurchführung sowie bei der Zielplanung und der Ergebniskontrolle zu verdeutlichen.

Potenzial- und Prozessfaktoren sind die maßgeblichen Bestandteile für die Ausübung des Leistungserstellungsprozesses. Darüber hinaus bedingen diese Faktoren vor dem Hintergrund einer spezifischen *Verwaltungskultur* im Wesentlichen die *Fähigkeiten und Möglichkeiten für eine Kooperation* – auch im Sinne einer strategischen Gestaltung[523] – der jeweiligen Institution. Hier sind Formen der Zusammenarbeit bspw. mit anderen Verwaltungen, Unternehmen aus der Privatwirtschaft, sowie anderen öffentlich-rechtlichen Trägern, bspw. der mittelbaren Staatsverwaltung denkbar.[524] Partnerschaften können nicht nur die Planung, Durchführung und Steuerung öffentlicher Aufgaben im Idealfall effektiver und wirtschaftlicher durchführen. Darüber hinaus kann über Kooperationen unterschiedlicher Akteure ggf. mehr Transparenz, Verfügbarkeit von finanziellen, personellen und ideellen Ressourcen erreicht und möglicher Konsens gesellschafts- und ordnungspolitischer Ziele herbeigeführt werden.[525] Auch stehen diese Faktoren für die Fähigkeit einer Verwaltung zur *Schaffung einer Infrastruktur bürgerschaftlichen Begegnens* im Vordergrund. Bürgerfreundliche Rahmenbedingungen können zu einer aktiven Beteiligung der Bürger als Mitgestalter führen.[526] Somit kommt der Ausgestaltung und dem spezifischen Zusammenspiel der genannten Faktoren eine bedeutende Rolle zu.

Diese Rolle wird kontextabhängig über die primär *intern* ausgerichteten Anforderungen der *Potenzial-* und der *Prozessqualität* sowie der primär *extern* ausgerichteten Anforderungen der *Kooperationsqualität* sowie der *Aktivierungsqualität* in dem Bezugs-

---

[522] Vgl. Kapitel 4.4.
[523] Die wesentlichen Einflussfaktoren einer strategischen Gestaltung liegen in der räumlichen, marktlichen, zeitlichen, sozialen, ökologischen und finanziellen Ausgangslage. Daneben gilt es grundsätzlich die politische Konstellation sowie das Verhalten von Personen zu berücksichtigen. Vgl. Wollmann (2001), S. 42 f.
[524] Hierzu können vor allem Körperschaften, Anstalten oder Stiftungen des öffentlichen Rechts subsumiert werden.
[525] Vgl. Bundesministerium des Inneren (2005), S. 43.
[526] Vgl. Bundesministerium des Inneren (2005), S. 43.

rahmen zum Ausdruck gebracht. Darüber hinaus spielt gerade die spezifische Form der *Führungsqualität* im politisch-administrativen Kontext eine zentrale Rolle.[527] Im Ergebnis wird über die Festlegung und Ausübung von Individualstrategien der *Kombinationsprozess* von Inputfaktoren festgelegt und damit die Qualität des Leistungserstellungsprozesses determiniert. In Form von Ergebnisbeiträgen zeigen sich etwaige Auswirkungen auf unterschiedlichen Ergebnisebenen in dem Modell. Auf Basis von Messungen zur Erfüllung der *Ergebnisqualität* kann im Idealfall der isolierte Ergebnisbeitrag ermittelt werden. Die Ergebnisqualität bezieht sich in dem Erweiterten Modell grundsätzlich auf alle Ergebnisebenen.[528] Demnach lassen sich Ergebnisse sowohl im finanz- als auch im ressourcenorientierten Bereich, auf der Ebene des Outputs sowie im Wirkungsbereich ermitteln. In diesen Bereichen werden die jeweiligen Anforderungen über die *Leistungsqualität* bzw. die *Wirkungsqualität* bestimmt (*vgl. Abbildung 22*).

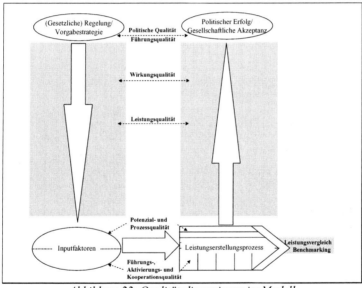

Abbildung 22: Qualitätsdimensionen im Modell

Letztendlich wird die Politikdurchführung erheblich durch politische Vorgaben im Rahmen der Politikformulierung beeinflusst. Die *politische Qualität* sowie die damit zusammenhängende politische Erfolgskontrolle beinhalten u. a. Aussagen, inwieweit – unabhängig von der eigentlichen Leistungserstellung – politische Vorgaben und Programme dazu geeignet sind, beabsichtigte Veränderungen in der Gesellschaft zu erzie-

---

[527] Vgl. Kapitel 2.2.3 sowie Kapitel 4.2.3.
[528] Die bewusste Differenzierung der einzelnen Ebenen kann auch in Kapitel 4.1.3 nachvollzogen werden.

len.[529] In diesem Zusammenhang wird die *Führungsqualität* auf der Ebene der politischen Führung explizit ausgewiesen, um auch an dieser Stelle noch einmal zu verdeutlichen, dass in dem Gesamtsystem zwei unterschiedliche Führungsrationalitäten aufeinander treffen. Somit stellt die Führungsqualität auf der Ebene der politischen Führung einen Teilaspekt der politischen Qualität dar. Die bewusste Integration der für den öffentlichen Sektor spezifischen Qualitätsdimensionen ist im Ergebnis eine wesentliche Erweiterung des bestehenden Ziel- und Ergebnisebenenmodells.

Mittels dieser Integration erhöhen sich die Verständlichkeit der Zusammenhänge sowie die Transparenz des politisch-administrativen Vollzugsgebarens. Darüber hinaus kann die „gelebte" Berücksichtigung von spezifischen Qualitätsstandards die Ausübung des Vollzugsprozesses verbessern und zu einer Optimierung des Ergebnisbeitrages führen. Die Beurteilung des aggregierten Ergebnisbeitrags kann zu einer Erhöhung der gesellschaftlichen Akzeptanz und über die Beteiligungsrolle des Bürgers als Auftraggeber, zu einer zumindest indirekten Ermittlung des politischen Erfolges führen.

5.2.2 Die Ebene des Leistungserstellungsprozesses

Der Leistungserstellungsprozess ist der eigentliche „Produktionsprozess" zur Ausübung der öffentlichen Aufgabe (*vgl. Abbildung 23*). Aus Sicht des Controllings bedarf es eines geeigneten Instrumentariums, welches in der Lage ist, den Erstellungsprozess gezielt zu strukturieren sowie darauf aufbauend zu analysieren. In einer auf die Rahmenbedingungen angepassten Form eignet sich das aus der Privatwirtschaft stammende *Modell der Wertkette*[530] für eine derartige Analyse.

Die Wertkette wird als eine grob strukturierte Darstellung der betroffenen Institution bezeichnet, mittels derer die wichtigsten Aktivitäten nach dem physischen Durchlaufprinzip angeordnet sind.[531] Die *primären Aktivitäten* befassen sich mit der originären Leistungserstellung, während die *unterstützenden Aktivitäten* die eigentlichen Potenziale bzw. die Infrastruktur(en) zur Ausübung der Leistungserstellung bereitstellen und damit zur Gewährleistung der primären Aktivitäten erforderlich sind.[532] Die Zielsetzung einer *Wertkettenanalyse* ist nunmehr, die gesamte Institution bzw. das ausübende Institutionenarrangement hinsichtlich ihrer Wertaktivitäten zu untersuchen. Im Gegensatz zum privatwirtschaftlichen Sektor – in welchem die Gewinnerzielung im Vordergrund steht –, fokussiert die öffentliche Verwaltung aufgrund ihrer Zielstruktur auf die Optimierung des Gemeinwohls.[533] Insofern kann es als das Ziel einer auf die Besonderheiten der öffentlichen Verwaltung angepassten *Wertkettenanalyse* angesehen werden, diejenigen *Wertaktivitäten zu identifizieren*, die zu einer Erhöhung einzelner *Er-

---

[529] Vgl. Kapitel 4.2.3 sowie Wegener (2002), S. 89 f.
[530] Zum Modell der Wertkette u. a. Porter (1999), S. 63 ff., Benkenstein (2002), S. 96 sowie Altobelli/Bouncken (1998), S. 283 ff.
[531] Vgl. Meffert/Bruhn (2003), S. 179.
[532] Vgl. Benkenstein (2002), S. 96 f.
[533] Vgl. Kapitel 2.2.1.

gebnisbeiträge[534] auf unterschiedlichen Abbildungsebenen innerhalb des Bezugsrahmens führen.

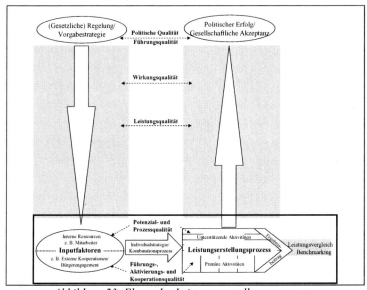

Abbildung 23: Ebene des Leistungserstellungsprozesses

Abbildung 24 stellt eine Musterwertkette am Beispiel einer Leistungsverwaltung dar. Da die Ausübung der Verwaltungstätigkeit durch organisations-, dienst- und haushaltsrechtliche Vorschriften eingeschränkt ist, d. h. oftmals die Ausübung der Aktivitäten in der öffentlichen Verwaltung durch Gesetze bzw. Verordnungen oder Richtlinien determiniert ist, sollten bei einer Optimierung des Leistungserstellungsprozesses zwangsläufig diejenigen *Aktivitäten im Vordergrund* stehen, die sich im Rahmen freier Handlungs- und Gestaltungsspielräume beeinflussen und optimieren lassen.

Während die primären Aktivitäten bspw. aus den Komponenten *Entwicklung von Methoden und Standards, Produktion, Leistungstransformation* sowie *Bürgerservice* bestehen, lassen sich die unterstützenden Aktivitäten bspw. in folgende Komponenten verdichten.

- Organisationsinfrastruktur und Verwaltung
- Personalmanagement
- Informationsmanagement
- Servicemanagement

---

[534] Einzelne Ergebnisbeiträge können zu einer Erhöhung der gesamten Wertschöpfung führen. Zum Begriffsverständnis der Wertschöpfung bzw. der Wertschöpfungsanalyse im öffentlichen Sektor sowie zu der Notwendigkeit der damit verbundenen Identifizierung von Gestaltungspotenzialen u. a. durch die Identifikation von Werttreibern vgl. Kapitel 6.1.

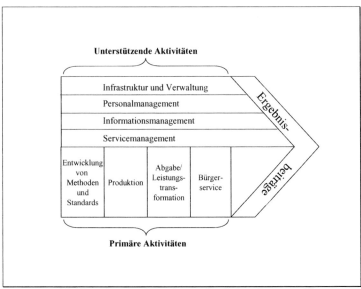

Abbildung 24: Wertkette einer öffentlichen Institution[535]

Dem Instrument der Wertkettenanalyse werden *diverse Grundfunktionen* zugesprochen.[536] Zum einen kann die Wertkette als Instrument der *Abnehmernutzenanalyse* fungieren, indem Aktivitäten identifiziert werden, die gegenüber einem möglichen Wett-
bewerber Abnehmervorteile generieren. In diesem Zusammenhang sollte das spezifische Spannungsverhältnis im öffentlichen Sektor[537] berücksichtigt werden, welches die
Qualitätsanforderungen – auch vor dem Hintergrund unterschiedlicher Wettbewerbsformen – determiniert. Daneben dient die Wertkettenanalyse auch als Instrument der
Kostenanalyse[538], d. h. letztendlich zur Identifikation von Behördenaktivitäten, die einen unverhältnismäßig hohen Anteil an den Gesamtkosten ausweisen.[539] Auch kann

---

[535]   In Anlehnung an Porter (1999), S. 66.
[536]   Vgl. im Folgenden Meffert/Bruhn (2003), S. 180, Meffert (1989), S. 263 ff. sowie Benkenstein
        (2002), S. 98 ff. Die Ausführungen der Autoren beziehen sich im Wesentlichen auf den privatwirt-
        schaftlichen Sektor. Eine Vielzahl der Erkenntnisse kann allerdings auf die Strukturen und Ver-
        hältnisse im politisch-administrativen System übertragen werden.
[537]   Das Spannungsverhältnis im öffentlichen Sektor ist maßgeblich durch das Zusammenspiel unter-
        schiedlicher Stakeholder sowie der gegebenen Wettbewerbsintensität gekennzeichnet. Vgl. dazu
        Kapitel 4.2.
[538]   Für eine Kostenanalyse auf Prozessbasis bietet sich auch die *Prozesskostenrechnung* als Control-
        ling-Instrument an. Die Prozesskostenrechnung ist neben weiteren prozessorientierten Voll- oder
        Teilkostenrechnungen den Oberbegriffen Kostenrechnung bzw. Kostenmanagement zuzuordnen.
[539]   Der Begriff der Kosten wird an späterer Stelle ausführlich erläutert. Darüber hinaus werden In-
        strumente, mittels derer eine dezidierte Kostenfeststellung bzw. auch Prozesskostenfeststellung
        durchgeführt werden kann, eingehend im Kapitel 5.2.4 thematisiert.

der Wertkettenanalyse eine *Verknüpfungsfunktion* zugesprochen werden.[540] Die Verknüpfungsfunktion versucht zum einen Interdependenzen innerhalb der Wertkette zu analysieren und zum anderen Synergien zwischen den Wertketten unterschiedlicher Vollzugsinstitutionen im Rahmen eines institutionellen Arrangements aufzudecken und möglichst nutzenbringend zu verwerten. Hierzu gehören vor allem materielle Verflechtungen, wie bspw. der Austausch von Personal-, Produktions- oder Technologieleistungen. Darüber hinaus basieren immaterielle Verflechtungen i. d. R. auf dem Austausch von Führungs-Know-how.

Eine besonders wichtige Funktion der Wertkettenanalyse für den öffentlichen Bereich ist die *Identifikation von Wert- bzw. Ergebnistreibern*. Diese zu identifizierenden Stellhebel werden benötigt, um im Rahmen des gegebenen Handlungs- oder Gestaltungsspielraumes, den Ergebnisbeitrag auf den einzelnen Ergebnisebenen zu optimieren. Im Idealfall gelingt eine Aggregation einzelner Ergebnisbeiträge im Sinne einer Wertschöpfungsbetrachtung[541] für die Gesellschaft. In einem solchen Fall können die identifizierten Wert- und Ergebnistreiber auch als *Wertschöpfungstreiber* bezeichnet werden. Dabei ist grundsätzlich auch denkbar, dass eine Behörde keine Wertschöpfungstreiber identifizieren kann. Dies hängt im Wesentlichen von verifizierbaren *Kausalitäten innerhalb* der Ziel- und Ergebnisebenen einer Institution sowie den spezifischen *Freiheitsgraden* der politisch-administrativen Akteure ab, wie an späterer Stelle noch ausführlich gezeigt wird.

Derart verstanden und in einen Controlling-Bezugsrahmen eingebunden, lassen sich nunmehr auch weitere Elemente des *Neuen Steuerungsmodells*[542] den unterstützenden Aktivitäten zuordnen. Im Rahmen der Organisationsinfrastruktur finden organisatorische Auswirkungen der Modernisierungselemente *Dezentralisierung* sowie *Bündelung von Fach- und Ressourcenkompetenz* ihren Niederschlag. Im Rahmen eines Personalmanagements können Konzepte und Vereinbarungen über *individuelle Ziele* und den damit verbundenen *Anreizen/Anreizstrukturen* Berücksichtigung finden. Darüber hinaus muss sich das Personalmanagement den Modernisierungsbedürfnissen anpassen, und *Qualifizierungs- sowie Schulungskonzepte* für die Mitarbeiter bereitstellen, damit diese den – zunächst mit primär betriebswirtschaftlich geprägten Modernisierungskonzepten betriebenen – nachhaltigen Verwaltungsmodernisierungsprozess optimal begleiten und mittragen können.[543] Das Informations- und Servicemanagement[544] ist u. a. für die Schaffung, Bereitstellung und Kommunikation der wesentlichen Informationen in vertikaler aber auch horizontaler Sicht zuständig. Darüber hinaus kann es dazu beitragen, Grundlagen für die Schaffung einer Infrastruktur bürgerschaftlichen Begeg-

---

[540] Vgl. im Folgenden Benkenstein (2002), S. 98 ff.

[541] Vgl. Kapitel 6.1.

[542] Neben bspw. den Elementen einer Kosten- und Leistungsrechnung oder dem Produktkonzept, die direkt in dem Bezugsrahmen aufgeführt sind und auf welche im Rahmen der Kapitel 5.2.4 und 5.2.5 detailliert eingegangen wird. Zu den Elementen des Neuen Steuerungsmodells vgl. Kapitel 2.1.3.

[543] Bereits bei der Definition der Anforderungen an einen Controlling-Bezugsrahmen wurde aufgezeigt, dass die Mitarbeiter in den öffentlichen Verwaltungen die wertvollste Ressource der Behörde darstellen. Vgl. dazu Kapitel 4.4.

[544] An dieser Stelle kann auch eine organisatorische Integration des Controllings stattfinden.

nens zu optimieren, um eine Aktivierung der Bürger in den politisch-administrativen Steuerungsprozess zu ermöglichen. Hier wird auch noch einmal die Bedeutung der ausdifferenzierten Darstellung des vorgelagerten Prozessschrittes des *Inputs* deutlich. Im Rahmen der jeweils vorzufindenden strategischen Gestaltungsspielräume und Individualstrategien[545] kann eine für die jeweilige Situation optimale Ressourcenkombination *interner*, aber auch möglicher *externer* Faktoren ausgewählt werden.

Mit der Integration des Wertkettenmodells in den Prozess der Leistungserstellung erfährt der zugrunde gelegte Bezugsrahmen ebenfalls einen offensichtlichen Bedeutungszuwachs. Das Potenzial, allgemein gültige, werthaltige Aussagen über die Leistungserstellung bzw. den Leistungserstellungsprozess zu generieren, wird damit verdeutlicht. Die Möglichkeit zur Identifikation von Werttreibern kann im Ergebnis zu einer Optimierung des Ergebnisbeitrages führen.

Letztendlich kommt dem Erweiterten Ziel- und Ergebnisebenenmodell öffentlicher Leistungserstellung als Bezugsrahmen für ein Controlling im politisch-administrativen System damit eine *Klammer- und Integrationsfunktion* zu.[546] Mittels dieser Eigenschaft können zielführend und auf den jeweiligen spezifischen Kontext der öffentlichen Institution ausgerichtet, alle wesentlichen Elemente einer umfassenden und ganzheitlichen Verwaltungsmodernisierungsdebatte integrativ abgebildet und damit einer Auswertung zugeführt werden. Die Ganzheitlichkeit des Modells sollte das Verständnis aller Stakeholder für die Abläufe im politisch-administrativen System stärken.

Um die konkreten Inhalte der einzelnen Ebenen und Komponenten darzustellen sowie die Relevanz der Integrationsfunktion weiter zu verdeutlichen, werden die Ziel- und Ergebnisebenen des Erweiterten Modells folgend ausführlich erläutert. Damit gelingt es, den gesamten Realisations- und Wirkungsprozess zu strukturieren, sowie Controlling-Instrumente zur Abbildung und Steuerung zuzuordnen. Die Darstellung der eigentlichen Ziel- und Ergebnisebenen beginnt mit der Beschreibung der finanzwirtschaftlichen Sphäre. Es wurde angeführt, dass eine der beiden *zentralen Entwicklungslinien* für das öffentliche Rechnungswesen in der Ablösung ausschließlich zahlungsorientierter kameraler Rechnungsstile durch ressourcenorientierte doppische Rechnungsstile auszumachen ist.[547] Dieser Entwicklung und deren inhaltlichen Bedeutung wird folgend Rechnung getragen.

---

[545] Vgl. Kapitel 6.1.
[546] Vgl. Kapitel 2.3.
[547] Vgl. Kapitel 4.4.

5.2.3 Darstellung der Finanzebene

Die Finanzebene des Erweiterten Ziel- und Ergebnisebenenmodells ist in *Abbildung 25* dargestellt. Allgemein dominiert in vielen deutschen Verwaltungsbereichen immer noch das *kameralistische Rechnungswesen*[548]. Die Prinzipien eines kameralistischen Rechnungswesens sind im Haushaltsgrundsätzegesetz[549] sowie in den Haushaltsordnungen der Gebietskörperschaften in Deutschland niedergelegt.[550]

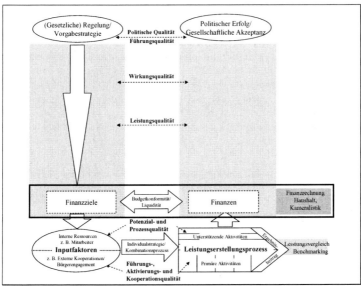

Abbildung 25: Finanzebene

5.2.3.1 Der Einsatz des kameralistischen Rechnungswesens

Im Fokus einer kameralistischen Buchführung steht die *Nachprüfbarkeit der Ordnungsmäßigkeit* des Haushaltsvollzugs, da das wirtschaftliche Handeln der öffentlichen Hand primär als *Vollzug des Haushaltsplans* betrachtet wird.[551] Die Haushaltsplanung und damit auch die Haushaltsrechnung im Rahmen eines kameralistischen

---

[548] Das kameralistische Rechnungswesen der deutschen öffentlichen Verwaltung hat seinen Ursprung gegen Ende des 18. bzw. Anfang des 19. Jahrhunderts in den süddeutschen Ländern sowie in der österreichisch-ungarischen Monarchie. Vgl. Beyer/Kinzel (2005), S. 351 sowie Lüder (1998), S. 217.

[549] Das Gesetz über die Grundsätze des Haushaltsrechts des Bundes und der Länder beinhaltet in seiner Fassung von 1969 eine rein kameralistische Ausrichtung. Diese wird zunächst auch bewusst vom Autor dargelegt, um die wesentlichen Unzulänglichkeiten eines kameralistischen Rechnungswesens aufzuzeigen. Seit einer Novellierung des HGrG mit Wirkung zum 01. Januar 1998 können flexiblere Formen der Bewirtschaftung von Haushaltsmitteln eingesetzt werden. Vgl. HGrG.

[550] Vgl. Harms (1999), S. 25.

[551] Vgl. Beyer/Kinzel (2005), S. 352. In diesem Zusammenhang wird oftmals von dem Budget als Haushalt bzw. Haushaltsansatz gesprochen.

Rechnungswesens erfolgt mittels *inputorientierter Größen*[552]. Die Kameralistik als eine periodisierte *Einnahmen-/Ausgabenrechnung* delegiert Verfügungsrechte über finanzielle Ressourcen in Form inhaltlich abgegrenzter Kapitel und Titel. Eine Zuordnung erfolgt sowohl nach Gliederungs-[553] als auch nach Gruppierungskriterien[554]. Die eindeutige Vorgabe im Haushaltsplan über die Verwendung der zur Verfügung gestellten Mittel wird als sachliche Spezialität bezeichnet.[555] Die Mittel dürfen ausschließlich für den bezeichneten Zweck, für die angegebene Höhe und nur bis zu dem Ende des Haushaltsjahres (Grundsatz der zeitlichen Spezialität) in Anspruch genommen werden.[556] In diesem Zusammenhang spricht man häufig von der Identität von Ausgaben und Aufgaben. Die Zurechnung beim kameralistischen Rechnungswesen von monetären Größen auf Perioden erfolgt durch das *Zahlungsprinzip*. Die einzelnen Zahlungsvorgänge werden sowohl chronologisch als auch sachspezifisch nach Haushaltsstellen erfasst. Durch die Gegenüberstellung von Soll- und Ist-Größen in den einzelnen Konten sind die Herkunft und der Verbleib der Mittel klar nachweisbar. Eine Betrachtung zahlungsorientierter Größen gibt darüber hinaus Auskunft über den Stand der aktuellen und potenziellen *Liquidität*[557] bzw. über den Kassenbestand.[558] Insofern zeigt das finanzielle Ergebnis eines Haushaltsjahres einen Ausgaben- oder einen Einnahmenüberhang an.

Als zentrales Rechnungsziel gilt bei den kameralen Rechnungen die Ermittlung eines Deckungserfolges. Dieser Erfolg stellt einen finanzwirtschaftlichen Erfolg dar.[559] Der Haushaltsgrundsatz der *Gesamtdeckung* besagt, dass alle nicht zweckgebundenen Einnahmen zur Deckung aller Ausgaben herbeigezogen werden sollen. Durch dieses Prinzip wird allerdings den Dienststellen der Anreiz genommen, eigene Einnahmen zu erwirtschaften, da hieraus keine direkten Vorteile für die eigene Verwaltung erwachsen.[560] Auch fehlt im zahlungsorientierten kameralistischen Rechnungswesen eine vollständige Vermögensrechnung, die alle Vermögensgegenstände und Schulden einer Gebietskörperschaft nachweist. Somit kann zumindest kein vollständiges Bild der finanziellen Lage durch das kameralistische Rechnungswesen dargestellt werden.[561]

Wie in Kapitel 2.1.3 ausführlich dargelegt, treten im Rahmen des aktuellen Verwaltungsmodernisierungsprozesses vermehrt einzelwirtschaftliche Gesichtspunkte in den Vordergrund der Betrachtung. Konkret bedeutet dies, dass ein modernes Finanz- und Rechnungswesen den öffentlichen Verwaltungen[562] dabei helfen muss, *angepasste Steuerungsinformationen zu generieren*, mittels welcher zunächst eine Steigerung der

---

[552] Zum Begriff der inputorientierten Steuerung vgl. Kapitel 2.2.2.
[553] Zu den Gliederungskriterien gehören u. a. Funktionsbereiche, Abteilungen oder Projekte.
[554] Gruppierungskriterien bezeichnen die Einnahme- und Ausgabearten.
[555] Vgl. Harms (1999), S. 26.
[556] Die Formen der Spezialität gehören zu den zentralen Budgetgrundsätzen.
[557] Die Liquidität ist als Bewertungskriterium in dem Modell dargestellt.
[558] Eine Betrachtung finanzieller Größen erfolgt aus betriebswirtschaftlicher Perspektive auch zur Bewertung der Vorteilhaftigkeit von Investitionen.
[559] Vgl. Oettle (1991), S. 180.
[560] Vgl. Harms (1999), S. 26.
[561] Vgl. Lüder (2001), S. 11.
[562] BRÄUNIG spricht auch vom „neuen öffentlichen Rechnungswesen". Vgl. Bräunig (2004), S. 310.

Effizienz und der Wirtschaftlichkeit erreicht werden kann,[563] um darauf basierend e-
benfalls Aussagen über die Effektivität oder Wirksamkeit zu ermitteln.[564] Eine Beurteilung des kameralistischen Rechnungswesens wird vor diesem Hintergrund notwendig.

5.2.3.2 Beurteilung des kameralistischen Rechnungswesens vor dem Hinter-
grund aktueller Informationsbedürfnisse

Das kameralistische Rechnungswesen verfügt über unzureichende Voraussetzungen
zur Erfüllung moderner Informationserfordernisse im politisch-administrativen System. Die wesentlichen Mängel eines solchen Systems lassen sich nach BEYER/KINZEL
in folgenden Ursachen verdichten:[565]

- Fehlende Kosten- und Leistungsinformationen
- Inputorientierung und „organisierte Unverantwortlichkeit"
- Defizite bei der Behandlung von Vermögen, Schulden und Investitionen

Mit den unzureichenden Kosten- und Leistungsinformationen sind vor allem die *feh-
lenden periodisierten Erfolgsgrößen* gemeint, die bspw. auch einen nicht-monetären
Charakter haben können. Informationen über kalkulatorische Kosten sowie die Fähigkeit einer verursachungsgerechten Zuordnung aller eingesetzten Ressourcen begünstigen die Steuerung nach Effizienz und Wirtschaftlichkeitskriterien. Das Prinzip der
Jährlichkeit bzw. die zeitliche Spezialität führen in der Regel zu einer vollständigen
Ausnutzung der Mittelansätze („Dezember-Fieber"), da ansonsten eine zukünftige
Mittelkürzung befürchtet werden muss.[566] Eine *systematische Zusammenführung zwischen Mittelherkunft und Mittelverwendung* indes könnte zu neuen *Steuerungsmöglichkeiten auch über den Output* führen.

„Dieser Mangel an Informationen beeinträchtigt nicht etwa nur die formalen Mechanismen der Steuerung, sondern er prägt auch das Denken und Verhalten der Akteure in
Verwaltung, Politik und Öffentlichkeit. Wenn nur Einnahmen und Ausgaben gebucht
werden, so wird dies auch zu einem Denken in Einnahmen und Ausgaben führen. Ohne Kosteninformationen kann auch kein Kostenbewusstsein entstehen."[567]

Daneben existieren in einem kameralistischen Rechnungswesen grundsätzliche Defizite in der Bewertung und Gegenüberstellung von Vermögen und Schulden. So basiert
das Haushaltssystem entgegen den Gepflogenheiten im betriebswirtschaftlichen Bereich nicht auf einer Gesamtvermögensrechnung, sondern wird vielmehr nach dem
Nettogeldschuldenkonzept geführt.[568] Sofern auf der Schuldenseite für eine Gerechtig-

---

[563] Vgl. Beyer/Kinzel (2005), S. 352.
[564] Vgl. hierzu nochmals Kapitel 2.2.2.
[565] Vgl. im Folgenden Beyer/Kinzel (2005), S. 353 ff.
[566] Vgl. Harms (1999), S. 26.
[567] Beyer/Kinzel (2005), S. 353.
[568] Vgl. Beyer/Kinzel (2005), S. 355. Hier wird z. B. der aktuelle Wert von Verwaltungsgrundstücken
       nicht in dem Vermögen berücksichtigt.

keit zwischen den Generationen[569] gesorgt werden soll, müsste grundsätzlich der Ressourcenverbrauch einer Periode durch Steuern und Abgaben ersetzt werden und nicht – wie in der Praxis häufig vorzufinden – durch Aufnahme von Krediten. Das kameralistische Rechnungswesen ist aufgrund seines beschriebenen Aufbaus indes nicht in der Lage diesen Zielkonflikt transparent darzustellen. Die *Kontrolle* bzw. *transparente Dokumentation* der in Art. 115 Grundgesetz (GG) vorgeschriebenen Beschränkung der Nettokreditaufnahme[570] in Bezug auf die veranschlagten Investitionsausgaben kann durch ein derart aufgebautes System nicht gewährleistet werden.[571]

Die angesprochene Bindungswirkung der Prinzipien der sachlichen und zeitlichen Spezialität sowie der Gesamtdeckung sind mit der Novellierung des HGrG mit Wirkung zum 01. Januar 1998 entfallen. Voraussetzung hierfür sind allerdings nach § 6a Abs. 1 Satz 3 HGrG „ … geeignete Informations- und Steuerungsinstrumente, mit denen insbesondere sichergestellt wird, dass das jeweils verfügbare Ausgabevolumen nicht überschritten wird."[572] Im Ergebnis ist durch diese Novellierung die Möglichkeit zu einer flexiblen dezentralen Bewirtschaftung geschaffen worden.[573] Durch den § 33a HGrG[574] wurde die Voraussetzung für ein Nebeneinander des kameralistischen und kaufmännischen Rechnungswesens[575] geschaffen. Seit diesem Zeitpunkt wird auch vermehrt das Instrument der Kosten- und Leistungsrechnung eingeführt, mit der sich primär das folgende Kapitel beschäftigt.

Im Ergebnis handelt es sich bei der Kameralistik um ein Modell *hierarchisch-institutionaler Verwaltungssteuerung*. Ein solches System liefert lediglich Informationen, mittels welcher die *formale Rechenschaftslegung* und *Kontrolle* relativ gut unterstützt wird, da die *Steuerung über budgetierte Geldgrößen* in Verbindung mit *haushaltsrechtlichen Vorschriften* erfolgt.[576] Das Bewertungskriterium der *Budgetkonformität* spiegelt in diesem Zusammenhang den Übereinstimmungsgrad von Plan- und Ist-Größen wider. Allerdings bleibt die Verbesserung der *Liquiditätssteuerung* auch in der Zukunft evident, da nicht nur der professionelle Umgang im Rahmen eines Cash Managements neue Handlungs- und Gestaltungsspielräume für öffentliche Verwaltungen

---

[569] Der Grundsatz der intergenerativen Lastverteilung besagt, dass künftige Generationen nur und insoweit mit Lasten konfrontiert werden sollten, als damit auch ein Nutzen verbunden ist. Vgl. Lüder (2001), S. 35.

[570] Die Regelung in erlaubt die Aufnahme von Schulden aus Krediten bis zur Höhe der veranschlagten Investitionen einer Periode. Konkret lautet besagter Satz: „Die Einnahmen aus Krediten dürfen die Summe der im Haushaltsplan veranschlagten Ausgaben für Investitionen nicht überschreiten; Ausnahmen sind nur zulässig zur Abwehr einer Störung des gesamtwirtschaftlichen Gleichgewichts." Vgl. Art. 115 Abs. 1, Satz 2 GG.

[571] Vgl. Beyer/Kinzel (2005), S. 355.

[572] Vgl. § 6a Abs.1 Satz 3 HGrG.

[573] Vgl. Harms (1999), S. 28.

[574] „Die Buchführung kann zusätzlich nach den Grundsätzen ordnungsgemäßer Buchführung und Bilanzierung in singemäßer Anwendung der Vorschriften des Handelsgesetzbuches erfolgen. (…)". § 33a HGrG.

[575] Das doppische Rechnungswesen wird zuweilen auch als kaufmännisches Rechnungswesen bezeichnet.

[576] Vgl. Bräunig (2004), S. 313.

eröffnen kann. Die gestiegenen Informationsanforderungen hingegen erfordern die Berücksichtigung von Konzepten, die den Ressourcenverbrauch vollziehender Verwaltungen bzw. Akteurskonstellationen abzubilden vermögen.

5.2.4 Darstellung der Ressourcenebene

In der Folge der dargestellten Mängel des kameralistischen Rechnungsstils, der Novellierungen im HGrG sowie sich etablierender international einheitlicher Standards für eine ressourcenorientierte Rechnungslegung öffentlicher Körperschaften[577] wenden sich ergänzend[578] immer mehr Verwaltungen einem *Ressourcenverbrauchskonzept* zu, indem sie eine *Kosten- und Leistungsrechnung* und/oder ein *doppisches Rechnungswesen* einführen (vgl. *Abbildung 26*).

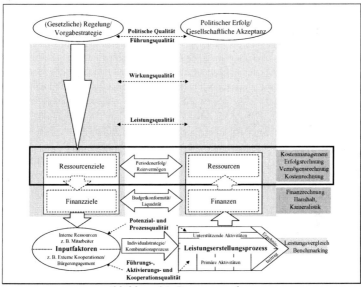

Abbildung 26: Ressourcenebene

---

[577] Vgl. hierzu International Federation of Accountants (2002). Dieses Public Sector Committee des internationalen Wirtschaftsprüferverbandes (IFAC) entwickelt seit 1998 die International Public Sector Accounting Standards (IPSAS). Diese stellen eine international einheitliche Plattform für Rechnungslegungsstandards dar. Vgl. Bräunig (2004), S. 314. Ziel der IPSAS ist, die internationale Vergleichbarkeit der Rechnungslegungsergebnisse zu sichern und die nationalen Entwicklungen bzgl. der Reformen des öffentlichen Rechnungswesens zu unterstützen. Vgl. Lüder (2004), S. 11.
[578] Dieser Prozess kann langfristig auch substituierende Wirkung entfalten.

Die Reformansätze in Deutschland betreffen auf bundesstaatlicher Ebene oftmals zunächst die Etablierung von Kostenrechnungssystemen.[579]

5.2.4.1 Der Einsatz der Kosten- und Leistungsrechnung

Die *Kosten- und Leistungsrechnung*[580] ist ein Instrument zur differenzierten Erfassung und Darstellung des Ressourcenverbrauches.[581] Die KLR ergänzt das finanzielle Rechnungswesen. Durch die der Rechnung zugesprochenen Planungs- und Steuerungs-, Kontroll- sowie Dokumentationsfunktionen können grundsätzlich umfangreiche Rechnungszwecke verfolgt werden.[582] Während die *Planungsfunktion* die Bereitstellung von Kosteninformationen für eine mittel- bis langfristige Planung sowie für eine zielorientierte *Steuerung* beinhaltet, verfolgt die *Kontrollfunktion* in erster Linie die Ermittlung der Kostenwirtschaftlichkeit bzw. der Effizienz der öffentlichen Leistungserstellung. Im Rahmen der *Dokumentationsfunktion* werden vor allem Informationen für die Entgeltbemessung bzw. Gebührenkalkulation bereitgestellt.[583]

Im Rahmen der *Kostenrechnung* werden die Daten anhand der in der Betriebswirtschaftslehre etablierten *traditionellen Teilsysteme* strukturiert. Die *Kostenartenrechnung* gibt einen grundlegenden Rahmen für die Auswertung der Kosten vor. Kriterium für die Gliederung nach der Kostenartenrechnung ist die Art der verbrauchten Produktionsfaktoren (Ressourcen). Eine wesentliche Erweiterung der herkömmlichen kameralistischen Betrachtung findet durch den vollständigen Einbezug von *Personalkosten* sowie durch die Betrachtung von *kalkulatorischen Kostenarten* statt. Unter kalkulatorische Kosten können u. a. kalkulatorische Abschreibungen, kalkulatorische Zinsen, kalkulatorische Wagnisse sowie kalkulatorische Mieten subsumiert werden.

Im Rahmen der *Kostenstellenrechnung* werden Orte bzw. Abrechnungseinheiten definiert, denen sich der Wertverzehr der Ressourcen verursachungsgerecht zurechnen lässt. Die Kostenstellenrechnung zeichnet sich durch zwei wesentliche Funktionen aus. Zum einen wird hier ein Zusammenhang zwischen den entstandenen Kosten und dem Bereich hergestellt, der diese Kosten verursacht hat. Durch diese Zuordnung lassen sich Soll-Ist-Vergleiche für die gebildeten Verantwortungsbereiche durchführen und damit eine Kostentransparenz schaffen. Zum anderen dient die Kostenstellenrechnung

---

[579] Vgl. Lüder (2004), S. 18. Ein Blick auf den Einführungsstand der KLR (in % der Gesamtstellen) in Bundesverwaltungen für das Jahr 2004 zeigt, dass sich 49 % im Wirkbetrieb mit validen Daten befinden. Lediglich 23 % der Gesamtstellen sind noch nicht in der KLR erfasst. Der Rest verteilt sich auf die Planungs-, Einführungs- bzw. Testphase der KLR. Vgl. Bundesministerium des Inneren (2005), S. 38.

[580] ADAMASCHEK bezeichnet die Kosten- und Leistungsrechnung als Dreh- und Angelpunkt der Neuen Steuerung. Vgl. Adamaschek (2005), S. 361 sowie Adamaschek (2000), S. 208 f. SIEMS bezeichnet die Kostenrechnung im Neuen Steuerungsmodell als „einen zentralen Bestandteil des Informationssystems für die politische und administrative Steuerung." Siems (2005), S. 53. Zu den einzelnen Elementen des Neuen Steuerungsmodells vgl. auch Kapitel 2.1.3.

[581] Vgl. Horváth (2000), S. 32.

[582] Vgl. Lüder (2001), S. 57.

[583] Vgl. Siems (2005), S. 56 ff.

als Grundstruktur für die Erfassung und Verrechnung der Gemeinkosten[584]. Diejenigen Kostenarten, die sich direkt den Kostenstellen zurechnen lassen, werden als *primäre Kostenstellenkosten* bezeichnet. Die Umlage von darüber hinaus anfallenden Kosten erfolgt i. d. R. mittels der innerbetrieblichen Leistungsverrechnung. Die so ermittelten *sekundären Kosten* werden den primären Kosten in den Endkostenstellen zugeordnet.

Mit Hilfe der *Kostenträgerrechnung* werden die in den Kostenstellen angefallenen Gemeinkosten den Verwaltungsprodukten zugeordnet.[585] Sowohl in der Privatwirtschaft als auch im öffentlichen Bereich ist dieses Objekt regelmäßig ein materielles Produkt bzw. eine Dienstleistung,[586] der so genannte *Kostenträger.* Die Kostenträgerstückrechnung bildet ab, welche Leistungsergebnisse die Entstehung von Kosten verursacht haben. Demgegenüber stellt die Kostenträgerzeitrechnung eine periodenbezogene kurzfristige Erfolgsrechnung dar.

Kostenrechnungssysteme können nach dem Sachumfang der Rechnungen in Vollkosten- oder Teilkostenrechnungen unterteilt werden. Darüber hinaus unterscheidet man nach dem Zeitbezug der Rechnungen in eine Ist-, eine Normal- und eine Plan-Kostenrechnung.[587]

5.2.4.2 Der Einsatz eines Drei-Komponenten-Rechnungssystems

Neben der Kosten- und Leistungsrechnung als isoliertem Ressourcenverbrauchskonzept erlangen in dem *Neuen öffentlichen Rechnungswesen* Reformprojekte zur Änderung des kommunalen Haushalts- und Rechnungssystems bundesweit[588] eine zentrale Rolle. Den Ländern bzw. Kommunen wurde bzw. wird ein Wahlrecht bei der Einführung neuer Rechnungskonzepte eingeräumt. Grundsätzlich kann man zwischen einem Verfahren der *erweiterten Kameralistik* oder einem *doppischen Konzept* unterschei-

---

[584] Als Gemeinkosten werden diejenigen Kosten bezeichnet, die sich nicht direkt einem Bezugsobjekt zurechnen lassen.

[585] Die Zuordnung von Einzelkosten erfolgt per Definition direkt auf den Kostenträger.

[586] Vgl. hierzu auch die Ausführungen in Kapitel 2.2.2.

[587] Vgl. Flacke/Kraft/Triska (2006), S. 55 ff.

[588] Die ständige Konferenz der Innenminister und -senatoren der Länder (IMK) hat am 21.11.2003 durch die Reform des Gemeindehaushaltsrechts auf Grundlage zweier IMK-Beschlüsse vom 11.06.1999 über die „Konzeption zur Reform des kommunalen Haushaltsrechts" sowie vom 24.10.2000 über Eckpunkte für die Reform des kameralistischen Haushalts- und Rechnungssystems sowie Eckpunkte für ein kommunales Haushalts- und Rechnungssystem auf der Grundlage der doppelten Buchführung beschlossen, das kommunale Haushalts- und Rechnungswesen auf eine ressourcenorientierte Darstellung umzustellen sowie die Steuerung der Kommunalverwaltungen über die Vorgabe von Zielen für die kommunalen Dienstleistungen (Outputsteuerung) zu ermöglichen. Vgl. IMK (2003). Der Zeitpunkt des Inkrafttretens des neuen Haushaltsrechts der Kommunen in den einzelnen Bundesländern variiert dabei von bereits in Kraft getretenen Beschlüssen (bspw. Niedersachsen und NRW zum 01.01.2005) über noch in Kraft zu tretende Gesetze (bspw. Mecklenburg-Vorpommern im Laufe des Jahres 2008) bis hin zu gänzlich offenen Zeitpunkten (bspw. Schleswig-Holstein). Diese Unterschiede resultieren aus den bei den Ländern liegenden Gesetzgebungskompetenzen für das Haushaltsrecht der Kommunen. Vgl. Art. 70 ff. GG.

den.[589] Während im Rahmen einer erweiterten Kameralistik die kostenrechnerischen Buchungsmerkmale mit denen der Kameralistik additiv verknüpft werden,[590] basieren Verfahren wie das *Neue Kommunale Finanzmanagement*[591] sowie das *Neue Kommunale Rechnungswesen*[592] (NKR) auf dem doppischen Rechnungskonzept und folgen einem dreistufigen Aufbau in Form einer *integrierten Ergebnis-, Finanz- und Vermögensrechnung*. Diese Rechnungen bilden die Grundlage in einem *Drei-Komponenten-Rechnungssystem*[593] und sind systematisch miteinander verbunden.[594]

Eine differenzierte Erfassung der Bewegungen der liquiden Mittel erfolgt im Rahmen der *Finanzrechnung* nach Zahlungsarten.[595] Somit werden Einblicke in die anfallenden Zahlungsströme und über die Investitions- bzw. Desinvestitionstätigkeit sowie über die Finanzierungstätigkeit gewährt. Die wesentlichen Zwischensalden in der in Staffelform aufzustellenden Finanzrechnung sind der Cash Flow[596], der Finanzmittelbedarf bzw. Finanzmittelüberschuss[597], die Veränderungen des Bestandes an liquiden Mitteln[598] sowie die Änderung des Bestandes an Zahlungsmitteln. Die Finanzrechnung kann weiter in ihre Teilrechnungen zerlegt werden, um einen isolierten Saldo über die Investitions- bzw. die Finanzierungstätigkeit auszuweisen.[599]

---

[589] Beide Varianten lassen Raum für länderspezifische Anpassungen aufgrund von Besonderheiten zu. Insgesamt haben sich acht der 13 Flächenländer für die Einführung eines doppischen Rechnungskonzeptes entschieden, während vier auf das Optionsmodell zurückgreifen. Lediglich Mecklenburg-Vorpommern ist noch offen bzgl. dieser Entscheidung (Stand: August 2004).

[590] In der erweiterten Kameralistik müssen im Gegensatz zur Doppik weitere Nebenrechnungen für die Ermittlung nicht ausgabengleicher Kosten parallel durchgeführt werden. Hierzu zählen die Anlagenbuchhaltung, Lagerrechnungen sowie Abgrenzungsrechnungen. Darüber hinaus basiert der Haushaltsplan weiterhin auf dem kameralistischen Rechnungsstil und erschwert damit eine ergebnisorientierte Steuerung auf Basis des Ressourcenverbrauches. Diese beiden wesentlichen Nachteile haben neben weiteren dazu geführt, dass sowohl in der Theorie als auch in der Praxis die Reform des Haushalts- und Rechnungswesens auf Basis der Doppik mehrheitlich bevorzugt wird. Vgl. Siems (2005), S. 62 f.

[591] Mit dem Gesetz über ein Neues Kommunales Finanzmanagement für Gemeinden im Land Nordrhein-Westfalen (Kommunales Finanzmanagementgesetz NRW – NKFG NRW) vom 16.11.2004 ist mit Wirkung zum 01.01.2005 eine doppische Gemeindeordnung in NRW in Kraft getreten. Ziel dieses Projektes ist die landesweite, vollständige Ablösung der Kameralistik durch die Doppik ab dem Haushaltsjahr 2009. Somit ist spätestens zum 01.01.2009 eine Eröffnungsbilanz, zum 31.12.2010 ein Gesamtabschluss für den „Konzern Kommune" zu erstellen Vgl. NKFG NRW sowie NKF (2003).

[592] Das NKR ist auch als *Speyerer Verfahren* bekannt. Vgl. hierzu Lüder (1999).

[593] Vgl. im Folgenden Bräunig (2004), S. 314 ff. sowie Eichhorn (1993), S. 868 ff., der von einem dreistufigen Rechnungssystem spricht. Vgl. auch Lüder (2001), S. 42 ff. BRÄUNIG bezeichnet die Ergebnisrechnung auch als Erfolgsrechnung. Im Rahmen dieser Ausarbeitung werden diese Begriffe im Zusammenhang mit der Drei-Komponenten-Rechnung synonym verwendet.

[594] Vgl. Lüder (2001), S. 42.

[595] Vgl. Lüder (2001), S. 53.

[596] Der Cash Flow weist den Zahlungsmittelsaldo aus laufender Geschäftstätigkeit aus.

[597] Der Finanzmittelüberschuss bzw. -bedarf wird nach der Investitionstätigkeit ausgewiesen.

[598] Die Finanzrechnung schließt mit der Veränderung des Bestandes an liquiden Mitteln und überträgt diesen in die Vermögensrechnung. Vgl. hierzu Oettle (2000), S. 238 sowie Streitferdt (2000), S. 280.

[599] Vgl. Lüder (2001), S. 53 ff.

Im Mittelpunkt der integrierten Rechnung steht die *Ergebnisrechnung*[600]. Diese erfolgt über eine periodisierte Betrachtung der in der Verwaltung angefallenen Erfolgsgrößen[601] auf Basis des *doppischen Rechnungsstils*. Bezogen auf die Dokumentation von Verwaltungsleistungen ermöglicht die Erfolgsrechnung den Ausweis einer Veränderung des Nettoressourcenverbrauches bzw. einer Nettoressourcenentstehung im Rahmen der Ermittlung eines Periodenerfolges. Dieser *Periodenerfolg* kann auch als *Hinweis für die Gerechtigkeit zwischen den Generationen* interpretiert werden,[602] da er entweder Substanz zugunsten künftiger Generationen aufbaut, oder aber einen Substanzverzehr anzeigt.[603]

Der Abschluss der Erfolgsrechnung erfolgt über die *Vermögensrechnung*, in welcher das Vermögen sowie die Schulden fortgeschrieben werden[604] und damit die *Veränderung des Reinvermögens*[605] dokumentiert wird.[606] Ein grundsätzlicher Abgleich über die Ziele, welche über den Finanz- bzw. Ergebnishaushalt vorgegeben werden, erfolgt im Rahmen des *Jahresabschlusses*.

Sofern sich Konzepte wie das Modellprojekt NKF in NRW langfristig in der deutschen Verwaltungspraxis[607] durchsetzen, kommt es automatisch zu einem Bedeutungswandel im Rechnungswesen. In einem solchen Fall werden die unteren beiden Ebenen im Erweiterten Ziel- und Ergebnisebenenmodell öffentlicher Leistungserstellung über die *Klammer der Verbundrechnung* zu einer umfassenden Ressourcenverbrauchsebene zusammengefasst, was allerdings nicht bedeutet, dass der Nutzen einer isolierten Finanzrechnung bzw. einer Liquiditätsbetrachtung obsolet wird,[608] folglich dieser Rechnungsstil auch weiterhin autonom ausgewiesen wird (vgl. noch einmal *Abbildung 26*).

Die aktuellen Entwicklungstendenzen des öffentlichen Rechnungswesens in Europa deuten auf den „Ersatz oder mindestens die Ergänzung des zahlungsorientierten öffentlichen Haushalts- und Rechnungswesens durch ein ressourcenorientiertes Haushalts- und Rechnungswesen"[609] hin. Auf Bundesebene in Deutschland wurden indes

---

[600] Vgl. Lüder (2001), S. 43 ff.

[601] Hierbei handelt es sich um Aufwendungen bzw. um Erträge, die im Gegensatz zu den Einnahmen und Ausgaben bspw. auch nicht-monetäre Größen berücksichtigen. Zum Tragen kommt hierbei sowohl eine sachliche als auch eine zeitliche Periodenabgrenzung nach dem Verursachungsprinzip. Vgl. Bräunig (2004), S. 315.

[602] Vgl. die Ausführung zur Generationengerechtigkeit in Kapitel 5.2.3.

[603] Vgl. Bräunig (2004), S. 315.

[604] Vgl. Streitferdt (2000), S. 279.

[605] Die Berücksichtigung des Reinvermögenkonzeptes im Rahmen ressourcenorientierter Periodenrechnungen führt zu einer Bedeutungsabnahme des Nettoschuldenkonzeptes. Zum Nettoschuldenkonzept vgl. Kapitel 5.2.3.

[606] Vgl. Bräunig (2004), S. 314.

[607] Andere Konzepte, die an dieser Stelle bspw. genannt werden können sind das „Neue Kommunale Rechnungs- und Haushaltswesen" (NKR/NKH), welches die Grundlage für den Reformprozess in Baden-Württemberg und Niedersachsen bildet oder das „Neue Kommunale Rechnungs- und Steuerungssystem" (NKRS) aus Hessen. Vgl. Beyer/Kinzel (2005), S. 357.

[608] Vgl. hierzu die Nutzenfunktion der Finanzrechnungen in den Ausführungen in Kapitel 5.2.3.2.

[609] Lüder (2004), S. 12.

bislang kaum einheitliche und ganzheitliche Vorgaben für die Umstellung der Rechnungslegung bzw. der Verbesserung des Haushalts- und Rechnungssystems auf Ressourcenorientierung vorgenommen.[610]

5.2.4.3 Beurteilung der Rechnungslegungskonzepte in Bezug auf deren Informationsgehalt

Insgesamt, so haben die Ausführungen gezeigt, gehen die Ergebnisse des neuen öffentlichen Rechnungswesens weit über die rein kameralistische Kontrolle der Finanzziele hinaus. Die maßgeblichen Unterschiede einer kameralen zahlungsorientierten Rechnung im Vergleich mit einer ressourcenorientierten doppischen Rechnung verdeutlicht zusammenfassend *Abbildung 27*.

	Kamerale Rechnungen	Doppische Rechnungen
Größen	Aus- und Einzahlungen, Ausgaben und Einnahmen	Aufwendungen und Erträge
Planung	Inputorientiert (Gliederungs- u. Gruppierungsplan)	Output- bzw. produktorientiert (Erfolgs- und Finanzplan)
Periodenabgrenzung	Zahlungsprinzip	Verursachungsprinzip
Rechnungsarten	Kassen- und Haushaltsrechnung	Erfolgs-, Finanz- und Vermögensrechnung
Verbund	Teil- oder Vollverbund	Vollverbund
Rechnungsabschluss	Finanzwirtschaftlicher Haushalts- u. Kassenabschluss	Kaufmännische Rechnungslegung
Erfolgsbegriff	Ausgabendeckung	Reinvermögensänderung
Prüfung	Ordnungsmäßigkeit des Haushaltsvollzugs	Ordnungsmäßigkeit d. Rechenwerkes, Wirtschaftl. d. Handelns
Verwaltungssteuerung	Hierarchisch-institutionale Plansteuerung	Vertraglich-funktionale Erfolgssteuerung

Abbildung 27: Kamerale versus doppische Rechnungsstile[611]

Die Erfolgs-, die Finanz- und die Vermögensrechnung stellen einen Buchungskreis dar, der systematisch – über ein zu betreibendes Controlling – in die Gesamtrechnung der Verwaltung integriert werden kann.[612] *Rechnungswesen* und *Haushaltsplan* sind damit idealerweise aufeinander abgestimmt.

BERENS ET AL. sprechen der Integrierten Verbundrechnung eine *Informations-* und eine *Schutzfunktion* zu.[613] Die Informationsfunktion richtet sich sowohl an interne als

---

[610] Vgl. Lüder (2004), S. 18 sowie Beyer/Kinzel (2005), S. 357.
[611] Vgl. Bräunig (2004), S. 317.
[612] Vgl. Bräunig (2004), S. 316.
[613] Vgl. im Folgenden Berens/Budäus/Buschor/Fischer/Lüder/Streim (2005), S. 888.

auch externe Adressaten. Die Bereitstellung zuverlässiger und den tatsächlichen Verhältnissen entsprechenden Informationen erfüllen den *Informationszweck*. Die notwendigen Zeit- aber auch behördeninterne und behördenübergreifende Vergleiche erfordern eine grundsätzliche *Standardisierung* der Vorschriften.

Die Schutzfunktion bezieht sich auf einen *Individualschutz* und einen *Institutionenschutz*. Während letzterer „die Sicherung der treuhänderischen Ressourcenverwendung zur Wahrnehmung kollektiver (öffentlicher) Aufgaben"[614] bezeichnet, bezieht sich der Individualschutz auf die Sicherung der intergenerativen Gerechtigkeit.[615] Auch um diese Funktionen zu gewährleisten, bedarf es standardisierter Regelungen in Form der *Grundsätze ordnungsmäßiger öffentlicher Buchführung* (GoöB).[616]

Die Einführung eines *Kostenrechnungssystems* ermöglicht grundsätzlich eine zweckorientierte Zuordnung der Kosten zu den Orten ihrer Entstehung, den Kostenstellen, und ermöglicht damit primär eine *interne Steuerung*. Sofern definierte Leistungsergebnisse in Form von *Produkten* vorliegen, kommt den *produktbezogenen Ressourcenverbräuchen* eine *interne* wie *externe Bedeutung* zu. Bei einem angemessenen Differenzierungsgrad der Produkte kann mittels kombinierbarer Auswertungen von Kostenarten-, Kostenstellen- und Kostenträgerrechnung präzise über die Struktur des Ressourcenverbrauchs berichtet werden, was im Ergebnis sowohl das Kostenbewusstsein als auch das Wirtschaftlichkeitsdenken fördert.

Um allerdings der wachsenden Bedeutung auch der *Planungs-* und Kontrollfunktionen der Kostenrechnung im Rahmen des NSM gerecht zu werden, sollte zunehmend der Aufbau von Normal- oder Plankostenrechnungen sowie eine stärkere Teilkostenorientierung stattfinden.[617] SIEMS kommt zu der Beurteilung, dass die *Planungs- und Kontrollfunktion* der Kostenrechnung aufgrund unzureichender *entscheidungsorientierter* Informationen nicht ausreichend erfüllt wird. Darüber hinaus führen eine *unzureichende Anbindung der Kostenrechnung an ein übergeordnetes Zielsystem* sowie die aufgrund hoher Komplexität hervorgerufene fehlende Anreizorientierung zu dysfunktionalen Wirkungen in Bezug auf die übergeordneten Ziele der Effizienz und der Effektivität.[618] Im Ergebnis schlägt die Autorin den situativen Aufbau eines *Public Target*

---

[614] Berens/Budäus/Buschor/Fischer/Lüder/Streim (2005), S. 888.

[615] Vgl. Kapitel 5.2.3.2.

[616] Zu den Eckpunkten für die GoöB vgl. ausführlich Berens/Budäus/Buschor/Fischer/Lüder/Streim (2005), S. 888.

[617] Vgl. Siems (2005), S. 76. SIEMS thematisiert und beurteilt in diesem Zusammenhang vor allem die modifizierte Grenzplankostenrechnung, die Prozesskostenrechnung sowie die stufenweise Fixkostendeckungsrechnung bzgl. ihrer Eignung für den Einsatz in der öffentlichen Verwaltung. Vgl. Siems (2005), S. 76 ff. Möglicherweise kann eine „Kombination von Teilen der Prozesskostenrechnung und der stufenweisen Fixkostendeckungsrechnung ein Kostenrechnungssystem für die öffentliche Verwaltung darstellen, bei dem Vorteile beider Systeme genutzt werden können." Siems (2005), S. 87.

[618] Vgl. Siems (2005), S. 91. Diese Aussagen werden im Wesentlichen durch eine Studie zum Nutzen der Kostenrechnung in der Kommunalverwaltung unterstützt. Vgl. hierzu Weber/Hunold (2002), S. 37 ff. WEBER/HUNOLD identifizieren als zentrales Ergebnis ihrer Studie, dass die Kostenrechnung zur Erhöhung der Wirtschaftlichkeit und des Kostenbewusstseins beiträgt. Vgl. Weber/Hunold (2002), S. 44.

Costing vor, um ausgehend von den Oberzielen einer Institution die Kosten zielführend in den Planungsprozess zu integrieren.[619] Die prospektiv gestaltenden Controlling-Instrumente u. a. auch zur Ableitung von Planungsgrößen im primär strategisch-politischen Handlungsraum werden über das übergeordnete Gruppierungsinstrument des *Kostenmanagements* in dem Erweiterten Modell berücksichtigt.[620]

Um allerdings den möglichen Erreichungsgrad übergeordneter Ziele abzubilden, bedarf es zunächst der Messung und Dokumentation der Leistungs- und Wirkungsseite. Hierbei können regelmäßig gravierende Probleme auftreten. Der proklamierte Anspruch eines modernen Verwaltungsmanagements erfordert, Handlungen und damit verbundene Leistungsergebnisse *transparent zu planen, zu steuern* und *zu dokumentieren*. Insbesondere die in der Verwaltung im Gegensatz zur Privatwirtschaft vorherrschende Sachzieldominanz[621] stellt hohe Ansprüche an ein sachgerechtes Leistungs- und Wirkungscontrolling. Neben der Einbeziehung von Informationen aus der Kostenrechnung bedarf es daher zunächst weiterer Informationen über den Output.[622] Die Grundlage für die *outputorientierte Verwaltungssteuerung* ist eine operationalisierte Leistungsbewertung über quantitative und qualitative Kennzahlen.[623]

5.2.5 Darstellung der Outputebene

Die Darstellung der Outputebene kann *Abbildung 28* entnommen werden. Zu den maßgeblichen Controlling-Instrumenten und Charakteristiken gehören auf dieser Ebene Kennzahlen- und Kennzahlensysteme sowie das Produktkonzept.

Das Neue Öffentliche Haushaltswesen (NÖH) ist ressourcen- und outputorientiert.[624] Im Rahmen von Planungs- und Kontrollvorgängen wird oftmals zunächst der Leistungsoutput in Form von *Produkten* abgegrenzt und definiert.[625] Darüber hinaus können sowohl übergeordnete Produktgruppen und Produktbereiche im Sinne einer *Produkthierarchie* gebildet werden. Im Ergebnis wird somit ein Gesamtüberblick über das Leistungsspektrum einer öffentlichen Verwaltung ermöglicht.[626] Dem Produkt wird die *Eigenschaft als Informationsträger* zugeschrieben, was sich grundsätzlich auf zwei Zieldimensionen ausrichten kann. Zum einen kann durch die Definition von Leis-

---

[619] Vgl. Siems (2005).

[620] An dieser Stelle kann bereits auf weiteren Forschungsbedarf hingewiesen werden. Im Idealfall gelingt es, (Planungs-)Instrumente aus dem Bereich des Kostenmanagements zu entwickeln, die den einzelnen Zielebenen direkt zugeordnet werden können. Nicht nur im Falle der übergeordneten institutionellen Vollzugsziele kann bspw. über die Zuordnung von Zero-Base-Budgeting und Outsourcing-Konzepten diskutiert werden. Auch ist denkbar, dass Instrumente der Lebenszykluskostenrechnung oder Gemeinkostenanalysen Eingang im politisch-administrativen System finden.

[621] Vgl. Kapitel 2.2.1.

[622] Vgl. Lüder (2001), S. 32.

[623] Vgl. Mosiek/Gerhardt/Wirtz/Berens (2003), S. 28.

[624] Vgl. Lüder (2001), S. 69 sowie Kapitel 5.2.4.2.

[625] Vgl. Mosiek/Gerhardt/Wirtz/Berens (2003), S. 28.

[626] Vgl. Bähr (2002), S. 41.

tungsdaten die jährliche *Zielerreichung des Outputs* ermittelt werden. Zum anderen kann über das Produkt idealerweise die strategische bzw. politische Fragestellung nach dem *Wirkungsziel bzw. dem Outcome* beantwortet werden.[627] Letzterer Fragestellung wird in einem späteren Kapitel nachgegangen.[628]

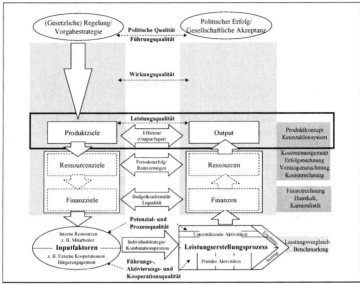

Abbildung 28: Outputebene

5.2.5.1 Der Einsatz von Kennzahlen zur Ermittlung des Outputs

Zielführende Instrumente zur Ermittlung von Outputgrößen können neben Produktivitätserhebungen[629] auch Kennzahlen bzw. Kennzahlensysteme[630] sein. Kennzahlen sind

---

[627] Vgl. Balzer (2005), S. 425.

[628] Vgl. Kapitel 5.2.7.

[629] Vgl. Schedler (1996), S. 7.

[630] Kennzahlen bzw. Kennzahlensysteme und Indikatoren bzw. Indikatorensysteme werden zum Teil in der Literatur als Synonyme verwendet. Sofern im Rahmen dieser Ausarbeitung von Kennzahlen bzw. Kennzahlensystemen gesprochen wird, beziehen sich diese auf die finanz- und ressourcenwirtschaftliche Ebene sowie auf die Ebene des Outputs. Diese Abgrenzung erfolgt aus der Tatsache, dass mittels der vorliegenden Begriffsdefinition in der Regel direkt messbare Beziehungen zwischen dem zu messenden Ziel und dem gemessenen Ergebnis zur Ermittlung des Zielerreichungsgrades vorliegen. Hingegen sei bereits an dieser Stelle verdeutlicht, dass Indikatoren bzw. Indikatorensysteme sich auf die Wirkungsebenen (Outcome und Impact) beziehen. Auf diesen E-benen werden i. d. R. nicht direkt wahrnehmungsfähige bzw. nicht direkt messbare Tatbestände erhoben. Insofern besteht i. d. R. keine zwingende „1:1-Beziehung" zwischen den genannten Tatbeständen. Nichtsdestotrotz bestehen Indikatoren i. d. R. aus Kennzahlen. Demzufolge können zur Abbildung bspw. eines Wirkungsziels mehrere Indikatoren (bzw. Kennzahlen) verwendet werden.

Messgrößen, die Sachverhalte und Zusammenhänge zahlenmäßig quantifizieren.[631] Die Auswahl von Kennzahlen im Rahmen eines Controllings erfolgt zielorientiert, d. h. nach Ableitung des situativen Informationsbedarfes. Grundsätzlich dienen Kennzahlen als Vorgaben, die einen Abgleich mit der Realität ermöglichen. Damit sind sie in der Lage, eine Leistung der Verwaltung zu beurteilen. Die Aussagekraft von Kennzahlen wird im Wesentlichen durch zwei Faktoren bestimmt. Zum einen sind die Randbedingungen, d. h. externe Faktoren zu berücksichtigen, zum anderen ist eine Standardisierung der Kennzahlenbildung erforderlich, um die Vergleichbarkeit und Interpretation der Kennzahlen zu gewährleisten.

Kennzahlen lassen sich nach unterschiedlichen Kriterien systematisieren. Grundlegend ist die Unterscheidung nach Grund- und Verhältniskennzahlen. Während Grundkennzahlen absolute Zahlen darstellen,[632] bilden Verhältniskennzahlen die Beziehung zweier isolierter Zahlen zueinander ab.[633] Durch diese Vorgehensweise erfolgt eine Aufbereitung von Informationen. Der Aussagegehalt einer Verhältniskennzahl ist damit i. d. R. höher als der von Grundkennzahlen.[634]

Ein weiteres Unterscheidungsmerkmal von Kennzahlen ist der betrachtete Zeitpunkt bzw. Zeitraum. Für eine umfassende Analyse sind oftmals sowohl die Vergangenheit, die Gegenwart als auch die Zukunft relevant. Drei Vergleichsarten spielen im betrachteten Kontext eine Rolle. Zum einen ermöglicht der *Zeitvergleich* eine Gegenüberstellung mehrerer Zeitpunkte. Der *Soll-Ist-Vergleich* misst den Grad der Zielerfüllung in der Verwaltung. Daneben ist mit Kennzahlen auch der *Vergleich mehrerer Verwaltungen* untereinander bzw. der *Behördenvergleich* möglich.[635]

Kennzahlen beziehen sich i. d. R. auf wichtige behördliche Tatbestände und stellen diese in konzentrierter Form dar. Sie dienen der Behördenleitung dazu, rasch einen Überblick über die Leistungsfähigkeit der Institution und einzelner Produkte zu erhalten. Im Rahmen der Behördenanalyse gewonnene Kennzahlen sind oftmals Ausgangspunkt für die Steuerung. Ein *Kennzahlensystem* dient ergänzend dazu, betriebswirtschaftliche Zusammenhänge in ihren Wechselwirkungen offen zulegen.

Ansatzpunkte für die Gestaltung von Kennzahlen finden sich bspw. bei der KGST.[636] Demnach sollten neben der *Erhebungswirtschaftlichkeit* und einer *Empfängerorientierung* vor allem *steuerungsbezogene Aspekte* berücksichtigt werden. Letztere Kriterien betreffen in erster Linie eine Zielbezogenheit, eine grundsätzliche Steuerungsrelevanz sowie die Beeinflussbarkeit der Kennzahlen. Kriterien der Erhebungswirtschaftlichkeit werden vor allem in dem Erhebungsaufwand und an der Dauerhaftigkeit festgemacht,

---

[631] Vgl. Bähr (2002), S. 72 f.
[632] Beispielhaft genannt seien in diesem Zusammenhang Summen, Differenzen oder Mittelwerte. Vgl. Bähr (2002), S. 72.
[633] Hier können bspw. Gliederungszahlen, Beziehungszahlen sowie Indexzahlen genannt werden. Vgl. Bähr (2002), S. 72.
[634] Vgl. Czenskowsky/Schünemann/Zdrowomyslaw (2002), S. 182.
[635] Vgl. Bak (1999), S. 22 ff. In diesem Zusammenhang wird wiederum das Vergleichpotenzial als Wettbewerbssurrogat deutlich. Vgl. Kapitel 2.2.5.
[636] Vgl. im Folgenden KGSt (1998).

während die empfängerorientierten Gestaltungskriterien primär in einer verständlichen und glaubwürdigen Darstellungsweise liegen.

5.2.5.2 Beurteilung der Erfüllung von Informations- und Steuerungsanforderungen auf der Ebene des Outputs

Über die Produkte bzw. das *Produktkonzept* werden gebündelte Leistungen mit dem Ressourceneinsatz in Verbindung gebracht. Der Informationsgehalt steigt damit gegenüber dem klassischen Haushalt deutlich.[637] Das Produktkonzept kann als Voraussetzung für Globalbudgets angesehen werden. Mit den Globalbudgets wird den Produktverantwortlichen ein Finanzrahmen im Rahmen einer outputorientierten Steuerung übertragen, mittels welchem eine eigenverantwortliche Bewirtschaftung definierter Leistungsaufträge bzw. Ziele verfolgt werden soll. Damit kann der *Produkthaushalt*[638] *den klassischen Haushalt als Steuerungsinstrument über Budgetvereinbarungen*[639] *ablösen.*[640] Die Budgetvereinbarungen dienen im Idealfall zur Umsetzung der Fach- und Ressourcenziele aus Produkthaushalt *und* Regierungsprogramm. Eine dynamische Anpassung kann durch ein rollierendes Planungsverständnis durch die Unterstützung des Controllings gewährleistet werden. Der Produkthaushalt befindet sich somit zunächst an der Schnittstelle zwischen strategischer und operativer Steuerung.[641]

Darüber hinaus kann es mittels des Einsatzes von Kennzahlen oder Kennzahlensystemen zu einer sachgerechten Bewertung des Leistungsergebnisses öffentlicher Dienstleistungen kommen.[642] Nicht zuletzt auf dieser Basis kann anhand von Kennzahlen,[643] die das Verwaltungsergebnis beschreiben, neben der *Kostensteuerung* sowie *Kosten- und Leistungsvergleichen*[644] auch eine *Leistungsdokumentation* vollzogen werden.[645] Diese *externe Informationsfunktion* kommt Adressaten wie der Regierung und Rechnungsprüfungsbehörden, aber auch dem Bürger zugute, sofern diesem die leistungs- und finanzwirtschaftlichen Ergebnisse in übersichtlicher Form vermittelt werden.[646]

---

[637] Vgl. Balzer (2005), S. 425.

[638] Auf Bundesebene wird derzeit in sechs Bundesbehörden der Produkthaushalt als Pilotprojekt getestet. Für das Haushaltsjahr 2006 war geplant, drei der sechs Pilotbehörden unmittelbar in das Haushaltsverfahren zu integrieren. Vgl. Bundesministerium des Inneren (2005), S. 39.

[639] Die Budgetvereinbarungen werden über Kontrakte zwischen unterschiedlichen Ebenen des Systems geschlossen. Vgl. hierzu auch Kapitel 2.2.2.

[640] Vgl. Balzer (2005), S. 423.

[641] Vgl. Bals/Reichard (2000), S. 207.

[642] Vgl. Bähr (2002), S. 78.

[643] Auf der Ebene des Outputs können die ermittelten Kostengrößen um Mengendaten ergänzt werden. Auf diese Weise lassen sich i. d. R. für alle Produkte Stückkosten ermitteln. Hierbei handelt es sich dann häufig um steuerungsrelevante Kennzahlen.

[644] BALZER nennt in diesem Zusammenhang Vergleiche zwischen verschiedenen Organisationseinheiten oder Verwaltungen sowie Längsschnittvergleiche. Vgl. Balzer (2005), S. 426.

[645] Vgl. Mosiek/Gerhardt/Wirtz/Berens (2003), S. 28.

[646] Vgl. Lüder (2001), S. 70.

Durch die Gegenüberstellung des Outputs und des Inputs kann auf dieser Ebene die *Effizienz*[647] des Verwaltungshandelns beurteilt werden. Auch kann das Bewertungskriterium der *Budgetkonformität*, wie bereits geschildert, auf der Ebene des Outputs zur Geltung kommen.

Die *Output-Steuerung* assoziiert unter Umständen neben der Ermittlung und idealerweise Steigerung der Effizienz auch die Möglichkeit zur Ermittlung der *Effektivität*.[648] Dies ist jedoch sehr eingeschränkt der Fall. Zwar stellen beide Bewertungsmaßstäbe relationale, produktorientierte Kriterien dar. Die Effizienz ist aber ein zielunabhängiges Kriterium, während die Effektivität einen zielabhängigen Bewertungsmaßstab darstellt, indem das Verhältnis von öffentlichen Zielen und dem Leistungsergebnis[649] gegenübergestellt wird. Damit stellt die Effizienz einen Vergleich zwischen zwei Ist-Größen dar, während die Effektivität sich auf einen Soll-Ist-Vergleich bezieht.[650] Zur Ermittlung der Effektivität des Verwaltungshandelns bedarf es daher der Einbeziehung von Wirkungsergebnissen und zugehörigen Plan- bzw. Zielsetzungen.[651]

Damit dient das Produkt idealerweise auch der Beantwortung nach dem Wirkungsziel bzw. dem Outcome und tangiert in diesem Zusammenhang die strategisch-politische Schnittstelle.[652] Die Anwendung von Kennzahlen bzw. reinen Kennzahlensystemen im Dienstleistungsbereich birgt allerdings die Gefahr, die Wirkung bzw. Wirkungszusammenhänge nicht umfassend und damit nicht steuerungskonform abzubilden. Insofern bedarf es der Berücksichtigung spezifischer Methoden zur Erfassung unterschiedlicher Wirkungsergebnisse. In diesem Zusammenhang werden folgend unterschiedliche Ansätze prozessualer Zufriedenheitsmessungen dargestellt, um bspw. auch unmittelbare Wirkungen einer potenziellen (Dienst-)Leistungserstellung beim Kunden zu erfassen und zu beurteilen.

5.2.6 Darstellung der Impactebene

Die Bedeutung sowie die wesentlichen Anwendungsbereiche der Kundenorientierung für den öffentlichen Sektor wurden thematisiert.[653] Sofern im Idealfall aus den gesellschaftlichen Wirkungszielen *leistungsempfängerbezogene Ziele* als Subziele abgeleitet und im Kontext der Politikdurchführung für das auszuübende Institutionenarrangement als relevant identifiziert worden sind, gilt es, den Zielerreichungsgrad dieser Vorgaben zu ermitteln. Der *Impact* kann als die aus der Sicht der Leistungsempfänger

---

[647] Die Effizienz kann auch als Produktivität bezeichnet werden.

[648] Vgl. Nullmeier (2005), S. 431.

[649] Ein Effektivitätsverständnis im engeren Sinn kann sich auch auf die Relation von Output-Zielen zu Output beziehen. Vgl. Nullmeier (2005), S. 432. Das im Rahmen dieser Ausarbeitung zugrunde gelegte Effektivitätsverständnis bezieht sich aber immer auf die Einbeziehung von unterschiedlichen Wirkungsergebnissen (Outcome und Impact).

[650] Vgl. Nullmeier (2005), S. 431 f.

[651] Die Bedeutung der Zielplanung im gesamten Zielsystem des politisch-administrativen Systems wurde in Kapitel 2.2.1 thematisiert.

[652] Vgl. Balzer (2005), S. 425.

[653] Vgl. Kapitel 2.2.4.1.

empfundene Anspruchserfüllung durch die Verwaltung angesehen werden. Da bei vielen Verwaltungsleistungen die Zufriedenstellung einzelner Bürger nicht das ausschließliche Ziel ist, wird in diesem Zusammenhang von *subjektiver Effektivität* als Bewertungskriterium gesprochen.[654] Die subjektive Effektivität stellt damit den Zielerreichungsgrad *leistungsempfängerorientierter* Ziele dar.

Vor diesem Hintergrund werden zunächst allgemeine Ansätze zur prozessualen Zufriedenheitsermittlung dargestellt, bevor ausgewählte Gestaltungsmöglichkeiten speziell für eine Optimierung der Kundenorientierung dargelegt werden. Basierend auf den Ausführungen wird eine Beurteilung der Informationsbedarfserfüllung einer Impact-Betrachtung vorgenommen. Die Impactebene mit dem zugeordneten Bewertungskriterium sowie den wesentlichen Controlling-Instrumenten der Einstellungs- und Zufriedenheitsmessung ist in *Abbildung 29* dargestellt. Bereits aus dieser Abbildung ist ersichtlich, dass die Impactebene keine zwingend zu analysierende Ziel- und Ergebnisebene darstellt, da in einigen Fällen eine kundenorientierte Ausrichtung der öffentlichen Verwaltung nicht zielführend ist.[655]

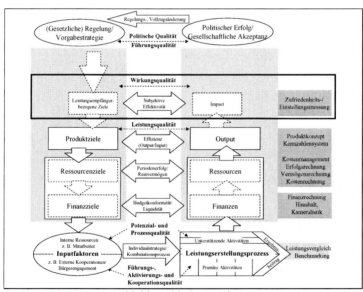

Abbildung 29: Impactebene

---

[654] Wie bereits mehrfach angesprochen kann (oder muss) es Ziel einer öffentlichen Verwaltung sein, über die Erfüllung der subjektiven Bedürfnisse eines Leistungsempfängers hinaus, einen Beitrag zur Erfüllung eines spezifischen Sachzieles in der Gesellschaft zu leisten. Vgl. hierzu ausführlich die Kapitel 2.2.1 und 4.4.

[655] Vgl. hierzu noch einmal die Einschränkungen der Notwendigkeit einer kundenorientierten Ausrichtung in Abhängigkeit der Verwaltungsfunktion in Kapitel 2.2.4.1.

5.2.6.1 Ausgewählte Gestaltungsmöglichkeiten zur Optimierung der Kundenorientierung

Eine Ausrichtung auf den Bürger als Kunden sollte in vielen Fällen bei der Ausübung des Verwaltungsauftrages berücksichtigt werden. Damit rücken zentrale Ansatzpunkte zur Stärkung einer Kundenorientierung in den Vordergrund. Diese können bspw. in der *Verbesserung der Interaktionsbedingungen* sowie des *Interaktionsklimas* zwischen dem Kunden und der Verwaltung gesehen werden.[656]

Vor allem Aspekte der räumlichen und zeitlichen Erreichbarkeit, der Qualifizierung von Mitarbeitern für den Bürgerkontakt und der Optimierung von Verwaltungsverfahren und Abläufen stehen bei einer Verbesserung der Kundenorientierung im Vordergrund. Die verständliche Gestaltung von Prozessen sowie die Reduzierung von Bearbeitungszeiten stehen dabei im Fokus der Betrachtung. Klarheit, Verlässlichkeit und Verständlichkeit von Terminen und Ergebnissen bilden die oberste Priorität einer bürgernahen Behörde. Die Fokussierung auf einen oder wenige Ansprechpartner und die damit einhergehende Bündelung von Verwaltungsleistungen an einem Ort sind ebenfalls Merkmale einer bürgerfreundlichen Ausrichtung der Verwaltung.[657]

Sofern die Kundenorientierung in der öffentlichen Verwaltung als relevant identifiziert ist, können u. U. nachfolgende allgemeine Ansätze eine erfolgreiche Umsetzung der Kundenorientierung in der Verwaltung begünstigen:[658]

- Im Rahmen von Prozessreorganisationen oder -neugestaltungen sind die subjektiven Bedürfnisse der Bürger verstärkt zu berücksichtigen.
- Die Ansprüche der Bürger sollten als Leistungsverstärker verstanden werden.
- Durch die Verbesserung des Service und einer Qualitätssteigerung im Bereich der Verwaltung wird automatisch die Legitimation der Verwaltung gestärkt.
- Qualität verstärkt den Druck unter den Verwaltungen innerhalb einer Region und bundesweit.
- Erstrebenswert ist die Erhöhung der Partizipationschancen für die Bürger im Sinne einer Einflussnahme auf die Verwaltungsprozesse.

Versteht man den Bürger zugleich als Kunden und als Auftraggeber im politisch-administrativen System und konfiguriert man die Serviceleistungen spezifisch auf die Bürger, so sind diese in der Lage, Leistungen sachgerecht zu beurteilen und gegebenenfalls konstruktive Kritik in Form von Verbesserungsvorschlägen zu äußern. Dadurch kann die Verwaltung in die Lage versetzt werden, die Serviceleistungen kontinuierlich zu optimieren. Durch die Freisetzung dieser Potenziale wird die *Bürgerzufriedenheit* nachhaltig gesichert.[659] *Abbildung 30* zeigt eine mögliche Klassifizierung von Ansätzen zur Zufriedenheitsermittlung aus Perspektive der Kunden.

---

[656] Vgl. im Folgenden Innenministerium des Landes Brandenburg (1998), S. 200. In der öffentlichen Verwaltung spielen vor allem psychologisch-kundenorientierte Ziele eine zentrale Rolle.

[657] An dieser Stelle wird nochmals deutlich, dass sowohl Potenzial- als auch Prozessfaktoren deutlichen Einfluss auf die Ergebnisse der Politikdurchführung haben.

[658] Vgl. Innenministerium des Landes Brandenburg (1998), S. 199 f.

[659] Vgl. Gleich (1997), S. 4.

Durch den oftmals integrativen Charakter der Verwaltungsaufgabe ist eine Betrachtung prozessualer Ansätze zur Zufriedenheitsermittlung erforderlich. Eine Einteilung kann zwischen *merkmalsorientierten* und *ereignisorientierten* Ansätzen erfolgen.[660] Letztere geben Auskunft über so genannte Standard- oder Schlüsselerlebnisse eines Dienstleistungsprozesses. Diese Erlebnisse zeichnen sich im Wesentlichen durch eine besonders hohe (Wirkungs-)Qualitätswahrnehmung der Kunden aus. Die Messansätze beziehen sich in diesem Fall auf spezifische *Kundenkontaktsituationen*. Grundsätzlich lässt sich zwischen Methoden, die kritische Ereignisse fokussieren und Methoden die an gewöhnlichen Ereignissen ansetzen, unterscheiden. Dementsprechend erfolgt eine Informationsaufnahme anhand von kritischen Vorkommnissen bzw. nach sequenziellen Gesichtspunkten.

Hingegen fokussieren die merkmalsorientierten Ansätze auf die Bewertung einzelner Leistungselemente, aus denen sich wiederum eine wahrgenommene Kundenzufriedenheit, aber auch die Gesamtdienstleistungsqualität ableiten lässt. Die Verfahren können in globale und in leistungsspezifische Ansätze unterteilt werden.

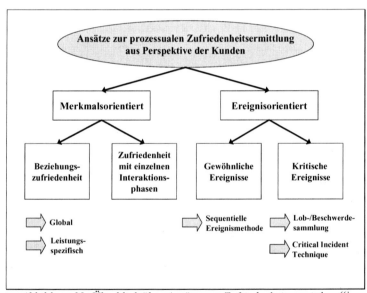

Abbildung 30: Überblick über Ansätze zur Zufriedenheitsermittlung[661]

Oftmals können bedürfnisorientierte Maßnahmen aus den Auswertungsergebnissen von *Bürgerinnen- und Bürgerbefragungen* abgeleitet werden. Im Ergebnis ist zu prüfen, welche Verbesserungsmaßnahmen zielführend im Sinne einer Optimierung der Bürgerbeziehungen ergriffen werden können und wie deren Umsetzungserfolg gemes-

---

[660]   Vgl. im Folgenden Mosiek (2002), S. 233 ff.
[661]   Vgl. Mosiek (2002), S. 234, Stauss/Seidel (1995), S. 197 ff. sowie Neuhaus (1996), S. 187.

sen werden kann. Zu einer zusammenfassenden Analyse von Handlungsnotwendigkeiten lassen sich bspw. Stärken und Schwächen einer Verwaltung in Bezug auf die Erfüllung der Bürgerwünsche in einem dreidimensionalen Portfolio darstellen (vgl. *Abbildung 31*).

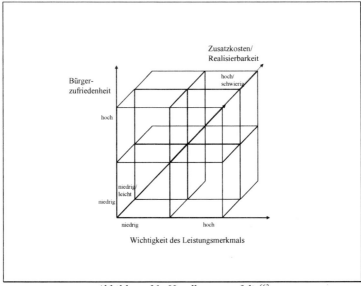

Abbildung 31: Handlungsportfolio[662]

Hieraus lässt sich dann eine Priorisierung von Maßnahmen ableiten. In dem dargestellten Portfolio wird die *Zufriedenheit des Bürgers* mit der Ausprägung einer Leistungskomponente der wahrgenommenen *Wichtigkeit der gleichen Leistung* aus Bürgersicht gegenübergestellt.[663] Es empfiehlt sich, die Dimension *Zusatzkosten/Realisierbarkeit* für potenzielle Verbesserungsmaßnahmen ergänzend hinzuzufügen, um Maßnahmen realistisch priorisieren zu können.

Die Zufriedenheit eines Bürgers mit einer Leistungskomponente kann, ebenso wie die wahrgenommene Wichtigkeit, i. d. R. durch direkte Befragung, aber auch durch weitere Methoden der *Zufriedenheits- und Einstellungsmessung* ermittelt werden.[664] Sofern die wahrgenommene Wichtigkeit einer Leistungskomponente nicht ermittelt werden kann, liefern bspw. MEYER/DORNACH interessante Erkenntnisse zur Kundenorientierung in Stadt- und Kreisverwaltungen.[665] Die Autoren identifizierten u. a. folgende

---

[662] In Anlehnung an Töpfer (1996), S. 145.

[663] Vgl. hierzu Homburg/Werner (1996), S. 165 ff.

[664] Hierzu gehört in der öffentlichen Verwaltung eine Vielzahl an primär subjektiven Verfahren, die über eine direkte oder indirekte Messung ermittelt werden können. Beispielhaft genannt seien auch die Erfassung von Beschwerden, aber auch Mitarbeiterbefragungen.

[665] Vgl. Meyer/Dornach (2001) S. 117.

Leistungsmerkmale für die Kundenorientierung in der Verwaltung. Die Auflistung dieser Leistungsmerkmale erfolgt dabei anhand der Wichtigkeit nach dem subjektiven Empfinden der Kunden:[666]

- Öffnungs- und Sprechzeiten
- Schnelligkeit der Vorgangsbearbeitung
- Verständlichkeit der schriftlichen Unterlagen
- Organisation des Verwaltungsablaufes
- Fachliche Beratung
- Freundlichkeit der Mitarbeiter
- Verlässlichkeit und Richtigkeit der Aussagen
- Sauberkeit der Verwaltungsräume

Eine Zuordnung innerhalb der Dimension *Zusatzkosten/Realisierbarkeit* für potenzielle Verbesserungsmaßnahmen kann i. d. R. auf Basis von Befragungen bei den verantwortlichen Mitarbeitern bzw. bei der Führung der untersuchten Verwaltungseinheit vorgenommen werden.

Die Mittelwerte der Auskünfte der Bürger trennen die Würfel des Portfolios. So kann eine Verwaltung analysieren, in welchem dieser Felder sie sich mit ihren Leistungen bewegt und wie weit die einzelnen Leistungskomponenten um den individuellen Mittelwert streuen.[667] Über die Identifikation von kritischen Leistungskomponenten im rechten unteren Quadranten können Verbesserungsmaßnahmen abgeleitet werden. Hier sollte mit höchster Priorität angesetzt werden, um eine entsprechend höhere Kundenzufriedenheit zu erreichen. Die Positionierung innerhalb der restlichen Quadranten des Würfels gibt Auskunft über die strategische Relevanz einer Leistungskomponente. Ziel muss es sein, die Leistungskomponenten in den oberen, rechten Quadranten zu bewegen, da hier von einem strategischen Vorteil gesprochen werden kann, der es langfristig erlauben würde, sich auch von potenzieller Konkurrenz[668] abzusetzen. Grundsätzlich sollte allerdings das Nutzen-Kosten-Verhältnis einer Optimierung der Leistungskomponenten beachtet werden. Bei der Ausübung von Verbesserungsmaßnahmen ist auf derartige Maßnahmen zu verzichten, die die Kosten überproportional zur Zufriedenheit erhöhen. Eine solche „Zufriedenheitsfalle" ist lediglich unter besonderen Voraussetzungen zu akzeptieren.[669]

---

[666] Vgl. Meyer/Dornach (2001) S. 117. Unter Zugrundelegung einer Handlungsrelevanzmatrix, in der neben der Zufriedenheit auch die Bedeutung der Leistungsmerkmale anhand des Korrelationskoeffizienten Pearson's R ermittelt wurde. Vgl. Kundenmonitor Deutschland (2001).

[667] Vgl. hierzu auch Franzen/Waldherr (1997), S. 56.

[668] Vgl. hierzu die Ausführungen zu möglichen Wettbewerbssituationen in Kapitel 2.2.5.

[669] Vgl. Töpfer (1996), S. 145. Beispielsweise um einen kurzfristig drohenden Wegfall der Zusammenarbeit mit einem Kunden bzw. einer Kundengruppe zu begegnen und dadurch einen strategischen Vorteil zu generieren.

5.2.6.2 Beurteilung der Informationsbedarfserfüllung einer Impact-Betrachtung

Sofern leistungsempfängerbezogene Ziele Eingang in den Planungsprozess finden, sollten die Erkenntnisse aus den identifizierten Anforderungen der Bürger bis auf die Prozessebene herunter transformiert und offen in die Behörden kommuniziert werden, um ggf. eine Verhaltensänderung der Mitarbeiter zu erreichen.

Eine ausführliche Impact-Betrachtung kann im Einzelfall verdeutlichen, dass über eine kosten- und mengenmäßige Betrachtung einzelner Produkte hinaus das Urteil der Bürger eine aussagekräftige und hochgradig *steuerungsrelevante Größe* für eine zielgerichtete Leistungserstellung darstellt. Ergebnisse einer potenziellen Bürgerbefragung sollten daher auf ein überschaubares Set von Impactindikatoren verdichtet werden, welches unter vertretbarem Aufwand einer regelmäßigen Messung unterzogen werden kann. Darüber hinaus könnten die gemeinsam entwickelten Zielwerte Eingang in den Managementprozess der Verwaltung finden. Die vereinbarten Sachziele schaffen so einen Ausgleich zu den in Verbindung mit der KLR ermittelten Formalzielen. Die operative Umsetzung einer stärkeren Bürgerfokussierung muss durch die stetige Überprüfung des Zielerreichungsgrades erfolgen. Hierdurch lassen sich ebenfalls getroffene Maßnahmen bewerten, die aufgrund einer zunehmenden Ausrichtung auf den Bürger eingeführt worden sind.

Allerdings schränken die spezifischen Anwendungsfelder der öffentlichen Verwaltung die Notwendigkeit einer Impact-Analyse kontextabhängig ein.[670] Nicht in jedem Fall kann es das Subziel einer Verwaltung im politisch-administrativen System sein, den Aufgabenvollzug kundenorientiert vorzunehmen. Hingegen stellt das Produkt zunächst immer das Bindeglied für die Untersuchung des Erreichungsgrades gesetzter Wirkungsziele bzw. zur Ermittlung des Outcomes dar. Insofern ist die Darstellung der Outcomeebene von bedeutender Relevanz in einem integrierten Bezugsrahmen.

5.2.7 Darstellung der Outcomeebene

Die Hierarchie der Ziel- und Ergebnisebenen zeigt, dass ein konsequentes Controlling die Wirkungsebene bzw. den Outcome nicht ignorieren darf, auch wenn die in der Verwaltung dominierende Ausführungsfunktion vielfach eine Fokussierung auf operative Aspekte der Leistungserstellung impliziert.

Im Rahmen der Zielplanung eines Wirkungsmanagements (vgl. *Abbildung 32*) werden im Idealfall Wirkungsbereiche öffentlicher Aufgaben identifiziert und Wirkungsziele inkl. der den Zielerreichungsgrad abbildenden Wirkungsindikatoren seitens der politischen Führung vorgegeben.[671] Es konnte allerdings gezeigt werden, dass die Politik oftmals auf die Mitarbeit der öffentlichen Verwaltung zur Formulierung von Oberzielen angewiesen ist, da sich die Verwaltung häufig in einer „informatorischen" Macht-

---

[670] Vgl. Kapitel 2.2.4.1.
[671] Vgl. Kapitel 2.2.1.

position befindet. Darüber hinaus wurden auch Argumente dargelegt, die einer klaren ex-ante Wirkungszielabstimmung entgegenwirken können.[672]

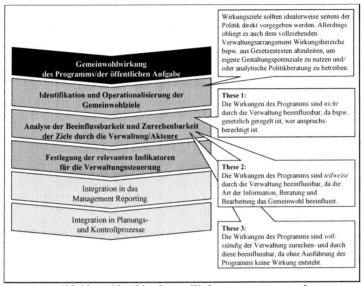

Abbildung 32: Ablauf eines Wirkungsmanagements I

Die Identifikation relevanter Problemstellungen und auch die Entwicklung von Handlungsalternativen kann damit auch direkt Aufgabe des Managements einer öffentlichen Verwaltung sein, um entweder eigene Handlungsspielräume (für eine Steuerung) zu nutzen oder aber eine analytische Politikberatung bspw. im Sinne der langfristigen Optimierung einer effektiven politisch-administrativen Steuerung vorzunehmen.[673] Sofern angemessene Wirkungsbereiche (gemeinsam) identifiziert und Ziele für den Vollzugsbereich isoliert werden können,[674] gilt es, eine Operationalisierung der Ziele vorzunehmen. Demnach sollte zunächst geklärt werden inwieweit die öffentlichen Produkte grundsätzlich einen Beitrag dazu leisten, die identifizierten Wirkungsziele zu erreichen. In diesem Zusammenhang besteht die Herausforderung in der *Identifikation vermuteter kausaler Zusammenhänge* zwischen dem Output und dem Outcome bzw. dem Impact und dem Outcome. Kann im Idealfall ermittelt werden, dass konkrete Wirkungen einer gesetzlichen Maßnahme einschließlich ihres Vollzugs durch eine Verwaltung *zurechenbar* sind, ergibt sich aus betriebswirtschaftlicher Sicht die Herausforderung, diese Informationen zu *Dokumentations- und Optimierungszwecken* für die Verwaltung zu nutzen.

---

[672] Vgl. Kapitel 2.2.3.

[673] Vgl. Kapitel 2.2.3.

[674] Sofern keine direkten politisch motivierten Zielvorgaben gemacht werden, gilt es, oftmals Gesetzestexte sowie Kommentare zu den Gesetzestexten zu analysieren, um Wirkungsziele abzuleiten.

Gleichzeitig gilt es zu ermitteln, inwieweit das vollziehende Verwaltungsarrangement einen direkten Einfluss auf die *Wirkungsintensität* ausüben kann. In diesem Zusammenhang spielt die Identifikation von *beeinflussbaren Wirkungstatbeständen* seitens der öffentlichen Verwaltung eine zentrale Rolle. Insbesondere für die Optimierung der Verwaltungsinhalte und -abläufe ist die *teilweise Kausalität* zwischen Verwaltungshandeln und der *Intensität der gesellschaftlichen Wirkung* erforderlich. Wie *Abbildung 32* ebenfalls zeigt, lassen sich im Rahmen eines *Wirkungsmanagements* i. d. R. unterschiedliche Thesen über die Beeinflussbarkeit der verschiedenen gesellschaftlichen Wirkungen unterschiedlicher Leistungen von Verwaltungen vertreten. Dabei ist grundsätzlich denkbar, dass sich die öffentliche Verwaltung innerhalb eines Kontinuums beeinflussbarer und nicht beeinflussbarer Wirkungstatbestände befindet.

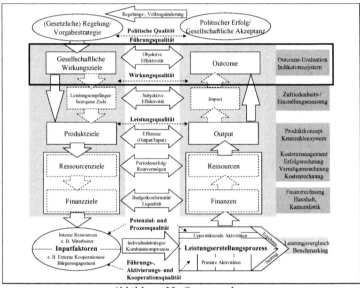

Abbildung 33: Outcomeebene

Für eine aktive outcomeorientierte Steuerung *muss* unabhängig von der gesetzlichen Grundlage die gesellschaftliche Wirkung durch die Verwaltung beeinflussbar sein. Will man Verwaltungshandeln in Bezug auf diesen Wirkungsaspekt systematisieren, ist grundsätzlich zu prüfen, inwiefern bei einer Leistungstransformation eine Entkopplung von Verwaltungshandeln und Wirkung eintritt. „Die Leistungstransformation ist als der Zeitpunkt zu verstehen, an dem bspw. ein Leistungsempfänger die Leistung erhält und durch sein individuelles Verhalten Wirkungen bei sich oder der Gesamtgesellschaft auslöst."[675]

---

[675] Mosiek/Gerhardt/Wirtz/Berens (2003), S. 33.

Gerade z. B. beratungsintensive Verwaltungsleistungen zeichnen sich i. d. R. dadurch aus, dass es keine Entkopplung von Verwaltungsleistung und Wirkung gibt, d. h. die Intensität der gesellschaftlichen Wirkung ist oftmals durch die Verwaltung beeinflussbar und steuerbar und sollte im Zielsystem Berücksichtigung finden.[676] Für ein prozess- und wirkungsorientiertes Controlling gilt es daher, die Zusammenhänge zwischen Binnenwirtschaftlichkeit, Empfängerwahrnehmung und Gesellschaftswirkung transparent abzubilden, um in der Folge Wirkungsarten, -richtungen und -intensitäten bestimmen zu können.

Sofern im Ergebnis eine potenzielle Beeinflussbarkeit und Zurechenbarkeit der Wirkung gegeben ist, müssen geeignete Steuerungsgrößen ermittelt werden, die eine Abbildung der nicht direkt messbaren Sachverhalte einzelner Wirkungsergebnisse ermöglichen, um die objektive Effektivität des Gesamtvollzugs ermitteln zu können. Hierfür scheint der Einsatz isolierter Kennzahlen nicht zielführend, da Kennzahlen ausschließlich direkt messbare Sachverhalte abbilden. Um dieser Problematik zu begegnen, sollte für die Steuerung der Verwaltung der flankierende Einsatz von Indikatoren vertiefend geprüft werden. Der Einsatz operabler Indikatoren setzt wiederum eine ausreichend hohe Vermutung über die Validität der ausgewählten Indikatoren voraus. Demnach ist – wie erwänt – zunächst eine (ex-ante) Prüfung notwendig, die im Ergebnis einen Beitrag zur Aufhellung vermuteter Ursache-Wirkungsbeziehungen zwischen Outputs, Impacts und Outcomes leisten kann. Im Ergebnis können in der Kombination spezifischer Verfahren der *Evaluation*[677] sowie dem zielgerichteten Einsatz von *Wir-*

---

[676] Vgl. Mosiek/Gerhardt/Wirtz/Berens (2003), S. 34.

[677] Auch die Ergebnisse des Reformprozesses wi/! (vgl. Kapitel 4.1.2) wurden im Rahmen einer ausführlichen Evaluation bewertet und dokumentiert. An dieser Stelle sollen nur die den wirkungsorientierten Themenkomplex betreffenden Aussagen des Evaluationsteams wiedergegeben werden. Demnach wurde das Ziel *Verstärkte Zielorientierung und Effektivität* „gut erreicht". Die gesammelten Erfahrungen in der Schweiz zeigen deutlich, dass der Weg zu einem wirkungsorientierten Management fest eingeschlagen ist. Begründet wird diese Bewertung u. a. mit der Einführung eines umfassenden Instrumentariums für die Zielorientierung und einem Controlling der gesetzten Ziele. Verbesserungspotenziale hingegen werden in erster Linie in der Verstärkung einer leistungsmäßigen Zielorientierung sowie in der Verbesserung der Transparenz der Staatstätigkeit gesehen. *Die Aussagekraft bzgl. der Wirkungen ist nach Ansicht des Evaluationsteams ebenfalls noch verbesserungsfähig.* Zum einen wird die Abbildung von Wirkungen über einfache *Indikatoren* als nicht ausreichend angesehen, darüber hinaus bereitet die Darstellung von *Wirkungszusammenhängen* Probleme. Ein weiterer Grund für eine mangelnde Steuerungsfähigkeit der Wirkungen ist ein zu kurzer Steuerungsrhythmus sowie das Fehlen von Instrumenten im Rahmen eines Controllings für die Abbildung komplexer Wirkungszusammenhänge. Hier wird für die Zukunft vor allem der Einsatz von Verfahren der *Evaluationen* gefordert. Auch empfiehlt das Evaluationsteam die Prüfung weitergehender Steuerungskompetenzen für den Kantonsrat. Dies beinhaltet die Festlegung von Wirkungszielen nur in ausgewählten Bereichen sowie vor allem eine Stärkung der Wirkungssteuerung durch die Festlegung eines Mehrjahreszyklus. Vgl. econcept (2002). Damit wird bereits an dieser Stelle deutlich, dass Evaluationen sich sowohl auf die Bewertung von komplexen (auch institutionellen) Reformprojekten, aber auch auf die Darstellung von Wirkungszusammenhängen einzelner Maßnahmen oder Programme beziehen können.

kungsindikatoren die Probleme einer Wirkungsoperationalisierung unter bestimmten Voraussetzungen deutlich reduziert werden.[678]

Abbildung 33 vermittelt einen Überblick über die Kernelemente der Outcomeebene.

5.2.7.1 Die Bedeutung von Ursache-Wirkungsbeziehungen

Die Notwendigkeit der Isolierung von Leistungs- oder Produktwirkungen aufgrund zahlreicher Interdependenzen und Umwelteinflüsse ist evident.[679] Im Rahmen einer Wirkungsmessung wird oftmals auf Abbildungsgrößen zurückgegriffen, die auf einen eher zweifelhaften Zusammenhang zwischen dem Output und dem Outcome zurückgreifen. Dieser Problematik kann über die Identifizierung von *Ursache-Wirkungsbeziehungen* zwischen den einzelnen Verwaltungsleistungen und den durch diese verursachten Wirkungen begegnet werden. Diese Form der Leistungs- und Wirkungsmessung wird als indirekte Messung[680] bezeichnet. Der Einsatz der Ursache-Wirkungsketten ermöglicht die Bildung von vertikalen Zielbeziehungen innerhalb der Verwaltung auf der Basis *funktionaler Erklärungen*. Den Ausführungen in Kapitel 2.2.2 zu den Mittel-Zweck-Hierarchien zwischen den einzelnen Zielgrößen Outcome, Output sowie Input folgend, stellen die Outputs einer öffentlichen Verwaltung lediglich Zwischenziele zur Erreichung des angestrebten Outcomes dar. Die Erstellung eines Outputs impliziert damit idealerweise einen Ursache-Wirkungs-Zusammenhang zwischen dem Output und dem Outcome. Unter der Prämisse, dass der unterstellte Wirkungszusammenhang korrekt ist, sollten sich im Ergebnis die Outcome-Ziele aus dem Zustand der Output-Ziele messen und abbilden lassen. In letzter Konsequenz lässt sich somit auch ein Zusammenhang zu dem erforderlichen Ressourceninput herstellen. Die Konstruktion von Ursache-Wirkungsketten kann sich in der Praxis als schwierig erweisen, da oftmals eindeutige funktionale Zusammenhänge zwischen Unter- und Oberzielen schwer zu isolieren sind.

---

[678] Auch BUDÄUS fordert in diesem Zusammenhang bspw. den Einsatz von Evaluationen und Indikatorensystemen. Vgl. Budäus (1999b), S. 336.

[679] Vgl. Hoffjan/Junga (1996), S. 47 sowie die Ausführungen in Kapitel 5.2.7.3.

[680] Vgl. die Ausführungen zu den Indikatoren in Kapitel 5.2.7.3.

5.2.7.2 Evaluationen im politisch-administrativen System

Eine einheitliche, wissenschaftliche Auffassung der Bedeutung des Begriffs Evaluation existiert nicht. Konsens herrscht darüber, dass Evaluation grundsätzlich mit einer *Bewertung* einhergeht. Verschiedene Handlungsalternativen werden untersucht und anhand einer Bewertung der Alternativen werden Entscheidungshilfen gegeben. Der Kern der Evaluation liegt in der *Untersuchung der Wirksamkeit von Maßnahmen und Programmen.* KLÖTI definiert Evaluation im engeren Sinne als „Evaluation der Wirkungen öffentlicher Politiken[681] (‚Outcomes')"[682], was einer „Beurteilung und Bewertung der Wirkungen staatlicher Programme und Maßnahmen mit wissenschaftlichen Methoden"[683] gleichkommt. Derart verstanden untersucht die Evaluation nicht primär die Entscheidungsprozesse im Vollzug oder das Zustandekommen öffentlicher Politiken, sondern fokussiert auf deren Wirkungen bzw. Outcomes.[684]

WOLLMANN bezieht die Evaluation grundsätzlich auf ein breiteres Gegenstandsspektrum von Verwaltungsmodernisierungstatbeständen.[685] Eine Unterscheidung erfolgt auf Basis der zu folgenden Zielstruktur.[686] Demnach wird zwischen der *Restrukturierungs-* bzw. *Institutionen-Evaluierung,* der *Performanz-Evaluierung* sowie der *Outcomes-Evaluierung* differenziert. Das Ziel einer Institutionen-Evaluierung ist die Ermittlung des unmittelbaren Erfolges einer Modernisierungspolitik auf die Restrukturierung der jeweiligen Institution(en). Darüber hinaus dient die Restrukturierung von Institutionen dem weiterführenden Ziel, die Handlungs- und Leistungsfähigkeit in der Politikformulierung sowie der Politikdurchführung zu steigern. Insofern fokussiert eine Performanz-Evaluierung auf die Veränderungen im politisch-administrativen Handlungsraum und tangiert damit primär die Handlungsmuster der Binnenseite von Politik und Verwaltung. Die Outcomes-Evaluierung wird hingegen von der Frage angetrieben, inwieweit weitere, über die Ergebnisse der Performanz-Evaluierung hinaus gehende

---

[681]   Unter öffentlicher Politik verstehen KNOEPFEL/BUSSMANN „ein Ensemble kohärenter und zielgerichteter Handlungen und Entscheidungen unterschiedlicher Rechtsqualität, die dazu berufene, staatliche, verbandliche oder private Personen im Hinblick auf die Lösung eines gesellschaftlichen Problems vornehmen bzw. treffen". Dabei besteht dieses Ensemble aus einem *Verwaltungsprogramm,* welches „rechtliche Grundlagen für die Ziele, die Interventionsinstrumente und die institutionellen, organisatorischen, finanziellen und instrumentellen Merkmale der administrativen und/oder gesellschaftlichen Politikumsetzung bereitstellt." Vgl. Knoepfel/Bussmann (1997), S. 62.

[682]   Vgl. Klöti (1997), S. 39.

[683]   Klöti (1997), S. 39.

[684]   „Immer bleibt ... die Analyse des Politikformulierungsprozesses für die Evaluation nur Mittel; Zweck ist die Beurteilung der Wirkung der Vorkehrungen dieser Politik in der gesellschaftlichen Realität." Klöti (1997), S. 46. Diese Aussage beinhaltet indes die Notwendigkeit sich auch mit der Entstehung und den notwendigen Entscheidungsprozessen von Politikprogrammen, also mit der Fragestellung, was der Staat tut und wie er es tut, auseinanderzusetzen. Vgl. Klöti (1997), S. 46.

[685]   WOLLMANN spricht grundsätzlich von Evaluierung von Verwaltungsmodernisierung. Vgl. im Folgenden Wollmann (2005), S. 502 ff. Die Begriffe Evaluation und Evaluierung werden in dieser Ausarbeitung als synonyme Begriffe angesehen. Im Folgenden wird allerdings ausschließlich der Begriff Evaluation verwendet, sofern nicht auf Autoren rekurriert wird, die explizit den Begriff Evaluierung verwenden.

[686]   Vgl. im Folgenden Wollmann (2005), S. 504.

Effekte zu beobachten sind[687] und ob diese ursprünglich auf die Maßnahmen der Verwaltungsmodernisierung oder auf die Performanzveränderungen zurückzuführen sind. Eine weitere Klassifizierung findet sich bei KNOEPFEL/BUSSMANN[688]. Diese unterscheiden zwischen der *Evaluation substantieller öffentlicher Politiken*, welche stets die Lösung eines spezifischen gesellschaftlichen Problems zum Gegenstand haben sowie der Evaluation *öffentlicher institutioneller Politiken*, die die Veränderung des Institutionengefüges im Sinne der Veränderung der Verteilung von politischer Macht beinhalten.

Daneben werden in der Literatur eine Reihe unterschiedlicher *Evaluationstypen* unterschieden, die für die Verwaltungspolitik und damit für ein strategisches oder politisches Controlling relevant sein können. In der prospektiven *Ex-ante-Evaluation* werden zukünftige mutmaßliche Wirkungen/Wirkungszusammenhänge vorab abgeschätzt. Die so genannte formative oder *On-going-Evaluation*[689] setzt mit Beginn der umgesetzten oder neuen Programmmaßnahme ein und dient der frühzeitigen Identifizierung von (Zwischen-)Ergebnissen.[690] Das Ziel dieses Evaluationsansatzes ist die rechtzeitige Rückkoppelung der gewonnenen Erkenntnisse an die relevanten Akteure im politisch-administrativen und/oder gesellschaftlichen Umfeld und damit die Korrektur von eingeleiteten möglichen Fehlentwicklungen. Die Erforschung des Beitrags einer bestimmten Maßnahme auf gesetzte Ziele unter Isolierung aller weiteren darauf einwirkenden Faktoren[691] findet im Rahmen der summativen oder *Ex-post-Evaluation* von Wirkungen statt.[692]

Evaluationen können sich grundsätzlich auf *normative* und auf *kausalorientierte* Zusammenhänge beziehen. Während im Rahmen einer normativen Betrachtung ein Soll-Ist-Vergleich auf der Ebene des Outcomes stattfindet,[693] kann darüber hinaus im Idealfall mittels der Evaluation eine Verbindung zwischen dem Output und dem Outcome in Form einer kausalen *Ursache-Wirkungshypothese* hergestellt werden.[694] Sofern die Ex-post-Evaluation einen Beitrag zur Aufhellung der kausalen Zusammenhänge liefert, wird zum Teil auch von *Wirkungsanalysen* gesprochen.[695] Die Wirkungsorientierung einer Evaluation ist nicht zwingend an einen zielorientierten Ansatz gebunden. Mit der Entwicklung eines „goal-free"-Ansatzes können im Idealfall auch die nicht intendierten Wirkungen – seien sie erwünschter oder nicht erwünschter Art – berück-

---

[687] WOLLMANN nennt in diesem Zusammenhang verteilungspolitische und wirtschaftliche Effekte als Beispiel.

[688] Vgl. hierzu ausführlich Knoepfel/Bussmann (1997), S. 58 ff.

[689] KLÖTI spricht in diesem Zusammenhang auch von einer Verbesserungsevaluation. Vgl. Klöti (1997), S. 47.

[690] Vgl. Wollmann (2005), S. 503.

[691] BUSSMANN nennt beispielhaft Effekte wie saisonale Schwankungen, Wertewandel oder die Konjunktur. Vgl. Bussmann (1995), S. 346.

[692] Vgl. Bussmann (1995), S. 346.

[693] Der normative Vergleich kann auch über Wirkungsindikatoren hergestellt werden. Der Vergleich auf Basis von Soll-Ist- bzw. Ist-Ist-Daten wird häufig auch als Erfolgskontrolle bezeichnet.

[694] Vgl. Haldemann/Marek (2001), S. 46.

[695] Vgl. Wollmann (2005), S. 503.

sichtig werden.[696] Die oftmals vorzufindende Komplexität der zu untersuchenden Zusammenhänge im politisch-administrativen System kann zu einer Selektion der zu beantwortenden Fragestellungen und damit zu einer *Begrenzung der Evaluation auf spezifische Wirkungsaspekte* führen. In einem solchen Fall spricht man auch von *Teilevaluationen*. Diese können bspw. konkrete staatliche Maßnahmen, Aktionsprogramme oder Projekte betreffen.[697]

Abbildung 34 vermittelt einen Eindruck der Zusammenhänge von Evaluationsgegenständen und -typen und führt die unterschiedlichen Auffassungen von Evaluationen im politisch-administrativen Umfeld zusammen.[698]

Abbildung 34: Klassifizierung von Evaluationsgegenständen

Damit umfasst diese Darstellung sowohl die enge als auch eine erweiterte Begriffsauffassung von Evaluation. Demnach lassen sich nach einer Differenzierung in Evaluationsgegenstände bzw. Evaluationstypen wesentliche Instrumente, Methoden oder Verfahren zur Ermittlung und Beurteilung des Zustandekommens bzw. zur Ermittlung und

---

[696] Vgl. Klöti (1997), S. 47.

[697] Vgl. Knoepfel/Bussmann (1997), S. 66.

[698] Dabei bezieht sich diese Abbildung lediglich auf die Ausführungen zu den in dieser Ausarbeitung getätigten Aussagen zu Evaluations- bzw. Evaluierungstatbeständen. Die Abgrenzung von Evaluationsgegenständen sowie die Zuordnung von Evaluationstypen verlaufen in der Realität teilweise fließend. Vgl. Wollmann (2005), S. 503. Diesem Phänomen wird in der Abbildung durch die Wahl der gestrichelten Darstellung Rechnung getragen. In der Abbildung wird ausschließlich der Begriff der Evaluation verwendet. Darüber hinaus wird in dieser Ausarbeitung von Outcome-Evaluation, anstatt von Outcomes-Evaluierung gesprochen.

Beurteilung der Auswirkungen von Politikformulierung und Politikdurchführung zuordnen.

Um ein für diese Ausarbeitung einheitliches Grundverständnis zu begünstigen, soll folgende Abgrenzung von Evaluationstatbeständen gelten. Sofern von *Outcome-Evaluation* gesprochen wird, bezieht sich diese Form der Bewertung primär auf die Untersuchung zur *Aufhellung von Kausalzusammenhängen* zwischen dem öffentlichen Produkt und dem erzeugten Outcome.[699]

Eine periodische Ermittlung des Outcomes zur Beurteilung der Effektivität unter bewusster Vernachlässigung der Ursache-Wirkungszusammenhänge kann indes auch über Indikatoren in Form von Wirkungsindikatoren vorgenommen werden. Der Begriff der Performanz-Evaluation wird in dieser Ausarbeitung nicht weiter verwendet, da er inhaltlich die Abbildungs- und Bewertungstatbestände eines nicht nur wirkungsorientierten Controllings tangiert. Die *Institutionen-Evaluation* wird als Oberbegriff eigenständiger Beurteilungsverfahren der Ebene der Gesetzgebung und Gesetzesbewertung innerhalb des Bezugsrahmes zugeordnet.[700] Grundsätzlich können die beiden für diese Ausarbeitung verwendeten Evaluationsgegenstände von Typen der Ex-post-, Ex-ante- sowie On-going-Evaluation abgebildet werden, sofern diese Formen die beschriebenen Sachverhalte zu erfüllen vermögen. Die *Abbildung 34* verdeutlicht darüber hinaus, dass in einer weiten Begriffsabgrenzung die Verfahren der *Gesetzesfolgenabschätzung*[701] sowie die Methoden zur Bestimmung *administrativer Kosten von Gesetzen*[702] unter dem Begriff der Evaluation subsumiert werden können. Allerdings verwendet diese Ausarbeitung die genannten Verfahren als „eigenständige Methoden", die damit nicht als Verfahren der Evaluation bezeichnet werden und ebenfalls auf der Ebene der Gesetzgebung und Gesetzesbewertung dargestellt werden.

Grundsätzlich kann man zwischen den Ansätzen der *internen Selbstevaluation* sowie der *externen Fremdevaluation* bei der Unterscheidung der *Trägerform* differenzieren. Die i. d. R. eigenfinanzierte interne Selbstevaluation wird von den beteiligten Akteuren selbst durchgeführt, während die Vergabe an z. B. externe Forschungseinrichtungen oder spezialisierte Berater Merkmale der Fremdevaluation darstellen. Diese Form der Auftragsforschung wird mit öffentlichen Mitteln entgolten. Grundsätzlich benötigen Evaluatoren eine Vielzahl an besonderen Fähigkeiten. Hierzu gehört neben unterschiedlich ausgeprägten sozialen Kompetenzen[703] auch eine fundierte fachliche Methodenkenntnis. Vor allem aber trägt der Evaluator die Verantwortung für die Validität der erhobenen Befunde.[704] Ausreichende Grundkenntnisse sowohl über das Evaluationsgebiet als auch über die Verfahren der Evaluation sind Grundvoraussetzung für die

---

[699]   Im Rahmen einer Evaluation bzw. einer wiederholten Evaluation können grundsätzlich auch Erkenntnisse über den Zielerreichungsgrad auf der Outcomeebene generiert werden.

[700]   Kapitel 5.2.8.3 beschäftigt sich mit der Darstellung der Institutionen-Evaluation.

[701]   Vgl. Kapitel 5.2.8.1.

[702]   Vgl. Kapitel 5.2.8.2.

[703]   BORTZ/DÖRING nennen in diesem Zusammenhang Eigenschaften wie Feinfühligkeit, soziale Kompetenz und diplomatisches Geschick. Vgl. Bortz/Döring (2005), S. 107.

[704]   Vgl. Bortz/Döring (2005), S. 108.

Durchführung einer Evaluation. Dabei ist es häufig unerlässlich, die Erkenntnisse unterschiedlicher wissenschaftlicher Disziplinen für ein Evaluationsvorhaben zu bündeln.[705] Die *Phasen eines beispielhaften Evaluationsablaufes* lassen sich wie folgt beschreiben.[706] Die Festlegung der *Forschungsfrage/Problembenennung* ist Ausgangspunkt einer jeden Evaluationsstudie. Der Charakter[707] der Evaluationsfragestellung hat dabei eine Auswirkung auf das festzulegende Evaluationsdesign. Die Auswahl des Evaluationsgegenstandes und des Verfahrens der Evaluation[708] sowie die Formulierung und Dokumentation realistischer Ziele beschließen diese Phase des Ablaufes. Die *Machbarkeitsprüfung* setzt sich primär mit der Frage auseinander, inwieweit eine neutrale und unabhängige Umsetzung der Evaluationsstudie im konfliktären politisch-administrativen Umfeld gewährleistet ist. Die Analyse politischer Dokumente und Aussagen kann zu einer Rekonstruktion ursprünglicher Wirkungsüberlegungen[709] führen. Die intendierten Wirkungen bzw. *Wirkungszusammenhänge* von politischen Maßnahmen bilden i. d. R. die Grundlage für das zu erstellende, untersuchungsleitende *Wirkungsmodell*. Dabei ist zu prüfen, inwieweit bestehende Erkenntnisse aus der Forschung zur Beantwortung der spezifischen Fragestellung nützlich sein könnten. Die sich anschließende Hypothesengenerierung kann im Ergebnis auch dazu führen, dass neben den gewollten Outcomes auch ursprünglich nicht intendierte Outcomes durch eine höhere Quantität der Wirkungspfade aufgedeckt werden. Die sich anschließende Auswahl des *Untersuchungsdesigns* sowie der *Forschungstechnik* bildet das konzeptionelle Kernstück des Evaluationsablaufes. Primär geht es um die Umsetzung einer Evaluations-Fragestellung in eine Strategie für die empirische Forschung. Das Untersuchungsdesign beinhaltet eine Reihe von Untersuchungskonzepten, die anhand zentraler Dimensionen klassifiziert werden können. Unterschieden wird in Einzelfallstudien oder vergleichende Untersuchungsanlagen, Quer- und Längsschnittvergleiche sowie deren Kombinationsmöglichkeiten, Vollerhebungen oder der Auswahl einzelner Untersuchungsobjekte sowie nicht zuletzt die Unterscheidung in experimentelle, quasi-experimentelle und nicht-experimentelle Designs.[710] Die Auswahl der Forschungsverfahren steht oftmals in einem engen Zusammenhang mit den erkenntnistheoretischen Positionen der Anwender. Die Ansätze des *empirisch-analytischen* sowie des *interpretativ-hermeneutischen* Paradigmas haben Affinitäten zu den unterschiedlichen Forschungstechniken. *Qualitative Evaluationsansätze*, die eher einem interpretativ-

---

[705] Vgl. Klöti (1997), S. 44.

[706] Vgl. im Folgenden Balthasar (1997), S. 175 ff.

[707] Der Charakter bezeichnet die Auswahl einer deskriptiven, normativen oder kausalorientierten Evaluationsfragestellung.

[708] Hierzu zählen beispielsweise die zielorientierte und die zielfreie Evaluation. Während erstere bewusst versucht den Zielerreichungsgrad durch Indikatoren abzubilden, beurteilt letzteres Verfahren eine Maßnahme anhand des gesamten Sets von ausgelösten Wirkungen.

[709] Z. B. im Rahmen eines Gesetzgebungsverfahrens. Vgl. hierzu auch die Ausführungen zu den Gesetzesfolgenabschätzungen in Kapitel 5.2.8.1.

[710] Eine ausführliche Beschreibung der Grundlagen und Inhalte unterschiedlicher Untersuchungsdesigns wird in Bussmann/Klöti/Knoepfel (1997), S.173 ff. vorgenommen.

hermeneutischen Paradigma unterliegen,[711] legen ihr „Schwergewicht auf die problem- und einzelfallbezogene Nützlichkeit und nicht so sehr auf die Generalisierbarkeit der Evaluationsergebnisse".[712] *Quantitative Verfahren*, welche sich primär am empirisch-analytischen Paradigma ausrichten,[713] verfolgen eine hypothesenüberprüfende Vorgehensweise. Beiden Evaluationsansätzen liegen eine Vielzahl unterschiedlicher Datenerhebungs- sowie Datenauswertungsmethoden[714] zugrunde.

5.2.7.2.1 Anforderungen an Evaluationen

Verfahren der Evaluation können sich durch eine hohe Methodenkomplexität auszeichnen. Darüber hinaus müssen oftmals Erkenntnisse aus unterschiedlichen wissenschaftlichen Disziplinen im Rahmen eines Evaluationsvorganges zusammengeführt werden. Vor diesem Hintergrund und der Heterogenität der Ansätze sollten für eine mögliche Bewertung von Evaluationen zumindest allgemein anerkannte und objektive Kriterien zugrunde gelegt werden, die sowohl die methodischen als auch die disziplinären Besonderheiten zu berücksichtigen in der Lage sind.[715]

Ein geeigneter Ansatz zur Ableitung von Anforderungskriterien für Evaluationen basiert auf dem Konzept der *Schweizerischen Evaluationsgesellschaft* (SEVAL).[716] Die SEVAL-Standards stützen sich dabei auf die *Program Evaluation Standards* des *Joint Committee on Standard for Educational Evaluation*.[717]

Die Evaluationsstandards der SEVAL sollen einen Beitrag zur Professionalisierung der Evaluation in der Schweiz leisten, indem allgemeine[718] Qualitätsanforderungen an Evaluationen definiert werden. Insgesamt sind die Evaluationsstandards in vier Gruppen eingeteilt:[719]

- Nützlichkeit
- Durchführbarkeit
- Korrektheit
- Genauigkeit

---

[711] Vgl. Widmer/Binder (1997), S. 216.

[712] Widmer/Binder (1997), S. 223.

[713] Vgl. Widmer/Binder (1997), S. 216.

[714] Eine umfassende Auseinandersetzung mit den Methoden der Datenerhebung und der Datenauswertung im Rahmen quantitativer und qualitativer Evaluationsansätze liefern u. a. BORTZ/DÖRING. Vgl. Bortz/Döring (2005), S. 137 ff.

[715] Vgl. Klöti (1997), S. 55.

[716] Vgl. SEVAL (2000).

[717] Vgl. Joint Committee (1994).

[718] Mit Ausnahme der Personalevaluation sind die Standards für Evaluationen allgemeingültig. Die Standards können dabei unabhängig vom institutionellen Kontext, dem gewählten Vorgehen – bspw. interne oder externe Evaluation – oder dem spezifischen Themenbereich angewendet werden. Als Evaluationsgegenstand werden im Rahmen des SEVAL-Ansatzes sowohl Programme, Maßnahmen, Projekte, Organisationen, Institutionen, Politiken, Produkte, Materialien oder andere Objekte aufgefasst. Vgl. Widmer/Landert/Bachmann (2000), S. 1 f.

[719] Vgl. im Folgenden Widmer/Landert/Bachmann (2000), S. 3 ff. sowie Buschor (2002), S. 66 f.

Die *Nützlichkeitsstandards* sollen sicherstellen, dass sich eine Evaluation an den Informationsbedürfnissen der Informationsadressaten ausrichtet. Insgesamt umfasst diese Gruppe acht Standards. Zu diesen Standards gehört die *Stakeholderorientierung*, bei der die Interessen und Bedürfnisse der Beteiligten und Betroffenen[720] identifiziert und berücksichtigt werden sollten. Darüber hinaus sollten die *Evaluationsziele* für alle Beteiligten geklärt sein. Evaluatoren sollten über ein hohes Maß an Integrität, Unabhängigkeit sowie sozialer und kommunikativer Kompetenz verfügen. Dies ist die Voraussetzung für eine hohe *Glaubwürdigkeit und Akzeptanz* der Evaluationsergebnisse. Die Nachvollziehbarkeit der Evaluationsergebnisse wird in dem Standard der *Prozesstransparenz* festgelegt. Die zielorientierte *Auswahl und* der *Umfang der Informationen* werden ebenso wie die *Vollständigkeit und Klarheit des Evaluationsberichts* als Standard formuliert. Im Rahmen der *Rechtzeitigkeit der Berichterstattung* wird gefordert, dass handlungsrelevante Resultate, Zwischen- oder Endberichte rechtzeitig in den Management- und Planungskreislauf eingebracht werden können. Eine jederzeit transparente Planung, Durchführung und Darstellung des Evaluationsprojektes kann die *Wirkung der Evaluation*, im Sinne der Nutzung der Evaluationsempfehlungen oder -ergebnisse fördern.

Dass eine Evaluation realistisch, gut durchdacht, diplomatisch und vor allem kostengünstig durchgeführt wird, soll durch die drei *Durchführbarkeitsstandards* festgelegt werden. Der Einsatz *praktikabler Verfahren* fordert einen pragmatischen Umgang bei der Auswahl des einzusetzenden Evaluationsverfahrens. Die Aussagekraft sowie die transparente Darstellung von Vor- und Nachteilen unterschiedlicher Verfahren sollte bei der Planung des Evaluationsprojektes unbedingt geprüft werden. Eine unnötige Belastung des Evaluationsgegenstandes sowie der betroffenen Personen im Rahmen der Evaluation soll dadurch vermieden werden. Diese Forderung kann im Ergebnis dazu führen, dass nicht die aus wissenschaftlicher Sicht aussagekräftigste Methode zum Einsatz kommen muss, sondern – wie beschrieben unter Abwägung der Vor- und Nachteile – die Verfahren, die am praktikabelsten anwendbar sind. Darüber hinaus sollte es das Ziel sein, möglichst alle expliziten und impliziten Bedürfnisse der verschiedenen Interessengruppen und Beteiligten zu berücksichtigen, um eine *politische Tragfähigkeit* des Gesamtprojektes zu erreichen. Nicht zuletzt spielt die *Kostenwirksamkeit* der Evaluation eine sehr große Rolle. Der Wert der zutage geförderten Informationen sollte grundsätzlich die eingesetzten Mittel rechtfertigen, d. h. eine Evaluation ist dann kostenwirksam, wenn der hierdurch zu erwartende Nutzen gleich groß oder größer als ihre Kosten ist. Die Kosten bezeichnen in diesem Zusammenhang die Gesamtheit des sozialen und monetären Wertes aller zur Durchführung der Evaluation benötigten Ressourcen. Der Nutzen hingegen beschreibt die Summe jener Werte, die

---

[720] Zu den relevanten Stakeholdern können im öffentlichen Sektor neben Politikern, Verwaltungsakteuren und Verbänden auch die Steuerzahler und Spender sowie die Bezieher öffentlicher Leistungen gezählt werden. Damit umfasst der Begriff der Stakeholder alle Bezugsgruppen, Interessengruppen oder Anspruchsgruppen, die kontextabhängig betroffen sein könnten, vgl. hierzu auch Alt (2002), S. 56.

durch die Evaluation hervorgebracht worden sind.[721] Im Ergebnis sollte das Kosten-Nutzen-Verhältnis einer Evaluation möglichst optimal ausfallen.

Neben den Nützlichkeits- und den Durchführbarkeitsstandards existieren die sechs *Korrektheitsstandards.* Mit ihnen soll eine rechtliche und ethische Korrektheit der Evaluation sowie eine dem Wohlbefinden der Beteiligten und Betroffenen angemessene Aufmerksamkeit sichergestellt werden. Mit *den formalen Vereinbarungen* sollen die Rechte und Pflichten der einzelnen Vertragsparteien schriftlich festgehalten werden. Es sind insbesondere Festlegungen bzgl. des Zeithorizonts, der Finanzen, der beteiligen Personen, der Publikationsformen, des Inhaltes, der Methodik sowie des Vorgehens zu fixieren. Die Planung und Durchführung einer Evaluation sollte derart vorgenommen werden, dass der *Schutz individueller Rechte* der Beteiligten und Betroffenen gewahrt bleibt. Der Standard *menschlich geeignete Interaktion* versucht Situationen zu vermeiden, in denen möglicherweise die Würde oder die Selbstachtung einzelner Beteiligter verletzt werden könnten. Im Rahmen einer *vollständigen und fairen Einschätzung* eines Evaluationsgegenstandes ist es notwendig, eine ausgewogene Darstellung sowohl der Stärken als auch der Schwächen des untersuchten Objektes vorzunehmen. Die *Offenlegung der Ergebnisse* soll sicherstellen, dass die Projektberichte allen berechtigten Anspruchsgruppen zugänglich gemacht werden. Sofern Interessenkonflikte entstehen, sollten diese offen und aufrichtig behandelt werden, um das Verfahren und das Evaluationsergebnis möglichst wenig zu beeinträchtigen. Dieser Punkt wird in dem Standard *Deklaration von Interessenkonflikten* geregelt.

Um gültige und verwendbare Informationen aus einer Evaluation zu generieren, wurden die zehn *Genauigkeitsstandards* im Rahmen des SEVAL-Ansatzes formuliert. Die genaue *Dokumentation und Beschreibung des Evaluationsgegenstandes* ermöglicht u. a. eine Untersuchung der Zusammenhänge des Evaluationsgegenstandes und seinen Wirkungen und Nebenwirkungen. Eng damit zusammenhängend ist die exakte Beschreibung der *Ziele und des Vorgehens der Evaluation.* Die Einflüsse aller Rahmenbedingungen[722] auf den Evaluationsgegenstand werden im Rahmen der *Kontextanalyse* identifiziert. Um die Angemessenheit der durch die Evaluation gelieferten Informationen zu beurteilen, sollten die *verlässlichen Informationsquellen* stets genannt und beschrieben werden. Darüber hinaus muss natürlich die *Gültigkeit* und *Zuverlässigkeit* der Interpretationen durch den Einsatz geeigneter Verfahren oder Erhebungsinstrumente gewährleistet sein. Dieser Sachverhalt soll durch den Standard *valide und reliable Information* sichergestellt werden.[723]

---

[721] Zu nennen sind hier z. B. Einsparungsmöglichkeiten, Wirkungsoptimierungen oder die Kenntnis der Akzeptanz einzelner Programme.

[722] Hierzu zählen z. B. die institutionelle Einbindung, das soziale und politische Klima, die wirtschaftlichen Rahmenbedingungen sowie die personellen Charakteristika der Betroffenen und Beteiligten.

[723] An dieser Stelle sei bereits auf das *Auffangpotenzial von Störfaktoren* hingewiesen. Die hohen Anforderungen an die unterschiedlichen Verfahren der Outcome-Evaluation, insbesondere die *Genauigkeitsstandards* begünstigen die „Antizipation" von Störfaktoren, speziell solcher, die eine Gefährdung der Validität bzw. des Nachweises eines Kausalzusammenhanges darstellen können. In diesem Zusammenhang werden mit der Darstellung der Indikatoren in Kapitel 5.2.7.3 einige grundsätzliche Störfaktoren beschrieben, die im Rahmen einer Wirkungsbetrachtung relevant sind.

Eine *systematische Informationsüberprüfung* dient der Fehlerreduzierung im laufenden Erhebungs-, Erfassung-, Auswertungs- und Interpretationsprozess. Für eine effektive Beantwortung der relevanten Fragestellungen sind sowohl *qualitative* als auch *quantitative Methoden* zu berücksichtigen. Für eine bessere Nachvollziehbarkeit und Einschätzung der Ergebnisse sollten die aus einer Evaluation gezogenen *Schlussfolgerungen* ausführlich *begründet* sowie deren Geltungsbereich skizziert werden.

Die *unparteiische Berichterstattung* stellt die faire Wiedergabe der Evaluationsergebnisse in dem Evaluationsbericht sicher. Ebenfalls zu den Genauigkeitsstandards gehört das Verfahren der *Meta-Evaluation*. Mit diesem kann die durchgeführte Evaluation selbst einer eigenen Evaluation unterzogen werden. Diese interne Selbstevaluation dient der Überprüfung der Qualität sowie der Stärken und Schwächen der ursprünglich durchgeführten Evaluation. Externe Fremdevaluationen sind vor allem dann erfolgreich und liefern einen Mehrwert, wenn sie durch eine qualifizierte[724], interne Selbstevaluation unterstützt werden.[725]

Die nach dem SEVAL-Ansatz beschriebenen Anforderungskriterien für eine Evaluation lassen sich zusammenfassend der *Abbildung 35* entnehmen.

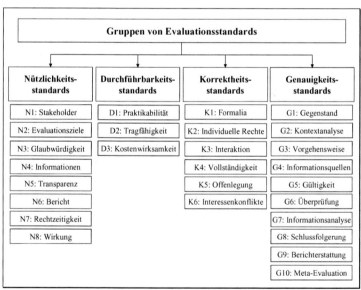

Abbildung 35: Evaluations-Standards

Die beschriebenen Standards liefern grundsätzlich keinen Hinweis über den Einsatz von angemessenen Instrumenten zur Durchführung einer Evaluation oder über die Er-

---

[724] Qualifiziert bedeutet in diesem Zusammenhang die ausreichende Kenntnis notwendiger Methodenkompetenz.
[725] Vgl. Buschor (2002), S. 67.

folgschance der Identifikation von Ursache-Wirkungs-Zusammenhängen. In der Literatur wird überwiegend die Meinung vertreten, dass es darauf ankommt, die konzeptionellen und methodischen Ansätze der Evaluation den spezifischen Gegebenheiten der durchzuführenden Untersuchung anzupassen. Diese Vorgehensweise wird auch als *Methodenmix* bezeichnet.[726]

Neben der allgemeinen Auflistung der SEVAL-Standards geben die Begleitmaterialien zu den Anforderungskriterien Auskunft darüber, welche speziellen Standards bei wichtigen Evaluationstätigkeiten zu beachten sind.[727] Zu den aufgelisteten wichtigen Evaluationstätigkeiten gehören:

- Der Entscheid über die Durchführung einer Evaluation
- Die Definition des Evaluationsproblems
- Die Planung der Evaluation
- Die Informationserhebung
- Die Informationsauswertung
- Die Berichterstattung zur Evaluation
- Die Budgetierung der Evaluation
- Der Abschluss des Evaluationsvertrages
- Das Leiten der Evaluation/Evaluationsmanagement
- Die personelle Ausstattung der Evaluation

Abbildung 36 gibt einen beispielhaften Auszug der den wichtigen Evaluationstätigkeiten zugeordneten Standards. So wird beispielsweise für die Tätigkeit *Personelle Ausstattung der Evaluation* empfohlen, die Standards Glaubwürdigkeit, politische Tragfähigkeit, Deklaration von Interessenkonflikten, unparteiische Berichterstattung sowie Meta-Evaluation anzuwenden.

Im Idealfall erfüllen Evaluationen alle durch die Standards geschilderten Anforderungen. Im Einzelfall hingegen bleibt abzuwägen, inwiefern eine Gewichtung oder Priorisierung einzelner Standards für die Evaluation vorgenommen werden sollte. Die Auswahl und Gewichtung unterschiedlicher Anforderungen vor dem Hintergrund spezifischer Rahmenbedingungen sollte einer offenen Auseinandersetzung folgen und *hinreichend erläutert und dokumentiert* werden.

---

[726] Vgl. Wollmann (2005), S. 505.
[727] Vgl. Widmer/Landert/Bachmann (2000), S. 14 ff.

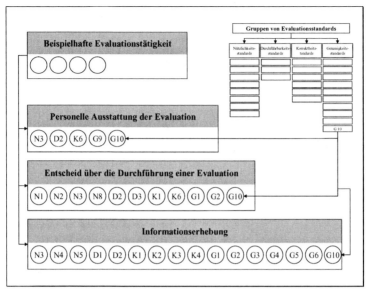

Abbildung 36: Zuordnung von Standards

5.2.7.2.2 Vor- und Nachteile von Evaluationen

Die Herleitung von Vor- und Nachteilen von Evaluationen basiert schwerpunktmäßig auf den dargelegten Anforderungskriterien des SEVAL-Ansatzes. Die Vielzahl an unterschiedlichen Typen und Ansätzen[728] von Evaluationen macht eine Differenzierung bei der Analyse notwendig. Wesentliche Unterscheidungsmerkmale weisen die Selbst- und Fremdevaluation auf. Eine isolierte Betrachtung sowie die Berücksichtigung des Aufeinandertreffens beider Erscheinungsformen sind für eine Ableitung der Vor- und Nachteile sinnvoll.

Zunächst werden die Vorteile einer *internen Selbstevaluation* geschildert. Sofern diese Form der Evaluation zur Unterstützung der externen Fremdevaluation eingesetzt wird und eine entsprechend notwendige Ausbildung der internen Evaluatoren vorausgesetzt werden kann, wird i. d. R. die *Akzeptanz* und *Wirksamkeit* externer Evaluationen erhöht.[729] Eine für Fremdevaluationen offene Verwaltungskultur schafft darüber hinaus *Rationalisierungsgewinne* und führt letztlich zu *Kosteneinsparungen*. Neben dem Engagement und dem Bekenntnis der Beteiligten während der Selbstevaluation gewährleistet eine intensive Kommunikation mit einer hohen Wahrscheinlichkeit die *Umsetzung der gewonnenen Erkenntnisse*.

---

[728] Zu den Typen und Ansätzen von Evaluationen vgl. ausführlich Kapitel 5.2.7.2.
[729] Vgl. im Folgenden Buschor (2002), S. 67 f.

Zu den großen Nachteilen einer internen Evaluation zählen neben den anfallenden *Einführungskosten* für die notwendige Ausbildung und Qualifizierung vor allem diejenigen Aspekte, die aus einer nicht ausreichenden Qualifizierung resultieren. Der gravierendste Nachteil ist daher die *fehlende Methodenkompetenz*. Dies führt bei der Aufstellung eines adäquaten Untersuchungsdesigns sowie bei der Datenerhebung zu erheblichen Problemen. Darüber hinaus ist oftmals eine spezifische Methodenkompetenz für die Auswertung erhobener Daten erforderlich, da ansonsten falsche Rückschlüsse aus dem erhobenen Datenmaterial gezogen werden könnten.

Die *Fremdevaluation* zeichnet sich i. d. R. durch die *vorhandene Methodenkompetenz* sowohl in der Datenerhebung als auch in der Datenanalyse aus. Darüber hinaus verfügen Fremdevaluatoren normalerweise über ein hohes Maß an *Professionalität* und *Unabhängigkeit*.

Zu den wesentlichen Nachteilen einer externen Fremdevaluation gehört eine *größere Einarbeitungszeit* in die fachliche Thematik. Eng damit verbunden ist ein *erhöhter Zeitbedarf* für die Gesamtevaluation. Dies muss im Rahmen des Planungsprozesses der Evaluation berücksichtigt werden. Darüber hinaus verursachen die komplexen Verfahren der Fremdevaluationen z. T. *höhere Kosten* als pragmatischere Lösungsansätze beim Auftraggeber.

Grundsätzlich besteht bei beiden Erscheinungsformen eine *Manipulationsgefahr*, sofern Verwaltung und/oder Politik während des Erhebungs- und Auswertungsprozesses versuchen, Einfluss auf das Evaluationsergebnis zu nehmen (vgl. *Abbildung 37*).

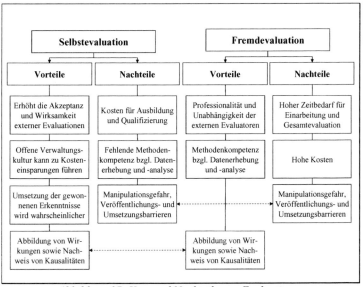

Abbildung 37: Vor- und Nachteile von Evaluationen

Darüber hinaus können die ermittelten Erkenntnisse *Umsetzungs- bzw. Veröffentlichungsbarrieren* unterliegen. Sofern die Ergebnisse von der Verwaltungsspitze oder von der Politik selber nicht gewünscht werden, bleiben sie in der Regel der Öffentlichkeit vorenthalten. Ein *hoher Zeitbedarf* von der Planung bis zur etwaigen Umsetzung der gewonnenen Erkenntnisse gehört, wie auch die tendenziell *hohen Kosten*, zu den Nachteilen beider Evaluationsformen.

Als gemeinsamer Vorteil beider Erscheinungsformen kann hingegen die grundsätzliche Möglichkeit der Ermittlung von Wirkungsergebnissen[730] sowie die potenzielle Abbildung von *Kausalitäten* angeführt werden.

Um die vom Controlling über den Bezugsrahmen bereitgestellten Ergebnisse der Outcome-Evaluation für das Wirkungsmanagement weiterhin zu nutzen, bedarf es – wie bereits beschrieben – nunmehr der Ableitung bzw. der Festlegung *geeigneter Indikatoren* für eine Verwaltungssteuerung. Die Ableitung zweckmäßiger Indikatoren ergibt sich aus den Ergebnissen einer Outcome-Evaluation. Im Idealfall ermittelt ein Evaluationsergebnis einen auch für die Steuerung verwendbaren Indikator.[731] Allerdings müssen in vielen Fällen die Erkenntnisse einer Outcome-Evaluation für eine Steuerung weiter operationalisiert werden, um die kontinuierliche Ermittlung der Zielerreichung und damit den Eingang in ein institutionalisiertes Berichtswesen zu gewährleisten. Die folgenden Ausführungen zeigen, dass auch der permanente Einsatz von (scheinbar geeigneten) Indikatoren nicht problemlos in die Planungs- und Kontrollabläufe zu integrieren ist.

5.2.7.3 Der Einsatz von Indikatorensystemen

Indikatoren oder *Indikatorensysteme* stellen ein Instrument im Rahmen indirekter Messmethoden dar. Nicht direkt messbare Sachverhalte können mittels Indikatoren ansatzweise messbar gemacht werden. Das Ergebnis ist ein vereinfachtes Abbild der Wirklichkeit.[732] Die Ausprägung eines Indikators ermöglicht in der Regel einen begründeten Rückschluss auf die nicht direkt messbare Zielgröße. Eine *begründete Ver-*

---

[730] An dieser Stelle sei noch einmal auf die im Rahmen dieser Ausarbeitung zugrunde gelegte Begriffsdefinition von Evaluation verwiesen. Vgl. Kapitel 5.2.7.2.

[731] An dieser Stelle wird damit bewusst ein hinreichend hoher Kausalzusammenhang zwischen den vorgelagerten Prozessschritten und dem Outcome sowie eine Beeinflussbarkeit der Wirkungsintensität der Verwaltung bzw. des Verwaltungsarrangements unterstellt. Sofern sich im Rahmen einer Outcome-Evaluation herausstellt, dass bspw. keine Wirkungsbeeinflussbarkeit seitens der Verwaltung besteht, allerdings eine grundsätzliche Zurechenbarkeit oder auch andere Erkenntnisse aus der Outcome-Evaluation resultieren, so sind diese Informationen i. d. R. zumindest für Dokumentationszwecke erforderlich. Welche grundsätzlichen Gestaltungspotenziale ein öffentliches Vollzugsarrangement im Falle einer Beeinflussbarkeit von Wirkungen besitzt, welches Integrationspotenzial eine Wirkungsbetrachtung liefert und welche Schlussfolgerungen nicht nur die verwaltungsspezifische Führung aus den Ergebnissen einer Outcome-Evaluation ziehen kann, ist Bestandteil des Kapitels 6.

[732] Vgl. Hill (2002), S. 65. Indikatoren sind immer dann zu verwenden, wenn sich die zu messende Realität wegen ihrer Vielschichtigkeit umfassenden und objektiv nachprüfbaren Erfassung entzieht. Vgl. Haiber (1997), S. 400.

mutung[733] oder ein *empirisches Anzeichen* über relevante Zusammenhänge stellen die ausreichenden Voraussetzungen für die Auswahl von Indikatoren dar.[734]

Indikatoren werden im Rahmen dieser Ausarbeitung als Abbildungsgrößen verwendet, die die *Effektivität*, und damit den Zielerreichungsgrad des Verwaltungshandelns auf der Ebene des Impacts und des Outcomes abzubilden vermögen. Damit können sie auch als Steuerungsgegenstand Eingang in Indikatoren- oder Managementsysteme finden. Die Ableitung von Indikatoren erfolgt im Idealfall über eine vorausgehende Outcome-Evaluation.[735]

HORAK unterscheidet u. a. zwischen *Primärindikatoren* und *Sekundärindikatoren*. Während letztere die nachgelagerten Subziele[736] einer Verwaltung messen, orientieren sich die Primärindikatoren direkt an den Oberzielen einer Institution.[737] Darüber hinaus werden subjektive von objektiven Indikatoren abgegrenzt. Objektive Indikatoren werden unabhängig von den betroffenen Akteuren beurteilt.[738] Ihr Einsatz ist sowohl unter steuerungstechnischen Aspekten als auch im Rahmen der Dokumentationsfunktion in der Außenwirkung unabdingbar. Neben Frühwarnindikatoren können auch ex-post-Indikatoren fallspezifisch in der Verwaltung eingesetzt werden. Letztere sind primär für Zeitvergleiche geeignet. Eine permanente und systematische Erfassung der Zielerreichungsgrade der Leistungserstellung soll mittels der Indikatorensysteme abgebildet werden.[739]

HOFFJAN differenziert die grundsätzliche Informationsversorgungsfunktion von Indikatorenrechnungen in unterschiedliche Teilaufgaben.[740] Während die *Operationalisierungsfunktion* die nicht wahrnehmungsfähigen Sachverhalte präzisiert und damit einer quantitativen Analyse zugänglich macht, ermöglicht die *Messfunktion* eine direkte Messung der gebildeten Indikatoren und damit indirekt des Sachverhaltes. Die mögliche Bildung von Sollwerten und die damit unmittelbare Verdeutlichung der angestrebten Zielwerte kann motivierend auf die beteiligten Mitarbeiter wirken. Dieser Aspekt wird durch die *Motivationsfunktion* repräsentiert.

Bei der Ausgestaltung von Indikatoren- und Kennzahlensystemen können grundsätzlich Aspekte, die eine umfassende Wiedergabe von Ergebnissen bzgl. der Effektivität,

---

[733]   Durch die begründete Vermutung können Indikatoren auch eine potenzielle informatorische *Ursache-Wirkungs-Lücke* überbrücken, ohne diese funktional zu erklären. Vgl. Haiber (1997), S. 118. sowie Kapitel 5.2.7.

[734]   Vgl. Haiber (1997), S. 118 und 400 sowie Bachmann (2004), S. 178.

[735]   Im Rahmen einer On-going-Evaluation kann allerdings auch die Überprüfung der Plausibilität eines bereits verwendeten Indikatorensystems vollzogen werden. Darüber hinaus ist es denkbar, dass im Rahmen einer bspw. notwendigen On-going-Evaluation grundsätzlich vorhandene Daten aus einem bereits in der Verwaltung laufenden Indikatorensystem zur Unterstützung des Evaluationsvorhabens genutzt werden.

[736]   In diesem Zusammenhang ist damit die Erfassung von Zielen der Kundenzufriedenheit auf der Impactebene gemeint.

[737]   Vgl. Horak (1995), S. 267.

[738]   Vgl. Horak (1995), S. 267.

[739]   Vgl. Berens/Hoffjan (2004), S. 109.

[740]   Vgl. im Folgenden Hoffjan (1998), S. 289 f.

der Effizienz, der Kostenwirtschaftlichkeit sowie der Qualität gewährleisten, eine gewichte Rolle spielen.[741] Die Ausgestaltung eines Indikatorensystems auf der Ebene des Outcomes sollte hingegen primär die *Mehrdimensionalität* des Wirkungszielsystems[742] und damit vor allem die Wirkungsqualität auf der Ebene des Outcomes sowie auf der Ebene des Impacts berücksichtigen. In diesem Zusammenhang spielen vor allem Wirkungs- und Impactindikatoren eine zentrale Rolle.

Sofern sich (outcomeorientierte) Sachverhalte grundsätzlich über Indikatoren[743] abbilden lassen und einer Abweichungsanalyse unterzogen werden, sollten spezifische Probleme bei der Analyse dieser Ergebnisse bzw. möglicher Abweichungen berücksichtigt werden (vgl. *Abbildung 38*).

HOFFJAN schreibt dem Controlling bei der Interpretation eines indikatorbasierten Leistungsvergleichs eine *Ausgleichs- und Moderationsfunktion* zu. Das Controlling soll zwischen unterschiedlichen Wahrnehmungen *vermitteln* und eine *Vertrauensbasis* herstellen bzw. sichern.[744] Diese beiden Funktionen können in einem engen Zusammenhang mit der dem Aufgabenträger des Controllings zugewiesenen *Beratungsfunktion* stehen.[745]

Etwaige, zu eliminierende Störfaktoren[746], die Verzerrungen in den Ergebnissen hervorrufen könnten, ergeben sich grundsätzlich durch *Zeiteinflussfaktoren, Nebenwir-*

---

[741] Vgl. Hoffjan (1998), S. 292 ff. In diesem Zusammenhang spielt im Rahmen dieser Ausarbeitung die begriffliche Abgrenzung von Kennzahlen und Indikatoren eine Rolle. So werden die Bewertungskriterien der Effizienz und der Kostenwirtschaftlichkeit mittels Kennzahlen, das Kriterium der Effektivität mit Indikatoren abgebildet. Da die Qualität unter Zugrundelegung des ganzheitlichen Qualitätsbegriffs das gesamte politisch-administrative System umfasst, können sowohl Kennzahlen als auch Indikatoren die Qualitätserfüllung je nach Ebenenbezug und Wahrnehmbarkeit des Sachverhalts dokumentieren.

[742] Vgl. Kapitel 2.2.1.

[743] Sofern es sich um nicht wahrnehmungsfähige Sachverhalte handelt können grundsätzlich auch Indikatoren gebildet werden, welche die weiteren Qualitätsdimensionen innerhalb des integrierten Bezugsrahmens abzubilden vermögen. Unter diese werden die *Ausstattungsindikatoren* (Potenzialdimension), die *Nutzungsindikatoren* (Prozessdimension) sowie die *Resultatsindikatoren* (Leistungsdimension) subsumiert. Daneben können erfolgskritische Ereignisse für eine effiziente Produkterstellung grundsätzlich auch über *Bestandsindikatoren*, welche Umfeldzustände dokumentieren, sowie *Aktivitätsindikatoren*, welche das Verhältnis Ergebnis pro Zeit abbilden, wiedergegeben werden. Durch die beschriebenen *Qualitätsindikatoren* können Aussagen über die Sachgerechtigkeit, Zeitgerechtigkeit und Wirtschaftlichkeit gemacht werden, was gleichsam in Verbindung mit den *Aktivitätsindikatoren* den Output der Verwaltung determiniert. Vgl. Hoffjan (1998), S. 293. Bei HORAK findet sich hingegen eine Abgrenzung in Zustandsindikatoren, die einen konkreten Erfolg abbilden und Prozessindikatoren, die sich mit der Darstellung zur Erreichung eines Zustandes beschäftigen. Darüber hinaus werden Input- und Outputindikatoren unterschieden. Vgl. Horak (1995), S. 267.

[744] Vgl. Hoffjan (1998), S. 360.

[745] Vgl. Kapitel 3.2.

[746] Vgl. Volz (1980), S. 186. VOLZ spricht in diesem Zusammenhang grundsätzlich von Störfaktoren der Erfolgskontrolle.

kungen von Programmen, *Mess- und Auswahleffekten* sowie durch Einschränkungen der *Generalisierbarkeit* der Ergebnisse.[747]

Die *Zeiteinflussfaktoren* können durch vier Phänomene erklärt werden.[748] Zum einen kann ein *extremer Ausgangswert* dazu führen, dass eine mögliche Steigerung oder Senkung einer untersuchten Variable vor dem Hintergrund eben dieses Ausgangswertes stark zu relativieren ist. Die Auswirkungen natürlicher Abbau- oder Alterungsprozesse werden mit dem Begriff *Reifung* beschrieben. Kennzeichnend für einen *Trend* ist ein natürlicher Entwicklungsverlauf, welcher im Rahmen einer Abweichungsanalyse eventuell herausgerechnet werden muss. Das Phänomen *zwischenzeitliches Geschehen* beschreibt vor allem mögliche Verzerrungen aufgrund saisonaler und konjunktureller Schwankungen.

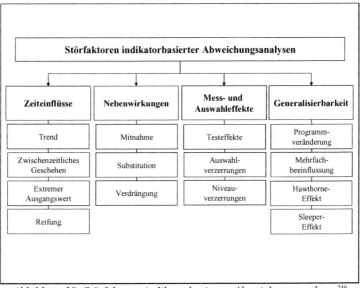

Abbildung 38: Störfaktoren indikatorbasierter Abweichungsanalysen[749]

Unter die unerwünschten *Nebenwirkungen* werden in der Literatur die Phänomene der Mitnahme, der Substitution sowie der Verdrängung subsumiert.[750] Gerade bei der Ermittlung der Effektivität von Maßnahmen können *Mitnahmeeffekte* relevant werden. Das Ergebnis einer Analyse sollte um diese Form der Nebenwirkung bereinigt werden, sofern bspw. ein Leistungsempfänger die angebotene Leistung nicht originär benötigt

---

[747] Vgl. im Folgenden Hoffjan (1998), S. 360 ff., Berens/Hoffjan (2004), S. 117 f. sowie Volz (1980), S. 186 ff.

[748] Vgl. Volz (1980), S. 187 ff.

[749] Vgl. Hoffjan (1998), S. 361 sowie Berens/Hoffjan (2004), S. 117.

[750] Vgl. Lindley (1991), S. 8.

hätte. Sofern die geförderten Empfänger oder Bereiche zu Lasten anderer Empfänger oder Bereiche einen positiven Ergebnisbeitrag erzielen, handelt es sich um eine *Substitution*. Eine *Verdrängung* beschreibt denjenigen negativen Effekt, welcher aufgrund der Inanspruchnahme einer Beispielleistung entsteht, indem Personen, welche nicht diese Leistung in Anspruch nehmen oder nehmen können einen direkt damit verbundenen, relevanten Nachteil erleiden.

Darüber hinaus können mögliche *Mess- und Auswahleffekte* auftreten. Zu diesen zählen nach VOLZ Testeffekte, Auswahlverzerrungen sowie Niveauverzerrungen.[751] Möglicherweise kann es im Rahmen von Wiederholungsbefragungen bei einzelnen Probanden zu Veränderungen der Sensibilität des Interviewpartners kommen. Dieser Effekt müsste unter der Bezeichnung *Testeffekt* in einer Analyse berücksichtigt werden. Von *Auswahlverzerrungen* spricht man, wenn sich „die Zielerreichungsgrade einer Vergleichs- und einer Kontrollgruppe auch ohne eine Programmdurchführung unterschiedlich entwickelt hätten."[752] Sofern eine Divergenz in der Ausgangssituation zwischen den Teilnehmern einer Maßnahmen- und einer Kontrollgruppe ausgemacht wird, handelt es sich um *Niveauverzerrungen*.

Die mögliche Beeinflussung der Ergebnisse durch räumlich-zeitliche Faktoren findet ihren Niederschlag in der *Generalisierbarkeit der Aussagen*.[753] Ebenfalls nach VOLZ spielen hier vor allem der Hawthorne- und der Sleeper-Effekt, Mehrfachbeeinflussungen sowie *Programmveränderungen* eine bedeutende Rolle. Letzteres liegt vor, sobald das Maßnahmenprogramm eine Modifikation erfährt. Sofern sich bspw. aufgrund mehrerer Unterstützungsleistungen Interdependenzen im Maßnahmenpaket ergeben könnten, wird die Ermittlung von isolierten, einzelnen Maßnahmen zuzuordnenden Wirkungen erschwert. In diesem Zusammenhang spricht man von *Mehrfachbeeinflussungen* als Störfaktoren. Mögliche Verhaltensänderungen von Teilnehmern einer Kontrollgruppe aufgrund des Wissens um die Teilnahme an einem Modellversuch beschreibt der *Hawthorne-Effekt*. Die zeitliche Verzögerung des Eintritts von Wirkungen sowie die damit verbundene unzureichende Abbildung dieser Wirkungen aufgrund verfrühter Messungen ist Gegenstand des *Sleeper-Effekts*.

Neben den genannten Störfaktoren können weitere Analyseprobleme in unzureichenden oder fehlenden *organisatorischen, technischen* oder auch *rechtlichen* Voraussetzungen liegen. Grundsätzlich gilt es die genannten Störfaktoren bei einer Analyse zu berücksichtigen. Das Auffangpotenzial von Störfaktoren wurde für die Verfahren der Outcome-Evaluation im Ansatz durch die hohen Anforderungen an Evaluationsverfahren bereits dargestellt. Auch für Indikatoren existieren in diesem Zusammenhang spezifische Anforderungen, deren Einsatz und Berücksichtigung die Güte des Instrumentes gewährleisten soll.

---

[751] Vgl. im Folgenden Volz (1980), S. 189 f.
[752] Hoffjan (1998), S. 363.
[753] VOLZ spricht in diesem Zusammenhang von Sozialökologiegültigkeit. Vgl. im Folgenden Volz (1980), S. 191 ff.

5.2.7.3.1 Anforderungen an Indikatoren

Die grundlegenden Anforderungen an Indikatoren(-systeme) zur Leistungs- und Wirkungsmessung sind aufgrund ihrer *Steuerungsrelevanz* vielfältig und hoch. Sie können in Abhängigkeit des spezifischen Einsatzes in ihrer Priorität variieren. Grundsätzlich sollten die im Folgenden genannten Kriterien auf eingesetzte Indikatoren zutreffen.[754] Indikatoren sollten in der Lage sein, *zentrale Aspekte* zu messen. Darunter sind gerade die Wirkungen und Nebenwirkungen zu verstehen, welche im spezifischen Kontext einer Analyse zugänglich gemacht werden sollen. Darüber hinaus sollten Indikatoren *valide* Informationen liefern. Die Gültigkeit der Messung spielt eine gewichtige Rolle im Set der Anforderungen. Gleichzeitig sollte ein Indikator *einfach* und *nachvollziehbar* sowie *treffend* und *klar* sein. Neben den Charakteristika der *Verlässlichkeit* und *Genauigkeit*, spielt vor allem der Aspekt der *Rechtzeitigkeit* eine elementare Rolle bei den Indikatoren. An dieser Stelle ist auf einen oftmals festzustellenden Zielkonflikt zwischen der Validität und dem Kriterium der Rechtzeitigkeit zu verweisen. Die Berücksichtigung von *Vertraulichkeitsaspekten*, welche auch Persönlichkeitsschutzvorschriften beinhalten ist dringend notwendig. Nicht zuletzt ist situativ abzuwägen, inwieweit lediglich ein Indikator oder aber mehrere Indikatoren bzw. Indikatorensysteme notwendig sind, um einen (wirkungsorientierten) Sachverhalt adäquat abzubilden. D. h. das gesamte Messsystem sollte *vollständig* sein. Steigt die Anzahl der verwendeten Indikatoren für einen Sachverhalt, so wird automatisch die Komplexität stark erhöht. Der Verlust an Prozesstransparenz auf der einen, aber auch der Verlust an Steuerungsqualität auf der anderen Seite nimmt zu. Eng mit der Zunahme an Komplexität verbunden ist die Anforderung der *Erhebungswirtschaftlichkeit*. Der Mehrwert der gewonnenen Informationen für den Steuerungsprozess sollte in jedem Fall die eingesetzten Kosten für die Erhebung rechtfertigen.

Darüber hinaus wird in Übereinstimmung mit HOFFJAN die Meinung vertreten, dass für die quantifizierbaren Indikatoren eine *Akzeptanz* durch die Mitarbeiter bestehen sollte.[755] Gerade um der Wirksamkeit der den Indikatoren zugeschriebenen *Motivationsfunktion* gerecht zu werden, ist eine Beteiligung der Beschäftigten im Abstimmungsprozess unabdingbar.

Die Vielzahl der angesprochenen Anforderungen (vgl. *Abbildung 39*) macht deutlich, dass eine Darstellung von Wirkungsergebnissen mit Indikatoren in vielen Fällen eine große Herausforderung ist. Zudem ist eine Messung von Wirkungszusammenhängen ausschließlich über Indikatoren nicht möglich; vielmehr sollte für die Ermittlung von

---

[754] Vgl. im Folgenden Buschor (2002), S. 63 ff. Eine weitere Systematisierung findet sich bspw. bei HILL. Die von diesem Autor definierten Prüfsteine zur Auswahl von Indikatoren umfassen die Kriterien Kompatibilität, Datenverfügbarkeit/Ermittlungsaufwand, Verständlichkeit/Vermittelbarkeit, Aussagekraft/Abgrenzbarkeit, Methodensicherheit, Messbarkeit und Zuverlässigkeit, Handlungs- und Zielgruppenorientierung, Zahl und Komplexität der Indikatoren, System und Vollständigkeit der Indikatoren, Art der Indikatoren sowie kommunale Einflussmöglichkeiten. Vgl. Hill (2002), S. 67 ff.

[755] Vgl. Hoffjan (1998), S. 291 f.

vermuteten Kausalzusammenhängen der ex-ante Einsatz von Verfahren der Outcome-Evaluation durchgeführt werden.[756]

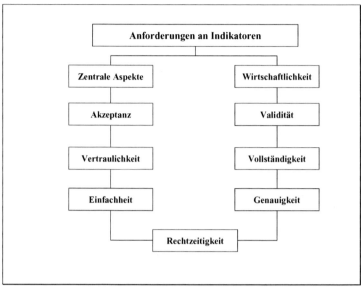

Abbildung 39: Anforderungen an Indikatoren

5.2.7.3.2 Vor- und Nachteile von Indikatorenrechnungen

Die Anzahl der definierten Anforderungskriterien für Indikatoren oder Indikatorensysteme führt oftmals dazu, dass Qualitätsverluste bei einzelnen Gütekriterien in Kauf genommen werden müssen. Mögliche *Zielkonflikte* können sich aus der Notwendigkeit der simultanen Erfüllung unterschiedlicher Kriterien ergeben. Zumindest fraglich erscheint bspw. das gleichzeitige Zusammentreffen der Kriterien Validität und Vollständigkeit mit Aspekten der Erhebungswirtschaftlichkeit. Des Weiteren könnten Gegensätze bzgl. der Kriterien der Rechtzeitigkeit und der Validität erwachsen, um nur einige der möglichen Zielkonflikte innerhalb der Gütekriterien für Indikatoren zu benennen. Darüber hinaus determiniert das Zusammentreffen genannter Störfaktoren die Aussagekraft des Indikators.

Nicht zuletzt um einer Vielzahl dieser möglichen Gefahren zu begegnen, spielt die politische bzw. die verwaltungsinterne Führung eine gewichtige Rolle bei der Auswahl und Festlegung von Indikatoren. Sobald Konsens in den Führungsgremien über den Einsatz von Indikatoren – bspw. auch unter der bewussten Inkaufnahme von möglichen Qualitätsverlusten – zur Abbildung der zu untersuchenden wirkungsorientierten

---

[756] Dies gilt gleichwohl für den Fall, dass die Initiative von der Verwaltungsführung oder von der politischen Führung ausgeht.

Sachverhalte herrscht, können diesem Ansatz auch *anerkannte Vorteile* zugesprochen werden. Zum einen wird durch diesen – teilweise bewusst pragmatischen – Ansatz das *ganzheitliche Denken* der Beteiligten im Sinne der originären Zielvorgaben gefördert und damit die Basis für eine *breite Anwendbarkeit* in der Verwaltungspraxis gelegt. Dies führt nicht zuletzt zu den angesprochenen *Motivationseffekten* bei den Mitarbeitern, welche durch die unterstellte Motivationsfunktion von Indikatoren ausgelöst werden. Daneben stellen bspw. Indikatoren in Form von Kennzahlen vergleichsweise simple Verfahren dar. Der notwendige *Zeitbedarf* im Zusammenhang mit der Definition, Erhebung und Analyse der relevanten Daten ist daher in der Tendenz relativ gering. Eng verbunden mit den Aspekten des Zeitbedarfes ist die Frage nach dem Gesamtaufwand und den damit verbundenen Erhebungskosten. Nicht nur, dass die Erhebungswirtschaftlichkeit innerhalb der Gütekriterien als eine Grundanforderung an Indikatoren betrachtet wird, darüber hinaus sind i. d. R. die *Gesamtkosten* des Einsatzes von Indikatoren – zumindest im Vergleich zu den komplexeren Verfahren der Outcome-Evaluation – in der Tendenz geringer.

Vor diesem Hintergrund der geschilderten Vor- und Nacheile sollte daher der institutionalisierte Einsatz von Indikatoren und Indikatorensystemen in der Praxis kontextspezifisch geprüft werden (vgl. *Abbildung 40*).

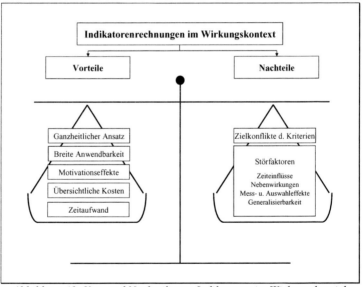

Abbildung 40: Vor- und Nachteile von Indikatoren im Wirkungsbereich

5.2.7.4 Beurteilung der Informationszwecke von Indikatorenrechnungen und Verfahren der Outcome-Evaluation

Eine wirkungsorientierte Sichtweise impliziert i. d. R. die Definition von politischen Zielsetzungen und Steuerungsvorgaben. Empirisch überprüfbare Erfolgskriterien und Wirkungsziele sowie empirisch messbare Erfolgs- oder Wirkungsindikatoren ermöglichen u. U. die Überprüfung von politischen Zielerreichungsgraden bzw. von Leistungsaufträgen der Regierung oder von Leistungsvereinbarungen mit Verwaltungsabteilungen oder privaten Dritten.[757] Der kombinierte Einsatz von Outcome-Evaluationen und Wirkungsindikatoren kann damit u. a. der *politisch-strategischen Kontrolle* dienen. Darüber hinaus sollten die Ergebnisse einer Outcome-Evaluation auch in den *politisch-administrativen Planungs- und Führungsprozess* Eingang finden. Derart verstanden trägt die Evaluation dazu bei, die Wirkungsorientierung mit der prozessorientierten Sichtweise zu verbinden. BUSCHOR schätzt, dass in einem Führungsprozess mit hoher Rationalität die Qualität der Entscheidungen durch den Einsatz von Evaluationen um ein Fünftel bis zu einem Viertel verbessert wird.[758] Das wirkungsorientierte Controlling fungiert in diesem Zusammenhang als Übersetzer zwischen dem politischen und dem verwaltungsspezifischen System und verbindet dieses Gesamtsystem mit dem Anwendungsfeld der Evaluation.

Die wesentliche Abgrenzung zwischen den Methoden der Evaluation und dem Qualitätsmanagementverständnis[759] liegt BUSCHOR folgend in der Tatsache, dass Evaluationen i. d. R. *thematisch fokussiert* sowie *zeitlich begrenzt* sind. Zudem beziehen sich die Evaluationen im Rahmen dieser Ausarbeitung vornehmlich auf den Gegenstand der Outcome-Evaluation zur Ermittlung von Kausalzusammenhängen zwischen dem Output und dem Outcome sowie zur Institutionen-Evaluation.[760] Auch ist es fast unmöglich eine Verwaltung sowie ihre Maßnahmen in ihrer Gesamtheit *flächendeckend* zu evaluieren. Diese Merkmale jedoch sind Kern eines umfassenden Qualitätsmanagementverständnisses,[761] welches durch die Berücksichtigung der Qualitätsdimensionen in dem Erweiterten Ziel- und Ergebnisebenenmodell zum Ausdruck kommt.

Für die Planungs- und Steuerungs- aber auch für die Kontroll- und Dokumentationsroutinen im politisch-administrativen System ist die situative Auswahl von Indikatoren bzw. Verfahren der Outcome-Evaluation evident und idealerweise zu begründen. Da sich die Methoden nicht gegenseitig ausschließen, erscheint eine Priorisierung über zu bildende Oberkriterien zielführend, um der auszuschließenden Möglichkeit einer flächendeckenden Outcome-Evaluation entgegenzuwirken.

Wie in den Ausführungen zu den Herausforderungen einer Wirkungsoperationalisierung[762] gezeigt werden konnte, spielt sowohl das Messdesign als auch die *Abbildung einer Kausalität* zwischen den Verwaltungsprodukten und den von ihnen erzeugten

---

[757] Vgl. Haldemann/Marek (2001), S. 47 f.
[758] Vgl. Buschor (2002), S. 73.
[759] Vgl. Kapitel 4.2.
[760] Vgl. Kapitel 5.2.8.3.
[761] Vgl. Buschor (2002), S. 71.
[762] Vgl. Kapitel 3.4.2.

Wirkungen in einem wirkungsorientierten Untersuchungskontext eine zentrale Rolle. Darüber hinaus wurde das Störpotenzial durch Umwelteinflüsse hinreichend genau beschrieben.[763] Grundsätzlich wirken die externen Einflüsse natürlich im gleichen Maße auf die Methoden der Indikatorenrechnung als auch auf die Verfahren der Evaluation. Über das *Auffangpotenzial externer Umweltkomplexität* können allerdings etwaige Störfaktoren – durch ein geeignetes Messdesign – antizipiert und berücksichtigt werden, um im Ergebnis die Abbildungsgenauigkeit und Validität der ermittelten Wirkungen zu erhöhen. Mit dieser Fähigkeit wird auch der zweiten zentralen Herausforderung eines wirkungsorientierten Controllings – der grundsätzlichen Darstellung von Wirkungen anhand operabler Indikatoren oder Messverfahren –[764] Rechnung getragen.

Neben der Berücksichtigung der externen Einflüsse spielen in einem wirkungsorientierten Verwaltungskontext grundsätzlich die unterschiedlichen internen Voraussetzungen eine wesentliche Rolle. Ganz allgemein können darunter der *organisatorische Aufbau* sowie die – nicht nur betriebswirtschaftlich orientierten – *prozessualen* und *systemischen Abläufe* subsumiert werden. Das *interne Know-how* in den betroffenen Bereichen sowie die internen Prozess- und Systemvoraussetzungen determinieren in der Konsequenz die *institutionalisierte Anwendbarkeit* unterschiedlicher Verfahren in einem regelmäßigen Planungs- und Steuerungsprozess.

Für einen umfassenden Planungsprozess, der optimalerweise in einen mehrjährigen, in einen einjährigen oder auch in diverse unterjährige Planungs- und Kontrollroutinen differenziert werden kann, spielt es eine zentrale Rolle, mit welchem zeitlichen Aufwand spezielle Daten erhoben werden können, um Eingang in die beschriebenen Planungsroutinen finden zu können. In der Konsequenz gilt es zu prüfen, wie hoch der *benötigte Zeitbedarf* für die Anwendung spezifischer Verfahren ist. Eine tendenzielle Priorisierung beinhaltet darüber hinaus die Berücksichtigung variierender *Kostenbeanspruchungen* unterschiedlicher Verfahren.

In der Tendenz beanspruchen die unterschiedlichen Verfahren der Evaluation höhere zeitliche Ressourcen als die Indikatorenrechnung. Darüber hinaus sind die Kosten nicht zuletzt wegen der komplexeren Verfahren und des oftmals benötigten externen Know-hows i. d. R. ebenfalls höher als bei vergleichbaren Indikatorenrechnungen. Diese beiden Aspekte hängen auch direkt mit der Einbindung des entsprechenden Verfahrens in den institutionalisierten Planungsprozess zusammen. Eine regelmäßige Anwendung von Methoden der Evaluation ist lediglich in spezifischen öffentlichen Aufgabenfeldern und unter bestimmten organisatorisch und vom System gegebenen Voraussetzungen möglich und empfehlenswert. Versteht man unter vollständiger Evaluation die Beurteilung aller Wirkungen öffentlicher Politiken im Sinne eines Maximalprogramms, so muss dieses Programm häufig auf eine zu begründende Auswahl zu evaluierender Teilaspekte zurückgefahren werden. Im Ergebnis wird die Ganzheitlichkeit der Evaluation eingeschränkt. Derart verstandene Einschränkungen eines Maximalprogramms werden entweder durch fehlende Mittel, unbrauchbare Daten oder nicht

---

[763] Vgl. die Darstellung der Indikatorenrechnung in Kapitel 5.2.7.3.
[764] Vgl. auch hierzu Kapitel 3.4.2.

frei zugängliche Informationen oder einer Kombination der genannten Gründe bedingt.[765] Allerdings sollte im Rahmen einer wirkungsorientierten Managementphilosophie – und damit primär für Steuerungszwecke – gerade das Potenzial zur Abbildung von Ursache-Wirkungszusammenhängen berücksichtigt werden, welches mittels der Methoden der Evaluation besser zu isolieren ist, als mit den Indikatorenrechnungen. Darüber hinaus wurde die Problematik der externen Umwelteinflüsse als evident geschildert. Die scheinbare Abbildung von Kausalitäten und Wirkungen über Indikatorenrechnungen sollte zumindest zu einem (ex-ante) Einsatz von Methoden der Outcome-Evaluation führen. Die Potenziale für die Berücksichtigung von externen Einflüssen sowie zur Abbildung und Messung von Kausalitäten sprechen an dieser Stelle für den kontextabhängigen Einsatz der Evaluation im Rahmen eines wirkungsorientierten Controllingansatzes im politisch-administrativen System.

Die Ansätze von Indikatorenrechnungen und Evaluationen sind damit im Ergebnis nicht als Konkurrenzinstrumente zu interpretieren. Im Gegenteil, die beiden Verfahren sollten als sich *ergänzende Methoden* verstanden werden, deren optimale Verwendung jeweils vor dem Hintergrund der spezifischen Verwaltungssituation geprüft werden sollte. Um allerdings die unterschiedlichen Planungsroutinen zu bedienen, sollte zumindest der regelmäßige Einsatz von Wirkungs- und Impactindikatoren verfolgt werden. Hingegen können in einem mehrjährigen Erhebungsrhythmus Outcome-Evaluationen einen Beitrag dazu leisten, die Genauigkeit des laufenden Indikatorensystems zu überprüfen bzw. fallweise selber den Outcome zur Überprüfung des Zielerreichungsgrades zu ermitteln.

Über eine steuernde Einflussnahme hinaus sollten die Ergebnisse einer Outcome-Evaluation eine sachgerechte Information der politischen Instanzen, wie diese von der OECD[766] gefordert wird, ermöglichen.[767] Die öffentliche Verwaltung ist – wie sich gezeigt hat – für die Begleitung derartiger Analysen prädestiniert, da die Politik im Regelfall eine deutlich größere Distanz zu den Leistungsempfängern und den über diese mittelbar ausgelösten gesellschaftlichen Wirkungen hat.[768] Der *gesamtgesellschaftliche Wirkungskreis schließt sich und beginnt gleichsam von neuem*, wenn über die Optimierung und Dokumentation des Ausführungsprozesses hinaus Outcome-Evaluationen auch zur (retrospektiven) Gesetzesfolgen- bzw. Vollzugsabschätzung genutzt werden können.[769]

---

[765] Vgl. Klöti (1997), S. 46.
[766] Vgl. OECD (2002), S. 183 ff.
[767] Vgl. Mosiek/Gerhardt/Wirtz/Berens (2003), S. 29.
[768] Vgl. hierzu auch die Ausführungen in Kapitel 2.2.3.
[769] Vgl. Mosiek/Gerhardt/Wirtz/Berens (2003), S. 29.

5.2.8 Bewertung von institutionellen Vollzugsalternativen und Gesetzesfolgen

Die Forderung nach Deregulierung und Entbürokratisierung im staatlichen Sektor geht weit ins 20. Jahrhundert zurück, verliert aber auch aktuell nicht an Bedeutung. An der Anzahl und der Intensität von Gesetzen hat dies bislang allerdings nichts wesentlich geändert. Im Gegenteil, sofern in der Vergangenheit einige überflüssige Vorschriften gestrichen werden konnten, „wachsen, wie bei einer Hydra, gleich wieder neue nach."[770] Daneben verpflichtet die potenzielle Auslagerung von öffentlichen Aufgaben – im Sinne der Schaffung spezifischer institutioneller Arrangements – zum Aufbau von Institutionen oder zur Schaffung neuer Regeln, um die Ausübung der ausgelagerten Gemeinschaftsaufgabe zu überwachen oder steuern zu können.[771] In diesem Spannungsfeld von Deregulierung und Regulierung muss es neben der quantitativen Elimination von Vorschriften auch zu einer qualitativen Analyseform bei einzelnen Verfahren zur Rechtssetzung bzw. bei der inhaltlichen Ausgestaltung von Normen kommen.[772] Darüber hinaus ist auch die Anwendungs- und Nutzerfreundlichkeit der Gesetze zu verbessern.[773] Im Ergebnis geht es „um die Autorität und die Effektivität des Rechts und damit auch um die Zukunft des Rechtsstaats."[774]

Eine Überprüfung möglicher Wirkungsimpulse und Kausalketten wird unabhängig vom politisch-administrativen Vollzugskreislauf für die Auswirkungen von Gesetzen vorgeschrieben.[775] In diesem Zusammenhang werden die Methoden der materiellen Gesetzesfolgenabschätzung sowie ein Ansatz zur Messung administrativer Kosten von Gesetzen dargestellt. Die Klassifizierung von Evaluationsgegenständen[776] hat darüber hinaus gezeigt, dass die Wirksamkeit von Restrukturierungsmaßnahmen einzelner Institutionen bzw. institutioneller Arrangements mit in das Erweiterte Controlling-Modell aufzunehmen ist (vgl. *Abbildung 41*).

---

[770] Hill (1998), S. 357.

[771] Dies ist zumindest bei den so genannten Mischformen, bei denen der Staat sich seiner Gewährleistungsverantwortung nicht entledigen kann, der Fall. In diesem Zusammenhang wird grundsätzlich zwischen unterschiedlichen staatlichen Aufgabenverantwortungen unterschieden. Demnach kann man in eine Gewährleistungs-, eine Finanz- und eine Vollzugsverantwortung differenzieren, bzw. in deren Mischformen. Vgl. Schuppert (1997), S. 550 ff.

[772] Vgl. Hill (1998), S. 357 f. Das INSTITUT DER DEUTSCHEN WIRTSCHAFT in Köln gibt bspw. in einem Thesenpapier zehn Empfehlungen für eine systematische Entbürokratisierung sowie den Abbau von Bürokratiekosten. Damit lassen sich nach Auskunft der Autoren die Bürokratiekosten innerhalb einer Legislaturperiode um 25 % zurückführen. Zu den einzelnen Maßnahmen gehören u. a. die *Gesetzesfolgenabschätzung* ab einem bestimmten Schwellenwert, die *Gesetzesrevision* sowie eine andauernde *Aufgabenkritik* des Staates. Vgl. Institut der deutschen Wirtschaft (2006), S. 1 ff.

[773] In diesem Zusammenhang wird an die Einbeziehung moderner Medien und Darstellungsformen zur schnellen und verständlichen Informationsverbreitung gedacht. Vgl. Hill (1998), S. 363.

[774] Hill (1998), S. 363.

[775] Vgl. Kapitel 3.3.1.

[776] Darüber hinaus wurde bereits verdeutlicht, dass eine Schwerpunktsetzung auf Bundesebene neben der Deregulierung und dem Bürokratieabbau in der Evaluierung von Institutionen gesetzt wird. Vgl. Bundesministerium des Inneren (2005), S. 42 sowie Kapitel 5.2.7.2.

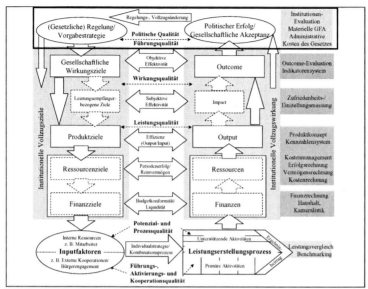

Abbildung 41: Ebene der Gesetzgebung und Gesetzesbewertung

5.2.8.1 Materielle Gesetzesfolgenabschätzungen

Die Novellierung der *Gemeinsamen Geschäftsordnung der Bundesministerien* (GGO) gilt als eine wichtige Voraussetzung für weitere Reformen im Bereich der Staats- und Verwaltungsmodernisierung und benennt als Ziel neben einer Verwaltungsvereinfachung vor allem die Reduzierung sowie Optimierung von Gesetzen.[777] Gleichzeitig beinhaltet die GGO klar definierte Vorschriften bzgl. einer *Gesetzesfolgenabschätzung*[778].[779] Hier sollen Angaben zu den *finanziellen Auswirkungen einzelner Gesetzes-*

---

[777] Die Neufassung der Gemeinsamen Geschäftsordnung der Bundesministerien (GGO) wurde am 26.07.2000 durch die Bundesregierung beschlossen und ist am 01.09.2000 in Kraft getreten. Dadurch, dass sich die neue GGO auf wesentliche Regelungsbereiche beschränkt, sind mehr als 100 Einzelvorschriften sowie 21 Anlagen gegenüber der alten Fassung entfallen. Vgl. Bundesverwaltungsamt (2000a), S. 2.

[778] Der Begriff der Gesetzesfolgenabschätzung hat sich in den 1990er Jahren etabliert. Gesetzesfolgenabschätzungen können als „Verfahren zur Erkundung und vergleichenden Bewertung von Folgen beabsichtigter bzw. in Kraft getretener Rechtsvorschriften" beschrieben werden. Vgl. Konzendorf (2005), S. 461 sowie Böhret/Konzendorf (2001), S. 1. Eine ausführliche Abhandlung zum Thema der Gesetzesfolgenabschätzung findet sich bei Bräunlein (2004).

[779] Vgl. § 43 Abs. 1 Nr. 5 GGO. „Unter Gesetzesfolgen sind die wesentlichen Auswirkungen des Gesetzes zu verstehen. Sie umfassen die beabsichtigten Wirkungen und die unbeabsichtigten Nebenwirkungen. Die Darstellung der voraussichtlichen Gesetzesfolgen … muss hinsichtlich der finanziellen Auswirkungen erkennen lassen, worauf die Berechnungen oder Annahmen beruhen." Vgl. § 44 Abs. 1 GGO.

entwürfe für die öffentlichen Haushalte und für die Wirtschaft gemacht und die Ergebnisse in der Begründung des Gesetzesentwurfes dargestellt werden.[780]

Die Gesetzesfolgenabschätzung (GFA) soll den politisch-administrativen Prozess der Gesetzgebung unterstützen sowie zu seiner Rationalität beitragen.[781] Bewusste und systematisch durchgeführte GFA sollen im Ergebnis eine intensivere und erfolgsversprechende Rechtssetzung, eine Reduzierung der Regelungsmenge, einen sparsameren Umgang mit knappen Ressourcen sowie die Vermeidung von Akzeptanzverlusten begünstigen.[782] Gemäß dem *Handbuch zur Gesetzesfolgenabschätzung*[783] existieren drei Module der Gesetzesfolgenabschätzung:[784]

- die prospektive Gesetzesfolgenabschätzung (pGFA),
- die begleitende Gesetzesfolgenabschätzung (bGFA) sowie
- die retrospektive Gesetzesfolgenabschätzung (rGFA).

Während die pGFA der Entwicklung von programmatischen Regelungsalternativen sowie deren vergleichender Folgenbeurteilung dient, überprüft und testet die bGFA rechtsförmige Entwürfe oder Entwurfsteile. Die rGFA ermittelt eingetretene Folgen[785] einer Rechtsvorschrift, vor allem des Zielerreichungsgrades. Damit stellen alle Module der Gesetzesfolgenabschätzung vergleichende Verfahren dar. Die einzelnen Module greifen kontextabhängig auf eine Vielzahl qualitativer oder quantitativer Verfahren und Instrumente zurück.

Die Auswahl richtet sich an die bestmögliche Beantwortung zugrunde gelegter Prüfkriterien[786] innerhalb einzelner Module.

Die Verfahren der GFA können grundsätzlich auch auf die gleichen und/oder verwandte Methoden der Outcome-Evaluation zurückgreifen. Während allerdings der Einsatz und die Durchführung einer Outcome-Evaluation i. d. R. durch das Verwaltungsmanagement zur Ausübung und Nutzung freier Handlungsspielräume sowie auch zu einer proaktiven analytischen Politikberatung vorgenommen und angestoßen werden kann und sich darüber hinaus primär auf die aus den bestehenden öffentlichen Aufgaben abgeleiteten Programme, Maßnahmen und Handlungsmöglichkeiten be-

---

[780] Vgl. Bundesverwaltungsamt (2000a), S. 6.
[781] Vgl. Konzendorf (2005), S. 461 sowie Böhret/Konzendorf (2001), S. 1. Dabei können die GFA nicht die politische Entscheidungs- und Handlungsverantwortung ersetzen. Vgl. Böhret/Konzendorf (2001), S. 1.
[782] Vgl. Böhret/Konzendorf (2001), S. 1.
[783] Vgl. Böhret/Konzendorf (2001). Vgl. auch Böhret/Konzendorf (2000).
[784] Vgl. im Folgenden Konzendorf (2005), S. 461 ff. und Böhret (2000), S. 551 ff.
[785] BÖHRET unterscheidet bei der Analyse der Zielerreichung ebenfalls in zwei unterschiedliche Wirkungsebenen. Der Impact-Ebene sowie der Outcome-Ebene. Im Fall der rGFA spricht der Autor auch vom *Gesetzescontrolling*. Vgl. Böhret (2000), S. 551 ff.
[786] Zu den Prüfkriterien innerhalb einer bGFA gehören neben der Zielerreichbarkeit, die Praktikabilität, die Verteilungswirkungen, die Effizienz, die Wechselwirkungen sowie die Verträglichkeit, die innere Konsistenz und die Akzeptanz des Regelungsentwurfes. Die rGFA prüft die Folgen einer Rechtsvorschrift anhand der Kriterien Zielerreichungsgrad, Kostenentwicklungen, Kosten-Nutzen-Effekte, Akzeptanz, Praktikabilität sowie Nebeneffekte. Vgl. Konzendorf (2005), S. 465.

zieht, fokussieren die Module der GFA primär die Kompetenzen in Bezug auf die *Rechtsentwicklung* und die *Rechtssetzung*.[787] Damit wird allerdings gleichzeitig deutlich, dass Erkenntnisse einer Outcome-Evaluation im Idealfall über die Politikberatung zu einer Optimierung der Gesetze genutzt werden können.

5.2.8.2 Administrative Kosten des Gesetzes

Die aktuelle Bundesregierung hat sich u. a. im Koalitionsvertrag dazu verpflichtet, sowohl die Bürger als auch die Wirtschaft von Bürokratiekosten zu entlasten.[788] In diesem Zusammenhang ist die Einführung eines *Standardkosten-Modells*[789] zur Bewertung der Bürokratiekosten in Unternehmen[790] sowie die Einführung eines unabhängigen Normenkontrollrates beschlossen worden.[791]

Das Standardkosten-Modell soll auf Basis standardisierter[792] Messmethoden diejenigen Verwaltungskosten messen, welche der Unternehmung aus *zusätzlichen Informationspflichten*[793] beim Vollzug eines Gesetzes[794] oder einer Verordnung entstehen.[795] Aufgrund dieser Standardisierung erlauben die Ergebnisse grundsätzlich bundesland- sowie auch länderübergreifende Vergleiche bzw. Benchmarks zur Untersuchung der Umsetzungskosten der durch die jeweiligen Gebietskörperschaften erlassenen Informationsverpflichtungen.[796]

Die wesentlichen Vorteile des Modells sind in folgenden Punkten zu sehen:[797]

- Die Belastungen für Unternehmungen und Bürger können reduziert werden, ohne die öffentlichen Haushalte zu belasten.
- Es kann ein positives Investitionsklima hervorgerufen werden, welches wiederum Wachstumsimpulse auslöst.

---

[787] Vgl. Böhret/Konzendorf (2001), S. 3.
[788] Vgl. Bundesregierung (2005), 74 f.
[789] Vgl. Kreibohm/Kaltenbrunner (2005) sowie Brinkmann/Ernst/Frick/Koop (2006).
[790] Die Mehrzahl derjenigen Länder, die das Modell im Einsatz haben, beziehen auch gemeinnützige, nicht-gewinnorientierte sowie öffentliche Unternehmungen in die Betrachtung mit ein. Vgl. Kreibohm/Kaltenbrunner (2005), S. 23.
[791] Vgl. Bundesregierung (2005), S. 75.
[792] Die Festlegung der Standards stellt eine hoheitliche Entscheidung dar. Diese werden durch Gesetz, die Bundesregierung oder den Normenkontrollrat festgelegt. Vgl. Kreibohm/Kaltenbrunner (2005), S. 5.
[793] In diesem Zusammenhang wird auch von *administrativen Lasten* gesprochen.
[794] In diesem Kontext wird auch der Begriff „besserer Gesetzgebung" bzw. „better regulation" verwendet. Vgl. Kreibohm/Kaltenbrunner (2005), S. 6.
[795] Vgl. Kreibohm/Kaltenbrunner (2005), S. 3.
[796] Dänemark, die Niederlande und Norwegen haben sich bspw. als Ziel gesetzt, die administrativen Lasten von Unternehmen bis zu 25 % zu verringern. Vgl. Kreibohm/Kaltenbrunner (2005), S. 5 ff. Bei einer Übertragung niederländischer Verhältnisse auf Deutschland kommt man zu dem Schluss, dass ca. 81 Milliarden Euro jährlich an Bürokratiekosten aufgrund von Meldeverpflichtungen bei den Unternehmen entstehen können, wovon dann ca. 20 Milliarden pro Jahr eingespart werden könnten. Vgl. FAS (2006), S. 38.
[797] Vgl. Ernst/Frick (2005), S. 1.

- Es kann eine wirtschaftliche Dynamik für Wirtschaftswachstum, Arbeitsplätze und Steuereinnahmen entstehen.
- Politische Absichtserklärungen zum Bürokratieabbau werden durch quantifizierbare und kommunizierbare Ziele ersetzt.
- Kontroverse Debatten über Ziele und Inhalte von gesetzlichen Maßnahmen entfallen.
- Die Verantwortlichkeiten einer staatlichen Ebene werden klar zugewiesen.

Über eine *ex-post-Messung* der administrativen Lasten durch bestehende Gesetze wird eine objektive Transparenz über die Höhe und die Erzeugung der Belastung dargestellt. Auf dieser Basis kann eine eindeutige Zuordnung von Verantwortung und damit verbunden klare Zielsetzungen für einzelne Ressorts erfolgen. In Form einer *ex-ante-Schätzung* von potenziellen Gesetzesinitiativen oder Alternativregelungen werden im Idealfall unnötige Kosten vermieden und ein Kostenbewusstsein im Gesetzgebungsprozess erzeugt.[798] Im Ergebnis können sich die *Steuerungsmöglichkeiten* für die Politik *verbessern*, da die Transparenz der administrativen Kosten einen zielgenauen Eingriff sowie Kontrollen in jedem Ressort ermöglicht.

Die unterschiedlichen Entwicklungsstufen im Rahmen einer Verwaltungsmodernisierung haben neben den Methoden zur Gesetzes und Gesetzesfolgenbewertung eine Vielzahl grundsätzlicher Modernisierungskonzepte hervorgebracht.[799] In der Konsequenz bedeutet dies, dass sich auch die einzelnen Modernisierungskonzepte bzw. Modernisierungselemente des NSM einer Beurteilung hinsichtlich ihrer Wirksamkeit unterziehen sollten.

5.2.8.3 Institutionen-Evaluation

Sofern die Verwaltungspolitik bzw. die Institutionenpolitik selber zum Gegenstand der Evaluation wird, spricht man von *Institutionen-Evaluation*.[800] Demnach gehört zur *Schaffung einer Ergebnistransparenz*[801] auch die Überprüfung der Wirksamkeit einzelner Modernisierungskonzepte, die sowohl auf organisatorischen, personellen, instrumentellen, prozeduralen, aber auch kulturellen Faktoren ausgerichtet sein können.[802]

Methodisch sollen damit der Verlauf und das Ergebnis der angestrebten Restrukturierung (politisch-administrativer Institutionen) als abhängige Variable erfasst und deren Bestimmungsfaktoren bspw. in Form von Akteurskonstellationen als unabhängige Variablen identifiziert werden.[803] Allerdings soll auch an dieser Stelle darauf hingewiesen werden, dass die Aussagekraft einer Evaluationsuntersuchung entscheidend davon ab-

---

[798] Vgl. Brinkmann/Ernst/Frick/Koop (2006), S. 3.
[799] Vgl. Kapitel 2.1.3.
[800] WOLLMANN spricht von Institutionen-Evaluierung. Vgl. Wollmann (2005), S. 502 und Kapitel 5.2.7.2.
[801] Vgl. die Ausführungen zu den Aufgaben im Rahmen eines Controllings in Kapitel 3.2.
[802] Vgl. Wollmann (2005), S. 502.
[803] Vgl. Wollmann (2005), S. 504.

hängt, inwieweit ein Ursache-Wirkungszusammenhang zwischen der abhängigen und der unabhängigen Variable identifiziert werden kann.[804] Betrachtet man vor allem die Instrumente zur Gesetzesfolgenabschätzung sowie zur Schätzung der administrativen Kosten eines Gesetzes, so kann festgestellt werden, dass ein *expliziter Sollausweis* der Ausführungskosten der durch die Verwaltung erst Wirksamkeit erlangenden gesetzlichen Regelungen sowohl bei den Gesetzesfolgenabschätzungen[805] als auch bei der Methode des Standardkosten-Modells nur rudimentär Berücksichtigung findet. Daneben kann die Art und Weise des Vollzugs politischer Maßnahmen, im Sinne der Regulierungsnotwendigkeit, für die bspw. Alternativen in Form von Public Private Partnership-Projekte zur Verfügung stehen,[806] langfristig erst über eine *kombinierte Input- und Wirkungsbetrachtung* gelingen.

5.3 Darstellung des Gesamtzusammenhangs zur potenziellen Integration von Ressourcen- und Wirkungsbetrachtungen

Auf der Grundlage der hier erneut dargestellten Abbildung des Erweiterten Modells der Ziel- und Ergebnisebenen öffentlicher Leistungserstellung (*vgl. Abbildung 42*) sollen folgend die Ausführungen zu dem integrierten Bezugsrahmen auf zentrale Aspekte reduziert werden, um u. a. die Notwendigkeit einer *Verknüpfung von Leistungserstellung und Wirkung* zu verdeutlichen:

- Der dieser Betrachtung zugrunde liegende Ansatz der *Outcome-Steuerung* ist die konsequente Weiterentwicklung einer outputorientierten Managementphilosophie in den öffentlichen Verwaltungen.[807] Die vorwiegend operative Denkweise wird um die strategisch-politische Komponente, d. h. der Koppelung von Politikformulierung, Management und Outcome-Evaluation ergänzt.[808] Die Umorientierung

---

[804] Vgl. Kapitel 5.2.7.2.1 sowie Wollmann (2005), S. 505. Die kontextabhängige Zusammenführung unterschiedlicher Evaluationsansätze in Form eines Methodenmix wurde bereits empfohlen.

[805] „Die Auswirkungen auf die Einnahmen und Ausgaben (brutto) der öffentlichen Haushalte sind *einschließlich der vollzugsbedingten Auswirkungen* darzustellen. ... ." „ ... die Kosten für die Wirtschaft, insbesondere auch für mittelständische Unternehmen, sowie die Auswirkungen des Gesetzes auf Einzelpreise, das Preisniveau sowie die Auswirkungen auf die Verbraucherinnen und Verbraucher ..." sind darzustellen. „In der Begründung zum Gesetzentwurf ist durch das federführende Ressort festzulegen, *ob und nach welchem Zeitraum zu prüfen ist*, ob die beabsichtigten Wirkungen erreicht worden sind, ob die entstandenen Kosten in einem angemessenen Verhältnis zu den Ergebnissen stehen und welche Nebenwirkungen eingetreten sind." Vgl. § 44 Abs. 2, 4 und 6 GGO. Darüber hinaus findet § 44 in gleicher Weise Anwendung für Entwürfe von *Rechtsverordnungen* sowie von *Verwaltungsvorschriften*. Vgl. § 62 Abs. 2 sowie § 70 Abs. 1 GGO.

[806] In der Begründung zum Gesetzesentwurf „sind darzustellen ... ob andere Lösungsmöglichkeiten bestehen und ob eine Erledigung der Aufgabe durch Private möglich ist, gegebenenfalls welche Erwägungen zu ihrer Ablehnung geführt haben ... ". § 43 Abs. 1 Nr. 1 GGO. Explizit für die Fragestellung der Selbstregulierung wurde im Rahmen der Novellierung der GGO ein Abwägungskatalog konzipiert, um auch das Leitbild des aktivierenden Staates ein Stück verbindlich für jeden Gesetzentwurf zu gestalten. Vgl. Bundesverwaltungsamt (2000a), S. 6 sowie § 43 Abs. 1 Nr. 3 GGO.

[807] Vgl. hierzu auch Kapitel 2.2.2.

[808] Vgl. Kapitel 5.2.7.4.

kann dazu beitragen, dass die Aufgabenverteilung zwischen Politik und Verwaltung, zwischen strategischer Steuerung und operativer Zielerfüllung klarere Konturen erhält und zu einer win-win-Situation der beteiligten Akteure führt.

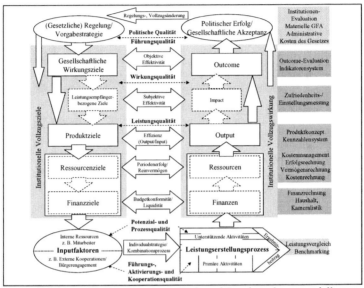

Abbildung 42: Das Erweiterte Ziel- und Ergebnisebenenmodell öffentlicher Leistungserstellung

- Die *Darstellung des Gesamtzusammenhangs* erfordert auf der einen Seite einen differenzierten Ausweis der Haushalts- und Ressourcensituation der zu untersuchenden Verwaltungseinheit bzw. Verwaltungskonstellation sowie andererseits eine sachgerechte Bewertung der Leistungsergebnisse und ihrer Wahrnehmung anhand von produktbezogenen Outputkennzahlen sowie Impactindikatoren. Diese Bewertung kann mittels der dargestellten Controlling-Instrumente vorgenommen werden. Um darauf aufbauend eine Integration von gesellschaftlichen Wirkungen vornehmen zu können, kann es sich als zielführend erweisen, die gesellschaftliche Wirkungsebene (Outcome) weiter zu systematisieren.

- Sofern leistungsempfängerorientierte Ziele als relevant identifiziert worden sind, sollten auch um der mittelbaren Steuerbarkeit über Leistungsempfänger Rechnung zu tragen, die (unterschiedlichen) Wirkungen – soweit möglich – zunächst den Verwaltungsprodukten zugeordnet und nach potenziellen Leistungsempfängern[809] getrennt betrachtet werden. Darüber hinaus sollten gleichsam gesamtgesellschaftliche Zielgrößen abgeleitet werden, die auch produktübergreifend angestrebt werden. Die kausale Verknüpfung sowie der Ebenenbezug einzelner Wirkungen müs-

---

[809] Sofern sich eine Differenzierung in unterschiedliche Leistungsempfänger vornehmen lässt.

sen auf Basis von zu begründenden Hypothesen erfolgen. Unterschiedliche Zielgrößen auf der Ebene der Gesamtgesellschaft sind demgegenüber oftmals als parallel d. h. gleichrangig anzusehen. Eine hierarchische Ordnung kann oftmals nur politisch motiviert erfolgen.

- In Analogie zu den Ressourcenverbrauchs- und Outputkennzahlen sowie den Impactindikatoren sind für die einzelnen gesellschaftlichen Wirkungen Verfahren der Outcome-Evaluation zu benennen, um im Idealfall Wirkungsindikatoren für die Steuerung abzuleiten. Bei der Verwendung sozialwissenschaftlicher Messgrößen kann sich das Problem ergeben, die intendierte Wirkung/Zielgröße nicht umfassend bzw. ausgewogen abzubilden. Über die Verwendung mehrerer Indikatoren gelingt demgegenüber oftmals eine sachgerechte (pragmatischere) Annäherung.[810]

- Neben der Auswahl von Verfahren zur Outcome-Evaluation bestehen bei einer wirkungsorientierten Betrachtung weitere Abgrenzungsprobleme. Bei der Analyse gesamtgesellschaftlicher Evaluationsergebnisse ist im Sinne einer Marginalbetrachtung zunächst der auf die betrachtete Maßnahme zurückzuführende Effekt zu isolieren. Dies kann über begründete Annahmen erfolgen.[811] Darüber hinaus können i. d. R. mittels spezifischer Modellsimulationen Wirkungen trennscharf bewertet werden.[812] Ferner kann häufig auch auf spezielle quantitative statistische Größen sowie qualitative Befragungen, die sich auf die zu untersuchenden Phänomene beziehen können, zurückgegriffen werden.

Sofern über die Verfahren der Outcome-Evaluation beeinflussbare und damit im Idealfall für die öffentliche Verwaltung steuerbare Indikatoren abgeleitet werden konnten, muss es das Ziel der Verwaltungsführung sein, *Gestaltungsspielräume* für Optimierungsmaßnahmen *zu identifizieren.* Spezifische Erkenntnisse sollten Eingang in das Management Reporting finden, um den Planungs- und Steuerungsprozess der Verwaltungsführung zu unterstützen. *Integriert* man Ressourcen- und Wirkungsbetrachtung in Form einer *gesellschaftlichen Wertschöpfungsbetrachtung*, werden darüber hinaus unterschiedliche Möglichkeiten für eine gesellschaftliche Optimierung deutlich. Damit wird die Identifikation von Wirkungszusammenhängen und Wertschöpfungstreibern auch für einen potenziellen politischen Planungs- und Steuerungsprozess, aber auch für eine etwaige Anpassung bzw. Korrekturen bestehender Gesetze und Vorschriften relevant. Mittels gewonnener Informationen kann die Verwaltungsführung aktiv – auch über eine *analytische Politikberatung* – dazu beitragen, den *Politikprozess* transparent darzustellen und ggf. zu optimieren und neu auszurichten.

---

[810] Hier gilt es, vor allem mit den beteiligten Führungskräften sowie den Fachexperten eine Übereinkunft herzustellen, die auch unter Steuerungsgesichtspunkten tragfähig und stabil ist.

[811] Zu nennen wären bspw. signifikante Abweichungen zum Einführungszeitpunkt sowie Abweichungen zu Zeitpunkten der inhaltlichen Änderung etc.

[812] Vgl. hierzu ausführlich Kapitel 5.2.7.2.

6 Integration der Ergebnisse in den Führungskreislauf des politisch-administrativen Systems

Der strategische Spielraum[813] der öffentlichen Verwaltung determiniert grundsätzlich die Ansatzpunkte für Gestaltungspotenziale im Rahmen der Politikdurchführung. Daneben führt die Integration der Wirkungs- und Ressourcenbetrachtung zu unterschiedlichen *Optionen einer gesellschaftlichen Wertschöpfungssteigerung* für ein betrachtetes öffentliches Aufgabenfeld. Dementsprechend müsste die Verwaltung kontextabhängig in der Lage sein, auch im Rahmen eines Wirkungsmanagements, den eigenen Gestaltungsspielraum – in Kenntnis der zuvor identifizierten Wirkungszusammenhänge – im Sinne einer gesellschaftlichen Wertschöpfung optimal zu nutzen. Darüber hinaus kann eine gesellschaftliche Wertschöpfungsbetrachtung auch Gestaltungshinweise für die politische Führung liefern sowie im Falle einer transparenten Darstellung möglicherweise einen Beitrag dazu leisten, die Akzeptanz des Politikprozesses zu steigern.

Um darüber hinaus eine Verwaltungseinheit zielgerecht und im Idealfall wirkungsorientiert zu steuern, bedarf es einer *überschaubaren* Auswahl an relevanten und ausgewogenen Steuerungsgrößen. Dass aus der Privatwirtschaft stammende und für den politisch-administrativen Bereich angepasste Instrument der Balanced Scorecard scheint prädestiniert, um ausgewählte vom Controlling erzeugte Ergebnisse zu übernehmen und in die Management- und Planungsprozesse einzubringen.

6.1 Gestaltungspotenziale und Wertschöpfungsbilanz

Aus der Perspektive des Controllings wurde deutlich, dass die Gegenüberstellung von Finanz- bzw. Kostenbetrachtung und realisiertem Output nicht ausreichend für eine Bewertung des Verwaltungshandelns ist. Über eine Integration der Wahrnehmung des Leistungsempfängers und des gesamtgesellschaftlichen Outcomes wird die Schwelle zum *strategischen* und damit letztlich auch *politischen Controlling* überschritten, was jedoch in Anbetracht der gemeinsamen und harmonierenden Zielvorstellung von Politik und Verwaltung notwendig erscheint.

Insgesamt wirft die Diskussion zum wirkungsorientierten Controlling die Frage auf, ob letztlich die Differenz zwischen erzielter gesellschaftlicher Wirkung, also den geschaffenen gesellschaftlichen Werten und den dafür eingesetzten bewerteten Vorleistungen, im Ergebnis im Sinne einer *gesellschaftlichen Wertschöpfung*[814] interpretierbar und partiell über die Verwaltung steuerbar ist. Darüber hinaus können potenzielle Wertschöpfungserkenntnisse im Sinne einer analytischen Politikberatung oder zumindest für eine Dokumentation gegenüber der Gesellschaft Verwendung finden.

---

[813] Als Synonyme werden auch die Begriffe Gestaltungs-, Entscheidungs- oder Handlungsspielraum verwendet.

[814] Die zugrunde gelegte Definition des Begriffs Wertschöpfung erfolgt in Kapitel 6.1.2.

6.1.1 Identifikation von Gestaltungspotenzialen

Grundlage für eine Optimierung der gesellschaftlichen Wirkung von Maßnahmen durch die öffentliche Verwaltung ist neben der eigentlichen Kenntnis der Wirkung deren partielle *eigenständige Beeinflussbarkeit*.[815] Daher sind die einzelnen Wirkungen auf ihr *Gestaltungspotenzial* hin zu überprüfen.

Für eine *wirkungsorientierte* und damit *strategische Steuerung* der Verwaltung lassen sich gewichtige Gründe anführen: Der Abstraktionsgrad politischer oder gesetzlicher Rahmenvorgaben bedarf einer durch die Verwaltung vorzunehmenden Ausführungskonkretisierung, wobei etwaige *Gestaltungsspielräume* konkrete Gemeinwohlwirkungen haben können. Darüber hinaus führen begrenzte personelle und sachliche Ressourcen in der Verwaltung bei gleichzeitig steigenden Aufgaben[816] zu der Notwendigkeit, Prioritäten bei den Ausführungshandlungen zu setzen, was wiederum Auswirkungen auf den gesellschaftlichen Nutzen hat.[817] Eine Optimierung der im Rahmen der Ausführungskonkretisierung und der Priorisierung gegebenen Spielräume ist aber genauso wie eine langfristige Prozessverbesserung nur in Kenntnis der gesamtgesellschaftlichen Wirkung möglich, da letztlich diese die objektive Effektivität von Maßnahmen und damit das controllingrelevante Ziel prägt. Im Idealfall können über zielgerichtete Analysen der Wertkette *Ergebnistreiber* bzw. *Wertschöpfungstreiber* im Verwaltungshandeln identifiziert werden,[818] um diese einer Steuerung zugänglich zu machen.

Strategisches Management in der öffentlichen Verwaltung beinhaltet grundlegendes, übergreifendes sowie weitreichendes Setzen von Zielen sowie darauf basierendes Entscheiden und Handeln.[819] Dabei grenzen organisations-, dienst- und haushaltsrechtliche Beschränkungen mögliche Gestaltungsspielräume der ausführenden Einheit ein.[820] Allerdings bestehen auch im Rahmen dieser Vorgaben *Gestaltungspotenziale*, die bspw. nach der Formel *strategy follows structure*[821] verwirklicht werden können.[822]

In diesem Kontext muss sich die Verwaltungsführung bzw. das strategische Management[823] für eine langfristige Wirkungsplanung vergegenwärtigen, wie groß der jeweilige Handlungsspielraum für etwaige strategische Optionen ist.

---

[815] Vgl. Kapitel 5.2.7.

[816] Vgl. die Ausführungen zu den klassischen Rahmenbedingungen öffentlicher Verwaltungen in Kapitel 2.1.2.

[817] Vgl. Mosiek/Gerhardt/Wirtz/Berens (2003), S. 29.

[818] Vgl. Kapitel 5.2.2.

[819] Vgl. Eichhorn (2001), S. 38.

[820] Auch beeinflussen oftmals politische Entscheidungsträger den Handlungsspielraum und damit die Gestaltungspotenziale der Führungskräfte in den Verwaltungen. Vgl. Homann (2005), S. 11 sowie Kapitel 2.2.3.

[821] Diese Formel stellt die bewusste Umkehrung einer in der Privatwirtschaft üblichen und verbreiteten organisationstheoretischen These *structure follows strategy* dar. Vgl. hierzu Chandler (1962).

[822] Vgl. Wagner (2001), S. 7 sowie Eichhorn (2001), S. 38 f.

[823] Das strategische Management kann als Gelenk zwischen der Politik und der Verwaltungsführung bezeichnet werden. Vgl. Eichhorn (2001), S. 38 f.

Diese elementare Trennung *strategischer*[824] Optionen gibt regelmäßig auch zentrale Hinweise auf den Spielraum einer eigenständigen Wirkungsoptimierung. Diese kann gegebenenfalls über *Individualstrategien* oder aber *im Wechselspiel mit der Politik* über die langfristige Änderung der Rahmenbedingungen für *Vorgabestrategien* erfolgen (vgl. *Abbildung 43* sowie *Abbildung 42*). Daher bedarf es einer sachgerechten Beratung der Politik über eine offensive Kommunikation verwaltungsspezifischer Kenntnisse, um auch langfristig konstruktiv am Gestaltungsrahmen mitzuwirken.[825]

Auch wenn der Spielraum für Individualstrategien bspw. aufgrund von Bundesgesetzen begrenzt scheint, lässt der gesetzliche Rahmen für einen Vollzug oftmals partiell Freiräume, die täglich implizit ohne dokumentierte Wirkungsabschätzung genutzt werden. An dieser Stelle sei noch einmal auf die ausführlichen Darstellungen zur optimalen Kombination interner wie externer Inputfaktoren sowie zur Analyse des Leistungserstellungsprozesses mittels der Wertkettenanalyse in Kapitel 5.2.1 und 5.2.2 verwiesen. In diesem Zusammenhang lassen sich häufig Tatbestände identifizieren, die eine öffentliche Verwaltung in die Lage versetzen, den gegebenen Spielraum zu nutzen und bspw. interne Ressourcen zielorientiert umzuschichten.

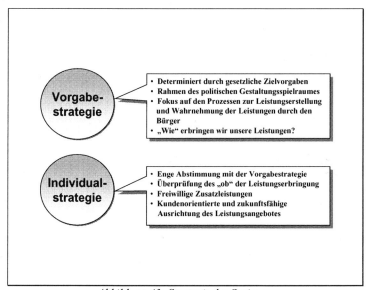

Abbildung 43: Strategische Optionen

---

[824] Strategie kann in diesem Zusammenhang in Anlehnung an MEFFERT als längerfristig und auf die relevante Umwelt ausgerichteter Verhaltensplan zur Erreichung der Organisationsoberziele interpretiert werden. Vgl. Meffert (2000), S. 8.

[825] Vgl. Kapitel 2.2.3.

6.1.2 Wertschöpfungsbeiträge politisch-administrativer Akteure

Die Differenz zwischen der erzielten gesellschaftlichen Wirkung und den dafür eingesetzten Vorleistungen[826] wird als *gesellschaftliche Wertschöpfung* bezeichnet. Die gesellschaftliche Wertschöpfung ist damit als *Gesamtbeurteilung* einer politisch-
administrativen Konstellation in einem spezifischen öffentlichen Aufgabenfeld zu interpretieren.

Die bisherige volkswirtschaftliche Wertschöpfungsdefinition für staatliche Leistungen
stellt demgegenüber keine zweckmäßige Begriffsabgrenzung in diesem Kontext dar,
da diese von einem inputorientierten Wertschöpfungsbegriff ausgeht, indem die Brut-
towertschöpfung als Summe von u. a. Löhnen, Gehältern, Bezügen und Abschreibungen ermittelt wird und die Wertschöpfung als Summe aller Faktoreinkommen[827] bezeichnet wird.[828]

Der Begriff der *gesellschaftlichen Wertschöpfung* bietet sich grundsätzlich an, da gezielt eine Verknüpfung von Ressourceninput und Wirkung oder auch der Effektivität
herbeigeführt werden soll. Auch knüpft ein die Leistungswirkung und Ressourcen in-
tegrierendes Wertschöpfungsverständnis an die zu Beginn aufgegriffene Legitimati-
onsdebatte öffentlichen Handelns an[829] und erlaubt eine positive Besetzung des Begriffs Wertschöpfung. Im Gegensatz dazu führen bei der volkswirtschaftlichen Wertschöpfungsdefinition bspw. Lohnerhöhungen im öffentlichen Sektor in gleichem Umfang zu einem Wertschöpfungsanstieg.

Äußerst bedeutsam ist das Verständnis dafür, dass eine *gesellschaftliche Wertschöpfungssteigerung* nicht nur durch die Ausweitung scheinbar positiver Effekte erzielt
werden kann. Denn auch durch die Reduktion von derzeit anfallenden gesellschaftlichen Kosten kann eine Erhöhung der Wertschöpfung realisiert werden. Aus diesem
Grund ist darauf hinzuweisen, dass Gestaltungspotenziale sowohl auf der Leistungsseite als auch auf der Wirkungsseite systematisch zu analysieren sind.

Die diesbezüglich grundsätzlich denkbaren *Optionen zur Wertschöpfungssteigerung*
zeigt *Abbildung 44* in Form eines *Wertschöpfungsberichtes*[830]. Der Wertschöpfungsbericht kann in Form einer Argumentationsbilanz dargestellt und kommuniziert werden.[831] Die Zusammenhänge innerhalb einer Wertschöpfungsbilanz erfordern grundsätzlich eine *Wirkungstransparenz* im politischen-administrativen System. Insofern ist
es notwendig, dass sich die Verwaltung vergegenwärtigt, dass unterschiedliche Hand-

---

[826] Im Gegensatz zum volkswirtschaftlichen Rechnungswesen, indem der Begriff der Wertschöpfung
die Summe aller Faktoreinkommen beschreibt, subsumiert der Begriff Vorleistungen im Zusammenhang einer gesellschaftlichen Wertschöpfung bspw. auch den Faktor Arbeit und die damit verbundenen Kosten. Zum Wertschöpfungsbegriff in der Makroökonomik vgl. u. a. Cezanne (1999),
S. 240 ff. sowie Hanusch/Kuhn/ Kantner (2002), S. 241 ff.

[827] Zu den Faktoreinkommen zählen neben den Löhnen und Gehältern auch die Zinsen, die Mieten
und Pachten sowie der Gewinn. Vgl. Cezanne (1999), S. 241.

[828] Vgl. Cezanne (1999), S. 241. sowie Hanusch/Kuhn/Kantner (2002), S. 244.

[829] Vgl. Kapitel 3.4.1.

[830] Die Begriffe Wertschöpfungsbericht und Wertschöpfungsbilanz werden synonym verwendet.

[831] An dieser Stelle sei noch einmal auf die Stärken der Nutzen-Kosten-Methoden verwiesen, die u. a.
in einer transparenten Darstellungsform der ermittelten Ergebnisse liegen. Vgl. Kapitel 4.5.2.

lungsempfehlungen – auch in Abhängigkeit der situativ vorzufindenden Steuerungspotenziale – bestehen.

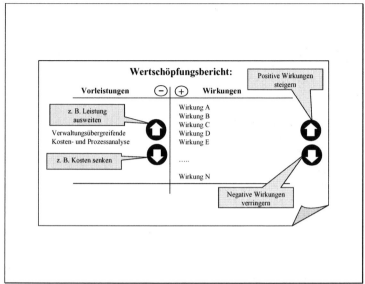

Abbildung 44: Optionen zur Wertschöpfungssteigerung[832]

Lassen sich die Wirkungen auf das Gemeinwohl ausschließlich durch die Verwaltung beeinflussen, ergeben sich automatisch hohe Steuerungspotenziale und damit verbunden eine wirkungsorientierte Steuerungsrelevanz (vgl. *Abbildung 45*). Darüber hinaus ist denkbar, dass die Wirkungen indirekt über den Leistungsempfänger im Rahmen einer Dienstleistungserstellung erzeugt werden. Diese mittelbare Beeinflussung der Wirkungen durch die Verwaltung besitzt ebenfalls ein hohes Maß an Steuerungsrelevanz. Derartige Informationen sollten nicht nur Auswirkungen auf das *operative* und das *strategische Verwaltungsmanagement* haben, grundsätzlich sind darüber hinaus eine *analytische Politikberatung* sowie eine *Dokumentation der Wirkungstatbestände* notwendig.

Die *Steuerung über Wertschöpfungstreiber* betroffener öffentlicher Aufgabenbereiche wird in diesen Fällen evident. Sofern Bereiche mit einem bedeutenden Einfluss auf die Gesellschaft und einem erheblichen Spielraum für (Individual-)Strategien identifiziert sind, gilt es, konkret ein *Planungs- und Steuerungskonzept für eine institutionalisierte Outcome-Bewertung und Dokumentation* zu entwickeln.[833] Grundsätzlich denkbar sind an dieser Stelle die zwei Ansätze wirkungsorientierter Steuerung, mittels welcher zum einen die Steuerung über eine *strategische Gesamtplanung* durch die Politik über ein-

---

[832] In Anlehnung an Mosiek/Gerhardt (2003), S. 293.
[833] Vgl. Mosiek/Gerhardt (2003), S. 294.

zelne öffentliche Aufgabenfelder vollzogen, zum anderen eine wirkungsorientierte Steuerung *innerhalb des Systems* der öffentlichen Verwaltung stattfinden kann.[834]

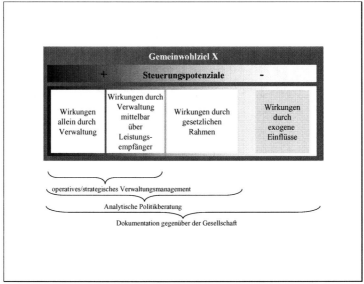

*Abbildung 45: Managementempfehlung
in Abhängigkeit der Steuerungspotenziale*[835]

Natürlich ist auch denkbar, dass der Handlungsraum ausschließlich durch Vorgaben sowie Vorschriften, bspw. durch gesetzlich kodifizierte Regelungen determiniert ist. Gestaltungspotenziale für eine Wertschöpfungsoptimierung im Rahmen der Politikdurchführung können also kaum bis gar nicht identifiziert werden. In einem solchen Fall nimmt die wirkungsorientierte Steuerungsrelevanz der öffentlichen Aufgabe ab. Nichtsdestotrotz kann durch die Identifikation etwaiger Auswirkungen (von Gesetzen) auf Gemeinwohlziele *nach wie vor* eine generelle *analytische Politikberatung* betrieben werden, um das politisch-administrative Gesamtsystem im Idealfall zu wertschöpfungsoptimierten Anpassungen – bspw. durch Veränderung der gesetzlichen Rahmenbedingungen – öffentlicher Aufgaben zu führen. An dieser Stelle wird erneut die Bedeutung der Outcome-Evaluation auch für die Abschätzung von Gesetzesfolgen deutlich.

Sollten ausschließlich exogene Einflüsse die Wirkungen bestimmen, spielt eine aktive wirkungsorientierte Steuerung öffentlicher Aufgaben im politisch-administrativen System keine Rolle mehr. Auch kann in einem solchen Fall sinnvollerweise keine analytische Politikberatung mehr betrieben werden. Indes sollte die Kenntnis auch solcher

---

[834]　Vgl. Kapitel 2.2.2.
[835]　In Anlehnung an Mosiek/Gerhardt (2003), S. 293.

Tatbestände *transparent* für alle Akteure im politisch-administrativen System *dokumentiert und nachvollziehbar* dargestellt werden.

Die Ausführungen verdeutlichen, dass die Relevanz einer wirkungsorientierten Steuerung kontextspezifisch variiert. In der Tendenz kann festgestellt werden, das die Bedeutung einer Outcome-Betrachtung um so bedeutsamer wird, je:[836]

- abgrenzbarer die Zuständigkeit einer Aufgabe,
- größer der Verwaltungsspielraum beim Vollzug,
- transparenter das Verhalten potenzieller Leistungsempfänger,
- besser und objektiver die Systematisierbarkeit der gesellschaftlichen Ziele,
- geringer der exogene Einfluss auf die Ziele ist.

Die Managementempfehlungen machen nicht zuletzt deutlich, dass sich damit für die politisch-administrativen Akteure *wertschöpfungsorientierte Profilierungsmöglichkeiten* ergeben können (vgl. *Abbildung 46*).

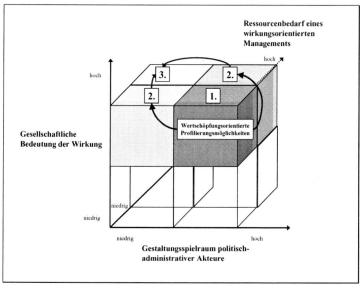

Abbildung 46: Wertschöpfungsorientierte Profilierungsmöglichkeiten

In Abhängigkeit der Steuerungs- und der Gestaltungspotenziale sowie der gesellschaftlichen Bedeutung der Wirkung und den dafür erforderlichen Ressourceneinsatz, lassen sich unterschiedliche Zielfelder zur *Positionierung und Priorisierung öffentlicher Aufgaben* für das strategische bzw. politische Management identifizieren. Wichtigstes Kriterium einer derartigen Priorisierung ist die gesellschaftliche Bedeutung der

---

[836] Vgl. Mosiek/Gerhardt (2003), S. 293.

Wirkung. Weist die öffentliche Aufgabe oder das betrachtete Programm eine hohe gesellschaftliche Bedeutung auf, kann eine Priorisierung in Abhängigkeit der beiden anderen Parameter stattfinden.

Die Zielvorstellung besteht in einer offensiv kommunizierten und dargestellten Wirkungstransparenz unterschiedlicher Möglichkeiten über die Auswahl und Umsetzung öffentlicher Produkte und Aufgaben. Dies kann dazu führen, dass neben der Steigerung des Renommees politisch-administrativer Akteure die Akzeptanz vollziehender institutioneller Arrangements in der Gesellschaft stark erhöht wird. In diesem Zusammenhang ist es im Idealfall denkbar, dass die Verwaltung – in Kenntnis wertschöpfungsorientierter Zusammenhänge – selbst die Aufgabenkritik von der Politik einfordert,[837] um eine mögliche Aufgabenmodernisierung im Sinne einer Wertschöpfungsoptimierung zu forcieren. Dieser Möglichkeit wird in der praktischen Umsetzung indes keine große Erfolgschance eingeräumt.

Sofern eine öffentlichen Aufgabe – bspw. in dem Zielfeld 1 (vgl. *Abbildung 46*) – eingeordnet werden kann, sollte langfristig die Optimierung einer effektiven politisch-administrativen Steuerung über den in Kapitel 2.2.3 dargestellten optimalen Verlaufspfad geprüft und i. d. R. angestrebt werden. Über einen wirkungsorientierten Informationsaustausch kann sowohl die Politik als auch die Verwaltung, in speziellen Fällen auch weitere am *Politikprozess* Beteiligte einen wertschöpfungsorientierten Beitrag für die Gesellschaft leisten.

Um grundsätzlich sicherzustellen, dass steuerungsrelevante Informationen – im Idealfall auch über einzelne Leistungswirkungen – zukünftig für Verwaltung und Politik genutzt sowie mit einer ausführlichen Maßnahmenplanung hinterlegt werden, müssen diese sachgerecht in das interne und externe Berichtswesen der Verwaltung integriert werden. Nicht nur die Wirkungs-, sondern alle relevanten Steuerungsinformationen können bspw. in den entsprechenden Dimensionen einer *Balanced Scorecard* abgebildet werden.

6.2 Die Balanced Scorecard zur Umsetzung politischer Programme

Für die Nutzung von Wirkungsinformationen bedarf es geeigneter Instrumente, mittels derer die politisch-administrative Führung in die Lage versetzt wird, die jeweilige Institution zielführend zu steuern. Hierfür ist im Ergebnis ein Instrumentarium erforderlich, welches aus der Vielzahl der zur Verfügung stehenden Informationen[838] ein überschaubares Set an steuerungsrelevanten Informationen, anhand eindeutiger Vorgaben abzuleiten vermag. Für diese Zwecke ist die Balanced Scorecard (BSC) ein geeignetes Instrument. Insofern ist es zweckmäßig zunächst in kompakter Form sowohl die Grundidee als auch die Funktionsweise einer Balanced Scorecard darzustellen, bevor notwendige Anpassungen dieses Instrumentariums thematisiert und ein optimierter strategischer Steuerungskreislauf beschrieben wird.

---

[837] Vgl. Färber (1998), S. 214.
[838] Die Ausführungen in Kapitel 5.2 haben deutlich gezeigt, dass für ein (nicht nur) wirkungsorientiertes Management eine Vielzahl an Informationen erzeugt werden bzw. erzeugt werden müssen.

6.2.1 Die Grundidee und die Funktionsweise der Balanced Scorecard

Die Entwicklung der Balanced Scorecard erfolgte Anfang der 1990er Jahre für Unternehmen der Privatwirtschaft und geht auf KAPLAN/NORTON zurück.[839] Die BSC stellt ein kennzahlenorientiertes Management- und Steuerungssystem dar, mit dessen Hilfe ausgehend von einer unternehmerischen Vision[840] die Umsetzung der daraus resultierenden Strategie erfolgt. Die BSC wurde mit der Zielsetzung konzipiert, eine ausgewogene Darstellung[841] der Unternehmenssituation zu ermöglichen. Resultat dieser ausgewogenen Sichtweise soll eine verbesserte Planung, Steuerung und damit einhergehend auch Kontrolle der Strategieumsetzung des Unternehmens sein. Die Abbildung des die Strategie abbildenden ausgewogenen *Kennzahlensets*[842] erfolgt über die so genannten Perspektiven[843] der BSC (*vgl. Abbildung 47*).

Das originäre Konzept beschreibt insgesamt vier relevante Perspektiven. Die *finanzielle Perspektive* – als Kulminationspunkt der BSC – beinhaltet i. d. R. resultatsorientierte Kennzahlen, die die ökonomischen Konsequenzen vergangener Handlungen dokumentieren.[844] Daneben können auch Plangrößen, die über Kennzahlen oder Indikatoren abgebildet werden, ihren Niederschlag in dieser Perspektive finden. Die *Kundenperspektive* beschreibt das Ergebnis von Verhaltensweisen, die sich – im Sinne der Erreichung der Unternehmensvision – auf die Kunden- bzw. Marktsegmente ausgerichtet haben.[845] Die *Perspektive der internen Geschäftsprozesse* beschäftigt sich intensiv mit der Fragestellung, welche Prozesse der Leistungserstellung besonders wichtig sind und wie diese optimalerweise ausgestattet werden müssen.[846] Die *Perspektive der Fähigkeiten zum Lernen und Wachstum* stellt diejenigen Rahmenbedingungen in den Vordergrund, die das Unternehmen zur Erreichung langfristigen Wachstums und permanenter

---

[839] Vgl. u. a. Kaplan/Norton (1992), Kaplan/Norton (1993), Kaplan/Norton (1996a) sowie Kaplan/Norton (1996b).

[840] Zur Definition des Begriffs Vision vgl. Kapitel 2.2.2.

[841] Diese ausgewogene Darstellung zeigt sich in der Balance zwischen internen und externen Kennzahlen sowie zwischen monetären Ergebnisgrößen als Resultate vergangener Handlungen sowie nicht-monetärer Größen, die den zukünftigen Erfolg eines Unternehmens bestimmen. Darüber hinaus findet eine Zusammenführung von objektiven, leicht messbaren sowie subjektiven, abgeschätzten Größen statt. Vgl. Horváth/Kaufmann (1998), S. 41 f. Dies ist vor allem das Resultat an der zu diesem Zeitpunkt vorherrschenden Kritik an der monetär kurzfristigen, und damit lediglich eindimensionalen Ausrichtung des Managements von Unternehmen.

[842] Um einer Informationsüberflutung vorzubeugen, schlagen die Autoren der BSC neben einer Begrenzung der insgesamt verwendeten Kennzahlen auf eine überschaubare Gesamtanzahl, die Verwendung von ca. 80 % nicht-monetärer Kennzahlen vor, um dem postulierten Zukunftsorientierung Rechnung zu tragen. Vgl. Kaplan/Norton (2001), S. 375 f. Häufig findet sich in der Literatur der Vorschlag auf eine Begrenzung der Kennzahlen auf ca. 20-25 Stück pro Scorecard. Vgl. u. a. Horváth/Kaufmann (1998), S. 46.

[843] Die Perspektiven markieren das Anwendungsfeld für die zu erhebenden Maßgrößen und bilden das strategisch relevante Gerüst zur Abbildung des Erfolges der Organisation. Vgl. Berens/Mertes/Karlowitsch (2000), S. 25.

[844] Hierzu sind bspw. die Größen Umsatz, Jahresüberschuss oder Eigenkapitalrentabilität zu nennen.

[845] Als Maßgrößen können in diesem Zusammenhang z. B. der Kundenzufriedenheitsindex oder die Reklamationsquote angeführt werden.

[846] Beispielhafte Größen sind die Durchlaufzeit oder die Fehlerquote.

Verbesserungen aufbauen muss.[847] Sie dient als Basis für die Erreichung der Ziele innerhalb der drei anderen Perspektiven.

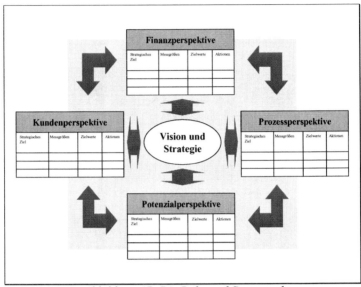

Abbildung 47: Die Balanced Scorecard

Die vier genannten Perspektiven stehen in einer Zweck-Mittel-Beziehung. Diese Kausalität, die sich bereits in den Eigenschaften der vor- bzw. nachlaufenden Indikatoren widerspiegelt,[848] wird auch Perspektiven übergreifend in einer BSC unterstellt. Das Ziel dieser Kausalketten ist die Etablierung eines Grundverständnisses für die Zusammenhänge und Werttreiber innerhalb eines Unternehmens. Dieser hohe Stellenwert potenzieller Werttreiber eines Unternehmens sollte auch in der Gewichtung der Kennzahlen innerhalb der einzelnen Perspektiven zum Ausdruck kommen.

Die Übertragung des Konzeptes der Balanced Scorecard auf die spezifischen Gegebenheiten im politisch-administrativen Umfeld erscheint sinnvoll und ist damit Gegenstand der folgenden Ausführungen.

---

[847] Hierzu gehören vor allem die Infrastruktur sowie die Mitarbeiter des Unternehmens. Im Wesentlichen werden unterhalb dieser Perspektive also die Potenzialfaktoren einer Organisation subsumiert.

[848] Als nachlaufende Indikatoren werden monetäre Größen innerhalb einer BSC aufgefasst. Nichtmonetäre, physikalische Größen gewähren hingegen Einblick in die laufenden Prozesse und finden damit erst zeitversetzt Niederschlag in den finanziellen Ergebnissen einer Unternehmung.

6.2.2 Die Balanced Scorecard im politisch-administrativen Umfeld

Die Frage, inwieweit die BSC als Steuerungskonzept auch für den politisch-administrativen Kontext geeignet ist,[849] muss anhand der wesentlichen Besonderheiten im öffentlichen Sektor im Vergleich zum privatwirtschaftlichen Umfeld geklärt werden.[850]

Die BSC stellt in der Privatwirtschaft ein Instrument zur Umsetzung unternehmerischer Visionen in zielführende Strategien dar.[851] Im Gegensatz zur Privatwirtschaft, in der die Leistungserstellung auf Basis unternehmerischen Denkens[852] basiert, ist die öffentliche Verwaltung zur Ausübung ihrer Aufgaben an *Recht und Gesetz* gebunden. Dies bedeutet, dass die *Mission*[853] einer öffentlichen Verwaltung durch das *Diktat der Politik*[854] determiniert ist. Aus Sicht der öffentlichen Verwaltung sind die Freiheiten in der Formulierung einer organisationsspezifischen Vision und damit zur Ableitung handlungsrelevanter Strategien enge Grenzen gesetzt. Die Verwaltung kann sich in der Politikdurchführung lediglich im Rahmen der ihr gegebenen Handlungsspielräume bewegen. Versteht man die BSC konsequent als Konzeption zur Umsetzung politischer Programme und Strategien, muss es Aufgabe der Politik sein, eine Vision im Rahmen der Politikformulierung festzuhalten und transparent darzustellen. HORVÁTH/KÜHNLE argumentieren, dass die Politik die BSC neben dem politischen Management auch für eine politische Kommunikation verwenden kann, was letztendlich in der wahrgenommenen Leistungssteigerung einer Regierung gipfeln bzw. die Vertrauensbildung innerhalb der Bevölkerung steigern kann.[855]

Die Besonderheiten im *Zielsystem einer öffentlichen Verwaltung* sowie der kontextabhängigen Ausrichtung auf die Vielzahl differierender Interessen unterschiedlicher *Stakeholder* lassen eine Anpassung des BSC-Konzeptes notwendig erscheinen. So ist es denkbar, dass sowohl bei der Gewichtung der Perspektiven im Gesamtkonzept, bei der inhaltlichen Gestaltung einzelner Perspektiven bzw. bei der Entwicklung potenziell neuer Perspektiven Ansatzpunkte einer Optimierung liegen können.[856] Dem Zielsystem

---

[849] An dieser Stelle sei noch einmal auf die mögliche und notwendige Differenzierung eines wirkungsorientierten Steuerungsansatzes verwiesen. Demnach kann zum einen die Politik die Verwaltung über eine strategische Gesamtplanung steuern, zum anderen besteht die Möglichkeit, dass die Verwaltungsführung innerhalb des verwaltungsspezifischen Systems (wirkungsorientiert) steuert. Vgl. ausführlich Kapitel 2.2.2.

[850] Vgl. hierzu vor allem Kapitel 2 sowie Scherer (2002), S. 10.

[851] Vgl. Kapitel 6.2.1.

[852] In der Regel ist dieses Denken getrieben durch eine Umsatz- oder Gewinnmaximierung.

[853] Zur Definition des Begriffs Mission vgl. Kapitel 2.2.2.

[854] Vgl. hierzu die zu beobachtenden Tendenzen im politisch-administrativen System in Kapitel 2.2.3.

[855] Vgl. Horváth/Kühnle (2002), S. 329.

[856] Vgl. Berens/Karlowitsch/Mertes (2000), S. 26. BERENS ET AL. beziehen ihre Aussagen auf Non-Profit-Organisationen (NPO). Die Struktur des Zielsystems sowie die Komplexität einzelner Stakeholderinteressen sind in der öffentlichen Verwaltung ähnlich gelagert, so dass eine Übertragung der Ansatzpunkte für eine Anpassung des BSC-Konzeptes durchaus gegeben ist. Darüber hinaus gibt es eine Vielzahl an Vorschlägen in der Literatur für die optimale Ausgestaltung eines BSC-Konzeptes vor dem Hintergrund der genannten Anpassungsmöglichkeiten. Vgl. hierzu u. a. Berens/Karlowitsch/Mertes (2000), S. 25 ff., Scherer (2002), S. 18 ff., Horváth/Kühnle (2002), S. 333.

Rechnung tragend, scheint sich jedoch für den öffentlichen Bereich ein Verständnis durchzusetzen, indem die *Gemeinwohlausrichtung* bzw. *Wirkungsausrichtung* sowohl in ihrer inhaltlichen Bedeutung als auch in der Gewichtung innerhalb der BSC verstärkt ihren Niederschlag findet.[857] Eine derartige Anpassung des ursprünglichen BSC-Konzeptes wird vor dem Hintergrund eines wirkungsorientierten Controlling-Ansatzes auch notwendig (vgl. *Abbildung 48*).

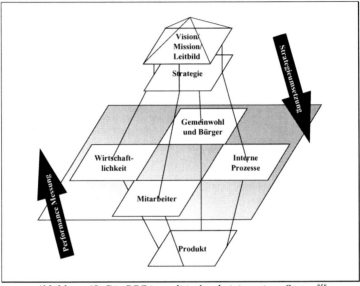

Abbildung 48: Die BSC im politisch-administrativen System[858]

Sobald eine Festlegung auf eine Vision – im Rahmen der die Aufgaben determinierenden Mission – vollzogen ist sowie Konsens bzgl. der grundsätzlichen BSC-Konzeption und der Perspektiven herrscht, sollten in Analogie zum privatwirtschaftlichen Bereich Strategien formuliert werden, um einen ersten Schritt der Konkretisierung durchzuführen.

Im Rahmen der Strategieformulierung sind dabei stets die vorhandenen Freiheitsgrade zu berücksichtigen, innerhalb derer sich eine öffentliche Institution bewegen kann. Die Ableitung von Zielen erfolgt auf Basis der formulierten Strategie und führt zu einer Einordnung in die gebildeten Perspektiven. Diesen Zielen werden Messgrößen an die Seite gestellt, die die Zielerreichung abzubilden vermögen. Darüber hinaus werden Zielwerte vereinbart sowie Maßnahmen geplant, mittels derer die Ziele erreicht werden sollen.

---

[857] Vgl. u. a. Berens/Karlowitsch/Mertes (2000) sowie Scherer (2002).

[858] Vgl. Mosiek/Gerhardt/Wirtz/Berens (2003), S. 32.

Den Grundgedanken der Überführung steuerungsrelevanter Maßgrößen aus dem Erweiterten Ziel- und Ergebnisebenenmodell öffentlicher Leistungserstellung in eine Balanced Scorecard verdeutlicht *Abbildung 49*. Dabei gilt es nur diejenigen Kennzahlen und Indikatoren in eine BSC zu überführen, mittels derer eine Steuerung innerhalb des politisch-administrativen Systems vollzogen werden soll. Somit können auch die beiden letzten Stufen eines Wirkungsmanagements ausgefüllt werden.

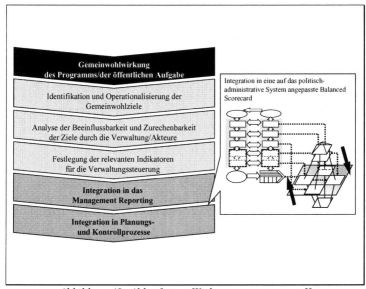

Abbildung 49: Ablauf eines Wirkungsmanagements II

Grundsätzlich gilt es spezifische *Erfolgsfaktoren*[859] bei der Implementierung sowie im laufenden Betrieb einer BSC zu berücksichtigen. Sofern eine BSC als Management- und Steuerungssystem an die kontextspezifischen Strukturen angepasst ist, kann eine

---

[859] Bei der Berücksichtigung der wesentlichen Erfolgsfaktoren einer BSC-Implementierung wird im Rahmen dieser Ausarbeitung auf eine umfassende Umfrage von WEBER/SCHÄFFER rekurriert. Die Umfrage wurde im privatwirtschaftlichen Sektor durchgeführt. Die wesentlichen Erkenntnisse lassen sich auf eine BSC-Implementierung im politisch-administrativen System übertragen. So identifizieren die Autoren insgesamt acht Erfolgsfaktoren. Als wichtigsten benennen diese die *Planung des Einführungsprozesses*. Daneben stellen eine *Hierarchie übergreifende Projektunterstützung* durch die Führung in Kombination mit einer *kontinuierlichen und offenen Kommunikation* weitere Notwendigkeiten dar. Möglicherweise fördern die Auswahl eines übersichtlichen *Pilotprojektes* und ein damit verbundener schneller Umsetzungserfolg die Akzeptanz bei den Beteiligten. Neben der Besetzung eines *ausgewogenen Projektteams* und der Anwendung eines *straffen Projektmanagements*, kann die temporäre *Unterstützung von Externen* methodenbezogenes Fachwissen sowie Neutralität gewährleisten. Nicht zuletzt bedarf es einer *Bereitschaft der Beteiligten* zur permanenten Veränderung. Vgl. Weber/Schäffer (2000a), S. 3 ff. sowie Weber/Schäffer (2000b), S. 71 ff.

Umsetzung politischer Programme und Maßnahmen über einen politisch-strategischen Steuerungskreislauf gelingen.[860]

Der Ausgangspunkt des politisch-strategischen Steuerungskreislaufes ist die Schnittstelle der politischen und der verwaltungsspezifischen Systeme.[861] Demnach gilt es zunächst gemeinsam eine Vision bzw. sich daraus ableitende Strategien abzustimmen. An dieser Stelle könnte auf Basis von *politischen Kontrakten* eine klare Abgrenzung der Politikdurchführung vollzogen werden. Eine offensive *Kommunikation* sowohl nach außen als auch nach innen erfüllt auf der einen Seite die *Transparenzforderungen* der Bürger, auf der anderen Seite wird das Verständnis innerhalb der Verwaltung für die Modernisierungserfordernisse gestärkt.

Dieser *kulturelle Paradigmenwechsel* sollte frühzeitig durch die Einbeziehung der Mitarbeiter an der Erstellung wesentlicher Inhalte der BSC, aber auch bei der Erstellung der Verhaltensregeln, welche ihren schriftlichen Niederschlag in dem Leitbild[862] einer Verwaltung finden können, vermittelt werden. Parallel muss über etwaige *Qualifikationsmaßnahmen* im Rahmen eines umfassenden Personalmanagements nachgedacht werden. Auf dieser Basis können über *Zielvereinbarungen* bspw. zwischen den Führungskräften und den jeweiligen Mitarbeitern Ziele über fest definierte Maßnahmen sowie deren Bewertungskriterien operationalisiert werden. Eine laufende und *permanente Erfassung* und *Dokumentation der Zielerreichungsgrade* über ein umfassendes *wirkungsorientiertes Controlling* sowohl innerhalb der Verwaltung als auch zwischen der Verwaltungsführung sowie der Ebene der Politik, schafft die Grundlage für *kontinuierliche Verbesserungen* und *stetiges Lernen*. Die ermittelten Erkenntnisse können sodann wieder Eingang in einen ggf. zu optimierenden Planungs-, Steuerungs- und Kontrollkreislauf finden.[863] Ein derart offen geführter Managementprozess im politisch-administrativen System trägt dazu bei, neben den *Rechtmäßigkeitsansprüchen* auch die nachvollziehbare Forderung *value for money* der Bürger zu erfüllen. Auch kann über eine transparente Darstellung der Zusammenhänge die Chance auf die *Aktivierung und Einbeziehung von Bürgern* bzw. mögliche Ausgestaltungen *privatwirtschaftlicher Kooperationen* zur Optimierung identifiziert sowie gefördert werden.

---

[860]   Eine Untersuchung von Töpfer/Lindstädt/Förster (2002), S. 79 ff. untermauert die Erkenntnisse zu den Erfolgsfaktoren einer BSC-Implementierung. Zu den wesentlichen identifizierten Problemfeldern dieser Untersuchung gehört der *Kulturwandel* in Verbindung mit einer *erhöhten Transparenz* sowie die *Dauer des Einführungsprozesses*. Die von den Autoren durchgeführte Umfrage bei 127 Unternehmen, die eine BSC eingeführt haben, liefert Erkenntnisse, die auch auf den öffentlichen Sektor übertragen werden können.

[861]   Vgl. Kapitel 2.2.3.

[862]   Zur Definition des Leitbildes vgl. Kapitel 2.2.2.

[863]   Bereits KAPLAN/NORTON erarbeiteten für die BSC einen durch Dynamik und Anpassungsprozesse geprägten Managementkreislauf für die Privatwirtschaft. In diesem wurden vier Phasen definiert, die aufeinander aufbauend in einen permanenten Optimierungskreislauf münden. Zu diesen Phasen zählen die Übersetzung der Vision, die Kommunikation und Motivation, die Phase der Planung sowie die Phase des Feedbacks und Lernens. Vgl. Kaplan/Norton (1996b), S. 77.

6.3 Evolutionspfad für ein wirkungsorientiertes Controlling

Neben den dargestellten analytischen Herausforderungen des Wirkungscontrollings[864] stellt sich vielen Verwaltungen die Frage, *wann* und *in welchem Umfang* derartige Analysen in ein bestehendes oder erst komplett neu zu erschaffendes Controlling-System integriert werden können.

Die Erfahrung zeigt, dass zunächst solche Informations- und Koordinationsinstrumente implementiert werden, die eine *wirtschaftliche Operationalisierung* von Messgrößen ermöglichen. Da dies regelmäßig die monetären bzw. wertmäßigen Messsysteme zur Abbildung von Formalzielen sind, besteht eine zentrale Herausforderung der Vorgehensweise darin, die Sachzieldokumentation möglichst zeitnah anzuschließen bzw. in Aussicht zu stellen. Sachzieldokumentation bedeutet dann in einem *ersten Schritt* zunächst nur Output- und Impact-Bewertung. Im Rahmen der Gesamtevolution des Controllings (vgl. *Abbildung 50*) sollte erst im Anschluss auf dieser inhaltlichen Basis die Outcome-Integration beginnen, insbesondere da ein entsprechender Datenbestand erforderlich ist und grundsätzlich die Gefahr einer Informationsüberflutung besteht. Bereits der Übergang von der Input- zur Outputorientierung hat eine Fülle an zusätzlichen Informationen für alle Beteiligten hervorgebracht.[865] Damit steigen die Anforderungen an ein ausgewogenes Berichtswesen, welches sowohl die Formal- als auch die Sachzielerreichung Empfänger orientiert dokumentiert.

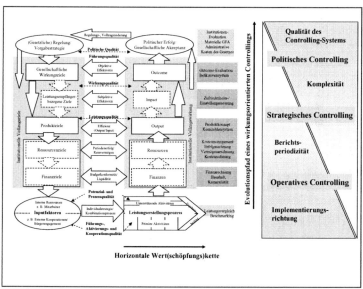

Abbildung 50: Wirkungsorientiertes Controlling im politisch-administrativen System

---

[864] Vgl. Kapitel 3.4.2.
[865] Vgl. Bühler (2002), S. 277.

Der Einstieg in die Wirkungsorientierung kann in Stufen vollzogen werden, ohne von Beginn an auf analytische Messverfahren angewiesen zu sein. Oftmals werden schon deutliche Fortschritte dadurch erzielt, dass man die Beteiligten zu einer Wirkungszielbeschreibung auffordert. Darüber hinaus führt die gemeinsame Formulierung von zunächst nur qualitativen Kausalhypothesen zu einer oftmals effektivitätssteigernden Verwerfung angedachter Aktionen. Bei der Hinterlegung der Ziele mit Messgrößen sollte in der Realität im Sinne der Wirtschaftlichkeit mit abgestimmten Prämissen gearbeitet werden, um eine möglichst zeitnahe Messung von Wirkungsrichtungen und - intensitäten vornehmen zu können. Die Praxis zeigt, dass ein zu ausgeprägter Perfektionismus an dieser Stelle zu einer Verwerfung des Gesamtvorhabens führen kann, was im Ergebnis zu einem Verlust von – evtl. nicht vollständig validen – aber dennoch hochgradig steuerungsrelevanten Informationen führt.

Bezogen auf die *Berichtsperiodizität* reicht bei den betriebswirtschaftlichen Kennzahlen im Regelfall ein *jährlicher* oder *unterjähriger* und bei den wirkungsbezogenen Indikatoren ein *jährlicher* bzw. *mehrjähriger Rhythmus* aus, da die Erhebung der Wirkungsindikatoren, insbesondere der Einsatz von Verfahren der Outcome-Evaluation verhältnismäßig aufwendig ist und teilweise an periodenbezogene statistische Grundlagenerhebungen gebunden ist. Darüber hinaus sind die betriebswirtschaftlichen Analysen in Abhängigkeit möglicher Änderungen der Wert(schöpfungs)kette regelmäßig zu überprüfen und ggf. zu modifizieren.

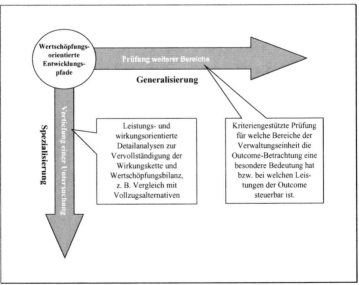

Abbildung 51: Entwicklungspfade der Wertschöpfungsbetrachtung

Sind auf Basis einer Wirkungsorientierung erste Ansatzpunkte einer potenziellen Wertschöpfungssteigerung in Teilbereichen einer Verwaltung identifiziert bzw. umgesetzt, kann im Idealfall darüber hinaus langfristig eine *Generalisierung* des Outcome-Gedankens angestrebt werden (vgl. *Abbildung 51*).

Eine Generalisierungsoption beinhaltet das Potenzial für eine Ausweitung auf weitere Untersuchungsbereiche der Verwaltungseinheit. Daneben besteht häufig auch die Möglichkeit zur *Spezialisierung* im Rahmen der Wertschöpfungsbetrachtung. Mit Spezialisierung ist in diesem Zusammenhang eine Fokussierung auf spezifische Detailanalysen zur *Differenzierung des Wirkungssystems* und damit im Idealfall zur weiteren Optimierung der Wertschöpfungsbilanz gemeint. Diese Ausrichtung kann bspw. ebenfalls die Prüfung von alternativen Vollzugsformen sowie deren Gegenüberstellung mit dem tatsächlichen Vollzug beinhalten. Darüber hinaus können auch länderübergreifende Vollzugsvergleiche angestrebt werden. In solchen Fällen kann man von *relativer Wertschöpfungsbetrachtung* sprechen.

Die Berücksichtigung operativer, strategischer, aber auch politischer Aspekte eines wirkungsorientierten Controllings, lässt die Komplexität des gesamten Controlling-Systems ansteigen. Je weiter man den Evolutionspfad folgt, desto höher wird allerdings die Qualität des Controllings im politisch-administrativen System.

Langfristig kann über den Aufbau eines wirkungsorientierten Controllings eine verbesserte Planung, Steuerung und Dokumentation von öffentlichen Aufgaben innerhalb des politisch-administrativen Systems gewährleistet werden (vgl. *Abbildung 52*).

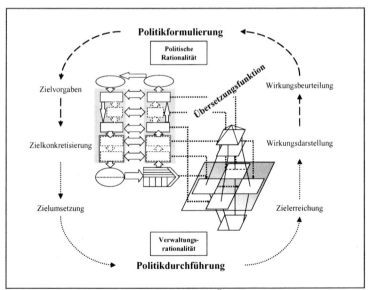

Abbildung 52: Ausgestaltung der Übersetzungsfunktion

Insgesamt kann durch die Überführung einzelner Ergebnisse aus dem Erweiterten Ziel- und Ergebnisebenenmodell in eine auf die Besonderheiten des öffentlichen Systems angepasste Balanced Scorecard ein wichtiger Beitrag zur Steuerung des politisch-administrativen Systems geleistet werden. Im Ergebnis kann es gelingen, über einen derartigen Ansatz die wesentlichen (Einzel-) Elemente des NSM und der Good Governance zielführend zu integrieren und die geforderte *Übersetzungsfunktion*[866] im politisch-administrativen System über einen gesellschaftlichen Wertschöpfungsbegriff auszufüllen.

Die bisherigen Ausführungen verdeutlichen die hohe Komplexität der wirkungsorientierten Thematik. Nicht zuletzt um etwaige Berührungsängste mit der Materie zu verringern, soll im folgenden Kapitel gezeigt werden, wie ein wirkungsorientierter Controlling-Ansatz in der Praxis beispielhaft durchlaufen werden kann und welche Zusatzinformationen für unterschiedliche Entscheidungsebenen ableitbar sind.

---

[866]   Vgl. zu der geforderten Übersetzungsfunktion Schedler/Proeller (2000), S. 53 und Kapitel 2.2.3.

7   Fallstudie: Wirkungsorientiertes Controlling beim Vollzug des Bundeserziehungsgeldgesetzes in NRW[867]

Das Kapitel 7 beschäftigt sich ausführlich mit einem Anwendungsbeispiel zum wirkungsorientierten Controlling. Der Aufbau des vorliegenden Kapitels orientiert sich im Wesentlichen an der Struktur der Kapitel 5 und 6. Die Fallstudie Wirkungsorientiertes Controlling beim Vollzug des Bundeserziehungsgeldgesetzes in NRW[868] ist das Ergebnis eines in den Jahren 2002 bis 2004 durchgeführten Projekts. Darüber hinaus werden auch aktuelle[869] Konzeptions- und Umsetzungsmaßnahmen – ausgelöst durch die gewonnenen Erkenntnisse – dargestellt.

Das Projektmanagement, konkret die im Vorfeld formulierten Ziele, die Projektplanung sowie auch die Projektorganisation werden in Kapitel 7.1 dargestellt. Kapitel 7.2 gibt einen Überblick über den Vollzug des Bundeserziehungsgeldgesetzes in NRW. Hierzu gehört neben der Darstellung des institutionellen Arrangements, der Vollzugsorganisation des Bundeserziehungsgeldgesetzes (BErzGG) in NRW, auch die Erläuterung der zum Projektzeitpunkt relevanten Gesetzesinhalte des BErzGG.[870] Die Kapitel 7.3, 7.4 und 7.5 orientieren sich an dem Aufbau des Kapitels 5 dieser Ausarbeitung und thematisieren die aus Controlling-Sicht notwendigen Ergebnisse bzw. Erkenntnisse zum Vollzug des BErzGG anhand des (Erweiterten) Ziel- und Ergebnisebenenmodells öffentlicher Leistungserstellung. Während die betriebswirtschaftlichen Ergebnisse[871] in Kapitel 7.3 dargestellt werden, stellt Kapitel 7.4 die Systematisierung von Wirkungen und Messmethoden zum BErzGG in den Mittelpunkt der Betrachtung. Kapitel 7.5 beschreibt primär die wesentlichen Analyseergebnisse[872] einzelner Verfahren der Outcome-Evaluation zu den zuvor abgeleiteten Wirkungsbereichen. Die Integration und Hochrechnung einzelner Ergebnisse auf die Verhältnisse in NRW erlaubt eine

---

[867]   Die vorliegende Fallstudie basiert maßgeblich auf einem durchgeführten Drittmittelprojekt des Lehrstuhls für Controlling der Westfälischen Wilhelms-Universität Münster. Dem Autor oblag im Rahmen dieses Projektes neben den betriebswirtschaftlichen Analysen auch die Erstellung und Dokumentation des wissenschaftlichen Abschlussberichtes. Die Ausführungen in diesem Kapitel stellen Auszüge aus den dokumentierten Projektergebnissen dar. Die Projektleitung dieses Projektes oblag dem Unternehmen BMS Consulting. Für die vollständige Dokumentation des Abschlussberichts vgl. BMS Consulting (2004). Die Ergebnisse der ersten Projektphase können bei BMS Consulting (2003a) eingesehen werden. Für die vornehmlich volkswirtschaftlichen Analysen vgl. darüber hinaus ausführlich Kaltenborn (2003) sowie Kaltenborn (2002). Zum Projektmanagement und der Projektorganisation vgl. auch Kapitel 7.1. Teil- und Zwischenergebnisse der Gesamtprojektdokumentation wurden bereits bei Mosiek/Gerhardt (2003), bei Mosiek/Gerhardt/Wirtz/Berens (2003) sowie bei Berens/Mosiek/Röhrig/Gerhardt (2004) veröffentlicht.

[868]   Im Folgenden wird die Fallstudie auch als Projekt „Wertschöpfung" bezeichnet.

[869]   Stand: April 2006.

[870]   Die wesentlichen Projektergebnisse beziehen sich auf die Gesetzeslage des BErzGG vor einer Novellierung zum 01.01.2004. Vgl. Kapitel 7.2.

[871]   Inkl. der Ergebnisdarstellung der Impact-Ebene.

[872]   Auf eine ausführliche Darstellung der jeweils gewählten Analysetechnik zu den einzelnen Wirkungsbereichen wird im Rahmen dieser Ausarbeitung verzichtet. Dafür sei noch einmal auf die ausführliche Dokumentation der Ergebnisse des Gesamtprojektes hingewiesen. Vgl. BMS Consulting (2004) sowie Kaltenborn (2003) und Kaltenborn (2002).

Gegenüberstellung von Leistungen und Wirkungen zum Vollzug des BErzGG in Form einer Wertschöpfungsbilanz. In Abhängigkeit des Gestaltungsspielraums lassen sich potenzielle Maßnahmen für eine gesellschaftliche Wertschöpfungsoptimierung priorisieren. Über eine Dokumentation der Ergebnisse sowie eine analytische Politikberatung können im Idealfall nicht nur für die Verwaltung sondern auch für die Politik wertschöpfungsorientierte Profilierungsmöglichkeiten entstehen. Darüber hinaus werden allerdings auch die Grenzen einer outcomeorientierten Managementphilosophie am Beispiel des Vollzugs des BErzGG in NRW deutlich.

7.1 Projektmanagement

Anhand des ausgewählten Bereichs „Vollzug des Bundeserziehungsgeldgesetzes" sollte geprüft werden, inwieweit die gesellschaftlichen Wirkungen und die Gesamtwertschöpfung *zweckmäßige Maßstäbe für die Dokumentation und Steuerung* des Verwaltungshandelns sind. Hierzu sollte eine umfassende Vollzugsbewertung vorgenommen werden, um dann auf Grundlage des Gesamtressourcenverzehrs für das BErzGG in NRW eine ausgewogene Analyse der Wirkungen durchzuführen. Ein wesentliches Projektziel war daher der Versuch einer *Operationalisierung* und *Fokussierung* der *gesellschaftlichen Wirkungen* des *Verwaltungshandelns* (vgl. *Abbildung 53*).

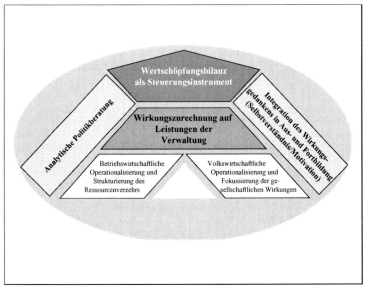

Abbildung 53: Projektziele

Auf Grundlage dieser Erkenntnisse soll die Wirkungsbetrachtung noch gezielter in die *Aus- und Fortbildung aller Beschäftigten* integriert werden und darüber einen nachhaltigen *Eingang in das Selbstverständnis der Verwaltung* finden. Soweit eine Operationalisierung der von der Verwaltung beeinflussbaren Wirkungskomponenten in Abgrenzung zu den allein der gesetzlichen Regelung zurechenbaren Wirkungen gelingt, sollen diese Erkenntnisse zur Wirkungsoptimierung und damit zu einer *objektiven Effektivitätssteigerung* genutzt werden. Insgesamt erwägt man in der Bezirksregierung Münster (BR MS), die erhobenen Informationen auch zu Dokumentationszwecken gegenüber der Politik zu verwenden, um hierüber einen Beitrag der Verwaltung zu einer *analytischen Politikberatung* zu leisten.

Das Projekt „Wertschöpfung" verfolgte hierbei einen interdisziplinären Ansatz. Aus betriebswirtschaftlicher Perspektive wurde der Prozess der Leistungserstellung (Finanzen, Ressourcen und Output) analysiert sowie in Bezug auf die Leistungswahrnehmung der Empfänger (Impact) bewertet. Andererseits wurden die durch Gesetz und Vollzug der Verwaltung induzierten Effekte volkswirtschaftlich simuliert, evaluiert und abgebildet. Darüber hinaus wurde der Versuch unternommen, im Rahmen einer Integration der Ergebnisse Wirkungstreiber zu identifizieren und einer Gestaltung zugänglich zu machen.

Grundsätzlich sah die *Projektplanung* vor, das Projekt „Wertschöpfung" in zwei Abschnitten zu bearbeiten. Zunächst wurde in Phase 1[873] ein Gesamtkonzept für die Analyse der Wertschöpfungsproblematik erstellt. Auf dieser Grundlage wurden erste betriebs- und volkswirtschaftliche Analysen mit dem Ziel erstellt, den konzeptionellen Gesamtrahmen partiell zu füllen. Aus betriebswirtschaftlicher Perspektive erfolgte einerseits parallel zum Entwicklungs- und Implementierungsprozess der Kosten- und Leistungsrechnung (KLR) im Versorgungsamt (VA) Duisburg (DU) eine Kostenanalyse der Leistungserstellung im Bereich des BErzGG. Hierbei wurde nicht nur der Wertverzehr der Versorgungsämter einbezogen, sondern ergänzend Ressourcenverbräuche der BR MS erfasst. Andererseits wurden auf Grundlage des zu entwickelnden Wirkungsmodells weitere nicht-monetäre Daten in der Bezirksregierung und den Versorgungsämtern gesammelt, die zu einer transparenten und ausgewogenen Abbildung des Leistungserstellungsprozesses dienen. Neben einer Aufbereitung und Integration vorhandener Daten wurden ergänzend Interviews mit Mitgliedern einzelner Versorgungsämter sowie der Abt. 1 und 10 der BR MS[874] und im Gemeinsamen Gebietsrechenzentrum (GGRZ) Münster geführt.

Aus volkswirtschaftlicher Perspektive sollte im Rahmen des ersten Projektabschnittes ein Konzept für die Wirkungsmessung zum BErzGG entwickelt werden. Hierzu sollten überblickartig mögliche Wirkungskomponenten dargestellt und in Bezug auf ihre Messbarkeit bewertet werden. Darüber hinaus sollten im Einzelnen der Umfang der Leistungsausgaben dargestellt sowie Angaben zur Struktur der Empfänger von Erziehungsgeld gemacht werden. Ferner sollte als ein wesentlicher Wirkungsbestandteil des BErzGG der Effekt auf die gewünschte Arbeitsmarktpartizipation (Arbeitsangebot) der Empfänger differenziert analysiert werden.

---

[873] Die Phase 1 des Projektes erstreckte sich von Mai 2002 bis Januar 2003.
[874] Das Dezernat 102.5 der Abteilung 10 der BR MS ist bspw. zuständig für die strategische Planung und Durchführung des BErzGG, während das zentrale Controlling als Dezernat der Abteilung 1 der BR MS fungiert.

Die konzeptionellen Erkenntnisse sowie die erhobenen Daten der ersten Phase sollten in Phase 2[875] zu einer Vervollständigung des Wertschöpfungskonzeptes genutzt werden. Zielsetzung der Phase 2 war damit eine Vertiefung der Analysen des Vollzugs des BErzGG sowie darüber hinaus eine erste Generalisierung der gewonnenen Erkenntnisse. Im Einzelnen galt es von betriebswirtschaftlicher Seite in Phase 2 folgende Tatbestände zu bearbeiten:

- Vervollständigung der Ressourcenanalyse über die Integration wesentlicher Kostenpositionen anderer Verwaltungsbereiche sowie Konsolidierung der dann insgesamt vorhandenen Daten

- Aktualisierung des Hochrechnungsschemas auf Basis der ab Februar 2003 verfügbaren Kosten- und Mengendaten aus dem Versorgungsamt Duisburg (z. B. Anlagendaten oder Beratungsmengen)

- Systematisierung einer qualitativen Wertschöpfungsbilanz und Integration der Wirkungs- und Kostenbestandteile und

- Bewertung der Vollzugsalternative Kreise/kreisfreie Städte (relative Wertschöpfungsbetrachtung)

Ferner bedurfte es aufbauend auf den Erkenntnissen der ersten Projektphase weitergehender volkswirtschaftlicher Analysen in Form von Outcome-Evaluationen. Zielsetzung für die vorzunehmenden Analysen war zunächst eine möglichst umfassende Abdeckung der in Phase 1 identifizierten Wirkungsbereiche. Im Einzelnen waren dies über die bereits untersuchte *Erwerbspartizipation* hinaus die *Brutto- und Nettoeinkommenswirkungen* für die Empfänger, die *Ausgaben* und *Ausgabenstruktur*, die *Geburtenrate*, die *Kindesentwicklung* sowie allgemein die *Auswirkungen auf Betriebe*.

Der innovative Charakter der Problemstellung sowie die zu entwickelnden fachübergreifenden Lösungsansätze machten ein interdisziplinär zusammengesetztes *Projektteam* erforderlich.[876]

---

[875] Die Phase 2 des Projektes erstreckte sich von Anfang 2003 bis Juli 2004.

[876] Die Projektleitung, -organisation und -dokumentation von Beraterseite her wurde von der BMS Consulting übernommen. Der Projektleiter war DR. THOMAS MOSIEK, Geschäftsführer der BMS Consulting. Die operative betriebswirtschaftliche Projektarbeit sowie die Erstellung des wissenschaftlichen Abschlussberichtes leistete DIPL.-KFM. ANDREAS RÖHRIG vom Lehrstuhl für Betriebswirtschaftslehre, insbesondere Controlling der Westfälischen Wilhelms-Universität Münster zusammen mit der BMS Consulting. Der betriebswirtschaftliche Teil der wissenschaftlichen Projektbegleitung wurde durch PROF. DR. WOLFGANG BERENS sichergestellt. Grundlagen für die volkswirtschaftlichen Analysen waren zum einen Modellsimulationen der Transferwirkungen des Erziehungsgeldes mit dem von DR. BRUNO KALTENBORN entwickelten Modell SimTrans. Zum anderen erfolgten die Ausarbeitungen auf Basis analytischer Überlegungen, konstruierter Fallbeispiele sowie Auswertungen vorliegender Literatur. Verantwortlich hierfür zeichnete ebenfalls DR. BRUNO KALTENBORN. Unterstützt wurde dieser durch PETRA KNERR. Die wissenschaftliche Begleitung der volkswirtschaftlichen Analysen wurde durch PROF. DR. ALOYS PRINZ, den Direktor des Instituts für Finanzwissenschaft II der Westfälischen Wilhelms-Universität Münster sichergestellt.

7.2 Vollzug des Bundeserziehungsgeldgesetzes in NRW

Die Bezirksregierung Münster ist mit rd. 1.400 Beschäftigten[877] eine der größten Landesmittelbehörden[878] in NRW. Aufgrund ihrer Bündelungsfunktion erfüllt sie unterschiedlichste Aufgaben in den Bereichen Gefahrenabwehr, Gesundheit, Kommunalaufsicht, Bauen und Wohnen, Schulen, Kultur und Wissenschaft, Umwelt, Verbraucherschutz, Verkehr, Arbeitsschutz, Regionalplanung und Wirtschaft, Flurbereinigung und Agrarordnung, Arbeit und Soziales. Bis Ende des Jahres 2000 war sie ausschließlich für den Regierungsbezirk Münster zuständig. Durch die Umsetzung des Zweiten Gesetzes zur Modernisierung von Regierung und Verwaltung in NRW (2. ModernG) hat die Bezirksregierung Münster mit der Integration des Landesamtes für Agrarordnung als Oberster Flurbereinigungsbehörde (heute Abteilung 9) sowie des Landesversorgungsamtes NRW (Fachbereiche Arbeit und Soziales, heute Abteilung 10 mit rd. 300 Beschäftigten) zum 01.01.2001 zusätzlich auch landesweite Zuständigkeiten erlangt.

Den größten Fachbereich der Bezirksregierung Münster stellt heute die Versorgungsverwaltung NRW dar, die beim Ministerium für Gesundheit, Soziales, Frauen und Familie (MGSFF) des Landes NRW ressortiert. Mit der Abteilung für Arbeit und Soziales, Landesversorgungsamt, der Bezirksregierung Münster als „Management-Holding" und den elf Versorgungsämtern in Aachen, Bielefeld, Dortmund, Düsseldorf, Duisburg, Essen, Gelsenkirchen, Köln, Münster, Soest und Wuppertal sowie der Versorgungskuranstalt Eggeland-Klinik in Bad Driburg und der Landesstelle für Aussiedler, Zuwanderer und ausländische Flüchtlinge in Unna-Massen im nachgeordneten Geschäftsbereich (insgesamt rd. 2.200 Beschäftigte) hat sie mit ihren 14 Dienststellen – organisatorisch gesehen – den strukturellen Aufbau eines diversifizierten Konzerns. Die interne Organisation der Versorgungsverwaltung NRW ist entsprechend ihren Aufgaben als sozialer Dienstleister nach unterschiedlichen Gesetzesbereichen gegliedert. Die Durchführung des Sozialen Entschädigungsrechts (SER), des Schwerbehindertenrechts (SchwbR), des BErzGG sowie von arbeitsmarkt- und sozialpolitischen Förderprogrammen spiegelt sich jeweils sowohl als Dezernat in der Abteilung 10 für Arbeit und Soziales der Bezirksregierung Münster als auch als Abteilung in jedem der elf Versorgungsämter wider. Dabei kommt dem jeweiligen Dezernat der Bezirksregierung Münster die Aufgabe der Fachaufsicht, der strategischen Planung und der Koordination ihrer elf nachgeordneten Abteilungen zu, während die operative Umsetzung in der jeweiligen Fachabteilung des Versorgungsamtes erfolgt. So ist z. B. die strategische Planung und Koordinierung der Durchführung des Bundeserziehungsgeldgesetzes die Aufgabe des Dezernates 102.5 der Bezirksregierung Münster, während der eigentliche Gesetzesvollzug jeweils in der Abteilung 4 der Versorgungsämter geschieht. Für die Bürgerinnen und Bürger in Nordrhein-Westfalen ist die Anlaufstelle für die Beantragung von Erziehungsgeld damit stets das zuständige Versorgungsamt. Erst im Rahmen eventueller Widerspruchs- oder Klageverfahren erhalten sie Kontakt zur Abteilung 10 für Arbeit und Soziales der Bezirksregierung Münster (Dez. 101).

---

[877] Stand: April 2006.
[878] Vgl. Abbildung 2.

Für das Verständnis der Inanspruchnahme des Erziehungsgeldes und der diesbezüglichen Wirkungen ist zunächst die Ausgestaltung des BErzGG relevant. Für Geburten ab 1986 gewährt der Bund ein Erziehungsgeld. Die Bezugsdauer wurde sukzessive von den ersten zehn auf die ersten 24 Lebensmonate eines Kindes für Geburten seit 1993 ausgedehnt. Für jedes Kind kann nur eine Person Erziehungsgeld erhalten, in der Regel ein Elternteil.[879] Ein Wechsel während des Bezugs ist möglich. Für Geburten ab Juli 1989 kann einer Person gleichzeitig Erziehungsgeld für mehrere Kinder gewährt werden. Seit Juli 1993 sind nichteheliche Lebensgemeinschaften und ab 01.08.2001 auch gleichgeschlechtliche Lebenspartner den Ehepaaren gleichgestellt. Für Geburten bis Ende 2000 wird Erziehungsgeld nur gezahlt, wenn keine volle Erwerbstätigkeit, d. h. keine Erwerbstätigkeit mit einem Umfang von mehr als 19 Stunden wöchentlich ausgeübt wird. Ein Bezug von Arbeitslosengeld, nicht aber Arbeitslosenhilfe, schließt den Anspruch auf Erziehungsgeld ebenfalls aus. Für Geburten ab 2001 wurde die Grenze für eine anspruchsunschädliche Teilzeittätigkeit auf 30 Stunden wöchentlich erhöht. Lohnersatzleistungen wie Arbeitslosengeld oder Arbeitslosenhilfe schließen den Bezug von Erziehungsgeld dann aus, wenn der Bemessung der Leistung eine Arbeitszeit von mehr als 30 Stunden wöchentlich zugrunde liegt. Für Geburten ab dem Jahr 1994 ist das Erziehungsgeld auch in den ersten sechs Lebensmonaten des Kindes einkommensabhängig. Übersteigt das anzurechnende Einkommen die Ausschlussgrenze, besteht kein Anspruch auf Erziehungsgeld. Das Einkommen wird ausgehend von der einkommensteuerlichen Summe der positiven Einkünfte ermittelt:

Einkommen i. S. d. Bundeserziehungsgeldgesetzes (für Geburten ab Juli 1993)[880]

=   Summe der positiven Einkünfte

-     27 % der Summe der Einkünfte für Personen, die nicht zum Personenkreis des § 10c Abs. 3 EStG gehören (u. a. sozialversicherungspflichtige Arbeitnehmer) oder

-     22 % der Summe der Einkünfte für Personen, die zum Personenkreis des § 10c Abs. 3 EStG gehören (u. a. Beamte)

-     Unterhaltsleistungen

-     Behindertenpauschbetrag für ein behindertes Kind

Die Höchstbeträge des monatlichen Erziehungsgeldes (bis 2001: 600 DM; ab 2002: 307 €) werden ab dem 7. Lebensmonat gemindert, wenn das Einkommen bestimmte Freibeträge überschreitet. Die Minderung des monatlichen Erziehungsgeldes für Geburten bis Ende 2000 beträgt 3,33 % (gleich ein Zwölftel von 40 v. H.) des den Freibetrag überschreitenden Jahreseinkommens. Für Geburten ab 01.01.2001 beträgt die Minderung 4,2 %. Seit diesem Zeitpunkt besteht auch erstmals die *Wahlmöglichkeit* Erziehungsgeld aufgrund einer *Budgetregelung* gewährt zu bekommen. Anstelle des monatlichen Höchstbetrages von 307 € für maximal 24 Lebensmonate kann die Berechtigte für maximal 12 Lebensmonate Erziehungsgeld mit dem Höchstbetrag von 460 € erhalten. Diese Wahlmöglichkeit besteht jedoch nicht, wenn die Zahlung des

---

[879]   Vgl. im Folgenden Kaltenborn (2003), S. 6 f.

[880]   Für Geburten bis zum Juni 1993 wurde das Einkommen i. S. d. BErzGG mit einer differierenden Formel berechnet.

Erziehungsgeldes ab dem 7. Lebensmonat wegen der Höhe des Einkommens ausgeschlossen ist. Die Minderung beträgt hierbei 6,2 %, wenn die Einkommensgrenzen überschritten werden.

Das Erziehungsgeld darf grundsätzlich nicht zu einer Minderung anderer Leistungen führen; dies gilt selbst für die Sozialhilfe. Es ist sozialabgaben- und steuerfrei. Die Administration erfolgt durch die Länder. Die Zuständigkeiten sind unterschiedlich geregelt. In Nordrhein-Westfalen sind es die Versorgungsämter, in anderen Bundesländern sind bspw. auch Kommunen, Jugendämter oder die Landeskreditbank mit der Durchführung beauftragt.

Im Rahmen des Haushaltsbegleitgesetzes 2004 vom 29.12.2003 traten zum 01.01.2004 weitere Änderungen des Bundeserziehungsgeldgesetzes in Kraft.[881] Die wesentlichen Änderungen im Bereich der Elternzeit gelten ab dem 01.01.2004 und damit auch für die Eltern, die sich bereits in Elternzeit befinden, d. h. nicht nur für Geburten ab dem 01.01.2004.[882] Die Analysen im Rahmen des durchgeführten Projektes beziehen sich allesamt auf die Strukturen *vor* der Novellierung des BErzGG.

---

[881] Der neue volle monatliche Auszahlungsbetrag beim Erziehungsgeld beträgt 300 € monatlich beim Regelbetrag (Erziehungsgeld für 24 Monate) und 450 € monatlich beim Budget (Erziehungsgeld für 12 Monate). Die Ausschlussgrenzen für den Bezug des Erziehungsgeldes (Regelbetrag) in den ersten sechs Lebensmonaten wurden sowohl für Ehegatten, die nicht dauernd getrennt leben sowie für nichteheliche Lebensgemeinschaften (Paare) als auch für andere Berechtigte (Alleinerziehende) neu festgelegt. Erziehungsgeld wird somit gewährt, wenn das Familieneinkommen (pauschaliertes Jahresnettoeinkommen) bei Paaren nicht über 30.000 € und bei Alleinerziehenden nicht über 23.000 € liegt. Die im neuen Recht genannte Einkommensgrenze für den Anspruch auf das Budget beträgt hingegen 22.086 € für Paare sowie 19.086 € für Alleinerziehende. Ab dem siebten Lebensmonat vermindert sich das Erziehungsgeld, wenn das Einkommen von Paaren die Einkommensgrenze von 16.500 € pauschalierten Nettojahreseinkommen übersteigt. Bei den Alleinerziehenden liegt die Einkommensgrenze bei 13.500 €. Der Regelbetrag verringert sich um 5,2 % des Einkommens, das die genannte Grenze übersteigt, das Budget verringert sich um 7,2 % dieses Einkommens. Die Erhöhung der Einkommensgrenzen durch einen Kinderzuschlag für jedes weitere Kind beträgt demnach 3.140 €. Zur Berechnung des Erziehungsgeldes wird für den Erstantrag das Einkommen aus dem Kalenderjahr vor der Geburt bzw. für den Zweitantrag das Einkommen aus dem Jahr der Geburt herangezogen. Allerdings werden auch weiterhin Erwerbseinkünfte der erziehungsgeldbeziehenden Person nur während des Erziehungsgeldbezugs angerechnet. Der Pauschalabzugsbetrag zur Einkommensberechnung beträgt nunmehr 24 % (ehemals 27 %) bzw. 19 % (ehemals 22 %) für Personen im Sinne des § 10 c Abs. 3 des Einkommensteuergesetzes. Entgeltersatzleistungen (z. B. Krankengeld, Arbeitslosengeld, Arbeitslosenhilfe) werden nunmehr grundsätzlich als Einkommen angerechnet, bei der Bezugsberechtigten jedoch nur, sofern sie während des Erziehungsgeldbezuges bezogen werden. Vgl. Art. 20 HBeglG.

[882] Die Anspruchsvoraussetzungen für die Elternzeit werden erweitert, indem zukünftig auch Vollzeit-Pflegeeltern Elternzeit nehmen können. Für Adoptiveltern bzw. Adoptionspflegeeltern gelten die Regeln entsprechend. Die Elternzeit wird für jeden Elternteil separat betrachtet, d. h. bei einer Übertragung wird dem übertragenden Elternteil die Elternzeit des Partners nicht angerechnet. Jeder Elternteil kann seine Elternzeit in zwei Teilabschnitte aufteilen. Mit Zustimmung des Arbeitgebers ist eine Aufteilung in weitere Arbeitsschritte möglich. Auch bei Mehrlingsgeburten und bei kurzer Geburtenfolge stehen den Eltern bei einer Übertragung für jedes Kind drei Jahre Elternzeit bis zur Vollendung des dritten Lebensjahres zu. Eine Übertragung von bis zu 12 Monaten Elternzeit auf den Zeitraum bis zum achten Lebensjahr ist für jedes der Kinder möglich. Vgl. Art. 20 HBeglG.

Das Controlling wird für die Fachbereiche der Versorgungsverwaltung NRW sowohl dezentral als auch zentral in der Bezirksregierung Münster wahrgenommen. In den Versorgungsämtern ist das Controlling organisatorisch als Stabstelle bei der Dienststellenleitung eingerichtet, in der Bezirksregierung als Dezernat in der Abteilung 1 (Allgemeine Verwaltung). Die Controllerinnen und Controller der einzelnen Versorgungsämter sollen in ihrem Aufgabenverständnis in erster Linie Daten aufbereitende, analysierende und beratende Funktionen wahrnehmen. Sie sind als Stabstelle ausschließlich der Dienststellenleitung unterstellt.

Die Schwerpunkte der Aufgaben des zentralen Controllings in der Bezirksregierung Münster liegen in der Beratungsunterstützung der dezentralen Controlling-Stäbe, sowie in der Implementierung bzw. Weiterentwicklung der Instrumentarien des Neuen Steuerungsmodells. Darüber hinaus wird der jährliche Zielvereinbarungsprozess vom zentralen Controlling angestoßen und moderiert.

Inhaltlich baut das Controlling sowohl in den Versorgungsämtern als auch in der Bezirksregierung Münster auf die um die Balanced Scorecard erweiterten Elemente des NSM auf. Die einzelnen Fachbereiche der Versorgungsämter werden von der Bezirksregierung Münster mit Zielvereinbarungen geführt, die sich auf die einzelnen Verwaltungsprodukte beziehen.

Sowohl bei der oben beschriebenen Aufbauorganisation der Versorgungsverwaltung NRW als auch bei der Identifizierung und Beschreibung der Verwaltungsprodukte wurde der Gliederung nach Gesetzesbereichen großer Wert beigemessen. Auf diese Weise ist es heute möglich, die für die Ausführung des BErzGG und der dazugehörigen Richtlinien erforderlichen Produkte und Leistungen, Personal- und Sachaufwendungen detailliert zu identifizieren.

Für den Bürger auf den ersten Blick erkennbar sind die vier so genannten externen Produkte der Versorgungsämter „Beratung vor Antragstellung", „Zahlung von Erziehungsgeld", „Sanktionen" sowie „Beratung zur Elternzeit".

Im Rahmen des Produktes *„Beratung vor Antragstellung"* werden die Bürgerinnen und Bürger über die Möglichkeiten der Erziehungsgeldleistungen informiert und beraten sowie über die Auswirkungen der sozialversicherungsrechtlichen Belange aufgeklärt. Ziel ist die Unterstützung der Bürgerinnen und Bürger bei ihrer Lebensplanung unter Berücksichtigung von Berufsausübung und Kinderbetreuung. Das Produkt umfasst im Einzelnen die drei Leistungen Beratung, Proberechnungen und Erstellung eines Beratungsvermerks.

Die *„Zahlung von Erziehungsgeld"* erfolgt für den Zeitraum von maximal zwei Jahren an die anspruchsberechtigten Personen. Ziele sind die staatliche Anerkennung der Betreuungs- und Beratungsleistungen sowie die Stärkung der finanziellen Situation der betreuenden Personen einschließlich der Förderung der Vereinbarkeit von Beruf und Betreuung. Dieses Produkt beinhaltet folgende Leistungen:

- Erst- und Änderungsentscheidungen für das erste Lebensjahr
- Erst- und Änderungsentscheidungen für das zweite Lebensjahr
- Abhilfeprüfungen

- Stundungen, Erlasse, Niederschlagungen von Rückforderungsansprüchen
- Bearbeitung von Petitionen und Beschwerden

Mit dem Produkt „*Sanktionen*" erfolgt die Verfolgung und Ahndung von Ordnungs-widrigkeiten im Zusammenhang mit der Zahlung des Erziehungsgelds. Ziele sind in diesem Fall die Ahndung unzureichender Mitwirkung, die Prävention und die Sicher-stellung eines geordneten Verfahrens. Die einzelnen Leistungen dieses Produktes sind die Verfolgung von im BErzGG festgelegten Ordnungswidrigkeiten, die Strafverfol-gung, Abhilfeprüfungen sowie die Einleitung von Beitreibungsmaßnahmen.

Mit dem Produkt „*Beratung zu den arbeitsrechtlichen Gestaltungsmöglichkeiten der Elternzeit*" sollen die Arbeitnehmer in die Lage versetzt werden, Kindererziehung und Erhalt der beruflichen Position miteinander zu vereinbaren. Die Arbeitgeber erhalten Beratungshilfe für ihre personellen und betrieblichen Planungen. Dementsprechend stellen die Beratung von Arbeitnehmern und die Beratung von Arbeitgebern die bei-den Leistungen dieses Produktes dar.

7.3 Betriebswirtschaftliche Betrachtung des BErzGG-Vollzuges

In Anlehnung an das Erweiterte Ziel- und Ergebnisebenenmodell öffentlicher Leis-tungserstellung thematisieren die folgenden Ausführungen die betriebswirtschaftlichen Analyseergebnisse zum Vollzug des BErzGG in NRW.

7.3.1 Darstellung der Finanzebene

Die Delegation von Verfügungsrechten über finanzielle Ressourcen in Form inhaltlich abgegrenzter Kapitel und Titel auf Basis der Kameralistik wurde bereits hinreichend thematisiert.[883] Der hieraus erwachsende implizite Verwendungsbezug der Mittel führt zu einer *Steuerung über den Ressourceninput*. Der Blick auf die Entwicklung des Ge-samthaushaltes der Versorgungsämter in NRW in den Jahren 2001 bis 2003 zeigt,[884] dass ähnlich wie in vielen anderen Verwaltungen die Ausgaben für das Personal do-minieren (vgl. *Abbildung 54*). In weitem Abstand folgen die Ausgaben für allgemeine sächliche Anschaffungen[885], vor den spezifischen Ausgaben für die DV und den in-vestiven Ausgaben für langlebige, kostenintensive Güter, die spezifische Wertgrenzen überschreiten.

Der Zeitvergleich über die Jahre 2001 bis 2003 deutet auf relativ konstante Ausgaben in den Bereichen DV und den investiven Ausgaben hin sowie auf einen Anstieg der

---

[883] Vgl. Kapitel 5.2.3.

[884] Die angegebenen Daten zum Gesamthaushalt stellen die Ist-Ausgaben der Jahre 2001 bis 2003 ohne die Titelgruppen 62, 63 und 64 dar. Zum Zeitpunkt der Aufstellung basierten die Angaben für Beihilfezahlungen in den Jahren 2002 und 2003 als Bestandteil der Personalausgaben auf Schätzwerten.

[885] Bei denen die Ausgaben für die Beweiserhebung für den Schwerbehindertenbereich überwiegen.

Sachausgaben in den Jahren 2002 und 2003 gegenüber dem Jahr 2001.[886] Dagegen ergibt eine Analyse der Personalausgaben einen leichten Rückgang im Jahr 2002 gegenüber dem Jahr 2001.

Bereits aus dieser aggregierten Darstellung wird ansatzweise deutlich, dass zu einer *Wirtschaftlichkeitsanalyse* eine genauere Darstellung erforderlich ist.[887] Insbesondere die Hauptressource Personal kann über diese Art einer kameralistischen Darstellung nicht transparent abgebildet werden, da zum einen nur die Ausgaben berücksichtigt werden, nicht aber der *periodenbezogene Ressourcenverzehr*[888]. Zum anderen ist die *Zuordnung der Personen zu inhaltlichen Leistungsergebnissen* der Verwaltung bzw. Produkten nicht möglich.

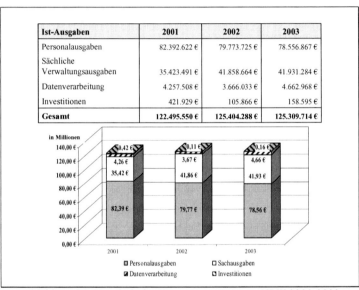

Ist-Ausgaben	2001	2002	2003
Personalausgaben	82.392.622 €	79.773.725 €	78.556.867 €
Sächliche Verwaltungsausgaben	35.423.491 €	41.858.664 €	41.931.284 €
Datenverarbeitung	4.257.508 €	3.666.033 €	4.662.968 €
Investitionen	421.929 €	105.866 €	158.595 €
Gesamt	**122.495.550 €**	**125.404.288 €**	**125.309.714 €**

Abbildung 54: Haushalt der Versorgungsämter in NRW 2001-2003

Darüber hinaus kann der sächliche Ressourcenverzehr nicht sachgerecht periodisiert werden, da eine die *Abschreibungen berücksichtigende Anlagenbuchhaltung* in der Kameralistik nicht existiert. Neben diesen Ansatz-, Bewertungs- und Zuordnungsdefiziten ist eine behördenübergreifende Darstellung von Verwaltungsprozessen und -ausgaben kaum möglich. Über die im Folgenden darzustellende Kostenbetrachtung bei

---

[886] Dies ist auf die erstmalige Berücksichtigung von Mietzahlungen an den Bau- und Liegenschaftsbetrieb NRW in dem betrachteten Jahr zurückzuführen.

[887] Auch eine mögliche differenzierte Aufspaltung der kameralistischen Finanzdaten kann dieser Forderung im Ergebnis nicht gerecht werden. Vgl. hierzu auch Kapitel 5.2.3.2.

[888] Hierzu gehören bspw. Pensionslasten bei Beamten.

der Versorgungsverwaltung NRW sowie weiteren am Vollzugsprozess beteiligten Institutionen, sollen diese Defizite teilweise beseitigt werden.

7.3.2 Darstellung der Kostenebene

Grundlage für ziel- und ergebnisorientierte Kostenaussagen ist eine genaue Untersuchung des Leistungerstellungsprozesses der Erziehungsgeldgewährung und der daran beteiligten Bereiche. Den Schwerpunkt der Analyse bildeten dabei die Versorgungsämter des Landes NRW, deren Erziehungsgeldkassen (Abteilung 4) über die Anträge auf die Transferzahlung Erziehungsgeld entscheiden. Die Erziehungsgeldkassen weisen die bewilligten Zahlungen auch an. Stellvertretend für die 11 Versorgungsämter in NRW wurden die Kostendaten anhand des *Versorgungsamtes Duisburg* (VA DU)[889] erhoben. Daneben ist u. a. die Versorgungsverwaltung als Abteilung 10 der Bezirksregierung Münster – im Wesentlichen repräsentiert durch das Dezernat 102.5 „Angelegenheiten nach dem Bundeserziehungsgeldgesetz" – mit in das Institutionenarrangement für den Vollzug des BErzGG einzubeziehen.[890]

Ziel der Kostenanalyse ist es, den einzelnen Produkten des Bereiches BErzGG die durch sie (überwiegend) beanspruchten Kosten zuzuordnen, um dadurch für die betroffenen Bereiche *steuerungsrelevante Aussagen* ableiten zu können (vgl. *Abbildung 55*):

- Beratung vor Antragstellung (P1)
- Zahlung von Erziehungsgeld (P2)
- Beratung zur Elternzeit (P3) und
- Sanktionen (P4)

Die Auswertung der Kostenrechnung im VA DU für die Jahre 2001 und 2003 ergibt folgendes Bild.[891] Die Gesamtkosten des Versorgungsamtes Duisburg für den Produkt-

---

[889] Die im Rahmen des Projektes getroffene Auswahl des Amtes Duisburg war auf dessen Pilotstellung bei der Einführung der KLR in der Versorgungsverwaltung zurückzuführen. Die dort für die KLR-Einführung getroffenen Vorbereitungen erleichterten insbesondere auch die Datenbeschaffung für die Kostenanalyse der ersten Phase des Gesamtprojektes. Die Ergebnisse dieser ersten Phase beruhen daher auf der Auswertung von Daten aus den Statistiken des Haushalts-, Kassen- und Rechnungswesens (HKR), ergänzenden Angaben des LBV (Landesamt für Besoldung und Versorgung NRW) und des LDS (Landesamt für Datenverarbeitung und Statistik NRW) sowie auf Annahmen, die durch Befragungen von Mitarbeitern im VA DU gewonnen wurden. Strukturiert wurden die Daten anhand der in der Betriebswirtschaftslehre etablierten traditionellen Teilsysteme der KLR. Darüber hinaus konnten für das Jahr 2003 aktuelle Daten aus der im Echtbetrieb laufenden KLR übernommen und mit den anfangs erhobenen Hochrechnungen verglichen werden.

[890] Weitere am Prozess beteiligte Institutionen (z. B. Ressourcen des Landessozialministeriums oder Ressourcen der Gerichte) fanden zunächst keine kostenmäßige Berücksichtigung. Die in diesen Institutionen anfallenden Kosten werden an späterer Stelle ausführlich dargestellt und vervollständigen somit die kostenmäßige Analyse des Gesamtprojektes.

[891] Eine detaillierte Darstellung der Analysen zur Ermittlung der Kostengrößen findet sich bei BMS Consulting (2004), S. 52 ff. Im Rahmen der innerbetrieblichen Leistungsverrechnung wurden die so genannten Verwaltungsoverhead-Kosten über den Umlageschlüssel „Köpfe in den Abteilungen" als sekundäre Kosten den primären Kosten in der Endkostenstelle zugerechnet.

bereich BErzGG sinken von 1.234.023,55 € im Jahr 2001 auf 1.114.893,59 € im Jahr 2003. Dies ist ein Rückgang von 119.129,96 € und entspricht einem prozentualen Wert von -9,65 %.[892] Ein vorgenommener Ausweis der *prozentualen Beanspruchung*[893] *der Produkte* führt für das Jahr 2003 zu folgenden Relationen:[894]

- Beratung vor Antragstellung   23,99 %
- Zahlung von Erziehungsgeld   75,09 %
- Beratung zur Elternzeit   00,83 %
- Sanktionen   00,08 %

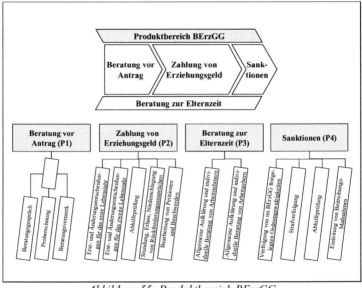

Abbildung 55: Produktbereich BErzGG

In absoluten Beträgen liegen damit die Produktkosten im Jahr 2003 bei 267.478,15 € (P1), 837.220,74 € (P2), 9.300,47 € (P3) und 885,23 € (P4) im VA DU.

Anspruch der Gesamtuntersuchung und Ziel einer ganzheitlichen Ressourcenbetrachtung muss es sein, Kostenbestandteile des gesamten institutionellen Arrangements für den Vollzug des BErzGG mit in die Berechnungen aufzunehmen. Für diese *Gesamtkostenbetrachtung* wurden zunächst in der *Bezirksregierung Münster* die relevanten Kosten identifiziert, nachfolgend quantifiziert und anschließend den Produkten zugeordnet. Auch wurden die relevanten Kosten des *GGRZ (Münster)* sowohl für das Jahr

---

[892] Zurückzuführen ist dieser Rückgang im Wesentlichen auf eine Reduktion im Personalkostenbereich.

[893] Die Prozentanteile ergeben sich aus den mit den individuellen Personalkosten gewichteten Schätzungen aller Personen in Abteilung 4.

[894] Die für das Jahr 2001 ermittelten Relationen betrugen 25,46% (P1), 72,24% (P2), 2,22% (P3) und 0,08% (P4).

2001 als auch für das Jahr 2003 analysiert. Die anteiligen Ressourcen des *Bezirksper-sonalrats* sowie der verschiedenen *Beauftragten für den Bereich des BErzGG* konnten auf Basis von Befragungen isoliert berechnet und ausgewiesen werden.

Bei der Einbeziehung der Kosten der *Bezirksregierung Münster* bildete die Abteilung 10 „Soziales und Arbeit, Landesversorgungsamt" sowie speziell das Dezernat 102.5 „Angelegenheiten nach dem Bundeserziehungsgeldgesetz" den Schwerpunkt der Analyse.[895] Mit Ausnahme der Kostenstelle „Behördenleitung" wurden für alle anderen relevanten Kostenstellen Befragungen durchgeführt, in denen die beteiligten Mitarbeiter ihren Arbeitsaufwand für den Bereich BErzGG schätzen sollten.[896]

Die Basis der Kostenartenrechnung für die *Bezirksregierung Münster* waren die angefallenen Personalkosten.[897] Die Sachkosten wurden in Anlehnung an die Vorgaben der Kommunalen Gemeinschaftsstelle für Verwaltungsvereinfachung (KGSt)[898] berechnet.[899] Die Bezirksregierung Münster verursachte auf Basis dieser Berechnungen im Jahr 2001 für den gesamten Bereich des BErzGG Kosten in Höhe von 563.245,12 €. Diese Gesamtkosten wurden vereinfachungsgemäß auch für das Jahr 2003 unterstellt. Die anteilige Umlage auf die Produkte des BErzGG erfolgte in den Jahren 2001 und 2003 auf Basis von Mengenschlüsseln. Aufgrund der vorgenommenen Verteilung konnten dem VA DU Kosten in einer Gesamthöhe von 42.033,22 € für das Jahr 2001

---

[895] Im Rahmen der Gesamtbetrachtung wurden Kosten aus den Bereichen Abteilung 1 und Abteilung 10, des Personalrats sowie des Vertrauensmanns der Schwerbehinderten berücksichtigt.

[896] Die aufgelaufenen Kosten aus der Kostenstelle „Behördenleitung" wurden anhand des Umlageschlüssels „Köpfe in den Abteilungen" ebenfalls verursachungsgerecht dem Dezernat 104 anteilig zugerechnet.

[897] Der Berechnung dieser Personalkosten wurden ebenfalls die Personaldurchschnittskostensätze des LBV zugrunde gelegt. Darüber hinaus wurde auf die Personalkostendurchschnittssätze bei Beamten ein kalkulatorischer Pensionszuschlag von 30 % der Bruttobesoldung einberechnet. Weiterhin wurden Pauschalen für Beihilfen, Umzugskosten und Trennungsentschädigung der Berechnung zugrunde gelegt.

[898] Vgl. KGSt (2002), S. 12 f. Die Sachkosten eines Arbeitsplatzes lassen sich dabei in Sachkosten eines Büroarbeitsplatzes und Kosten für die informationstechnische Unterstützung untergliedern. Als Kosten für den Büroarbeitsplatz wurde eine Pauschale in Höhe von 5.400 € pro Jahr zugrunde gelegt. Vgl. KGSt (2002), S. 13. Die Kosten für die informationstechnische Unterstützung wurden den spezifischen Gegebenheiten der Bezirksregierung Münster und der Versorgungsverwaltung angepasst. Im Ergebnis wurde ein Kostensatz in Höhe von 2.000 € für die informationstechnische Unterstützung zu Grunde gelegt. Der gemeinhin übliche Zuschlag für den Verwaltungs-Overhead nach KGSt – KGSt (2002), S. 14 ff. – wurde bewusst nicht in die Betrachtung integriert, da im Rahmen dieses Projektes Vorkostenstellen hinreichend genau im Rahmen der fiktiven Kostenstellenrechnung abgebildet wurden.

[899] Die in der fiktiven Kostenstellenrechnung ermittelten primären Kosten (Personalkosten und Sachkosten) wurden sodann anteilig dem Dezernat 104 zugerechnet. Die für die Kostenstelle Dezernat 104 ermittelten Gesamtkosten in Höhe von 541.314,32 € sowie Kosten in Höhe von 21.930,80 €, die sich direkt dem Produkt „Zahlung von Erziehungsgeld" zurechnen lassen, müssen in die weitere Betrachtung und damit anteilig den ermittelten Kosten im VA Duisburg zugeordnet werden. Die getrennte Ausweisung der Kosten für das Produkt „Zahlung von Erziehungsgeld" resultiert aus den in diesen Bereichen bearbeiteten Widersprüchen, die ursächlich nur diesem Produktbereich sinnvoll zuzurechnen sind.

zugerechnet werden. Für die Analyse des Jahres 2003 ging ein anteiliger Betrag der BR MS für das VA DU in Höhe von 37.702,01 € in die Berechnungen mit ein.[900]

Neben der Ermittlung der anteiligen Vollzugskosten der BR MS konnten im Rahmen der Analyse die *Dienstleistungskosten des GGRZ Münster*[901] erhoben und in die Betrachtung einbezogen werden. Die speziell für den Bereich BErzGG ausgewiesenen Kosten des GGRZ im Jahr 2001, betreffen alle VÄ in NRW und betrugen 779.006,25 €. Somit entfielen aus dem Bereich des GGRZ im Jahr 2001 Kosten in Höhe von 58.134,79 € auf das VA DU.[902] Für das Jahr 2003 fielen auf Basis aktualisierter Daten Gesamtkosten des GGRZ Münster für den Bereich des BErzGG in Höhe von 819.633,35 € an.[903] Damit betrugen 2003 die anteiligen Kosten für das VA DU 54.863,90 €.[904] Die anteiligen Kosten der Kostenstelle *„Bezirkspersonalrat/Beauftragte"* beliefen sich auf insgesamt 3.495,85 €.[905] Die bisher in der Analyse berücksichtigten Kostenbestandteile ergeben für das Jahr 2003 in Summe einen anteiligen Betrag für den Vollzug des BErzGG durch das VA DU von 1.210.955,35 €.[906] In 2001 betrug die berechnete Summe bezogen auf das VA DU 1.337.687,42 €.

Die Vor- und Nachteile isolierter Kostendaten für unterschiedliche Rechnungszwecke wurden ausführlich dargelegt.[907] Über eine Zuordnung von Mengendaten lassen sich nunmehr für die einzelnen Produkte Stückkosten ermitteln. Diese dienten auch als Grundlage für die Hochrechnung der Kostendaten auf den gesamten Vollzug des BErzGG in NRW.

---

[900] Um eine Vergleichbarkeit der ermittelten Kosten aus dem VA DU und den ermittelten Kosten in der Bezirksregierung zu gewährleisten, mussten die ermittelten Kosten im Bereich der Versorgungsverwaltung anteilig dem VA DU zugerechnet werden. Dies ist im Rahmen der Analyse für 2001 durch den Umlageschlüssel „Köpfe in Abteilung 4 VA DU/ Köpfe in Abteilung 4 aller Versorgungsämter – (20/268)" erfolgt. Die Verteilung der Gesamtkosten erfolgte für 2003 in Analogie, allerdings nach dem Umlageschlüssel „Dienstpostensollbesetzungen – (16,5/246,5)", um kurzfristigen Schwankungen zu begegnen. Die Verteilung der jeweiligen Beträge auf die einzelnen Produkte erfolgte mittels der Produktbeanspruchungsrelationen der Jahre 2001 und 2003 (o. a.) im VA DU.

[901] Im Jahr 2001 hieß das GGRZ Münster ausschließlich GGRZ.

[902] Die Verteilung in 2001 erfolgte wie bereits bei der Berechnung der Kosten der BR MS nach dem Schlüssel „Köpfe in Abteilung 4 der VÄ".

[903] Neben der Pflege für die Software, in die auch anteilig Personalressourcen einfließen, konnten weitere Kostentreiber in den Bereichen SAP-Lizenzen, Hardware Nutzung, Support DFÜ-, PC- und SAP-EQ sowie anteilige Kosten für PC-Arbeitsplätze ausgewiesen werden.

[904] Die Beanspruchung für das Jahr 2003 wurde anhand der Dienstpostensollrelationen ermittelt. Die ermittelten Kosten für die Jahre 2001 und 2003 wurden ebenfalls anhand der jeweiligen Beanspruchungsrelationen auf die einzelnen Produkte verteilt.

[905] Hierbei wurden sowohl für die Berechnungen der Jahre 2001 und 2003 die Zeitanteile der Personalräte und Schwerbehindertenvertrauensleute sowie der Sachverständigen des BPR auf die Zahl der gesamten Köpfe der Bezirksregierung unterstehenden Institutionen verteilt. Darüber hinaus wurden – wie auch bei der BR MS und dem GGRZ Münster – unterschiedliche Beanspruchungsrelation der Jahre 2001 und 2003 bei der Verteilung der Kosten auf die Produkte im VA DU berücksichtigt.

[906] Im Einzelnen sind dies die Kostenanteile des VA DU, des BR MS, des GGRZ Münster sowie der Bezirkspersonalrat/Beauftragte.

[907] Vgl. Kapitel 5.2.4.3.

7.3.3 Darstellung der Outputebene

Auf der Ebene des Outputs werden die ermittelten Kostengrößen um Mengendaten ergänzt, um *steuerungsrelevante Kennzahlen* zu generieren. Die Kennzahlen lassen sich auf unterschiedlichen Aggregationsebenen bilden.

- Kennzahlen bezogen auf das VA DU und
- Kennzahlen auf Basis aller verfügbaren Kostendaten

Die Betrachtung und Analyse unterschiedlicher Aggregationsstufen hat verschiedene Vorteile: Es lassen sich bspw. *Kostentreiber* aus den unterschiedlichen Bereichen identifizieren, die bei aggregierter Betrachtungsweise nicht identifiziert worden wären. Grundsätzlich sind die auf diese Weise ermittelten Kennzahlen besonders für die *organisatorische Steuerung* geeignet. *Interne Behördenvergleiche* und *externe Vollzugsvergleiche* werden dadurch möglich. Die Ermittlung einer best-practice zwischen den einzelnen Ämtern sowie ein *überregionales Benchmarking* sind zudem erstrebenswert, um weitere Verbesserungspotenziale aufzudecken.

7.3.3.1 Kennzahlenanalyse eines Versorgungsamtes

Relevant für die Auswertung sind zunächst das Produkt *Beratung vor Antrag (P1)* und das Produkt *Zahlung von Erziehungsgeld (P2)*. Diese beiden Produkte vereinen zusammen ca. 98 % der gesamten Kosten auf sich.[908] Hinzu kommt, dass für das Produkt *Sanktionen (P4)* zum Zeitpunkt der Analyse keine konkreten Mengendaten vorlagen. Insofern wurden die Kosten des Produktes P4 bei der Stückkostenermittlung dem „Hauptprodukt" P2 im Vollzug des BErzGG zugeschlagen.[909] Auch lagen im Jahr 2001 noch keine validen Mengendaten für das Produkt *Beratung zur Elternzeit (P3)* vor, so dass ein Zeitvergleich für dieses Produkt im VA DU über den betrachteten Analysezeitraum nicht stattfinden konnte.

Die Auswertungen von Erfahrungsberichten der Abteilung 4 im VA DU lieferte zunächst realitätsnahe Angaben über Mengen zu dem Produkt P1 für das Jahr 2001. Eine genaue Messung für diesen Bereich startete allerdings erst ab dem Jahr 2003. Im VA DU ging man damals von einer Relation von 1,5 Beratungsgesprächen vor Antragstellung pro erledigten Antrag[910] aus. Es wurde daher für 2001 ein Multiplikator von 1,5 auf die für das Produkt P2 relevanten Mengendaten – erledigte Anträge – angewandt.

Eine Differenzierung des Produktes P2 wurde grundsätzlich nach erledigten Anträgen betreffend des 1. Lebensjahres des Kindes (1. Lj.) und betreffend des 2. Lebensjahres

---

[908] Vgl. hierzu die Ausführungen zu den Beanspruchungsrelationen der einzelnen Produkte im VA DU im Jahr 2003.

[909] Eine solche Vorgehensweise ist insofern zulässig, da der Kostenanteil für das Produkt P4 mit 0,08 % ermittelt wurde. Vgl. hierzu die Beanspruchungsrelationen des BErzGG-Vollzuges im VA DU.

[910] Darüber hinaus wurden die Stückkosten auch über die Mengengrößen „eingegangene Anträge" und „Empfänger" ermittelt. Die Zugrundelegung der „erledigten Anträge" indes spiegelt den verursachungsgerechtesten Schlüssel im Rahmen des Vollzugs des BErzGG durch die Versorgungsämter wider.

des Kindes (2. Lj.) vorgenommen. Eine solche Unterscheidung wurde nicht zuletzt aufgrund der unterschiedlichen Laufzeiten dieser Ausprägungen des Produktes P2 notwendig. Die durchschnittliche Durchlaufzeit von Anträgen in Duisburg im 1. Lj. war im Jahresschnitt 2001 um ca. 12 % höher als die durchschnittliche Durchlaufzeit von Anträgen im 2. Lebensjahr, während im Jahresschnitt 2003 die Durchlaufzeit bei Anträgen im 1. Lebensjahr um ca. 15,5 % höher lag.[911] Dieser Aspekt wurde in der Berechnung der Stückkosten mit berücksichtigt, so dass hier ein differenzierter Ausweis dieser Kennzahl erfolgen kann. Neben der isolierten Ermittlung der Stückkosten für das Produkt P1 und das Produkt P2 (inkl. P4) wurde eine Aggregation vorgenommen. Die kumulierten Stückkosten bezeichnen somit die aggregierten Kosten der Produkte P1, P2 und P4.[912] Die Kosten für das Produkt P3 wurden – wie bereits erwähnt – zunächst isoliert betrachtet.

Im Ergebnis konnten folgende Kennzahlen bezogen auf das VA DU für die Jahre 2001 und 2003 ermittelt werden:

Stückkosten bei der Betrachtung von erledigten Anträgen 2001
Produkt Beratung vor Antragstellung (P1):
Stückkosten pro Gespräch: 10,88 €
Produkt Zahlung von Erziehungsgeld (P2, P4):
1. Lebensjahr: 48,67 €
2. Lebensjahr: 43,40 €
Stückkosten kumuliert (P1, P2 und P4):
1. Lebensjahr: 64,98 €
2. Lebensjahr: 59,71 €

Stückkosten bei der Betrachtung von erledigten Anträgen 2003
Produkt Beratung vor Antragstellung (P1):
Stückkosten pro Gespräch: 5,46 €
Produkt Zahlung von Erziehungsgeld (P2, P4):
1. Lebensjahr: 47,38 €
2. Lebensjahr: 41,02 €
Stückkosten kumuliert (P1, P2 und P4):
1. Lebensjahr: 61,65 €
2. Lebensjahr: 55,29 €
Produkt Beratung zur Elternzeit (P3):
Stückkosten pro Beratung   21,99 €

Im Ergebnis sanken die Stückkosten in 2003 im Vergleich zu 2001 um ca. 2,5 % - 7 % je nach Kennzahl. Lediglich die Stückkosten für das Produkt P1 wiesen mit einem Rückgang von 49,78 % auf 5,46 € ein stark auffälliges Ergebnis auf. Zurückzuführen

---

[911]   Eine solche Vorgehensweise unterstellt, dass sich die produktiven Zeiten proportional zu den angegebenen Laufzeiten verhalten.

[912]   Bei der Ermittlung der kumulierten Stückkosten für das 2. Lebensjahr wurde ebenfalls vereinfachungsgemäß eine Beratungsintensität von 1,5 Gesprächen pro Antrag in die Berechnung einbezogen.

ist dies auf die zum Zeitpunkt 2003 tatsächlich vorliegenden Beratungsmengen. Diese liegen deutlich über der von Fachexperten geschätzten Relation von 1,5 für die Beratung je Antragstellung und lassen sich auf ca. 2,6 Beratungen pro Antrag im Jahr 2003 – insgesamt 48.975 „Stück" für das VA DU – quantifizieren.

Die Stückkosten für das Produkt P2 (inkl. P4) liegen unter Berücksichtigung der Laufzeitdifferenzen für das 1. Lj. bei 47,38 € und die für das 2. Lj. bei 41,02 €. An dieser Stelle wird der Unterschied durch die unterschiedlichen Laufzeiten deutlich. Erstmals ließen sich auch für das Jahr 2003 Stückkosten für das Produkt P3 berechnen. Diese liegen nach Auswertung der Daten aus dem VA DU bei 21,99 € pro Beratungsvorgang (zur Elternzeit), was einer Menge von 423 Beratungen entspricht. Mengendaten für das Produkt P4 wurden im gesamten Untersuchungszeitraum im VA DU nicht festgestellt.

Die gebildeten Kennzahlen lassen Aussagen über die *Effizienz* der Verwaltungsinstitution zu. Sowohl die Kenntnis und Analyse der Stückkosten im Zeitvergleich, aber auch ein gezielter Ämtervergleich erlaubt die Identifikation von Kostentreibern in den beteiligten Vollzugsbehörden.

7.3.3.2 Kennzahlenanalyse und Kostenhochrechnung auf Basis weiterer verfügbarer Kosten

Neben der isolierten (Kennzahlen-)Betrachtung des VA DU ermöglicht der übergreifende Untersuchungsansatz die Darstellung weiterer in NRW quantifizierbarer Kosten für den Vollzug des BErzGG. Die Kosten für den ausgedehnten Untersuchungsbereich, unter Einbeziehung relevanter Kosten der BR MS inkl. der Kostenstelle „Bezirkspersonalrat" und dem GGRZ betragen in 2001 bezogen auf das VA DU 1.337.687,42 €. Diesen Kosten aus dem Jahr 2001 stehen Kosten in Höhe von 1.210.955,35 € aus dem Jahr 2003 gegenüber.[913] Bezieht man diese Kostengrößen nunmehr auf die gleichen Mengengerüste der einzelnen Produkte, so erhält man die Stückkosten auf Basis vertikal integrierter Institutionenarrangements.

Stückkosten bei der Betrachtung von erledigten Anträgen 2001:
Produkt Beratung vor Antragstellung
Stückkosten pro Gespräch: 11,77 €
Produkt Zahlung von Erziehungsgeld
1. Lebensjahr: 52,78 €
2. Lebensjahr: 47,07 €
Stückkosten kumuliert
1. Lebensjahr: 70,44 €
2. Lebensjahr: 64,73 €

In gleicher Weise lassen sich für das Jahr 2003 differenziert Stückkosten ermitteln.

---

[913] Vgl. Kapitel 7.3.2.

Stückkosten bei der Betrachtung von erledigten Anträgen 2003:
Produkt Beratung vor Antragstellung
Stückkosten pro Gespräch: 5,93 €
Produkt Zahlung von Erziehungsgeld
1. Lebensjahr: 51,46 €
2. Lebensjahr: 44,56 €
Stückkosten kumuliert
1. Lebensjahr: 66,96 €
2. Lebensjahr: 60,05 €

Auch hier zeigt der Vergleich, dass sich die Stückkosten aufgrund der veränderten Gesamtkosten sowie aufgrund der für das Jahr 2003 vorliegenden Mengengerüste in allen Bereichen verändern. Die gewichtigste Veränderung – aufgrund der identischen Berechnungssystematik – liegt ebenfalls in den Kosten für das Produkt P1.[914]

Die ermittelten kumulierten Stückkosten ließen sich zum Zeitpunkt des Projekts „Wertschöpfung" über die Berücksichtigung der Gesamtzahlen für *erledigte Anträge*[915] in NRW in eine Kostensumme für den Bereich BErzGG überführen.[916] Es ergaben sich somit für NRW für 2001 Kosten bei einer Hochrechnung über die erledigten Anträge in Höhe von 18.723.173,59 € und für das Jahr 2003 Kosten in Höhe von 16.832.509,63 € (vgl. *Abbildung 56*).

Im Ergebnis ist ohne die Berücksichtigung von Produkt P3 für den Bereich BErzGG in NRW im Jahr 2003 ein Kostenrückgang in Höhe von 1.890.663,96 € gegenüber 2001 zu konstatieren. Stellt man den Kosten eines Jahres die gesamten Transferausgaben in NRW für den Bereich BErzGG gegenüber, so erhält man Auskunft über die anteiligen Kosten an der Gesamttransfersumme.

In NRW entfallen im Jahr 2001 auf 100 € Transferzahlung ca. 2,53 € Verwaltungskosten. Die *Kosten-Transfer-Relation* beträgt somit 2,53 %. Für das Jahr 2003 ergibt sich eine Kosten-Transfer-Relation von 2,40 %. Die *Verwaltungskosten je Leistungsempfänger* sinken von 72,38 € im Jahr 2001 auf 68,36 € für das Jahr 2003. Diese Kennzah-

---

[914] Vgl. Kapitel 7.3.3.1.

[915] Im Jahr 2001 wurden 157.772 Anträge betreffend das 1. Lj. und 117.556 Anträge für das 2. Lj. im gesamten Geschäftsbereich erledigt, während für das Jahr 2003 156.032 Anträge (1. Lj.) sowie 106.319 Anträge (2. Lj.) der Berechnung zugrunde liegen.

[916] Das Im Rahmen der Outputanalyse wird unterstellt, dass die ermittelten Stückkosten der Produkte P1, P2 und P4 auf Basis der Daten des VA DU als repräsentativ für die anderen 10 Versorgungsämter anzusehen sind. Die Validität dieser Vereinfachung wird voraussichtlich erst im Laufe des Jahres 2006 vollständig überprüft werden können, wenn ausreichend KLR-Kennzahlen auch aus den anderen Versorgungsämtern vorliegen und man darüber hinaus von einem „eingeschwungenen Zustand" der Kostenrechnungssysteme sprechen kann. Die Hypothese über die Repräsentativität der wirtschaftlichen Situation des VA DU wurde jedoch anhand verschiedener kennzahlengestützter Plausibilitätsprüfungen bestätigt.

len sind ebenso wie die isolierte Stückkostenkennzahl für ein *überregionales Benchmarking* geeignet.[917]

Jahr	Mittelausgaben	Anzahl Empfänger		
		1. Lj	2. Lj	Gesamt
2001	740.166.153,73 €	149.258	109.438	258.696
2002	762.959.912,73 €	151.158	104.427	255.585
2003	701.706.547,58 €	147.376	98.866	246.242

Kennzahlen/Kenngrößen	2001	2003	Abweichung	in %
Kosten hochgerechnete Produkte	18.723.173,59 €	16.832.509,63 €	-1.890.663,96 €	-10,10%
Kosten-Transfer-Relation	2,53%	2,40%		-5,17%
ø Leistungsausgabe an den Empfänger	2.861,14 €	2.849,66 €	-11,48 €	-0,40%
ø Verwaltungskosten je Empfänger	72,38 €	68,36 €	-4,02 €	-5,55%
Hochrechnung Kosten "Beratung Elternzeit"	397.448,39 €*	307.538,91 €**		
Vollzugskosten in NRW	19.120.621,98 €	17.140.048,54 €	-1.980.573,44 €	-10,36%

* Hochgerechneter Wert VA DU; ** Hochgerechneter Wert VA BI

Die Gesamtkosten des Vollzuges des BErzGG in NRW sinken in 2003 im Vergleich zu 2001 um **10,36%** auf **17.140.048,54 €**.

Abbildung 56: Kennzahlen zum Vollzug des BErzGG

Die durchschnittliche Leistungsabgabe an einen Empfänger blieb im Vergleich der Jahre 2001 – 2003 relativ konstant. Wurden im Jahre 2001 durchschnittlich noch 2.861,14 € an einen Empfänger ausgezahlt, so wurden im Jahre 2003 noch durchschnittlich 2.849,66 € an einen Empfänger ausgezahlt, was einen geringfügigen Rückgang um ca. 0,4 % darstellt.[918]

Um zu den *Gesamtkosten für den Vollzug des BErzGG* zu gelangen, müssen den bisher ermittelten Kosten noch die Kosten für die *Beratung zur Elternzeit* zugerechnet werden. Im Jahr 2001 betrugen die anteiligen Kosten für das Produkt P3 29.660,33 €. Hochgerechnet auf Landesebene[919] ergibt sich für das Jahr 2001 ein Gesamtkostenanteil des Produktes P3 von 397.448,39 €. Für das Jahr 2003 wurden die Kosten für das Produkt P3 über die zu diesem Zeitpunkt bereits in Echtbetrieb laufende KLR des Ver-

---

[917] Auf Basis dieser Ergebnisse lässt sich damit eine Kosten-Transfer-Relation der Bezirksregierung Münster für den Bereich BErzGG ermitteln. Sie beträgt ca. 0,078 % für das Jahr 2001 und besagt, dass der Kostenanteil der Bezirksregierung bei 100 € Transferzahlung bei ca. 7,8 Cent liegt. Für das Jahr 2003 beträgt die Kosten-Transfer-Relation der Bezirksregierung Münster ca. 0,08 %, was durch ein Absinken des gesamten Transfervolumens im Jahr 2003 gegenüber dem Jahr 2001 begründet ist.

[918] Die Quote der Budgetfälle, d. h. derjenigen Personen, die von der Budgetregelung Gebrauch gemacht haben lag 2003 bei 7,96 %.

[919] Anhand der Beschäftigtenzahlen 2001 in dem relevanten Bereich.

sorgungsamtes Bielefeld als repräsentativ hochgerechnet.[920] Es ergeben sich Gesamtkosten für die Beratung zur Elternzeit in Höhe von 307.538,91 €.[921] Insgesamt fallen unter Berücksichtigung der beteiligten Institutionen Kosten für den Gesamtvollzug des BErzGG in NRW in Höhe von 19.120.621,98 € für das Jahr 2001 und Kosten in Höhe von 17.140.048,54 € für das Jahr 2003 an. Damit sanken die Vollzugskosten von 2001 auf 2003 um 10,36 %.

Neben den kostenmäßig untersuchten Bereichen, die an dem Vollzug des BErzGG direkt oder indirekt beteiligt sind, können grundsätzlich weitere Kostenbereiche identifiziert und einer Kostenanalyse zugänglich gemacht werden. Konkret sind indirekt an dem Vollzug des BErzGG in NRW auch Ressourcen von *Gerichten*, des *Landesamtes für Datenverarbeitung und Statistik Nordrhein-Westfalen (LDS)* sowie des *zuständigen Ministeriums*, die für eine ganzheitliche Kostenbetrachtung in die Berechnung aufgenommen werden sollten, beteiligt.

Um die eingegangenen Ressourcen der *beteiligten Gerichte* zu identifizieren, bietet sich zunächst eine Analyse der Daten zu den Widerspruchs- und Klageverfahren an. Die Zahl der Widersprüche als auch die Zahl der Klagen im Bereich des BErzGG nahm über den betrachteten Analysezeitverlauf kontinuierlich ab. Im Jahr 2003 wurden 5.740 Widersprüche bei einer Anzahl von 261.781 eingegangenen Anträgen registriert, was eine Quote von lediglich 2,19 % ergibt. Die Zahl der Klagen im Jahr 2003 betrug 168. In Relation zu den eingegangenen Anträgen entspricht dies einem Anteil von ca. 0,06 %, und in Relation zu den Widersprüchen einem Anteil von 2,93 %. Die Geringfügigkeit der beschriebenen Widerspruchs- und Klagenverfahren führte im Rahmen des Projektes zu einer lediglich qualitativen Beurteilung dieser Bereiche.[922]

Ein weiterer Bereich, der mit seinen Leistungen im Sinne einer ganzheitlichen Ressourcenbetrachtung Berücksichtigung finden muss, ist das LDS. Die beiden wesentlichen Ressourcenverbräuche, die die Versorgungsverwaltung betreffen, sind zum einen Kosten für den Briefversand durch das LDS sowie die Ausgaben für eine Nutzungspauschale für Dienstleistungen im genannten Bereich.

---

[920] Entscheidungsgrundlage für die Hochrechnung der Kosten des Produktes P3 über das Versorgungsamt Bielefeld sind Aussagen von Experten, die für diesen speziellen Produktbereich die Strukturen in dem genannten Versorgungsamt als repräsentativ für den gesamten Geschäftsbereich angesehen haben.

[921] Hochgerechnet über die Dienstpostenrelation 2003 im relevanten Bereich.

[922] Darüber hinaus führt Art. 97 GG „persönliche und sachliche Unabhängigkeit" von Gerichten im Ergebnis dazu, dass, bedingt durch die darin festgeschriebene richterliche Unabhängigkeit, d. h. weisungsungebundenes - und alleine dem Gesetz unterworfenes Verhalten, verbrauchte Ressourcen (Personal-, Sach- und kalkulatorische Ressourcen) der Gerichte nur unzureichend von Außenstehenden quantifiziert werden können. Aus den genannten Gründen wurden die Gerichte nicht weiter in die Kostenanalyse integriert. Auch der Versuch aus den geplanten Gebührensätzen für Sozialgerichtsverfahren Anhaltspunkte über den tatsächlichen Ressourcenverzehr zu gewinnen, musste verworfen werden, da die geplanten Gebühren im Regelfall nicht kostendeckend sind.

Die anteilige Berechnung und Erfassung dieser Kostenkomponenten für den Bereich des BErzGG wurde über eine vereinfachte Annahme vorgenommen.[923] Darüber hinaus war es möglich, Ressourcen zum Vollzug des BErzGG auf *Ministerialebene* zu identifizieren. Nach Expertenbefragungen konnten anteilige Personalressourcen in dem für das BErzGG zuständige Ministerium erhoben werden. Da eine vollständige Zuordnung dieser Personalressourcen aufgrund weiterer Aufgaben nicht zweckmäßig erscheint, ging die Analyse von einer geschätzten prozentualen Beanspruchung dieser Personen für den Bereich des BErzGG aus.[924]

Die Berücksichtigung der zusätzlich einbezogenen und monetär quantifizierten Bereiche des LDS und des zuständigen Ministeriums führt zu einer neuen Gesamtkostensituation für den Vollzug in NRW. Neben den Kosten der eingangs beschriebenen Bereiche im Jahr 2003 in Höhe von 17.140.048,54 € sind somit Kosten des LDS in Höhe von 259.200 € und Kosten des Ministeriums in Höhe von 37.946,18 € mit einzubeziehen. Über alle Bereiche ergeben sich somit Gesamtkosten für den Vollzug im Jahre 2003 des BErzGG in NRW in Höhe von 17.437.194,71 €. Die zugehörigen kumulierten Stückkosten[925] betragen auf das 1. Lj. bezogen 68,14 € bzw. 61,11 € bezogen auf das 2. Lj.

Die prozentualen Kostenanteile der beteiligten *Wertschöpfungsbereiche* für den Vollzug des BErzGG in NRW 2003 sind in *Abbildung 57* dargestellt. Es wird deutlich, dass die Personalkosten in den direkten Bereichen mit einem Anteil von 58,5 % den Großteil der Kosten verursachen. Ca. 30 % der Kosten sind auf die Umlagen[926] in den einzelnen Ämtern zurückzuführen. Die BR MS ist mit ca. 3,1 %, das GGRZ Münster mit ca. 4,5 % der Kosten am Wertschöpfungsprozess beteiligt.

---

[923]   Es wurde unterstellt, dass der BErzGG-Anteil sowohl im Briefversand als auch bei der Nutzungspauschale für Dienstleistungen 12 % der Gesamtkosten der Versorgungsverwaltung ausmacht. Dies entspricht den Aussagen von Fachexperten und spiegelt die Relation der Kosten im VA DU Abt. 4 zu den Gesamtkosten des VA DU wider. Bei feststehenden Ausgaben in Höhe von damals 1.200.000 € für den Briefversand der Versorgungsverwaltung sowie einer jährlichen Zahlung von 960.000 € für die Nutzungspauschale entfallen auf den Bereich des BErzGG Kosten in Höhe von 144.000 € bzw. 115.200 €. Damit erhöhen sich die Gesamtkosten für den Vollzug des BErzGG durch das LDS um 259.200 €.

[924]   Für die Berechnungen werden durchschnittliche Personalkostensätze der unterschiedlichen Besoldungs- und Vergütungsgruppen für die beteiligten Personen zugrunde gelegt. Neben den anteiligen Personalkosten werden ebenfalls anteilig Sachkostenpauschalen sowie Zuschläge für kalkulatorische Kostenkomponenten - konkret kalkulatorische Pensionszuschläge bei Beamten sowie eine Pauschale für weitere Zuschläge - kalkuliert. Es ergeben sich somit jährliche Gesamtkosten in Höhe von 37.946,18 € des zuständigen Ministeriums für den Vollzug des BErzGG.

[925]   Die zusätzlichen Kosten wurden im Rahmen dieser neuen Stückkostenberechnung voll auf die kumulierten Stückkosten der Produkte P1, P2 und P4 umgelegt.

[926]   Hierin sind die wesentlichen Sachkostenumlagen enthalten.

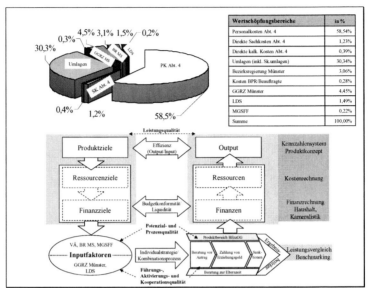

Wertschöpfungsbereiche	in %
Personalkosten Abt. 4	58,54%
Direkte Sachkosten Abt. 4	1,23%
Direkte kalk. Kosten Abt. 4	0,39%
Umlagen (inkl. Sk.umlagen)	30,34%
Bezirksregierung Münster	3,06%
Kosten BPR/Beauftragte	0,28%
GGRZ Münster	4,45%
LDS	1,49%
MGSFF	0,22%
Summe	100,00%

Abbildung 57: Kostenanteile der Wertschöpfungsbereiche BErzGG NRW 2003

Die Analyse der Ziel- und Ergebnisebenen mittels einzelner Controlling-Instrumente sowie die Aggregation der Kostendaten über alle vertikalen Wertschöpfungsbereiche (interne wie externe Institutionen als Inputfaktoren) des „Gesetzesbereiches Bundeserziehungsgeld in NRW" auf der Ebene des Outputs veranschaulichen bereits in diesem Teilausschnitt das Abbildungs- und Integrationspotenzial des integrierten Bezugsrahmens. Es ist ersichtlich, wie sich das Erweiterte Ziel- und Ergebnisebenenmodell öffentlicher Leistungserstellung sukzessive mit Ergebnisbeiträgen der beteiligten Akteure füllt. Der Politikdurchführungsprozess wird im Rahmen des BErzGG in NRW maßgeblich durch die einzelnen Versorgungsämter bestimmt. Eine vollständige Kostenanalyse beinhaltet indes immer eine Integration aller am Wertschöpfungsprozess beteiligten Akteure.

7.3.4 Darstellung der Impactebene

Neben der Bedeutung und Notwendigkeit einer umfassenden Kostenanalyse über alle beteiligten Wertschöpfungsbereiche des BErzGG, kann der Aspekt der empfängerorientierten Wahrnehmung im Rahmen der betriebswirtschaftlichen Betrachtung der *Kundenorientierung* eine gewichtige Rolle spielen.[927] Für den Bereich des BErzGG in NRW konnte in diesem Zusammenhang stellenweise auf ausgewählte Erkenntnisse

---

[927] Zur Notwendigkeit der Thematisierung des Aspektes der Kundenorientierung, vgl. Kapitel 2.2.4.1.

einer *Bürgerbefragung des Jahres 2002*[928] zurückgegriffen werden, soweit die dort erhobenen Sachverhalte in der Gesamtbetrachtung des Projektes „Wertschöpfungsanalyse" neue Anhaltspunkte lieferten.

Im Rahmen der Bürgerinnen- und Bürgerbefragung 2002 im Bereich der Versorgungsverwaltung NRW konnten wesentliche Erkenntnisse über die allgemeine Bürgerzufriedenheit im Bereich BErzGG sowie über die Ausprägung bei einzelnen Ämtern gewonnen werden.

Grundvoraussetzung für die Interaktion mit dem Bürger ist zunächst die Bekanntheit der Leistung des BErzGG sowie der die Leistung vollziehenden Behörden. Eine Analyse der wesentlichen Informationsquellen, über die Versorgungsämter ihre Bekanntheit erlangen, verdeutlicht, dass insbesondere der persönlichen Kommunikation mit Bekannten ein außerordentlich hoher Stellenwert zukommt.[929] Da es sich bei diesen Bekannten wahrscheinlich vielfach um Personen handelt, die selbst schon in Kontakt mit den Versorgungsämtern gekommen sind, kommt der Artikulation ihrer eigenen Zufriedenheit regelmäßig eine große Bedeutung zu, da hierüber die Grundeinstellung der „Neukunden" schon vor dem Erstkontakt geprägt werden kann.

Haben Bürger eigene Erfahrungen mit dem Versorgungsamt gesammelt, lassen sich spezifische Zufriedenheiten ermitteln. Die Mittelwerte der Gesamtzufriedenheit der Bürger mit den einzelnen Versorgungsämtern bewegen sich zwischen den Werten 2,0 und 2,5.[930] Dabei scheint von *erheblicher Relevanz*, dass ein positiver Bescheid zum Erziehungsgeld generell zu einer relativ höheren Zufriedenheit führt. Hier konnte bei den Befragten ein Mittelwert im Bereich BErzGG von 2,0 ermittelt werden. Ein ablehnender Bescheid hingegen scheint einen negativen Effekt auf die Gesamtzufriedenheit zu haben. Hier lag der Mittelwert aus der Befragung im Bereich BErzGG bei 2,8.[931] Neben der Zufriedenheit weist die Kontakthäufigkeit einen deutlichen Zusammenhang zu dem Ausgang des Verfahrens auf. Insgesamt ist zu beobachten, dass die Erfolgswahrscheinlichkeit mit zunehmender Kontaktzahl sinkt.[932] Unabhängig vom Ausgang sinkt auch die Antragserledigungsquote mit zunehmenden Kontakten.

Die Zufriedenheit der befragten Bürger mit den Mitarbeitern lässt sich als besonders hoch bewerten. Hier wurden u. a. Komponenten wie Sachverstand, Engagement und

---

[928] Die Bürgerbefragung des Jahres 2002 wurde in der Versorgungsverwaltung durchgeführt, mit dem Bestreben, die Leistungen und das Leistungsangebot zu verbessern. Die Erstellung und Auswertung der Befragung wurde von der Arbeitsstelle für Verwaltungsbefragungen (AfV) am Forschungsinstitut für öffentliche Verwaltung bei der Deutschen Hochschule für Verwaltungswissenschaften Speyer wissenschaftlich begleitet. Die folgenden Ausführungen beziehen sich zunächst auf die in der Bürgerbefragung ermittelten Ergebnisse. Vgl. Bürgerbefragung (2002), S. 1 ff.

[929] 33 % der Befragten sind auf den Bereich BErzGG im VA aufmerksam geworden. Immerhin 19 % geben an, durch eine aktive Kommunikation der VÄ selbst auf den Bereich aufmerksam geworden zu sein. Vgl. Bürgerbefragung (2002), S. 15.

[930] Vgl. Bürgerbefragung (2002), S. 2. Die Mittelwerte können als „Schulnoten" interpretiert werden. Im Rahmen der Befragung bestand die Möglichkeit Werte zwischen 1,0 (sehr zufrieden) und 5,0 (sehr unzufrieden) zu vergeben.

[931] Vgl. Bürgerbefragung (2002), S. 1.

[932] Vgl. Bürgerbefragung (2002), S. 12.

Freundlichkeit abgefragt. Die Mittelwerte der Befragungsergebnisse in den einzelnen Versorgungsämtern liegen z. B. im Bereich der Mitarbeiterfreundlichkeit zwischen 1,7 und 2,2.[933] Die Ergebnisse lassen auf eine hohe Motivation der Mitarbeiterinnen und Mitarbeiter im Bereich des BErzGG schließen.

Die Zufriedenheit mit den Zeitfaktoren liegt im Mittel etwas unter der Zufriedenheit mit den Mitarbeiterinnen und Mitarbeitern. Hier wurde getrennt nach den einzelnen Komponenten Wartezeit beim letzten Besuch, Öffnungszeit des Versorgungsamtes, Dauer bis zur Geldüberweisung und Gesamtdauer des Verfahrens abgefragt. Insgesamt ist die Zufriedenheit mit den Zeitfaktoren allerdings vergleichsweise hoch.[934] Das subjektive Empfinden stimmt somit auch mit der Tatsache überein, dass die Gesamtdurchlaufzeiten der Anträge im 1. Lebensjahr im Jahr 2001 in NRW um ca. 30 % gesunken sind.

Im Rahmen der Gesamtbefragung weniger gut wurden die weiteren Qualitätsaspekte bewertet. Hierzu gehören vor allem die Verständlichkeit der Formulare/Vordrucke, die Verständlichkeit der Bescheide sowie die Nachvollziehbarkeit der getroffenen Entscheidung. Die Mittelwerte für die Nachvollziehbarkeit der Entscheidungen liegen in den Versorgungsämtern, mit Ausnahme eines positiven Ausreißers, zwischen den Werten 2,5 und 2,8. Ähnliches gilt für die Verständlichkeit der Bescheide. Als lediglich durchschnittlich und damit deutlich verbesserungswürdig wurde die Verständlichkeit der Formulare/Vordrucke eingestuft. Hier lag der Mittelwert der Befragung bei 3,0.[935]

Es ist naheliegend, dass die Zufriedenheit mit den Entscheidungen vom Stand der Verfahren beeinflusst wird. So ziehen negative Bescheide eine tendenziell schlechtere Bewertung des Verfahrens nach sich. Gleichwohl gilt, dass die Mittelwerte selbst bei isolierter Betrachtung der positiven Entscheidungen lediglich durchschnittlich sind und es somit zu prüfen ist, wie die Verständlichkeit (Nachvollziehbarkeit) der Entscheidungen erhöht werden kann.

Die Tatsache, dass 23,1 % der Befragten die Berechnung des Erziehungsgeldes als nicht nachvollziehbar eingestuft haben,[936] deutet auf die Notwendigkeit differenzierterer Analysen hin. Im Ermessen der Verwaltung liegt es, den Antragstellern im Vorfeld mehr Transparenz über die Gewährungsmodalitäten zu verschaffen. Demgegenüber ist bei einer umfassenderen Betrachtung zu prüfen, inwieweit das gesamte *BErzGG-Konzept* bei der Ausgestaltung der Anspruchsberechtigung *Schwächen aufweist*, die auch durch einen *kompetenten Vollzug* der Verwaltung *nicht* vollständig *kompensiert* werden können. Insbesondere die hohe, einer Einkommensteuererklärung vergleichbare Komplexität der Prüfung einer Anspruchsberechtigung erschwert die Kommunikation des Berechnungsergebnisses.

---

[933]   Vgl. Bürgerbefragung (2002), S. 20.
[934]   Vgl. Bürgerbefragung (2002), S. 20 f.
[935]   Vgl. Bürgerbefragung (2002), S. 21 ff. Allerdings konnte im VA Soest ein Wert von 2,2 für diese Qualitätskategorie identifiziert werden.
[936]   Vgl. Bürgerbefragung (2002), S. 30.

Die Fragen zu den – wie die Ressourcenbetrachtung bereits zeigte – bedeutsamen Beratungen zum BErzGG liefern ebenfalls interessante Erkenntnisse für den gesamten Bereich. Die Vielschichtigkeit des Produktes Beratung zeigen neben den inhaltlichen Differenzen und den unterschiedlichen Gesprächsdauern insbesondere auch die alternativen Erledigungsorte. Die verschiedenen Möglichkeiten der Bearbeitung von Anliegen sowie der hohe Anteil der erledigten Anliegen der Personen, die dafür nicht ins Amt müssen,[937] deutet auf die hohe Flexibilität der Versorgungsverwaltung und insbesondere des Bereichs BErzGG hin.

Zu den Beratungsinhalten wurde in einer differenzierten Befragung zwischen der Qualität der Beratung zum Erziehungsgeld und der Qualität der Beratung zur Elternzeit unterschieden. Die Ergebnisse sind als zufriedenstellend einzustufen, weisen aber dennoch Verbesserungspotenzial auf. Der Mittelwert der Beratung zum Erziehungsgeld wurde von den befragten Bürgerinnen und Bürgern mit 2,3 eingestuft, während für die Beratung zur Elternzeit lediglich ein Mittelwert von 2,5 errechnet werden konnte.[938] Im Ergebnis lässt sich also keine überdurchschnittliche Zufriedenheit mit den Beratungsbereichen ableiten, was allerdings auch an dem hohen Gesamtzufriedenheitswert liegt. Zu der Dauer der Beratung ist anzumerken, dass ein Großteil der Beratungskapazität auf sehr kurze Beratungsgespräche entfällt. So beanspruchen bspw. 29 % der Kontakte nur 6 % der gesamten Beratungskapazität. Demgegenüber verbrauchen die ca. 2,5 % der zeitintensiven Kontakte über 10 Minuten durchschnittlicher Dauer fast 10 % der gesamten Beratungskapazität.[939]

Unter Berücksichtigung des prozentualen Gesamtzeitanteils der Mitarbeiter im Bereich Beratung[940] erscheint es lohnenswert, über gezielte Schulungen der Mitarbeiter die schon hohe Qualität der Beratung evtl. über Qualitätsstandards weiter zu fördern. Bezüglich der lang anhaltenden Beratungsgespräche könnte geprüft werden, ob dieses Gespräche sind, die insbesondere mit einer hohen Kontaktzahl und einer damit einhergehenden geringen positiven Ergebniswahrscheinlichkeit korrelieren. Sollte dies der Fall sein, ist aus betriebswirtschaftlicher Sicht über eine stringentere Vorgehensweise bei derartigen Bürgern bzw. Kunden nachzudenken.

Eine mögliche Form der Darstellung von Handlungsnotwendigkeiten in Bezug auf die festgestellten Stärken und Schwächen einer öffentlichen Verwaltung wurde thematisiert.[941] Die Ergebnisse der Bürgerbefragung wurden beispielhaft wie in *Abbildung 58* abgebildet, um Diskussionsprozesse über Verbesserungen zu initiieren. In diesem Fall wurden die Bereiche Beratung, Durchlaufzeiten sowie Klarheit und Verständlichkeit der Formulare als primäre Ansatzpunkte identifiziert.

---

[937] 50 % der Befragten Bürgerinnen und Bürger müssen für die Aufgabenerledigung das Amt nie betreten. Vgl. Bürgerbefragung (2002), S. 8.
[938] Vgl. Bürgerbefragung (2002), S. 26 ff.
[939] Diese Daten ließen sich aus einer internen Erhebung des Versorgungsamtes Bielefeld generieren.
[940] Ca. 26 % aus der Zeitaufschreibung mit gewichteten Kostenansätzen in Abteilung 4 im VA Duisburg. Vgl. hierzu Kapitel 7.3.2.
[941] Vgl. Kapitel 5.2.6.1.

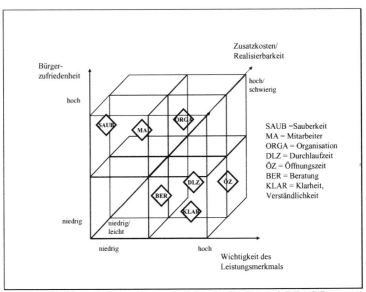

Abbildung 58: Handlungsportfolio für den Bereich BErzGG

Allgemein ist anzumerken, dass die insgesamt hohe Zufriedenheit mit den Leistungen des Bereiches BErzGG zu entsprechend hohen Durchschnittswerten führen, die zur Abgrenzung der Würfel verwandt werden. Dies kann im Einzelfall dazu führen, dass auch zufriedenstellende Leistungen als „unterdurchschnittlich" erscheinen, was daher nicht fehlinterpretiert werden darf.

Insgesamt hat die Impact-Betrachtung gezeigt, dass über eine kosten- und mengenmäßige Betrachtung einzelner Produkte hinaus das *Urteil der Bürger* eine aussagekräftige und *hochgradig steuerungsrelevante Größe* für eine zielgerichtete Leistungserstellung ist.

Abbildung 59 zeigt zusammenfassend nochmals wesentliche Kennzahlen der betriebswirtschaftlichen Analyse der Versorgungsverwaltung NRW für das Jahr 2003. Der Übersicht lassen sich neben der Höhe der Transferzahlungen auch die Verwaltungskosten für den Vollzug des BErzGG in NRW, differenziert nach einzelnen Wertschöpfungsbereichen, und damit auch die Kosten-Transfer-Relationen einzelner Institutionen aber auch des Gesamtvollzugs entnehmen. Darüber hinaus sind die relevanten Mengengerüste sowie differenziert einzelne Stückkosten zum Produktbereich des BErzGG und deren Beanspruchungsrelationen wiedergegeben. Durchschnittswerte zu den Laufzeiten im Gesetzesbereich und zu Kundenzufriedenheitswerten wie der Gesamt-, der Beratungs- und der Mitarbeiterzufriedenheit sowie Quoten zu den Widerspruchs- und Klageverfahren können als Indikatoren für die Qualität des Leistungsvollzugs angesehen werden.

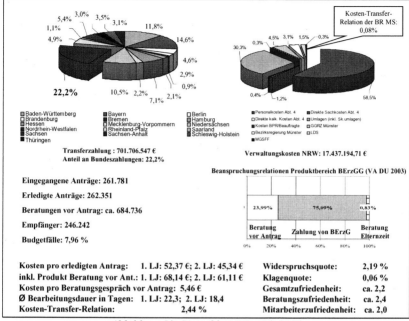

Abbildung 59: Datenblatt BErzGG 2003

7.4 Systematisierung von Wirkungen und Messmethoden

Insbesondere die in der Impact-Analyse festgestellte deutlich unterschiedliche Zufriedenheit zwischen positiv und negativ beschiedenen Bürgern zeigt, dass die Bürgerzufriedenheit nur eine von mehreren gesamtgesellschaftlichen Zielgrößen sein sollte. Trotz der großen Anstrengungen im Beratungsbereich wurde ferner deutlich, dass weiterhin eine verhältnismäßig große Intransparenz bzgl. der Nachvollziehbarkeit der Berechnung des Erziehungsgeldes besteht. Da es sich aber hierbei mutmaßlich um ein teilweise dem BErzGG-Konzept immanentes Problem handelt, erscheint es sinnvoll, den Betrachtungsrahmen auszuweiten. Über die Erreichung der subjektiven Bürgerzufriedenheit hinaus ist es daher das Ziel der Bezirksregierung Münster, durch die Steuerung der Ausführung des BErzGG – d. h. über die *Steuerung der gesamten Wertschöpfungskette* – eine gesellschaftliche Nutzensteigerung zu erreichen.

Mittels generierter Wirkungsinformationen kann möglicherweise im Rahmen vorhandener Gestaltungsspielräume eine optimierte Steuerung, aber auch eine analytische Politikberatung stattfinden.[942] Neben den dargestellten betriebswirtschaftlichen Messgrößen bedarf es zur Abbildung der gesamtgesellschaftlichen Auswirkungen des BErzGG und seines Vollzugs zunächst einer Systematisierung potenzieller Wirkungs-

---

[942] Vgl. Kapitel 2.2.3 und Kapitel 7.1.

bereiche. Hierbei sollen sowohl originär *vom Gesetz intendierte Wirkungsbereiche* (Gesetzesziele) als auch *nicht bewusst ausgelöste Wirkungen* betrachtet werden.[943]

7.4.1 Ziel- und Wirkungssystematik

In Abgrenzung zum Mutterschaftsurlaubsgeld, welches durch das Erziehungsgeld abgelöst wurde, ist das Erziehungsgeld nicht an die vorherige Erwerbstätigkeit des Empfängers gebunden. Es kam so mit der Einführung des BErzGG zu einer stärkeren Priorisierung der Erziehungsleistung unabhängig vom vorherigen Erwerbsstatus. Berufsausübung sollte umfassend und nicht wie zuvor ausschließlich im Sinne außerhäuslicher Tätigkeit verstanden werden. Als zentrales Ziel des BErzGG ist daher die *Anerkennung der Erziehungsleistung* anzusehen, insbesondere auch um Paaren die *Entscheidung für die Familie zu erleichtern.*

Ausgehend von diesem Oberziel lassen sich weitere Wirkungsbereiche differenzieren (vgl. *Abbildung 60* und *Abbildung 61*). Hierbei können die Wirkungen zum einen tendenziell gesellschaftlichen Adressaten zugeordnet werden. Zum anderen ist zumindest auf den unteren Ebenen ein Produktbezug zu den Leistungsergebnissen des Vollzugs des BErzGG möglich.

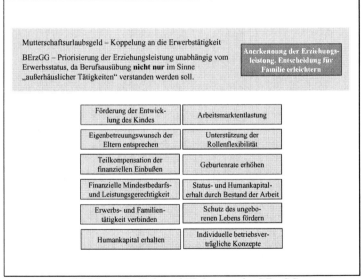

Abbildung 60: Ziele und Wirkungen des BErzGG

---

[943] Grundlage für die Wirkungssystematik waren Literaturstudien zu Text und Kommentar des BErzGG sowie deren Entstehungsgeschichten. Darüber hinaus wurden die potenziellen Wirkungen über Gespräche mit dem Dez. 102.5 und der Abteilungsleitung 10 der BR MS validiert.

Diese Systematisierung soll an späterer Stelle die Integration von Ressourcen und Wirkungsbetrachtung ermöglichen. So kann über die (Produkte) Beratung, Zahlung und eine gegebenenfalls notwendige Sanktionierung Leistungsempfängern eine *Teilkompensation ihrer finanziellen Einbußen* (durch die Elternzeit) gewährt werden. Parallel dazu ermöglicht die Beratung zur Elternzeit Unternehmen *betriebsverträgliche Konzepte* in Abstimmung mit den Anspruchsberechtigten zu erstellen, um eine *langfristige Humankapitalsicherung* zu betreiben. Gleichermaßen sind auch Elternzeitberechtigte an einem *Status- und Humankapitalerhalt durch den Bestand ihrer Arbeit* interessiert. Eine stärkere finanzielle Unabhängigkeit verbunden mit den Möglichkeiten einer Teilzeitbeschäftigung ermöglicht Eltern eher ihrem *Eigenbetreuungswunsch nachzukommen*, was regelmäßig der *Entwicklung des Kindes* förderlich ist. Beide Säulen des BErzGG sollen für Eltern und Unternehmen die *Verbindung von Erwerbs- und Familienarbeit* erleichtern.

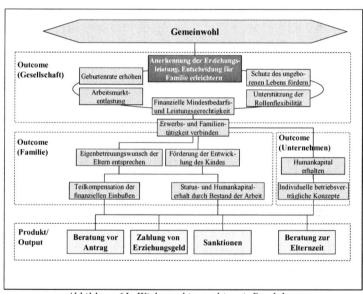

Abbildung 61: Wirkungshierarchie mit Produkten

Weitere Wirkungen des BErzGG entfalten sich auf der Ebene der Gesamtgesellschaft. Unter Verteilungsgesichtspunkten soll eine *finanzielle Mindestbedarfs- und Leistungsgerechtigkeit* über die Maßnahmen des BErzGG hergestellt werden. Darüber hinaus werden regelmäßig Zusammenhänge zwischen BErzGG und der *Verringerung der Abtreibungsrate* und einer allgemeinen *Erhöhung/geringeren Rückläufigkeit der Geburtenrate* unterstellt. Darüber hinaus unterstützt die inhaltliche Ausgestaltung des Gesetzes die *Rollenflexibilität*. Ferner führt das Erziehungsgeld zu *einer Entlastung des Arbeitsmarktes*. Insgesamt soll über diese Wirkungsbestandteile ein im Ergebnis positiver Beitrag zur *gesellschaftlichen Anerkennung der Erziehung* geleistet werden, um gezielte Anreize für die Familiengründung zu setzen. Es besteht ein allgemeiner gesellschaftlicher und politischer Konsens, dass dies dem Gemeinwohl zuträglich ist (vgl. *Abbildung 61*).

Um die Wirkungsintensität bewusst angestrebter Ziele oder aber unbeabsichtigter Effekte zu operationalisieren, müssen geeignete Messmethoden, Verfahren der Outcome-Evaluation sowie daraus resultierende potenzielle Indikatoren für eine Steuerung analysiert und in Bezug auf ihre Abbildungspräzision bewertet werden.

7.4.2 Ziele, Evaluationsbereiche und Messmethoden

Im Folgenden sollen in Anlehnung an die genannten Wirkungsbereiche operationale gesamtwirtschaftliche Phänomene betrachtet werden. Hierbei soll sich zunächst auf solche Bereiche beschränkt werden, die potenziell eine Messbarkeit des Marginalbeitrags des BErzGG zulassen. Ferner soll kurz skizziert werden, wie eine Messung erfolgen könnte, um im Anschluss daran konkrete Messergebnisse vorzustellen. *Abbildung 62* zeigt sechs gesamtwirtschaftlich auswertbare Bereiche, auf die die Maßnahmen des BErzGG und deren Vollzug durch die Versorgungsverwaltung potenziell Einfluss haben.[944]

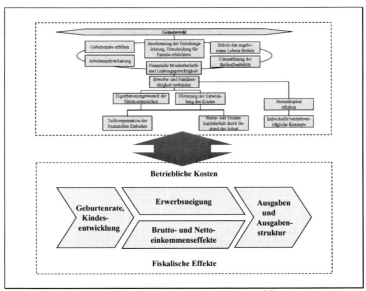

Abbildung 62: Evaluationsbereiche[945]

---

[944] Vgl. im Folgenden auch Mosiek/Gerhardt (2003), S. 292 f.
[945] In Anlehnung an Mosiek/Gerhardt (2003), S. 292.

Der Leistungsgewährung vorlaufend ist die *Geburtenrate bzw. Fertilität*. Die Zahlung von Erziehungsgeld hat unmittelbar einen Einfluss auf die *Erwerbsneigung* und die *Brutto- und Nettoeinkommenssituation* der Empfänger. Dies führt regelmäßig im Rahmen der Einkommensverwendung zu einer spezifischen *Ausgabenstruktur*. Ferner haben sowohl Elternzeit als auch Erziehungsgeld Auswirkungen auf die *Kindesentwicklung*. Über den einzelnen Leistungsempfänger hat das BErzGG Einfluss auf die *Kostensituation der Betriebe*. Sowohl die Erziehungsgeldzahlung als auch die Inanspruchnahme von Elternzeit haben *fiskalische Effekte*. Im Folgenden sollen Wirkungshypothesen formuliert sowie beispielhafte Anhaltspunkte für die Wirkungsmessung bzw. Outcome-Evaluation gegeben werden.

Bereits in Projektphase 1 wurden die *Wirkungen des Erziehungsgeldes auf die Erwerbsneigung* während der ersten beiden Lebensjahre eines Kindes untersucht.[946] Das Erziehungsgeld beeinflusst den Zusammenhang zwischen Erwerbstätigkeit und Haushaltsnettoeinkommen.[947] Daher wird zumindest potenziell auch die Erwerbsneigung beeinflusst. Ohne Erwerbstätigkeit wird – sofern das Einkommen nicht zu hoch ist – das volle Erziehungsgeld gewährt. Wird eine Erwerbstätigkeit aufgenommen und ausgeweitet, so wird aufgrund des zunehmenden Einkommens das Erziehungsgeld sukzessive vermindert, bis es gänzlich entfällt. Ggf. entfällt das Erziehungsgeld sprunghaft, wenn die Erwerbstätigkeit auf mehr als 30 Stunden wöchentlich ausgedehnt wird. Insgesamt dürfte daher durch die Möglichkeit des Erziehungsgeldes eine (volle) Erwerbstätigkeit für Eltern bzw. eines Elternteils in den ersten beiden Lebensjahren des Kindes tendenziell weniger attraktiv sein. Existenz und Größe dieses Effekts können, wie folgend gezeigt wird, *empirisch auf Basis eines volkswirtschaftlichen Modells zur Simulation von Transfereffekten* abgeschätzt werden.[948]

Daneben können sowohl Erziehungsgeld als auch Elternzeit[949] weitere Wirkungen für die (potenziellen) Nutznießer, aber auch darüber hinaus, haben. Vorliegend wurden empirische Untersuchungen ausgewertet,[950] die Wirkungen des deutschen Erziehungsgeldes und/oder des Erziehungsurlaubs bzw. der Elternzeit zum Gegenstand haben.[951] Auch wurde in ergänzenden Analysen den Einkommenswirkungen von Erziehungsgeld und Elternzeit nachgegangen.

In diesem Zusammenhang werden Studien vorgestellt, die die *Bruttoentgelteinbuße* im Anschluss an eine kindbedingte Erwerbsunterbrechung untersuchen. Auf dieser

---

[946] Vgl. zur Projektplanung Kapitel 7.1.

[947] Vgl. hierzu im Folgenden Kaltenborn (2002). S. 1 ff., BMS Consulting (2003a), S. 80 ff. sowie BMS Consulting (2004), S. 118 ff.

[948] Zur Methodik vgl. Kaltenborn (2000), S. 118 ff. und Kaltenborn (1999) sowie BMS Consulting (2004), S. 223 ff.

[949] Bis zum Jahr 2000 war die heutige Elternzeit unter dem Begriff Erziehungsurlaub bekannt.

[950] Vgl. hierzu im Folgenden Kaltenborn (2003), S. 1 ff. sowie BMS Consulting (2004), S. 127 ff.

[951] In der Europäischen Union haben neben Deutschland lediglich Belgien und Österreich ein Erziehungsgeld, das unabhängig von einer Erwerbstätigkeit vor der Geburt gezahlt wird. Vgl. Eichhorst/Thode (2002), S. 35; Lohkamp-Himmighofen/Dienel/Goßmann (1998), S. 96-103 sowie Ruhm (1998), Tab. 2. Dies erschwert den Rückgriff auf empirische Analysen für andere Länder zur Beurteilung der Wirkungen der deutschen institutionellen Regelungen erheblich.

Grundlage sowie anhand des Modells SIMTRANS zur Mikrosimulation des deutschen Steuer-Transfer-Systems von KALTENBORN wurden auf Basis von Fallbeispielen die *Nettoeinkommensänderungen* aufgrund eines Kindes – beeinflusst auch durch Erziehungsgeld und ggf. Elternzeit – berechnet. Dabei werden die ersten 18 Lebensjahre des Kindes berücksichtigt. Eine zusammengefasste Ergebnisdarstellung dieser Effekte sowie darüber hinaus eine zusammengefasste Ergebnisdarstellung der *„Kosten"*, die bei einer kindbedingten Erwerbsunterbrechung *für die Eltern* wie *für den Fiskus* entstehen, folgt den geschilderten Ausführungen. Darüber hinaus werden die *Ausgaben für ein Kind* und die *Veränderung der Ausgabenstruktur* durch ein Kind anhand einer Sonderauswertung der Einkommens- und Verbrauchsstichprobe 1998 durch das Statistische Bundesamt analysiert. Damit ist ein (langfristiger) Vergleich der Einkommenswirkungen eines Kindes, auch unter Berücksichtigung einer Erwerbsunterbrechung mit den direkten Ausgaben für ein Kind, möglich. Zu den *Wirkungen* von Erziehungsgeld und Elternzeit *auf die Geburtenrate* liegen sowohl qualitative als auch makroökonometrische Studien vor. Eine Erwerbsunterbrechung kann auch Einfluss auf die weitere Entwicklung eines Kindes haben. Exemplarisch wurden verschiedentlich die *Wirkungen auf die späteren intellektuellen Leistungen* und die *Gesundheit* untersucht. In diesem Zusammenhang werden vorliegende Studien und Ergebnisse vorgestellt. Im Anschluss werden Modellrechnungen, die sich mit den *betrieblichen Kosten* der Elternzeit befassen, vorgestellt.

7.5 Analyse ausgewählter Wirkungen des BErzGG[952]

Zunächst soll kurz auf den Gesamtumfang der Leistungsausgaben in Deutschland eingegangen werden, bevor dann die damit verbundenen Wirkungen im Einzelnen dargestellt werden. Im vereinten Deutschland verausgabt der Bund seit Anfang der 1990er Jahre über 3 Mrd. € jährlich für das Erziehungsgeld nach dem Bundeserziehungsgeldgesetz.[953] In den ersten Jahren nach der Einführung 1986 waren die Ausgaben geringer, sie wuchsen mit der sukzessiven Verlängerung der Bezugsdauer des Erziehungsgeldes. Dabei wirkte sich die Verlängerung der Bezugsdauer jeweils mit Zeitverzug aus, weil die Verlängerung jeweils nur für künftige Geburten erfolgte. Überdies wird für Geburten seit 1991 das Erziehungsgeld auch in Ostdeutschland gewährt. Da das Erziehungsgeld grundsätzlich nicht zu einer Minderung anderer Leistungen führen darf und weder sozialabgabenpflichtig noch steuerpflichtig ist, sind die Ausgaben für das Erziehungsgeld identisch mit den gesamtfiskalischen Konsequenzen des Erziehungsgeldes.

Im Jahr 2002 wurden jährlich in Westdeutschland 535.000 und in Ostdeutschland 118.000 Erstbewilligungen nach dem Bundeserziehungsgeldgesetz ausgesprochen.

---

[952] Grundlage für die Analyse ausgewählter Wirkungen des BErzGG waren zum einen Modellsimulationen der Transferwirkungen des Erziehungsgeldes mit dem von KALTENBORN entwickelten Modell SimTrans. Zum anderen erfolgten die Ausarbeitungen auf Basis analytischer Überlegungen, konstruierter Fallbeispiele sowie Auswertungen vorliegender Literatur. Verantwortlich hierfür zeichnete ebenfalls KALTENBORN. Vgl. im Folgenden Kaltenborn (2002), S. 8 ff, Kaltenborn (2003), S. 9 ff. sowie BMS Consulting (2004), S. 80 ff.

[953] Die Ausführungen beziehen sich auf den Zeitraum von 1992 bis 2003.

Bezogen auf die Mütter, die in dem betreffenden Jahr ein Kind geboren haben, beträgt die Inanspruchnahme des Erziehungsgeldes in den ersten sechs Lebensmonaten des Kindes über 90 %, in Ostdeutschland sogar über 95 %. Von denjenigen, die in den ersten sechs Lebensmonaten des Kindes Erziehungsgeld bezogen haben, beziehen ab dem siebten Lebensmonat in Westdeutschland knapp die Hälfte und in Ostdeutschland über drei Viertel das volle Erziehungsgeld in Höhe von 600 DM[954] monatlich. Einkommensbedingt wird in Westdeutschland bei knapp einem Drittel und in Ostdeutschland bei fast einem Sechstel nur ein gemindertes Erziehungsgeld gezahlt. Bei über einem Fünftel in Westdeutschland und knapp einem Zehntel aller Fälle in Ostdeutschland wird ab dem siebten Lebensmonat kein Erziehungsgeld mehr gezahlt. Ursächlich für den höheren Anteil ungeminderten Erziehungsgeldes in Ostdeutschland dürften die generell geringeren Einkommen in Ostdeutschland sein.

Im Zeitablauf hat der Anteil der Berechtigten, denen ab dem siebten Lebensmonat des Kindes weiterhin ein ungemindertes Erziehungsgeld gezahlt wird, deutlich abgenommen.[955] Hierfür dürften insbesondere die bis zum Jahr 2000 unveränderten Einkommensgrenzen bei gleichzeitig gestiegenen Einkommen verantwortlich sein. Darüber hinaus dürfte die Gleichstellung nichtehelicher Lebensgemeinschaften und die tendenziell erweiterte Einkommensdefinition für Geburten ab Juli 1993 auch dazu beigetragen haben. Die ab dem Jahr 2001 eingeführte Möglichkeit der „Budgetoption" wurde 2002 für die ersten sechs Lebensmonate lediglich von 11,6 % der Empfänger in Anspruch genommen.[956] Im Jahr 2002 wurden außerdem 406.000 Zweitanträge auf Erziehungsgeld für das zweite Lebensjahr bewilligt, davon 339.000 in West- und 67.000 in Ostdeutschland. Dies sind in Deutschland etwa 80 % derjenigen, denen zuvor Erziehungsgeld über den sechsten Lebensmonat des Kindes hinaus bewilligt worden war.

Wie sich aus ergänzenden Auswertungen der Individualdaten des Sozioökonomischen Panels (SOEP)[957] ergibt,[958] haben die Empfänger von Erziehungsgeld ganz überwiegend einen Ehe- oder eheähnlichen Partner, nur wenige sind alleinerziehend. Darüber hinaus leben die Bezieher überdurchschnittlich häufig in Haushalten mit vergleichsweise geringem Netto(äquivalenz)einkommen[959].

---

[954] Vgl. zu den aktuellen Euro-Zahlen Kapitel 7.2.

[955] Der Anteil betrug 1986 in Westdeutschland fünf Sechstel und in Ostdeutschland 1991 fast 100 %.

[956] Im Jahr 2003 wurde die Budget-Variante nur noch von ca. 7,96 % der Empfänger in Anspruch genommen.

[957] Das SOEP ist eine seit 1984 in Westdeutschland und seit 1990 in Ostdeutschland jährlich durchgeführte Wiederholungsbefragung von Haushalten und ihren Mitgliedern. Für eine nähere Beschreibung vgl. SOEP Group (2001).

[958] Vgl. Kaltenborn (2002), S. 19 sowie BMS Consulting (2004), S. 223 ff.

[959] Das Nettoäquivalenzeinkommen ist ein bedarfsgewichtetes Haushaltsnettoeinkommen, das unterschiedliche Haushaltszusammensetzungen berücksichtigt.

7.5.1 Konsequenzen für die Erwerbsneigung

Mit dem Erziehungsgeld des Bundes soll seit 1986 die Leistung der Eltern für die Erziehung und Betreuung ihrer Kinder honoriert werden, wenn keine oder nur eine Teilzeiterwerbstätigkeit ausgeübt wird. Dabei kann das Erziehungsgeld gleichzeitig erwünschte oder unerwünschte Nebenwirkungen haben. Eine wichtige – möglicherweise intendierte – Konsequenz könnte der zeitweise partielle Rückzug der Eltern vom Arbeitsmarkt sein, um sich ihren Kindern zu widmen. *Ob und in welchem Umfang sich Eltern vom Arbeitsmarkt zurückziehen*, wurde von KALTENBORN untersucht.[960]

Das Erziehungsgeld beeinflusst den Zusammenhang zwischen Erwerbstätigkeit und Haushaltsnettoeinkommen. Daher wird zumindest potenziell auch die Erwerbsneigung beeinflusst. Die Prognose des Erziehungsgeldes auf die Erwerbsneigung erfolgt anhand von Daten für 1999 und der seinerzeitigen institutionellen Regelungen. Es wird prognostiziert, wie das Erziehungsgeld die gewünschte Arbeitsmarktpartizipation beeinflusst. Die Prognose erfolgt auf Grundlage der Individualdaten des SOEP. Grundlage der Prognose der Wirkungen des Erziehungsgeldes sind mikroökonometrische Schätzungen zur Quantifizierung verschiedener, vorgegebener Determinanten für die gewünschte Arbeitsmarktpartizipation.[961]

Von besonderem Interesse ist hinsichtlich der Konsequenzen des Erziehungsgeldes die Auswirkung des Zusammenhangs zwischen Erwerbstätigkeit und Haushaltsnettoeinkommen auf die Erwerbsneigung. Aus diesem kontinuierlichen Zusammenhang werden für die Schätzung zwei bzw. drei „Messpunkte" herausgegriffen. Hierzu gehören die Haushaltsnettoeinkommen ohne Erwerbstätigkeit bzw. mit einer Vollzeitbeschäftigung der betrachteten Person (jeweils bei tatsächlicher Erwerbstätigkeit der übrigen Haushaltsmitglieder). Außerdem wird bei den Personengruppen, bei denen Teilzeittätigkeiten quantitativ relevant sind, auch das mit einer regulären Teilzeitbeschäftigung der betrachteten Person verbundene Haushaltsnettoeinkommen berücksichtigt. Dies betrifft alleinerziehende Mütter in Westdeutschland und Frauen mit Partner.

Die für die Schätzungen benötigten Haushaltsnettoeinkommen werden ausgehend von den Bruttomarkteinkommen[962] mit dem von KALTENBORN entwickelten Modell SIMTRANS zur Mikrosimulation des deutschen Steuer-Transfer-Systems kalkuliert. Simuliert werden für jedes Individuum bzw. jeden Haushalt direkte Steuern und Abgaben sowie staatliche und private Transfers.

---

[960] Die verwandte Methodik wird ausführlich bei BMS Consulting (2004), S. 223 ff. sowie Kaltenborn (2002), S. 19 ff. vorgestellt.

[961] Die Schätzung erfolgt auf Basis der Individualdaten des SOEP für die Jahre 1986 bis 1999 für Westdeutschland und für 1991 bis 1999 in Ostdeutschland. Dabei werden jeweils getrennt für West- und Ostdeutschland separate Schätzungen für alleinstehende Frauen und Männer, für Frauen und Männer mit Partner/in und für alleinerziehende Mütter durchgeführt. Insgesamt wurden zehn Schätzungen durchgeführt.

[962] Das Arbeitsentgelt wird aus der jeweils vorgegebenen Arbeitszeit und dem erzielbaren Bruttostundenentgelt ermittelt. Das Bruttostundenentgelt ist bei den tatsächlich Beschäftigten das tatsächlich erzielte Entgelt, im Übrigen ein mit Hilfe mikroökonometrischer Methoden prognostiziertes Entgelt. Vgl. hierzu das Verfahren von HECKMANN zur Selektionskorrektur. Vgl. Heckmann (1979), S. 153 ff.

Abbildung 63 zeigt die prognostizierten Konsequenzen des Erziehungsgeldes im Jahr 1999 für die Erwerbsneigung.

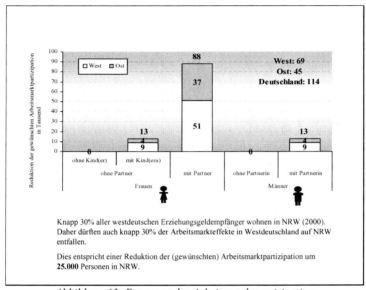

Abbildung 63: Prognose der Arbeitsmarktpartizipation

Die prognostizierte Abnahme der Erwerbsneigung durch das Erziehungsgeld entfällt ganz überwiegend auf Frauen mit Ehe- oder eheähnlichem Partner. Das Arbeitsmarktverhalten von Frauen ist generell sensitiver gegenüber institutionellen Änderungen als das von Männern, daher überrascht der hohe Frauenanteil nicht. Da zudem unter den (potenziellen) Erziehungsgeldbeziehern Elternpaare deutlich häufiger als Alleinerziehende vertreten sind, ergeben sich Arbeitsmarktreaktionen häufiger bei Personen mit Partner als bei Alleinerziehenden.[963]

Wird bei mikroökonometrischen Schätzungen und Prognosen für die Erwerbsalternative „Teilzeitbeschäftigung" eine wöchentliche Arbeitszeit von 18 Stunden unterstellt, so wird durch das Erziehungsgeld ein Rückzug von etwa 110.000 Personen vom Arbeitsmarkt prognostiziert; davon entfallen zwei Drittel auf West- und ein Drittel auf Ostdeutschland.

Bezogen auf jährlich etwa 700.000 Erstbewilligungen und 500.000 Zweitbewilligungen von Erziehungsgeld beeinflusst damit das Erziehungsgeld etwa bei 10 % der Er-

---

[963] Alleinerziehende Väter sind quantitativ bedeutungslos und wurden daher bei den Schätzungen und Prognosen nicht berücksichtigt. Da Alleinstehende definitionsgemäß nicht mit eigenen Kindern zusammen leben, sind hier allenfalls mittelbare Effekte von quantitativ untergeordneter Bedeutung durch das Erziehungsgeld zu erwarten. Insgesamt überrascht es daher nicht, dass der Gesamteffekt von Frauen mit Partnern dominiert wird.

ziehungsgeldempfänger die Arbeitsmarktpartizipation.[964] Unterstellt man, dass ca. 30 % der genannten westdeutschen Arbeitsmarkteffekte auf NRW entfallen,[965] reduziert sich die Arbeitsmarktpartizipation in NRW um etwa *25.000 Personen*.

Während im Untersuchungszeitraum neben dem Bezug von Erziehungsgeld lediglich eine Erwerbstätigkeit in einem Umfang von höchstens 19 Stunden wöchentlich möglich war, ist seit dem Jahr 2001 eine Erwerbsarbeit von bis zu 30 Stunden wöchentlich möglich. Dadurch könnte die Beeinträchtigung der Erwerbsneigung durch das Erziehungsgeld inzwischen geringer ausfallen. Allerdings gibt es verschiedene Hinweise, dass die Ausweitung der möglichen Arbeitszeit kaum relevante Änderungen haben wird. Eine Ausweitung einer Erwerbsarbeit ist typischerweise auch mit einem höheren Entgelt verbunden. Das höhere Entgelt wiederum kann zum Wegfall bzw. zur Reduktion des Erziehungsgeldes führen. Dies wird die Neigung, eine Erwerbsarbeit über die Grenze von 19 Stunden hinaus auszudehnen, beeinträchtigen. Tatsächlich betrug im April 2001 bei nur vergleichsweise wenigen Beschäftigten die normalerweise geleistete wöchentliche Arbeitszeit zwischen 19 und 30 Stunden. Während derartige Arbeitszeiten bei den Männern nahezu bedeutungslos sind, arbeiten lediglich etwa ein Siebtel aller Frauen in West- und Ostdeutschland zwischen 21 und 31 Stunden wöchentlich.[966]

7.5.2 Bruttoentgelteinbuße

Eine kindbedingte Erwerbsunterbrechung führt zu fehlender Berufserfahrung. Berufserfahrung ist jedoch eine wesentliche Determinante des erzielbaren Entgelts. Entsprechend werden Erziehungsurlaub bzw. Elternzeit zu einer ggf. auch langfristigen Verminderung des erzielbaren Entgelts führen. Dabei erscheint es plausibel, dass nicht

---

[964] 1999 entfiel bei einer wöchentlichen Arbeitszeit von mehr als 19 Stunden das Erziehungsgeld. Daher wurde alternativ zu Kontrollzwecken für die Erwerbsalternative „Teilzeitbeschäftigung" eine wöchentliche Arbeitszeit von 19,01 Stunden angesetzt. Die Prognose erweist sich als sensitiv gegenüber dieser Änderung; nunmehr wird ein Rückzug von etwa 210.000 Personen vom Arbeitsmarkt prognostiziert. Diese Prognose erscheint jedoch wenig realistisch, weil unterstellt wird, dass die potenziellen Erziehungsgeldbezieher keine Möglichkeit haben, ihre wöchentliche Arbeitszeit geringfügig auf höchstens 19 Stunden zu reduzieren. Insgesamt erscheint daher die Prognose auf Basis einer Arbeitszeit von 18 Stunden wöchentlich der Realität näher. Entsprechend ist mit einem Rückzug von etwa 110.000 Personen vom Arbeitsmarkt durch das Erziehungsgeld auszugehen.

[965] Diese Annahme resultiert aus der Tatsache, dass ca. 30 % der westdeutschen Erziehungsgeldempfänger in NRW wohnen.

[966] Bei Elternpaaren mit mindestens einem Kind unter drei Jahren arbeitete im Jahr 2000 ganz überwiegend ein Elternteil in Vollzeit, der andere hingegen nicht (Westdeutschland: 77 %, Ostdeutschland: 67 %). Vgl. hierzu Beckmann (2002). Dabei hätte in West- und Ostdeutschland jeweils zwei Drittel dieser Elternpaare die Kombination Vollzeit/Teilzeit, einige darüber hinaus noch die Kombination Teilzeit/Teilzeit vorgezogen. Zahlreiche Eltern(teile) mit kleinen Kindern hätten also gern eine Teilzeitbeschäftigung. Offenbar gibt es jedoch Hindernisse für die Umsetzung des Wunsches nach einer Teilzeitbeschäftigung. Hinderungsgründe könnten etwa mangelnde Kinderbetreuungsmöglichkeiten, fehlende Teilzeitarbeitsplätze oder ungünstige Arbeitszeiten sein. Hieran wird die Ausweitung des neben dem Bezug von Erziehungsgeld zulässigen Erwerbsumfangs kaum etwas geändert haben.

jede Erwerbsunterbrechung die gleichen Konsequenzen für das erzielbare Entgelt hat. Die Wirkung wird auch von der Aktivität während der Erwerbsunterbrechung abhängen. Eine Fortbildung sollte idealerweise das erzielbare Entgelt erhöhen, während etwa bei Arbeitslosigkeit und Erziehungsurlaub die gegenteilige Wirkung zu vermuten ist.

Die Wirkungen der Berufserfahrung auf das erzielbare Entgelt wurden verschiedentlich für Deutschland empirisch untersucht. Dabei wird allerdings i. d. R. nicht zwischen verschiedenen Erwerbsunterbrechungen unterschieden. Eine Ausnahme bilden die beiden im Folgenden vorgestellten Studien.

ONDRICH/SPIEß/YANG untersuchen mikroökonometrisch anhand der Individualdaten des SOEP für Westdeutschland den Einfluss verschiedener Erwerbsunterbrechungen auf die relative Zunahme des Bruttostundenlohns beschäftigter Frauen im Zeitraum von 1984 bis 1989 und von 1989 bis 1994.[967] Nach ihren Ergebnissen führt ein Jahr Erwerbsunterbrechung aufgrund von Erziehungsurlaub zu einer Reduktion der Erhöhung des Bruttostundenlohns um etwa 18 Prozentpunkte. Ein Jahr Erwerbsunterbrechung aufgrund eines Erziehungsurlaubs beispielsweise zwischen 1984 und 1989 führt also dazu, dass der Bruttostundenlohn im Jahr 1989 um 18 % des Bruttostundenlohns des Jahres 1984 geringer ist als er ohne diese Erwerbsunterbrechung gewesen wäre. Allerdings berücksichtigt die Studie nicht, wie lange die kindbedingte Erwerbsunterbrechung zurückliegt. Es erscheint plausibel, dass mit zunehmendem zeitlichen Abstand von der Erwerbsunterbrechung diese weniger Einfluss auf das erzielbare Entgelt hat.

BEBLO/WOLF berücksichtigen in ihrer mikroökonometrischen Untersuchung für westdeutsche Frauen den zeitlichen Abstand von der Erwerbsunterbrechung.[968] Grundlage waren die Bruttoentgelte von vollzeitbeschäftigten westdeutschen Frauen jeweils zur Mitte der Jahre 1990 bis 1995 (vgl. *Abbildung 64*).

Die Abbildung zeigt die Ergebnisse ihrer Schätzungen für den Fall einer Erwerbsunterbrechung aufgrund von Erziehungsurlaub. Dargestellt ist das erzielbare Bruttoentgelt in den ersten 20 Jahren nach einem einjährigen Erziehungsurlaub in Relation zum Bruttoentgelt, das ohne diese Erwerbsunterbrechung erzielbar gewesen wäre.[969]

Je nach Zeitpunkt beträgt das erzielbare Bruttoentgelt bei einer Vollzeitbeschäftigung zwischen 93 % und 98 % des erzielbaren Bruttoentgelts ohne Erwerbsunterbrechung. Tendenziell wird die Erwerbsunterbrechung mit zunehmendem zeitlichen Abstand immer weniger relevant für das erzielbare Bruttoentgelt. Dies gilt allerdings nach den Schätzungen nicht uneingeschränkt für die ersten Jahre nach der Erwerbsunterbrechung. Insgesamt führt nach den Schätzungen der Autorinnen ein *einjähriger Er-*

---

[967] Vgl. im Folgenden Ondrich/Spieß/Yang (2003).

[968] Vgl. im Folgenden Beblo/Wolf (2002).

[969] Die Autorinnen präsentieren die Ergebnisse von drei unterschiedlichen Schätzverfahren. Anders als in der genannten Quelle angegeben, präferieren die Autorinnen inzwischen nicht mehr das Modell 3, sondern aufgrund von dessen methodischen Schwächen das Modell 2. Letzteres liegt daher den hier vorgestellten Ergebnissen zugrunde. Die Ergebnisse dieser beiden Schätzmodelle unterscheiden sich jedoch kaum voneinander.

ziehungsurlaub[970] neben dem Ausfall von 12 Monatsentgelten während des Erziehungsurlaubs bei einer Vollzeitbeschäftigung in den nächsten 20 Jahren zu einem *Ausfall von rechnerisch etwa 8,5 weiteren Monatsentgelten.*

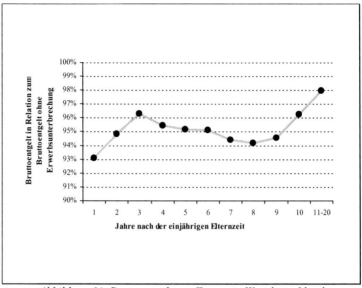

Abbildung 64: Bruttoentgelt von Frauen in Westdeutschland in den ersten 20 Jahren nach einem einjährigen Erziehungsurlaub[971]

7.5.3 Nettoeinkommensänderung

Die Geburt eines Kindes und eine ggf. kindbedingte Erwerbsunterbrechung (Erziehungsurlaub bzw. Elternzeit) führt zu Änderungen des Einkommens. Wegen des Kindes werden zusätzliche Transfers gewährt, eine etwaige Erwerbsunterbrechung führt zu Entgelteinbußen, die jedoch zumindest teilweise durch das Steuer-Transfer-System wieder ausgeglichen werden. Diese auch langfristigen Einkommenswirkungen wurden anhand von Fallbeispielen für verschiedene Familien- und Erwerbskonstellationen ausführlich dargestellt.[972]

Wesentliche Erkenntnis war die Feststellung, dass im Vergleich mit Personen ohne kindbedingte Erwerbsunterbrechung lediglich die Gruppe der alleinerziehenden Personen einen positiven Nettoeinkommenseffekt in den ersten 18 Lebensjahren des Kin-

---

[970] Heute Elternzeit.
[971] Vgl. Beblo/Wolf (2002), S. 30. Lesebeispiel: Im ersten Jahr nach einem einjährigen Erziehungsurlaub beträgt das Bruttoentgelt bei einer Vollzeitbeschäftigung im Mittel 93 % des Bruttoentgeltes, das ohne Erwerbsunterbrechung hätte erzielt werden können.
[972] Vgl. Kaltenborn (2003), S. 11 ff. sowie BMS Consulting (2004), S. 130 ff.

des aufgrund einer einjährigen Erwerbsunterbrechung erzielen konnte. Die Gruppen mit einem höheren monatlichen Bruttoeinkommen verzeichneten einen negativen Effekt bezogen auf das Haushaltsnettoeinkommen. Die Gruppe der allein erziehenden Personen erzielt in den ersten 18 Jahren aufgrund einer einjährigen Erwerbsunterbrechung einen positiven Nettoeinkommenseffekt in Höhe von 1.700 €. Berücksichtigt man hingegen eine aufgrund der Erwerbsunterbrechung eintretende Lohnreduktion, so kehrt sich der positive Effekt ebenfalls in einen negativen Nettoeinkommenseffekt. Die alleinerziehende Person erleidet über die ersten 18 Lebensjahre eine Einkommenseinbuße über 4.300 €.

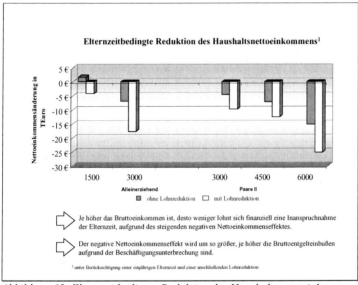

Abbildung 65: Elternzeitbedingte Reduktion des Haushaltsnettoeinkommens

Die Gruppe der Paare mit jeweils einem Bruttoentgelt von 1.500 € monatlich, müssen aufgrund der Erwerbsunterbrechung eine negative Änderung ihres Haushaltsnettoeinkommens in den ersten 18 Lebensjahren des Kindes in Höhe von 4.500 € (ohne Berücksichtigung einer Lohnreduktion) bzw. 9.800 € (unter Berücksichtigung einer Lohnreduktion) hinnehmen. Paare mit einem monatlichen Bruttoentgelt von 4.500 € haben im Vergleich mit Personen ohne kindbedingte Erwerbsunterbrechung in den ersten 18 Lebensjahren eine Änderung ihres Haushaltsnettoeinkommens in Höhe von - 7.100 € (ohne Lohnreduktion) und -12.500 € (mit Lohnreduktion) festzustellen.

Schlussfolgernd lohnt sich *aus rein ökonomischen Überlegungen* eine Inanspruchnahme der Elternzeit für Personen mit einem höheren Bruttoeinkommen selten, da mit zunehmendem Bruttoeinkommen die Opportunitätskosten der einjährigen Elternzeit überproportional ansteigen. *Abbildung 65* verdeutlicht diesen Zusammenhang für die untersuchten Gruppen.

Kindbedingte Erwerbsunterbrechungen verursachen nicht nur Kosten bei den Eltern. Darüber hinaus entstehen auch dem *Staat gravierende Kosten.*[973] Diese lassen sich sowohl in Mehrausgaben, z. B. durch die Zahlung des Erziehungsgeldes als auch in Mindereinnahmen, z. B. durch Ausfälle bei den Arbeitnehmerbeiträgen bzw. Arbeitgeberbeiträgen zur Sozialversicherung, unterteilen. *Abbildung 66* verdeutlicht diese Abgrenzung anhand einiger Beispiele.

Abbildung 66: Klassifikation fiskalischer Konsequenzen

Im Bereich der Nettoeinkommensänderungen wurden ebenfalls für verschiedene Fallbeispiele die *fiskalischen Konsequenzen* aufgrund einer einjährigen Erwerbsunterbrechung untersucht. Insgesamt wurde hierbei deutlich, dass dem Staat pro Kind in den ersten 18 Lebensjahren des Kindes deutlich höhere Aufwendungen entstehen als den Eltern aufgrund des Nettoeinkommenseffektes einer möglichen Erwerbsunterbrechung. Dabei fallen diese Belastungen um so stärker aus, je höher das Bruttoentgelt der Personen vor der Inanspruchnahme der Elternzeit war. Dieser Effekt erhöht sich unter Berücksichtigung einer anschließenden Lohnreduktion.

Des Weiteren wurde deutlich, dass in den ersten 18 Jahren nach einer Erwerbsunterbrechung die alleinerziehenden Haushalte einen in Relation gesehen höheren fiskalischen Effekt verursachen als Paare. So liegen die staatlichen Aufwendungen kindbedingter und kindunabhängiger Leistungen bei einer alleinerziehenden Person mit einem Bruttoentgelt von monatlich 1.500 € bei ca. 23.400 €. Wird eine Lohneinbuße im Anschluss an die einjährige Erwerbsunterbrechung berücksichtigt, so belaufen sich die

---

[973]   Vgl. BMS Consulting (2004), S. 157 ff.

fiskalischen Einbußen auf 31.700 €. Ein Paar mit jeweils 1.500 € monatlichem Brutto-einkommen verursacht hingegen „nur" Aufwendungen in Höhe von 17.200 € (ohne Lohnreduktion) bzw. 26.400 € (mit Lohnreduktion). Ein ähnlicher Effekt geht von den erwerbstätigen Paaren mit einem Bruttoentgelt von 1.500 € und 3.000 € aus. In einer solchen Fallkonstellation belaufen sich die staatlichen Einbußen pro Haushalt auf 14.700 € (ohne Lohnreduktion) bzw. 23.400 € (mit Lohnreduktion).[974]

7.5.4 Ausgaben und Ausgabenstruktur

Das Statistische Bundesamt hat – gestützt auf eine wissenschaftliche Arbeitsgruppe und mehrere Gutachten – die anhand der Einkommens- und Verbrauchsstichprobe 1998 für verschiedene Haushaltstypen ermittelten Konsumausgaben auf Erwachsene und Kinder aufgeteilt.[975] Im Folgenden werden ausgewählte Ergebnisse zu den Konsumausgaben für Kinder und zur unterschiedlichen Ausgabenstruktur von Erwachsenen und Kindern jeweils in Haushalten mit einem Kind vorgestellt.

Sowohl bei Paaren mit einem Kind als auch bei Alleinerziehenden mit einem Kind betrugen 1998 im Durchschnitt die Konsumausgaben für das Kind etwa 500 € monatlich (vgl. *Abbildung 67*).[976]

Hinter diesem Durchschnittsbetrag verbirgt sich eine beachtliche Variation. Bei den jeweils 10 % „ärmsten" Paaren mit einem Kind bzw. Alleinerziehenden mit einem Kind (1. Dezil des Haushaltsnettoeinkommens) betrugen die Konsumausgaben für das Kind im Durchschnitt lediglich 297 € bzw. 278 € monatlich. Bei den 10 % der „reichsten" Haushalte (10. Dezil des Haushaltsnettoeinkommens) waren es hingegen 865 € bzw. 813 € monatlich.

Auch mit dem Alter des Kindes nehmen die Konsumausgaben zu. Allerdings ist hier die Variation nicht so stark ausgeprägt; bei den Alleinerziehenden betragen die Ausgaben zwischen 417 € und 565 € monatlich, bei den Paaren zwischen 426 € und 625 € monatlich. In Westdeutschland ist die Variation etwas stärker als in Ostdeutschland. Überdies wird ein Teil der mit dem Alter zunehmenden Konsumausgaben darauf zurückzuführen sein, dass die Eltern älterer Kinder typischerweise selbst älter sind und daher über ein höheres Erwerbseinkommen verfügen, das auch höhere Konsumausgaben erlaubt.

Im Verlauf der 18 Lebensjahre summieren sich die Konsumausgaben für ein Kind sowohl bei Paaren mit einem Kind als auch bei Alleinerziehenden mit einem Kind durchschnittlich auf etwa 108.000 €. Diese durchschnittlichen Ausgaben sind damit

---

[974] Die Schlussfolgerungen dieser Ergebnisse bzw. die Hochrechnungen auf die relevanten Fallgruppen in NRW erfolgt in Kapitel 7.6.2.

[975] Vgl. im Folgenden Münnich/Krebs (2002).

[976] Mit zunehmender Kinderzahl steigen die Konsumausgaben für die Kinder, allerdings unterproportional.

erwartungsgemäß höher als das durch ein Kind verursachte zusätzliche Haushaltsnettoeinkommen[977] im gleichen Zeitraum.[978]

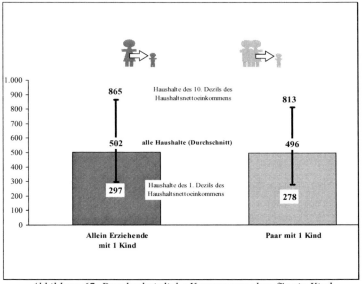

*Abbildung 67: Durchschnittliche Konsumausgaben für ein Kind
in Deutschland 1998 nach Haushaltsnettoeinkommen[979]*

7.5.5 Geburtenrate

Elternzeit und Erziehungsgeld können die Geburtenrate mutmaßlich positiv beeinflussen. Dabei erscheint es plausibel, dass der Einfluss finanzieller Leistungen um so stärker ist,

- je höher sie sind,
- je früher sie gewährt werden und
- je weniger Voraussetzungen zum Leistungsbezug erfüllt sein müssen.

---

[977]   Vgl. BMS Consulting (2004), S. 134 ff.

[978]   Die Konsumausgaben für Kinder beeinflussen auch die Ausgabenstruktur. Für die Kinder fallen
überdurchschnittlich hohe Ausgaben für Nahrungsmittel und Getränke sowie für Freizeit, Unter-
haltung und Kultur an. Hingegen sind die Ausgaben für Wohnung und Energie sowie für Verkehr
unterdurchschnittlich. Geburten werden auch Konsequenzen für die entsprechenden Wirtschafts-
zweige haben. Dabei ist allerdings zu berücksichtigen, dass die Bereitschaftsaufwendungen für
Kraftfahrzeuge (z. B. Anschaffungskosten) ausschließlich den Erwachsenen zugeordnet wurden.

[979]   Vgl. Kaltenborn (2003), S. 37.

Bei gegebenem Gesamtvolumen dürfte daher das Erziehungsgeld eher als etwa das Baukindergeld geeignet sind, die Geburtenrate positiv zu beeinflussen. Dies legen auch JOHN/SCHMIDT nahe,[980] die zwei empirische Studien zitieren, bei denen werdende Eltern überwiegend angaben, über das Erziehungsgeld gut informiert zu sein, nicht hingegen über Leistungen, die erst zu einem späteren Zeitpunkt an Bedeutung gewönnen.[981] Eine umfangreiche explorative Studie von KÄTHLER befasst sich explizit mit dem Einfluss von Erziehungsurlaub und -geld auf generative Entscheidungen.[982] Darüber hinaus können aus der ebenfalls qualitativen Studie von BECKER Anhaltspunkte zum Zusammenhang von Elternzeit und Erziehungsgeld mit der Geburtenrate entnommen werden.[983] WINEGARDEN/BRACY sowie CIGNO/CASOLARO/ROSATI untersuchen den Zusammenhang makroökonometrisch.[984]

KÄTHLER hat 23 teilstrukturierte Interviews mit Müttern durchgeführt, die ab dem 1. Juli 1989 ein Kind geboren hatten, vor der Geburt abhängig beschäftigt waren und beabsichtigten, im Anschluss an den Erziehungsurlaub ihre Beschäftigung wieder aufzunehmen. Der Autor fasst die Funktionen, die die Mütter dem Erziehungsgeld zuordnen, wie folgt zusammen:[985]

- *Kompensationsfunktion:* Das Erziehungsgeld federt die durch den Ausfall eines Erwerbseinkommens angespannte finanzielle Situation ab.
- *Anerkennungsfunktion:* Das Erziehungsgeld wird als Anerkennung der Leistungen, die Familien für die Gesellschaft erbringen, wahrgenommen.
- *Vorsorgefunktion:* Das Erziehungsgeld kann für späteren Bedarf der Kinder, etwa eine Ausbildung, angespart werden.
- *Legitimationsfunktion:* Das Erziehungsgeld legitimiert durch die finanzielle Anerkennung der Erziehungsleistung die (zeitweise) Aufgabe der Berufstätigkeit.

Die befragten Mütter weisen dem Erziehungsurlaub die Hauptfunktion des „*Statuserhalts*" zu:[986] Der Erziehungsurlaub erlaubt den Müttern, ihren Status als Arbeitnehmerin zu erhalten, indem sie sich für einen befristeten Zeitraum beurlauben lassen und anschließend zu ihrem alten Arbeitgeber zurückkehren. Der Statuserhalt sichert einerseits die materielle Grundlage und ermöglicht andererseits den Müttern, sich zunächst ganz dem Kind zu widmen, ohne sich kurzfristig entscheiden zu müssen, ob nach dem Erziehungsurlaub wieder eine Erwerbstätigkeit aufgenommen werden soll.

Im Vergleich ergibt sich eine deutliche Präferenz der befragten Mütter für den Erziehungsurlaub gegenüber dem Erziehungsgeld. Allerdings nimmt die Bedeutung des Erziehungsurlaubs (erwartungsgemäß) mit sinkendem Einkommen gegenüber dem Erziehungsgeld ab. Allerdings hat nur eine Befragte das Erziehungsgeld als wichtiger

[980] Vgl. John/Schmidt (2001), S. 263 f.
[981] Hierzu zählen z. B. das Baukindergeld oder die Anrechnung von Erziehungszeiten.
[982] Vgl. Käthler (1995).
[983] Vgl. Becker (1990).
[984] Vgl. Winegarden/Bracy (1995) sowie Cigno/Casolaro/Rosati (2003).
[985] Vgl. Käthler (1995), S. 181 f.
[986] Vgl. Käthler (1995), S. 182.

als den Erziehungsurlaub erachtet. Dabei wird von den befragten Müttern auch Kritik an der Ausgestaltung des Erziehungsurlaubs geäußert. Hauptsächlich richtet sie sich dagegen, dass die Arbeitsplatzgarantie daran gekoppelt sei, dass die Beschäftigung wieder im gleichem Umfang ausgeübt wird wie vor der Geburt. Die Wiederaufnahme einer Vollzeitbeschäftigung sei oftmals nicht gewünscht oder – insbesondere angesichts fehlender Kinderbetreuungsmöglichkeiten – nicht möglich.[987]

Diese – vermutlich auch bereits vor den generativen Entscheidungen antizipierten Wirkungen von Erziehungsgeld und Erziehungsurlaub bzw. Elternzeit – können einen positiven Einfluss auf die Geburtenrate haben. Allerdings vermag KÄTHLER nicht abschließend zu beurteilen, ob das Bundeserziehungsgeldgesetz tatsächlich Einfluss auf generatives Verhalten nimmt.[988]

BECKER hat Mütter, die im Jahr 1986 in Berlin ein Kind geboren haben und Erziehungsgeld beziehen, sowohl schriftlich als auch mündlich befragt. Von 3.924 Müttern hat die Autorin ausgefüllte Fragebögen erhalten, allerdings wurden lediglich 1.000 ausgewertet. Darüber hinaus wurde eine nicht genannte Anzahl von Tiefeninterviews geführt.[989]

„Es ist anzuzweifeln, daß das Erziehungsgeld diese [generativen] Wirkungen in quantitativ signifikantem Ausmaß erzielen wird: die Entscheidung für den Zeitpunkt der Geburt des ersten Kindes wird vermutlich durch die verlängerte Freistellungsmöglichkeit von Erwerbsarbeit eines Elternteils erleichtert, ob die Maßnahme sich jedoch fördernd auf die Entscheidung für weitere Kinder auswirkt, kann von der Tendenz her nicht bestätigt werden. Lediglich der Zeitpunkt, nicht jedoch die Anzahl der Geburten dürften beeinflußbar sein."[990]

WINEGARDEN/BRACY untersuchen für 17 OECD-Länder[991], darunter Westdeutschland, den Einfluss bezahlter Freistellung eines Elternteils nach der Geburt eines Kindes auf die Geburtenrate.[992] Unter Berücksichtigung von indirekten Effekten bezahlter Freistellung von Eltern nach der Geburt eines Kindes, nämlich einer relevanten Reduktion der Säuglingssterblichkeit und einer höheren Erwerbsquote insgesamt von Frauen im gebärfähigen Alter, ergibt sich je nach Schätzmodell ein sehr schwacher positiver oder sogar negativer Effekt. Der sehr schwache negative Effekt resultiert dabei aus den beiden genannten indirekten Wirkungen. Nach den unterschiedlichen Schätzungen hat die

---

[987]   Demgegenüber sind in der aktuellen Fassung des BErzGG die Teilzeitmöglichkeiten deutlich ausgeweitet.

[988]   Vgl. Käthler (1995), S. 183 f. Immerhin eine Mutter äußerte explizit, dass die Arbeitsplatzgarantie des Erziehungsurlaubs ausschlaggebend für ihre generative Entscheidung gewesen sei.

[989]   Vgl. Becker (1990).

[990]   Becker (1990), S. 103. Grammatikalische Fehler entsprechend dem Original.

[991]   Österreich, Kanada, Dänemark, Frankreich, Westdeutschland, Griechenland, Italien, Japan, Luxemburg, Niederlande, Neuseeland, Norwegen, Portugal, Spanien, Schweden, Vereinigtes Königreich, USA.

[992]   Dabei ist nicht angegeben, wie die „bezahlte" Freistellung definiert wird. Da zugleich die Lohnersatzquote berücksichtigt wird, ist zu vermuten, dass die „bezahlte" Freistellung nicht an eine bestimmte Höhe der „Bezahlung" gebunden ist. Es wurden Daten für die Jahre 1959, 1969, 1979 und 1989 herangezogen.

Ausweitung bezahlter Freistellung um 10 Prozent eine Zunahme der Geburtenrate um bis zu 0,42 % oder eine Abnahme um 0,21 % zur Folge.[993]

CIGNO/CASOLARO/ROSATI untersuchen u. a. den Einfluss kindbedingter Transfers.[994] Für die Berechnung der kindbedingten Transfers wird offenbar der Zeitpunkt unmittelbar nach der Geburt zugrunde gelegt; es wird also anscheinend nicht berücksichtigt, dass das Erziehungsgeld anders als Kindergeld und Kinderfreibetrag nur für einen eng begrenzten Zeitraum gewährt wird. Die makroökonometrische Untersuchung basiert auf Daten für Deutschland[995] für die Jahre 1965 bis 1995. Sie können einen positiven, allerdings schwachen Zusammenhang identifizieren. Nach ihren Ergebnissen würde eine Ausweitung der kindbedingten Transfers um 1 % die Geburtenrate um 0,23 % erhöhen. Außerdem hat nach ihren Schätzungen der Stundenlohn von Frauen einen negativen und derjenige der Männer einen positiven Effekt auf die Geburtenrate. Bei der nach wie vor vorherrschenden traditionellen Rollenverteilung erhöht ein höherer Stundenlohn von Frauen die Opportunitätskosten der Mutterschaft und macht daher eine generative Entscheidung weniger attraktiv. Umgekehrt eröffnet ein höherer Stundenlohn der Männer eher den finanziellen Spielraum für ein Kind.

Insgesamt ergibt sich aufgrund der zitierten empirischen Untersuchungen *kein einheitliches Bild* über die Konsequenzen von Erziehungsgeld und Elternzeit für die Geburtenrate.

7.5.6 Kindesentwicklung

Die *kindliche Entwicklung kann sowohl durch die Elternzeit als auch durch das Erziehungsgeld beeinflusst* werden. Die Elternzeit ermöglicht eine intensivere Betreuung der Kinder durch einen Elternteil, das Erziehungsgeld erlaubt vor allem Familien mit geringem Einkommen, die materiellen Bedürfnisse ihrer Kinder besser zu befriedigen. Darüber hinaus eröffnen Elternzeit und Erziehungsgeld Eltern Wahlmöglichkeiten hinsichtlich ihrer Erwerbstätigkeit. Die optimale Nutzung dieser Wahlmöglichkeiten kann zu einer größeren Zufriedenheit der Eltern führen, die sich auch auf ihre Kinder auswirkt.

JOESCH/SPIEß haben für neun europäische Länder auf Basis des Europäischen Haushaltspanels den zeitlichen Umfang untersucht, den Mütter im Jahr 1996 mit ihren Kindern bis 16 Jahre verbracht haben.[996] Mütter verbringen durchschnittlich zwischen 5¼ und 10½ Stunden täglich mit ihrem Kind bzw. ihren Kindern. Dabei nimmt nach der

---

[993] Vgl. Winegarden/Bracy (1995), S. 1033.
[994] Vgl. Cigno/Casolaro/Rosati (2003). Hierzu gehören das Kindergeld, das Erziehungsgeld sowie der Kinderfreibetrag.
[995] Es wurden keine Angaben gemacht, ob es sich ausschließlich um Daten für „Westdeutschland" handelt.
[996] Vgl. Joesch/Spieß (2002).

Untersuchung der Autoren der zeitliche Umfang mit dem Lebensalter der Kinder ab, bei Erwerbstätigkeit der Mutter ist er ebenfalls geringer.[997] In Deutschland verbringen Mütter täglich etwa 7¼ Stunden mit ihrem Kind bzw. ihren Kindern. Im Vergleich zu anderen europäischen Ländern befindet sich Deutschland damit im unteren Mittelfeld. Elternzeit und Erziehungsgeld können geeignet sein, Deutschland im internationalen Vergleich nicht noch weiter abfallen zu lassen.[998]

Elternzeit und Erziehungsgeld können ausschließlich von Eltern mit kleinen Kindern in Anspruch genommen werden. Dabei handelt es sich ganz überwiegend um Mütter, sehr selten nur um Väter. Soweit Elternzeit und Erziehungsgeld den Umfang der Zeit beeinflussen, den Eltern mit ihren Kindern verbringen, dürfte dies vor allem für Mütter mit kleinen Kindern zutreffen. Ob und inwieweit dies erwünscht ist, ist politisch zu entscheiden.

Die *intellektuellen Leistungen* der Kinder können sowohl durch Elternzeit als auch durch das mit dem Erziehungsgeld verbundene zusätzliche Nettoeinkommen beeinflusst werden. Den Zusammenhang zwischen elterlichem Einkommen und Art der O-berschule haben jüngst sowohl JENKINS/SCHLUTER als auch SPIEß/BÜCHEL/WAGNER mikroökonometrisch untersucht.[999] Beide Untersuchungen basieren auf dem SOEP für Westdeutschland.[1000]

SPIEß/BÜCHEL/WAGNER untersuchen u. a. den Einfluss des durchschnittlichen Haushaltsnettoeinkommens bis zum 14. Lebensjahr auf die Wahrscheinlichkeit, im Alter von 14 Jahren[1001] eine Hauptschule anstelle einer Realschule oder eines Gymnasiums zu besuchen.[1002] Nach ihren Ergebnissen nimmt mit zunehmendem Haushaltsnettoeinkommen die Wahrscheinlichkeit des Besuchs einer Hauptschule ab, allerdings ist dieser Einfluss *weder für Deutsche noch für Ausländer statistisch gesichert.*[1003]

---

[997] Vgl. Joesch/Spieß (2002), S. 18. Detailliertere Ergebnisse ihrer mikroökonometrischen Schätzungen liefern die Autoren leider nicht.

[998] Für Deutschland liegen aus der Zeitbudgeterhebung des Statistischen Bundesamtes aus den Jahren 1991/92 darüber hinaus auch differenziertere Angaben nach dem Alter des jüngsten Kindes im Haushalt vor. Dabei wurden allerdings nicht nur Mütter, sondern alle erwachsenen Frauen, die mit einem Kind bis 15 Jahre im Haushalt leben, berücksichtigt (beispielsweise eine volljährige Schwester). Dadurch ist hier die im Durchschnitt mit Kindern verbrachte Zeit mit etwa 6¼ Stunden etwas geringer als nach der europäischen Erhebung. Darüber hinaus liegen auch Angaben über die mit Kindern verbrachte Zeit für Männer vor. Sie ist erwartungsgemäß mit gut 3¼ Stunden deutlich geringer als bei den Frauen. Frauen mit einem Kind unter zwei Jahren verbringen nach der Zeitbudgeterhebung deutlich mehr Zeit (ca. 50 %) mit diesem als Frauen mit durchschnittlich älteren Kindern. Bei den Männern ist der Unterschied weniger deutlich.

[999] Vgl. im Folgenden Jenkins/Schluter (2002) sowie Spieß/Büchel/Wagner (2003).

[1000] Stichproben A („Deutsche") und B („Ausländer"), Erstbefragung 1984.

[1001] In den Jahren 1992 bis 1994.

[1002] Schüler anderer Schultypen, insbesondere von Gesamtschulen, wurden nicht berücksichtigt.

[1003] Ein statistisch schwach gesicherter Einfluss ergibt sich, wenn die Stichproben A („Deutsche") und B („Ausländer") gepoolt werden; dieses Schätzmodell dürfte jedoch unzuverlässiger als die ebenfalls durchgeführten separaten Schätzungen sein, weil erhebliche strukturelle Unterschiede zwischen den beiden Gruppen zu vermuten sind.

JENKINS/SCHLUTER haben für Kinder, die zwischen 1980 und 1984 geboren wurden, u. a. den Einfluss des durchschnittlichen Haushaltsnettoeinkommens während der frühen Kindheit (0 bis 5 Jahre), der Grundschulzeit (6 bis 10 Jahre) und der Jugend (11 bis 14 Jahre) auf die Wahrscheinlichkeit, im Alter von 14 Jahren ein Gymnasium zu besuchen, untersucht. Danach ist das Haushaltsnettoeinkommen während der Jugend am wichtigsten, gefolgt vom Einkommen während der frühen Kindheit (z. B. Erziehungsgeld), allerdings sind die unterschiedlichen Effekte der Haushaltsnettoeinkommen in verschiedenen Zeiträumen *nicht statistisch abgesichert*. Die prognostizierten Wirkungen zusätzlichen Haushaltsnettoeinkommens *sind eher klein*. So bewirkt eine dauerhafte Erhöhung des monatlichen Haushaltsnettoeinkommens um 500 € in der Regel eine Erhöhung der Wahrscheinlichkeit, ein Gymnasium zu besuchen, von unter einem Prozentpunkt.

Sowohl Elternzeit als auch Erziehungsgeld können die *Gesundheit der Kinder* beeinflussen. RUHM untersucht für neun europäische Länder[1004] für den Zeitraum 1969 bis 1994 anhand aggregierter Daten ökonometrisch den Zusammenhang zwischen „voll bezahlter Elternzeit" und Gesundheit der Kinder.[1005]

Dabei ist bezahlte Elternzeit definiert als die Zeit der Freistellung von einer Beschäftigung, während der die gezahlte Unterstützung von der vorherigen Beschäftigung abhängt. Voll bezahlte Elternzeit ist jene Elternzeit, für die rechnerisch ein voller Ausgleich für das entgangene Entgelt gewährt wird.[1006] Als Indikator für „Gesundheit" wird in der Studie die Mortalität verwendet. Dabei wird zwischen verschiedenen Lebensphasen unterschieden. Zu Kontrollzwecken wird auch der (kaum zu erwartende) Einfluss der voll bezahlten Elternzeit auf die pränatale Mortalität, die Mortalität in den ersten vier Wochen nach der Geburt, Frühgeburten (geringes Geburtsgewicht) sowie die Mortalität von Senioren untersucht. Hier ergeben sich erwartungsgemäß *keine relevanten Wirkungen der Elternzeit*.

Hingegen kann nach den Schätzergebnissen durch zehn zusätzliche Wochen voll bezahlter Elternzeit die Mortalität zwischen dem zweiten und zwölften Lebensmonat um ein Viertel und die Mortalität zwischen dem zweiten und fünften Lebensjahr um etwa ein Neuntel reduziert werden. Nach Ansicht des Autors sind diese Effekte zwar groß, aber angesichts der tatsächlich eingetretenen Entwicklung zwischen 1969 und 1994 durchaus plausibel. Über die genauen Ursachen für den *Zusammenhang zwischen El-*

[1004] Dänemark, Finnland, Frankreich, Deutschland, Griechenland, Irland, Italien, Norwegen und Schweden.

[1005] Vgl. im Folgenden Ruhm (1998).

[1006] Beispielsweise wird die Möglichkeit einer einjährigen Freistellung bei Fortzahlung der Hälfte des vorherigen Entgelts als sechsmonatige bezahlte Elternzeit gewertet. Während es in den übrigen untersuchten Staaten eine derartige bezahlte Elternzeit gibt, gilt dies für Deutschland seit Inkrafttreten des Bundeserziehungsgeldgesetzes zum 1. Januar 1986 nicht mehr. Gleichwohl wurden die Freistellungsmöglichkeiten mit dem Bundeserziehungsgeldgesetz ausgedehnt. Zur Vermeidung von Verzerrungen wurde daher Deutschland nur bis 1985 in die Analyse einbezogen. Entsprechend können die Ergebnisse auch nur *eingeschränkt auf die aktuellen deutschen Regelungen übertragen* werden. Im Jahr 1994 reichte die voll bezahlte Elternzeit von zwei Monaten in Griechenland bis zu dreizehn Monaten in Schweden.

ternzeit und Mortalität ist bislang wenig bekannt. Darüber hinaus veranschlagt RUHM in einer Überschlagsrechnung die Kosten eines verhinderten Todes mit 2,6 bis 4,9 Mio. US-Dollar (1997).[1007] Dies entspricht nach den von ihm zitierten Studien der Größenordnung des „Wertes" eines Menschenlebens. Aufgrund weiterer positiver Effekte bezahlter Elternzeit dürften - nach diesen Berechnungen - insgesamt die Erträge die Kosten überwiegen.

Auch WINEGARDEN/BRACY untersuchen makroökonometrisch den Einfluss bezahlter Freistellung eines Elternteils nach der Geburt eines Kindes auf die Säuglingssterblichkeit.[1008] Eine Verlängerung der bezahlten Freistellung um 10 % kann nach den Schätzungen von WINEGARDEN/BRACY die Säuglingssterblichkeit um etwa 4 % reduzieren.[1009] Diese Effekte sind damit deutlich geringer als die von RUHM geschätzten. Eine Erklärung für die unterschiedlichen Ergebnisse ist allerdings nicht ersichtlich.

7.5.7 Betriebliche Wirkungen

Die Kosten, die auf *betrieblicher Ebene durch die Elternzeit* entstehen, wurden von der PROGNOS AG im Rahmen einer vom Bundesministerium für Familien, Senioren, Frauen und Jugend in Auftrag gegebenen Untersuchung ermittelt.[1010]

Auf Grundlage der Controllingdaten von 10 mittelgroßen, deutschen Unternehmen wurde eine Modellrechnung für eine fiktive „Familien GmbH" durchgeführt. Die „Familien GmbH" ist ein mittelgroßes Unternehmen mit 1.500 Mitarbeiter/innen und einer Personalstruktur, die den Durchschnittswerten in der Bundesrepublik Deutschland entspricht. Das Unternehmen ist wirtschaftlich gesund und nimmt keinen Personalabbau vor. Das Qualifikationsniveau der Mitarbeiter/innen ist leicht überdurchschnittlich und die Situation auf dem für die Einstellung von Arbeitskräften relevanten Arbeitsmarkt ist eher angespannt.

Wesentlicher betrieblicher Kostenfaktor ist die elternzeitbedingte Fluktuation von Mitarbeitern. Dem Unternehmen entstehen hierbei Kosten für die Beschaffung einer entsprechenden Ersatzkraft mit vergleichbarem Qualifikationsniveau bzw. für die Überbrückung der Elternzeit. Die Kosten sind dabei um so höher, je höher das Qualifikationsniveau des ausscheidenden Arbeitnehmers ist und je länger dieser ausscheidet. Des Weiteren zählen u. a. die sich an die Elternzeit anschließenden Wiedereingliederungskosten zu den elternzeitbedingten Kostenfaktoren.

Ziel dieser Studie ist, anhand einer Kosten-Nutzen-Analyse zu bewerten, ob sich *Investitionen in familienfreundliche Maßnahmen rechnen*. Die Gegenüberstellung von Kosten und Nutzen erfolgte im Rahmen einer realitätsnahen, an Daten der analysierten Unternehmen abgeleiteten Modellrechnung. Hierzu wurden anhand eines Real- und

---

[1007] Vgl. Ruhm (1998), S. 25 f.

[1008] Vgl. Winegarden/Bracy (1995). Dabei werden 17 OECD-Länder, darunter Westdeutschland, berücksichtigt. Betrachtet werden vier Jahre, nämlich 1959, 1969, 1979 und 1989.

[1009] Vgl. Winegarden/Bracy (1995), S. 1033.

[1010] Vgl. hierzu und im Folgenden Bundesministerium für Familie, Senioren, Frauen und Jugend (2003), S. 7 ff.

eines Optimal-Szenarios die Wirkungen und Effekte eines familienfreundlichen Maß-
nahmenpaketes auf Mitarbeiter im betreuungsintensiven Alter von 8 Jahren und jünger
im Vergleich zu einem Basis-Szenario untersucht.

Der Nutzen wurde insbesondere an vier Effekten festgemacht:[1011]

- die Reduzierung der familienbedingten Fluktuation insbesondere im Anschluss an
  die Elternzeit
  (Reduzierung der Personalwiederbeschaffungskosten),
- die Verkürzung der Abwesenheitszeit in der Elternzeit
  (Reduzierung der Überbrückungskosten),
- die Senkung der Wiedereingliederungskosten von Rückkehrern aus der Elternzeit
  (Reduzierung der Wiedereingliederungskosten),
- die Steigerung der Attraktivität des Unternehmens als Arbeitgeber
  (Reduzierung der Personalbeschaffungskosten).

Zu den *Personalwiederbeschaffungskosten* und den Überbrückungskosten zählen Kosten für die Anwerbung, Auswahl und Einstellung sowie für die Einarbeitung, Fort-
und Weiterbildung der neuen Arbeitskraft. Darüber hinaus sind auch die Kosten einer
zeitweise unbesetzten Stelle und der Minderleistung der Ersatzkraft zu berücksichtigen.

Wiedereingliederungskosten entstehen durch Dequalifizierungen der Mitarbeiter bei
längerfristigem Ausscheiden aus dem Arbeitsprozess. Auch hier ist die Höhe der Kosten für erneute Einarbeitung sowie Fort- und Weiterbildung abhängig von der Länge
der Elternzeit.

Wiederbeschaffungskosten entstehen durch Neueinstellungen wegen Nichtrückkehr
(Fluktuation) nach der Elternzeit und durch den zusätzlichen Personalbedarf aufgrund
des Teilzeitwunsches von zurückgekehrten ehemaligen Vollzeitkräften. Die Höhe der
Kosten ist u. a. abhängig vom erforderlichen Qualifikationsniveau für die zu besetzen-
de Stelle und der Situation auf dem Arbeitsmarkt.

Neben den oben erwähnten Kosten berücksichtigen die Autoren auch einen *positiven
Nebeneffekt* der Elternzeit. Befristet eingestellte, qualifizierte Ersatzarbeitskräfte werden häufig in einen Bewerberpool übernommen und stehen dem Unternehmen für allgemeine Stellenbesetzungen zur Verfügung. Auf diese Weise werden Such- und Aus-
wahlkosten eingespart und Kosten für Qualifizierung, Weiterbildung und Minderleistung gesenkt.

Die Studie der PROGNOS AG geht davon aus, dass *einem Unternehmen durchschnittlich etwa 35.000 € pro elternzeitbedingtem Abgang an Kosten entstehen.*[1012] Die Höhe
der Kosten ist stark abhängig von der Qualifikation des Abgängers und der Dauer der
in Anspruch genommenen Elternzeit. *Abbildung 68* fasst die beschriebenen betriebs-

---

[1011] Vgl. Bundesministerium für Familie, Senioren, Frauen und Jugend (2003), S. 30 ff.
[1012] Vgl. Bundesministerium für Familie, Senioren, Frauen und Jugend (2003), S. 34.

wirtschaftlichen Kostentreiber zusammen. Ihnen gegenüber wird der betriebliche Nutzen aufgezeigt, der mit einer Reduzierung der Kosten verbunden ist.

Mit Hilfe familienfreundlicher Maßnahmen können nach Angaben der Prognos-Studie erhebliche Kosteneinsparpotenziale realisiert werden, indem den betrieblichen Kostentreibern entgegengewirkt wird. Die modellspezifischen Kosten für das familienfreundliche Maßnahmenpaket setzen sich wie folgt zusammen: 60 % Kosten der betrieblichen Kinderbetreuung, 27 % Kosten für Kontakthalteprogramme während der Elternzeit, 10 % für Telearbeitsplätze und 3 % als Kostenaufwand für den Abgleich flexibler Arbeitszeitmodelle. Ausgewählte Wirkungen, die durch das familienfreundliche Maßnahmenpaket hervorgerufen werden, liegen in der *Reduktion* der durchschnittlichen Verbleibdauer in Elternzeit, der Teilzeitquote der Rückkehrerinnen sowie der Kosten der Mitarbeiterakquise sowie in der *Erhöhung* der Teilzeitquote der Mitarbeiter in Elternzeit sowie der Rückkehrquote aus der Elternzeit. Hierbei werden im Sinne der Studie die unterstellten Einsparpotenziale in einem so genannten Real- bzw. Optimal-Szenario dem Basis-Szenario gegenübergestellt.

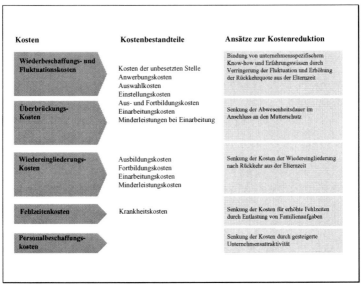

Abbildung 68: Betriebswirtschaftliche Kosten elternzeitbedingter Erwerbsunterbrechungen[1013]

Hochrechnungen der PROGNOS AG zufolge, können im Vergleich zum Basis-Szenario mit familienfreundlichen Investitionen in Höhe von ca. 15.000 € pro elternzeitbedingtem Abgänger Einsparpotenziale im Real-Szenario über knapp 19.000 € und im Optimal-Szenario über etwa 27.000 € realisiert werden. Insgesamt können die Gesamtkos-

---

[1013] In Anlehnung an Bundesministerium für Familie, Senioren, Frauen und Jugend (2003), S. 15 ff.

ten im Real-Szenario somit um ca. 55 % und im Optimal-Szenario um ca. 78 % gesenkt werden.[1014] Zwischen investiertem Kapital und realisiertem Einsparpotenzial besteht zudem eine Kosten-Nutzen-Differenz von 4.000 € (Real-Szenario) bzw. 12.000 € (Optimal-Szenario) pro Mitarbeiter. Wertet man die Aufwendungen für die familienfreundlichen Maßnahmen als Investitionen, so verzinst sich das in die Maßnahmen investierte Kapital im Real-Szenario mit ca. *25 %*.[1015]

7.6 Integration von Ressourcen- und Wirkungsbetrachtung

Die Integration von Ressourcen- und Wirkungsbetrachtung kann vor dem Hintergrund unterschiedlicher Motive im Rahmen eines Wirkungsmanagements erfolgen. Grundsätzlich besteht die Möglichkeit zur Dokumentation der erzielten Wirkungen bzw. Wertschöpfungsbeiträge durch den Produktbereich des BErzGG. Sofern sich keine Beeinflussbarkeit, dennoch aber eine Zurechenbarkeit der Wirkungen auf den Verwaltungsvollzug ergibt, ist eine Integration der Ergebnisse darüber hinaus für eine analytische Politikberatung relevant. Die mittelbare wirkungsorientierte Steuerung innerhalb oder über die öffentliche Verwaltung erfordert indes die Beeinflussbarkeit der Wirkungen seitens der vollziehenden Institutionen.[1016] Sofern möglich, ist grundsätzlich eine Hochrechnung der ermittelten Wirkungen auf den Vollzugsbereich wünschenswert. Eine Priorisierung von Maßnahmen kann daraufhin in Abhängigkeit der jeweiligen Gestaltungsspielräume von Verwaltung und Politik durchgeführt werden. In diesem Zusammenhang unterstützt die Aufstellung eines umfassenden Wirkungsmodells zum Produktbereich des BErzGG das Verständnis für den Gesamtzusammenhang und verdeutlicht bereits analysierte und weitere potenzielle Wirkungsbeziehungen.

Eine Priorisierung potenzieller Gestaltungsmaßnahmen kann bspw. vor dem Hintergrund der Kenntnis monetärer Auswirkungen auf den gesamten Vollzugsbereich vorgenommen werden. Die Darstellung mutmaßlicher Auswirkungen in Form einer Wertschöpfungsbilanz verdeutlicht in kompakter Form potenzielle Stellhebel für Verwaltung und Politik. Eine gesellschaftliche Wertschöpfungssteigerung kann grundsätzlich über die Ausweitung positiver Effekte, bspw. in Form wirkungsorientierter Produktdifferenzierungen aber auch über die Verminderung gesellschaftlicher Kosten erfolgen. In diesem Zusammenhang kann die Kenntnis über den Wertschöpfungsbeitrag möglich erscheinender Vollzugsalternativen (relative Wertschöpfungsbetrachtung) einen Informationsgewinn bedeuten. Nicht zuletzt wird auf Basis der Integration von Ressourcen- und Wirkungsbetrachtung deutlich, welche Möglichkeiten und Grenzen sich für ein vollziehendes Verwaltungsarrangement bzw. auch für die politische Führung ergeben können.

[1014] Vgl. Bundesministerium für Familie, Senioren, Frauen und Jugend (2003), S. 34.

[1015] Vgl. Bundesministerium für Familie, Senioren, Frauen und Jugend (2003), S. 34.

[1016] Vgl. Kapitel 5.2.7 sowie Kapitel 6.1.

7.6.1 Wirkungsmodell für Produkte zum BErzGG

Das dargestellte Controlling-Konzept der Versorgungsverwaltung erlaubt einerseits – wie bereits dargestellt – einen differenzierten Ausweis der Haushalts- und Ressourcensituation des Vollzugs des BErzGG sowie andererseits eine sachgerechte Bewertung der Leistungsergebnisse und ihrer Wahrnehmung anhand von produktbezogenen Outputkennzahlen und Impactindikatoren (vgl. *Abbildung 69*, Ebene 1-6).

Um eine Integration von gesellschaftlichen Wirkungen vornehmen zu können, wurden gesellschaftliche Wirkungsebenen, wie in Kapitel 7.4 geschehen, systematisiert und analysiert. *Abbildung 69* zeigt, bezogen auf die Erziehungsgeldleistungen, in einem vereinfachten Modell die einzelnen Ebenen der Leistungserstellung und -wirkung.

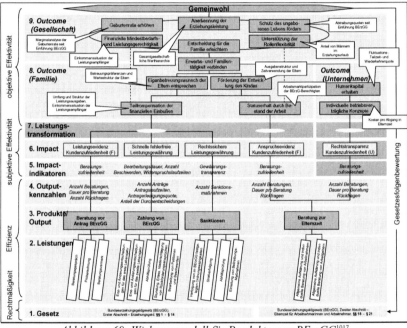

Abbildung 69: Wirkungsmodell für Produkte zum BErzGG[1017]

Um auch der potenziellen *mittelbaren Steuerbarkeit* über Leistungsempfänger Rechnung zu tragen, werden die Wirkungen – soweit möglich – zunächst Produkten zugeordnet und nach Leistungsempfängern getrennt betrachtet (Ebene 8, *Abbildung 69* sowie zuvor *Abbildung 59*). Dem übergeordnet werden die Ziele abgebildet, die als produktübergreifend anzusehen sind, sich jedoch noch auf die Sphäre der adressierten Leistungsempfänger beziehen. Darüber hinaus sind für den Bereich des Erziehungs-

---

[1017] Vgl. Mosiek/Gerhardt/Wirtz/Berens (2003), S. 33.

geldes gesamtgesellschaftliche Zielgrößen abgeleitet worden,[1018] die regelmäßig produktübergreifend angestrebt werden (*Abbildung 69,* Ebene 9).

Für eine gezielte Steuerung sind neben den Ressourcenverbrauchs- und Outputkennzahlen sowie den Impactindikatoren für die einzelnen gesellschaftlichen Wirkungen
geeignete Indikatoren zu benennen, die sich jedoch im Gegensatz zu den sonst im
Controlling verwandten betriebswirtschaftlichen Messgrößen überwiegend nur auf
Basis der beispielhaft dargestellten Methoden der Outcome-Evaluation erheben und
ableiten lassen.

Wie bereits in Kapitel 5.2.7 dargelegt, lassen sich *unterschiedliche Thesen* über die
Beeinflussbarkeit der verschiedenen gesellschaftlichen Wirkungen von Verwaltungsinstitutionen vertreten. Dies gilt auch für gesellschaftliche Wirkungen des BErzGG
durch die Versorgungsverwaltung (vgl. *Abbildung 32* sowie *Abbildung 70).* Die Notwendigkeit einer Beeinflussbarkeit der Wirkung wurde für eine *aktive Steuerung* der
Verwaltung als eine Voraussetzung bereits erläutert. Sofern keine Entkopplung von
Verwaltungshandeln und Wirkung im Rahmen der Leistungstransformation eintritt,
kann von einer Wirkungsbeeinflussung gesprochen werden. In diesem Zusammenhang
wurden u. a. bereits die *beratungsintensiven Handlungen* einer öffentlichen Verwaltung thematisiert *(vgl. Abbildung 70).*

Von einer vollständigen Entkopplung im Bereich des Erziehungsgeldes wäre dann
auszugehen, wenn das Leistungsergebnis ausschließlich in der Ja/Nein-Entscheidung
über der Zahlung des Erziehungsgeldes läge, wobei auch hier die durch die Verwaltung zu steuernde Rechtzeitigkeit der Zahlung nutzenbeeinflussend bliebe. Demgegenüber zeichnet sich der Bereich des Erziehungsgeldgesetzes aber gerade durch seine
umfassende Beratung aus, die zum einen im *Bereich der Elternzeit* das eigentliche
Leistungsergebnis darstellt und damit *die Leistungstransformation aus Rechtsan-
spruch und Beratung deutlich beeinflusst.* Andererseits führen bei der Erziehungsgeldgewährung Beratung und Proberechnungen über alternative Zahlungsmodalitäten dazu, dass abhängig von den individuellen Präferenzen der Leistungsempfänger das *nut-
zenoptimale Budgetierungsmodell* gewählt werden kann (vgl. *Abbildung 70).* Hierüber
wird deutlich, dass es in diesen Fällen *keine Entkopplung von Verwaltungsleistung und
Wirkung* gibt, d. h. *die Intensität* der gesellschaftlichen *Wirkung ist durch die Verwaltung steuerbar* und sollte daher zentral in ihrem Zielsystem über operable Wirkungsindikatoren Berücksichtigung finden.

So lässt sich bspw. das Produkt Beratung vor Antragstellung, bestehend aus einem
qualifizierten Beratungsgespräch, verschiedenen Proberechnungen und einem ab-
schließenden Beratungsvermerk über die Summe der Beratungen, deren durchschnittlicher Dauer sowie die Verteilung der einzelnen Dauern als Ergebnis beschreiben (vgl.
Abbildung 70).

[1018] Vgl. Kapitel 7.4.1.

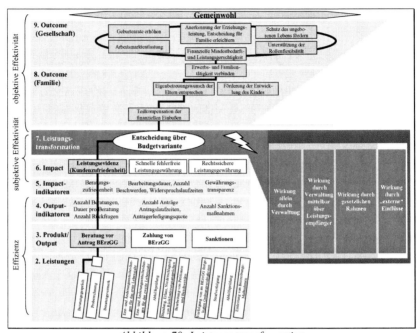

Abbildung 70: Leistungstransformation

Über die Kostenrechnung lässt sich die Höhe und Struktur des Ressourcenverbrauchs darstellen, so dass über die Verknüpfung mit Zähleinheiten Wirtschaftlichkeitskennzahlen, wie Kosten pro Standardberatung oder – bezogen auf die Zahlungsgewährung – Kosten pro gewährtem Euro oder je Leistungsempfänger ermittelt werden können. Die Anzahl der erforderlichen Rückfragen/Kontakte bei Beratungen kann in Verbindung mit der über eine differenzierte Befragung ermittelten Beratungszufriedenheit Auskunft über die Wahrnehmung der Leistungsempfänger geben. In der Gesamtschau lässt sich beurteilen, wie wichtig dem Bürger das Leistungsangebot der Verwaltung ist und wie zufrieden er mit seiner Behandlung war. Die *Leistungsevidenz*, also die Kenntnis der Einsatz- und Nutzungsmöglichkeiten einer Leistung,[1019] führt im Rahmen der Leistungstransformation zu der Auswahl desjenigen Zahlungsmodells, welches den individuellen Präferenzen des Empfängers am ehesten entspricht. Die Wirkungskomponente der Beratung offenbart sich *bspw.* darin, inwieweit das durch den Empfänger gewählte Budgetierungsmodell geeignet ist, seine finanziellen Einbußen bestmöglich zu kompensieren, um eine Eigenbetreuung des Kindes zu ermöglichen. Hierfür ist *die Kenntnis von Einkommenswirkungen des Erziehungsgeldes und Opportunitätskosten der Elternzeit erforderlich.* Die darüber liegenden Wirkebenen vereinen Auswirkungen unterschiedlicher Maßnahmen des BErzGG, was *eine Zurechnung*

[1019] Vgl. Engelhardt/Schwab (1982), S. 506 ff.

erschwert. Insgesamt empfiehlt es sich daher, die *Integration potenzieller Wirkungsindikatoren für die Steuerung auf der Ebene der gesamten Produktgruppe* vorzunehmen, da hier die Zurechnung plausibler erfolgen kann und mehrere Wirkungsindikatoren in der Gesamtschau ein ausgeglicheneres Bild ergeben.

Nicht zuletzt aufgrund der unterstellten Wirkungsbeeinflussung der ausübenden Verwaltung, im Wesentlichen hervorgerufen durch die *Beratungsprodukte* zum BErzGG, ergibt sich nunmehr die Herausforderung, bezogen auf das Land NRW das Gesamtausmaß einzelner Wirkungen abzuschätzen, um auf dieser Grundlage eine Priorisierung von Maßnahmen vornehmen zu können, und potenzielle Gestaltungsmöglichkeiten u. a. in Form von Ressourcenumschichtungen, einer optimalen Verwendung zugänglich zu machen.

7.6.2 Hochrechnungen einzelner Wirkungen für NRW

Kapitel 7.5 verdeutlichte die verschiedenen kindbedingten Effekte, welche als Wirkungen des BErzGG darstellbar waren. Gegenstand dieses Abschnittes soll daher sein, die zuvor getätigten allgemeinen Aussagen am Beispiel von Nordrhein-Westfalen ausführlich darzustellen. Damit eine Abschätzung der Gesamtwirkung für NRW gelingen kann, sind zunächst die relevanten Daten bzgl. der Wirkungsadressaten zu systematisieren. Es gilt aufzuschlüsseln, wie viele Personen in NRW Erziehungsgeld beziehen bzw. Elternzeit beanspruchen, welchem Familienstand (alleinerziehend oder zusammenlebend) die Empfänger angehören und welches Einkommen ihnen zur Verfügung steht.

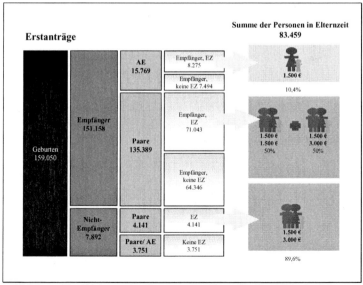

Abbildung 71: Ableitung der Gruppeneinteilung für die Effektabschätzung

In Anlehnung der Erkenntnisse aus Kapitel 7.5 und auf der Grundlage getroffener Zuordnungen (vgl. *Abbildung 71*)[1020] werden im Folgenden die Auswirkungen für das Land NRW abgeschätzt.[1021]

Hierzu werden zunächst die *Auswirkungen auf das Bruttoentgelt und das Haushaltsnettoeinkommen* aufgrund einer kindbedingten einjährigen Erwerbsunterbrechung in NRW untersucht. Des Weiteren erfolgt eine Hochrechnung der Effekte einer erziehungsgeldbedingten *verminderten Arbeitsmarktpartizipation* sowie eine Untersuchung der *fiskalischen Auswirkungen* kindbedingter Erwerbsunterbrechungen. Auf Basis des Gutachtens der PROGNOS AG werden anschließend die *betrieblichen Effekte* der Elternzeit dargestellt und auf das Land NRW hochgerechnet.

Grundlage der Kalkulation bildet der in Kapitel 7.5.2 näher beschriebene elternzeitbedingte *Bruttoentgeltverlust*. Demnach erleiden erwerbstätige Personen, die eine kindbedingte einjährige Erwerbsunterbrechung hinnehmen – neben dem Ausfall von 12 Monatsentgelten während der Erwerbsunterbrechung – zusätzlich einen Bruttoentgeltverlust. Dieser ist in den ersten Jahren nach der Erwerbsunterbrechung am größten. Im Laufe der Zeit kann zumindest ein Teil des Verlustes wieder kompensiert werden (vgl. *Abbildung 72*).

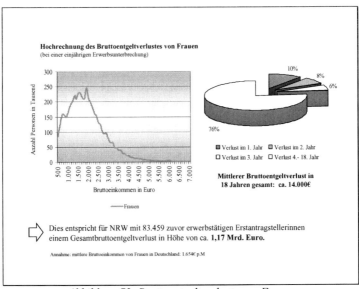

Abbildung 72: Bruttoentgeltverluste von Frauen

[1020] Zu der Klassifikation und den Annahmen, die dem verwendeten Mengengerüst zugrunde liegen, vgl. ausführlich BMS Consulting (2004), S. 190 ff.

[1021] Bei den dargestellten Werten handelt es sich teilweise um gerundete Werte.

Rechnerisch entspricht dieser Verlust nach Schätzungen in den nächsten 20 Jahren etwa 8,5 Monatsentgelten.[1022] Bezogen auf die 83.459 zuvor bestimmten erwerbstätigen Frauen, die in Elternzeit gehen und ein durchschnittliches monatliches Bruttoentgelt[1023] von 1.654 € erzielen, entspricht dies einem geschätzten Bruttoentgeltverlust von durchschnittlich etwa 14.000 € pro Person bzw. einem Verlust von ca. 1,17 Milliarden € im Land Nordrhein-Westfalen.

Die *Nettoeinkommensänderung* sowie die fiskalischen Effekte wurden bereits thematisiert. Im Folgenden werden die *Gesamtnettoeinkommenseffekte* für das Haushaltseinkommen *in NRW geschätzt*. Für NRW bedeutet dies − bei den gewählten Annahmen [1024] − einen Einkommenseffekt über alle *alleinerziehenden* Haushalte ohne Berücksichtigung einer Lohnreduktion[1025] von 14.067.500 €. Unter Berücksichtigung einer Lohnreduktion[1026] ergibt sich ein Gesamtverlust von 35.582.500 €.

Für die *unterstellten Paare* können analog zu den Berechnungen der alleinerziehenden Personen ebenfalls Schätzungen für das Land Nordrhein-Westfalen getätigt werden. Die 35.522 Personen derjenigen Paare, die jeweils ein Bruttoentgelt von 1.500 € monatlich erzielen, müssen eine Gesamtredution des Haushaltsnettoeinkommens von ca. 159.846.750 € (ohne Lohnreduktion)[1027] bzw. 348.110.700 € (mit Lohnreduktion)[1028] hinnehmen. Für die 39.663 Paare mit einem Bruttoeinkommen von monatlich 4.500 € wird aufgrund einer kindbedingten Erwerbsunterbrechung ein Gesamtverlust von 281.603.750 € (ohne Lohnreduktion) bzw. 495.781.250 € (mit Lohnreduktion) über die ersten 18 Lebensjahre ermittelt.[1029]

Im Ergebnis führen die geschätzten Änderungen der Haushaltseinkommen zu einem Gesamtnettoeinkommenseffekt ohne Berücksichtigung einer Lohnreduktion in Höhe von 427.383.000 €. Hierbei ist zu beachten, dass der positive Nettoeinkommenseffekt der alleinerziehenden Personen dem negativen Einkommenseffekt der Paare entgegenwirkt. Unter Berücksichtigung einer Lohnreduktion reduziert sich das Gesamthaushaltsnettoeinkommen in Nordrhein-Westfalen um 879.474.450 € bedingt durch die Erwerbsunterbrechung. *Abbildung 73* fasst die Berechnung des Effektes bezogen auf die unterstellten Gruppen zusammen.

Speziell der Teil der Empfänger, der aus scheinbar ökonomischen Gründen seine gewünschte Arbeitsmarktpartizipation ändert, weil er sich aufgrund des Angebots von

---

[1022] Vgl. Beblo/Wolf (2002) sowie Kapitel 7.5.2.

[1023] Das durchschnittliche Bruttoeinkommen von Frauen und Männern in Deutschland wurde zum Zeitpunkt des Projektes auf Basis von Daten des Statistischen Bundesamtes festgelegt. Demnach wurde ein Wert von 1.654 € bei Frauen und ein Wert von 2.709 € bei Männern festgestellt.

[1024] Vgl. hierzu noch einmal BMS Consulting (2004), S. 190 ff.

[1025] Hier betrug der positive Einzeleffekt 1.700 €. Vgl. Kapitel 7.5.3. Das Mengengerüst legt in dieser Gruppe 8.275 Empfänger von Erziehungsgeld zugrunde, die Elternzeit beanspruchen.

[1026] In diesem Fall betrug der negative Einzeleffekt 4.300 €. Vgl. Kapitel 7.5.3. Das Mengengerüst legt in dieser Gruppe 8.275 Empfänger von Erziehungsgeld zugrunde, die Elternzeit beanspruchen.

[1027] In diesem Fall betrug der negative Einzeleffekt 4.500 €. Vgl. Kapitel 7.5.3.

[1028] In diesem Fall betrug der negative Einzeleffekt 9.800 €. Vgl. Kapitel 7.5.3.

[1029] In diesem Fall betrug der negative Einzeleffekt 7.100 € (ohne Lohnreduktion) bzw. 12.500 € (mit Lohnreduktion). Vgl. Kapitel 7.5.3.

Erziehungsgeld einen finanziellen Vorteil erhofft, könnte durch eine verbesserte Beratung eine fundiertere Entscheidung treffen. Wie in Kapitel 7.5.1 ausgeführt, betrifft dies ca. 10 % bzw. 15.000 Erstantragsteller von Erziehungsgeld, die sich durch die kindbedingte Transferzahlung beeinflussen lassen.

Nettoeinkommenseffekt*	Bruttoentgelt	ohne Lohnreduktion	mit Lohnreduktion
Alleinerziehende	1500	14.067.500	-35.582.500
Paare mit zwei Verdienern beide verdienen (1500+1500) beide verdienen (1500+3000)	3000 4500	-159.846.750 -281.603.750 -441.450.500	-348.110.700 -495.781.250 -843.891.950
Gesamtnettoeinkommensverlust in NRW		-427.383.000	-879.474.450

* Nettoeinkommensänderung aufgrund einer einjährigen elternzeitbedingten Erwerbsunterbrechung

Abbildung 73: Nettoeinkommenseffekte aufgrund kindbedingter Erwerbsunterbrechungen in NRW

Für den unterstellten Personenkreis im Modell werden im Folgenden die *fiskalischen Konsequenzen* für das Land Nordrhein-Westfalen ermittelt. Wie zuvor erwähnt, verursachen alleinerziehende Eltern in den ersten 18 Lebensjahren des Kindes Mindereinnahmen bzw. Mehrausgaben in Höhe von 23.400 €. Wird eine Lohneinbuße im Anschluss an die einjährige Erwerbsunterbrechung berücksichtigt, so belaufen sich die fiskalischen Einbußen auf 31.700 €. Dem entsprechend verursachen die 8.275 alleinerziehenden Personen in der relevanten Zielgruppe in NRW einen staatlichen Gesamtaufwand in Höhe von 193.635.000 € bzw. unter Berücksichtigung einer Lohnreduktion in Höhe von 262.317.500 € (vgl. *Abbildung 74*).

Die fiskalischen Konsequenzen bei vollzeitbeschäftigten Paaren mit einem monatlichen Bruttoentgelt von jeweils 1.500 € betragen bei einer einjährigen Erwerbsunterbrechung 17.200 € (ohne Lohnreduktion) bzw. 26.100 € (mit Lohnreduktion).[1030] Bezogen auf die 35.522 erwerbstätigen Paare entspricht dies staatlichen Aufwendungen in Höhe von ca. 610.969.800 €. Unter Berücksichtigung der Lohnreduktion belaufen sich die fiskalischen Konsequenzen in den ersten 18 Lebensjahren des Kindes nach einer einjährigen Erwerbsunterbrechung auf 927.111.150 €. Ein ähnlicher Effekt wird

---

[1030] Vgl. Kapitel 7.5.3 sowie BMS Consulting (2004), S. 130 ff.

von den 39.663 erwerbstätigen Paaren mit einem Bruttoentgelt von 1.500 € und 3.000 € hervorgerufen. Sie verursachen Gesamtaufwendungen in Höhe von 583.038.750 € (ohne Lohnreduktion) bzw. 928.102.500 € (mit Lohnreduktion). Dabei belaufen sich die staatlichen Einbußen pro Haushalt auf 14.700 € (ohne Lohnreduktion) bzw. 23.400 € (mit Lohnreduktion).

Fiskalische Konsequenz*	Bruttoentgelt	ohne Lohnreduktion	mit Lohnreduktion
Alleinerziehende	1500	-193.635.000	-262.317.500
Paare mit zwei Verdienern beide Verdienen (1500+1500) beide Verdienen (1500+3000)	3000 4500	-610.969.800 -583.038.750 -1.194.008.550	-927.111.150 -928.102.500 -1.855.213.650
Summe		-1.387.643.550	-2.117.531.150

* Fiskalische Konsequenzen aufgrund einer einjährigen elternzeitbedingten Erwerbsunterbrechung

Abbildung 74: Fiskalische Konsequenzen kindbedingter Erwerbsunterbrechungen in NRW

In der Summe wird deutlich, dass die größten fiskalischen Konsequenzen durch die dominierende Gruppe der Paare hervorgerufen werden. Durch sie erfährt der Staat Mindereinnahmen und Mehrausgaben in Höhe von 1.194.008.550 €. Wird die elternzeitbedingte Lohnreduktion berücksichtigt, so betragen die fiskalischen Konsequenzen 1.855.213.650 €. Im Vergleich zu den kindbedingten Zahlungen ohne Erwerbsunterbrechung entstehen dem Staat aufgrund einer einjährigen Erwerbsunterbrechung somit Mehraufwendungen in Höhe von 1.387.643.550 € (ohne Lohnreduktion) bzw. 2.117.531.150 € (mit Lohnreduktion).

Ergänzend stellt *Abbildung 75* für die Erstantragsteller den fiskalischen Teileffekt dar, welcher der Gruppe zuzurechnen ist, die aufgrund der Transferzahlung ihre gewünschte Erwerbspartizipation ändert.[1031]

[1031] Vgl. Kapitel 7.5.1. Der Effekt resultiert aus den unterstellten Mengengerüsten innerhalb der einzelnen Fallgruppen. Dabei verteilen sich 10,4 % der Personen auf die Gruppe der Alleinerziehenden, während sich die restlichen 89,6 % jeweils zur Hälfte auf die Gruppe der Paare mit einem Gesamteinkommen von 3.000 € sowie mit einem Gesamteinkommen von 4.500 € verteilen. Vgl. *Abbildung 71.*

Etwa 10% der Erziehungsgeldempfänger gehen aufgrund des Angebotes von Erziehungsgeld in Elternzeit und ziehen sich vom Arbeitsmarkt zurück.

Sie glauben, einen finanziellen Vorteil durch Inanspruchnahme der Elternzeit zu realisieren.

Bezogen auf das Land NRW bedeutet dies:

Zuvor beschäftigte Erstantragsteller:	151.158
10% durch reduzierte Arbeitsmarktpartizipation	15.116
Fiskalische Konsequenz ohne Lohnreduktion	**252.957.686,40 €**
Fiskalische Konsequenz mit Lohnreduktion	**385.188.276,40 €**

Abbildung 75: Fiskalischer Effekt der reduzierten Erwerbspartizipation

Die Überbrückung der Elternzeitphase stellt, wie oben dargestellt, auch aus *betrieblicher Sicht einen erheblichen Kostenfaktor* dar. Grundlage der folgenden Hochrechnung ist das in Kapitel 7.5.7 näher spezifizierte Musterunternehmen. Die Studie der PROGNOS AG geht davon aus, dass einem Unternehmen durchschnittlich etwa 35.000 € pro elternzeitbedingtem Abgang an Kosten entstehen. Bezogen auf die 83.459 erwerbstätigen Personen, die in NRW in Elternzeit gehen, entspricht dies betrieblichen Gesamtkosten in Höhe von ca. 2,9 Mrd. € (*Abbildung 76*).[1032]

Wie in Kapitel 7.5.7 dargestellt, können mit familienfreundlichen Investitionen in Höhe von ca. 15.000 € pro elternzeitbedingtem Abgänger ein Einsparpotenzial im Real-Szenario von über 19.000 € und im Optimal-Szenario von etwa 27.000 € realisiert werden. Werden diese Kosten auf das Land Nordrhein-Westfalen hochgerechnet, so ergibt sich für das Paket familienfreundlicher Maßnahmen ein unternehmerisches Gesamtinvestitionsvolumen in Höhe von ca. 1.269.048.343 €. Diesen Investitionen stehen Einsparungen in Höhe von 1.583.617.833 € (Real-Szenario) und 2.251.853.181 € (Optimal-Szenario) gegenüber. Konkret heißt dies für das Realszenario, dass in Betrieben im Land NRW über die genannten Maßnahmen (für die Abgänge in Elternzeit eines Geburtenjahrgangs) ca. 315.000.000 € gespart werden könnten.

[1032] Die dargestellten Werte in der Abbildung stellen die exakten Ergebnisse der Berechnungen dar, während im Text auch gerundete Werte dargestellt werden.

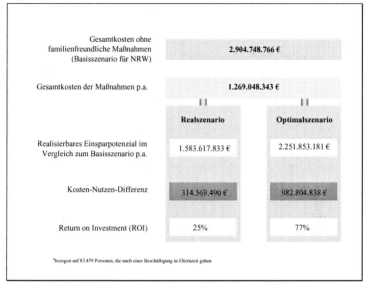

Abbildung 76: Betriebliche Kosten-Nutzen-Analyse für NRW

7.6.3 Wertschöpfungsbilanz für den Bereich BErzGG in NRW

Auf Grundlage der abgeschätzten Gesamtwirkungen für NRW der zunächst einzeln dargestellten Effekte des BErzGG lässt sich in Kombination mit der Ressourcenbetrachtung eine Gegenüberstellung vornehmen (vgl. *Abbildung 77*).

Auf der Leistungsseite kann man aggregiert sowohl die Transferzahlungen als auch die für die unterschiedlichen Verwaltungsaufgaben anfallenden Kosten darstellen. Eine weitere Aufspaltung sowohl hinsichtlich der Produkte als auch in Bezug auf die (vertikalen) Wertschöpfungsstufen (z. B. Ministerium/BR MS/Versorgungsämter) könnte analog zu *Abbildung 59* erfolgen. Auf der Wirkungsseite lassen sich demgegenüber die für NRW abgeschätzten Effekte abbilden. Bei der Interpretation ist darauf zu achten, dass die dort dargestellten Effekte *nicht disjunkt* sind, d. h. es werden sowohl parallel Brutto- und Nettobetrachtungen angestellt als auch gleiche Effekte aus unterschiedlichen Perspektiven dargestellt (z. B. Eltern/Fiskus).

Die einzelnen Effekte lassen sich teilweise in Analogie zu dem Wirkungsmodell direkt einzelnen Produkten zurechnen. Darüber hinaus können die Wirkungen auch Ergebnis des *kombinierten Einsatzes* von Produkten der Verwaltung sein (vgl. den schraffierten Bereich in *Abbildung 77*). Zielsetzung der optischen Gegenüberstellung von Verwaltungsleistung und Wirkungsergebnis ist zunächst eine *Bewertung der absoluten Relevanz* einzelner Effekte sowie darüber hinaus die *Abschätzung von deren subjektiver Bedeutung für die jeweils betroffenen Adressaten,* wie z. B. Eltern, Betriebe und Staat.

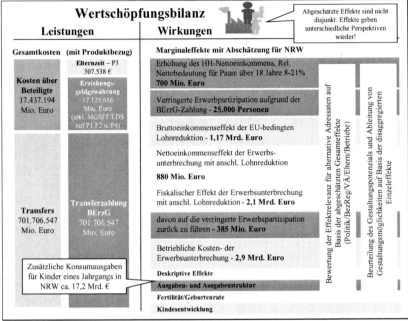

Abbildung 77: Wertschöpfungsbilanz

7.6.4 Gestaltungsoptionen für eine Wertschöpfungsoptimierung

Da im Rahmen einer gesellschaftlichen Wertschöpfungsbetrachtung sowohl Gestaltungsoptionen auf der Leistungsseite als auch auf der Wirkungsseite systematisch zu analysieren sind, stellt *Abbildung 78* die diesbezüglichen Optionen für eine *Wertschöpfungsoptimierung* im Bereich BErzGG NRW dar.

Individualstrategien können sich durch das Erbringen freiwilliger Zusatzleistungen im Rahmen strategischer Optionen auszeichnen.[1033] Insofern muss der strategische Spielraum zur Priorisierung möglicher Maßnahmen im Bereich des BErzGG auf potenzielle Handlungsfreiheiten geprüft werden. Auch wenn – wie in der Versorgungsverwaltung NRW – der Spielraum für Individualstrategien[1034] aufgrund des Bundesgesetzes begrenzt ist,[1035] lässt der gesetzliche Rahmen für den Vollzug des BErzGG gerade für die beiden Beratungsprodukte der Versorgungsverwaltung Freiraum. Diese Produkte

---

[1033] Vgl. Kapitel 6.1.1.

[1034] Vgl. Kapitel 6.1.1.

[1035] Beispielhaft genannt seien die klaren gesetzlichen Reglementierungen bei den Produkten *Zahlung von Erziehungsgeld* sowie *Sanktionen*. Vgl. hierzu vor allem §§ 4, 5 und 6 BErzGG.

zeichnen sich durch eine hohe Individualität der Aufgabenausübung aus, da eine inhaltliche Vorgabe in den Gesetzen in diesen Fällen nicht normiert werden kann.[1036]

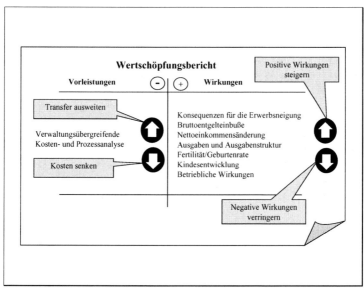

Abbildung 78: Wertschöpfungsoptionen im BErzGG

So wurde bspw. für das Realszenario zur Verringerung betrieblicher Kosten deutlich, dass im Land NRW über die genannten Maßnahmen (für die Abgänge in Elternzeit eines Geburtenjahrgangs) ca. 315 Mio. € in Betrieben gespart werden könnten. Nicht zuletzt vor diesem Hintergrund hat sich die Versorgungsverwaltung dazu entschlossen sowohl *bzgl. einzelner Wirkungseffekte zu informieren* als auch *bzgl. der Umsetzungsplanung der Elternzeit intensiver zu beraten.* Resultierend aus den Ergebnissen der Outcome-Evaluation zu den Kosten in den Betrieben befindet sich die Versorgungsverwaltung NRW aktuell[1037] in der Konzeptionierung und Umsetzung eines *Beratungsproduktes zu den betrieblichen Konsequenzen der Elternzeit.* Mittels dieses Produktes sollen *Fakten und Gestaltungshinweise zu einer eltern- und betriebsverträglichen Umsetzung der Elternzeit* gegeben werden. Neben der frühzeitigen Vermittlung und Beratung rechtlicher Grundlagen können auch mögliche ökonomische Konsequenzen dargestellt werden.[1038] Das Informationsmaterial zum neuen Produkt soll in

---

[1036] „Die Landesregierungen oder die von ihnen beauftragten Stellen bestimmen die für die Ausführung des Gesetzes zuständigen Behörden. Diesen Behörden *obliegt auch die Beratung zur Elternzeit.*" Vgl. § 10   Abs. 1 BErzGG.

[1037] Stand: April 2006.

[1038] Zur Sensibilisierung möglicher betriebswirtschaftlicher Konsequenzen kann spezifisch ausgestaltetes Informationsmaterial an die Akteure ausgehändigt werden.

den einzelnen Ämtern, im Internet sowie über einzelne Multiplikatoren[1039] bereitgestellt werden. Zahlreiche Untersuchungen zeigen,[1040] dass ein frühzeitiges Zusammenführen der einzelnen Bedürfnisse des Arbeitnehmers und des Arbeitgebers, im Sinne einer konstruktiven Ausgestaltung der Elternzeit, Vorteile für beide Seiten erzeugen kann. So ist neben *möglichen Einspareffekten auf der Arbeitgeberseite* eine familienfreundliche Unternehmenspolitik auch für den Arbeitnehmer von Vorteil. Dies kommt bspw. in einer *flexiblen Arbeitszeitgestaltung* u. a. in Form von Heimarbeit zum Ausdruck. Damit kann für den Arbeitnehmer die Balance zwischen Familie und Arbeitswelt gefördert werden. Im Ergebnis können mit diesen Gestaltungsmaßnahmen im Idealfall die identifizierten Wirkungsziele im Bereich der gesellschaftlichen Wirkungsebene der Unternehmen sowie auch der Arbeitnehmer erreicht werden. Die Ziele in diesen Bereichen wurden mit der *Erhaltung des Humankapitals* aus Sicht der Unternehmer sowie mit dem *Statuserhalt der Arbeit* aus Sicht der Arbeitnehmer benannt.[1041]

Nicht zuletzt das Beispiel zur Umsetzung eines Beratungsproduktes zu den betrieblichen Konsequenzen zur Elternzeit zeigt, dass die Kenntnis der Wirkungen nutzbare Gestaltungsspielräume mit Wertschöpfungspotenzial für unterschiedliche Akteure bieten kann.[1042] Inwiefern die Umsetzung des neuen Beratungsproduktes der Versorgungsverwaltung NRW für eine gesellschaftliche Wertschöpfungssteigerung sorgt, können nur längerfristige Analysen und Auswertungen ergeben. Hierfür sollten zweckmäßige *Wirkungsindikatoren* bzw. *Indikatorensysteme*, bspw. in Form von zu bildenden Indices abgeleitet werden, die darüber hinaus Eingang in das Management Reporting finden und damit die Planungs- und Kontrollprozesse mitbestimmen.[1043]

Es kann davon ausgegangen werden, dass dem verhältnismäßig geringen Ressourceneinsatz auf der Kostenseite des auszuübenden Verwaltungsarrangements, eine Wirkungssteigerung im Sinne einer Reduktion negativer Wirkungen beim betroffenen Arbeitgeber bzw. in Form einer Steigerung positiver Wirkungen beim Arbeitnehmer auf der Wirkungsseite der Wertschöpfungsbilanz gegenüberstehen. Somit ist auf Basis dieser Priorisierung von Steuerungs- und Gestaltungsmaßnahmen die Annahme zuläs-

---

[1039] Hierzu zählen beispielsweise Industrie- und Handelskammern, lokale Bündnisse, Handwerkskammern sowie Krankenkassen.

[1040] Vgl. u. a. Bundesministerium für Familie, Senioren, Frauen und Jugend (2003) sowie die Ausführungen unter Erfolgsfaktor Familie (2006).

[1041] Vgl. *Abbildung 69*.

[1042] Darüber hinaus ist bspw. auch denkbar, dass z. B. durch das Aufzeigen der Einkommenseffekte im Rahmen der bestehenden Beratung mögliche Empfänger familienbedingter Transfers bei der Inanspruchnahme bzw. Nicht-Inanspruchnahme der Elternzeit ihre Haushaltseinkommenseinbußen besser abschätzen und ihre Entscheidung bezüglich der Erwerbsunterbrechung aus *rein ökonomischen Beweggründen* fundierter fällen können.

[1043] An diesem Praxisbeispiel wird noch einmal der mögliche Unterschied eines Evaluationsergebnisses einer Outcome-Evaluation und den für eine Steuerung zu verwendenden Wirkungsindikatoren deutlich. Im Ergebnis bleibt demnach auch die *begründete Vermutung über den Einfluss der Beratung zur Elternzeit* auf eine Optimierung der Ausgestaltung des Kosten-Nutzen-Verhältnisses von Arbeitgeber und Arbeitnehmer von einer Vielzahl *externer Störfaktoren* betroffen. Vgl. Kapitel 5.2.7.3.

sig,[1044] dass eine *gesellschaftliche Wertschöpfungssteigerung* im Bereich des BErzGG für die Zukunft mit großer Wahrscheinlichkeit zu erwarten ist.

An dieser Stelle ist grundsätzlich darauf hinzuweisen, dass die Ausgestaltung und Umsetzung eines neuen Produktes bzw. einer Produktdifferenzierung oder Leistungserweiterung mit den zunächst vorhandenen Ressourcen immer auch die Bereitschaft und Motivation der Führung sowie der betroffenen Mitarbeiter in der öffentlichen Verwaltung voraussetzt. Sofern die Beschäftigten die Bereitschaft zeigen, den Politikdurchführungsprozess wertschöpfungsorientiert zu gestalten, müssen die erzielten Ergebnisse wiederum Eingang in den Politikformulierungsprozess finden, um auf dieser Basis im Idealfall von einer – im Falle einer Wertschöpfungserhöhung – optimierten Ressourcenzuweisung zu profitieren.[1045]

Unabhängig von diesem Beispiel ergibt sich auch auf Grundlage der dauerhaft knappen Haushaltssituation die Herausforderung, dass Ressourceneinsparungen so zu vollziehen sind, dass die gesellschaftliche Wirkung nicht, oder nur wenig verringert wird. So wurde im Rahmen des Projektes u. a. ein strategisches Alternativszenario für die Kostenseite entwickelt (relative Wertschöpfungsbetrachtung), welches eine Übertragung des Vollzuges des BErzGG auf Kreise und kreisfreie Städte in NRW unterstellt. Ferner konnten auf der Wirkungsseite die Effekte der mit einer solchen Lösung einhergehenden Dezentralisierung berücksichtigt werden. Über die intertemporale Abbildung der jeweiligen Effekte und die Ableitung der resultierenden Nettozahlungsreihe konnten die beiden Szenarien anhand des Barwertkriteriums miteinander verglichen werden.

7.6.5 Relative Wertschöpfungsbetrachtung des BErzGG

Das im Rahmen des Projektes „Wertschöpfung" erstellte Gutachten zur *Bewertung der Kosten eines Vollzuges des Bundeserziehungsgeldgesetzes (BErzGG) durch Kreise und kreisfreie Städte* bewertet alternative Vollzugsszenarien für den Bereich des BErzGG.[1046] Insgesamt wurden vier denkbare Vollzugsszenarien abgegrenzt und einer Kosten- und Nutzenanalyse unterzogen. Die Gesamtqualität des Vollzuges wurde über alle Szenarien hinweg als vergleichbar angesehen, so dass die einzelnen Zustände anhand ihrer Kostenauswirkungen bewertet werden konnten. Den unterschiedlichen Vollzugsszenarien liegen Kostentreiber zugrunde, die als skalierbare Parameter in einem dynamischen Rechenmodell hinterlegt wurden. Ein derartiges Modell kann zukünftig zur Bewertung und Simulation neuer Zustände flexibel eingesetzt werden, insbesondere dann, wenn einzelne Parameter aufgrund geänderter Rahmenbedingungen oder neuerer Erkenntnisse angepasst werden sollten.

[1044] Sofern sich ceteris paribus keine anderen Parameter verändern.

[1045] Vgl. die Ausführungen zur Realisierung von intelligenten Tauschgeschäften und damit zum Entwicklungspfad zur Optimierung der politisch-administrativen Steuerung in Kapitel 2.2.3.

[1046] Für eine ausführliche Darstellung und Dokumentation dieses Projektes vgl. BMS Consulting (2003b).

Die Szenarien A-C unterscheiden sich untereinander im Wesentlichen durch die Art der DV-technischen Unterstützung des Vollzugsprozesses in den Kreisen und kreisfreien Städten. Während sich die Szenarien A und B durch eine voneinander abweichende Server-Inanspruchnahme auszeichnen, wird in Szenario C der Vollzug des BErzGG mittels einer Web-fähigen Fachanwendung unterstellt. Der Vollzug im Szenario D impliziert eine rudimentäre DV-technische Unterstützung, was bei notwendiger Einhaltung der Gesamtvollzugsqualität zu einem stark erhöhten Personalbedarf aufgrund zunehmender manueller Tätigkeiten führt. Die einzelnen Szenarien wurden anhand bestimmter Bewertungskategorien (-kriterien) analysiert und dem derzeitigen Vollzug gegenübergestellt. Somit konnten die monetären Konsequenzen für etwaige Mehr- oder Minderbedarfe der jeweiligen Szenarien ermittelt werden.

Grundsätzlich wurden im „Personalbereich" die Kategorien permanenter Mehrbedarf und Mehrbedarf bis zum eingeschwungenen Zustand (nur Szenario A-C) untersucht. Mehr- oder Minderaufwendungen für Server, Lizenzen, Netzwerkinfrastruktur, Netzwerkentgelte, Netzwerkbetreuung sowie PCs wurden unter dem „DV-Bereich" subsumiert. Zum Bereich „Weitere Kosten" zählen die Bewertungskriterien Schulungsmaßnahmen, Umzugskosten und ggf. Programmieraufwendungen (Szenario C).

Basis der Untersuchung im Personalbereich ist eine Personalbedarfsrechnung für den Fachdienst der Erziehungsgeldkassen in den Versorgungsämtern in NRW aus dem Jahre 2002. Die angepasste Übertragung dieser Personalbedarfsrechnung auf die Kreise und kreisfreien Städte bei gleichzeitiger Berücksichtigung von u. a. erforderlichen Mindestausstattungen ergibt einen zusätzlichen Personalbedarf in den Kreisen und kreisfreien Städten sowohl bei der Berechnung für die Szenarien A-C (identische Personalbedarfsrechnung) als auch bei der Berechnung für das Szenario D. Die ermittelten Mehr- oder Minderaufwendungen im „DV-Bereich" resultieren primär aus dem Anfall zusätzlicher Netzwerkentgelte, erhöhten Auszahlungen für die Netzwerkbetreuung sowie den zusätzlichen Auszahlungen für Server, Lizenzen und PCs. Viele dieser Mehrauszahlungen resultieren ebenfalls aus den in den Personalbedarfsrechnungen ermittelten Personalmehrbedarfen. Ausgaben für die Umzugserstattungen diverser Mitarbeiter sowie das Programmieren einer Web-fähigen Anwendung (nur Szenario C) sind die wesentlichen Kostentreiber in dem Bereich der „Weiteren Kosten".

Die Ergebnisse der alternativen Szenarien zeichnen sich durch unterschiedliche zukünftige Zahlungsströme aus. Um die zu verschiedenen Zeitpunkten anfallenden Auszahlungen miteinander vergleichen zu können und um alle Szenarien einer langfristigen Betrachtung zugänglich zu machen, bietet es sich aus betriebswirtschaftlicher Perspektive an, eine Analyse anhand des Barwertkriteriums durchzuführen. Im Ergebnis lassen sich alle zukünftigen Zahlungsfolgen auf den heutigen Zeitpunkt abdiskontieren, so dass alle Folgeauszahlungen, die aus der Entscheidung für ein Szenario resultieren, in einem Wert verdichtet werden können. Es wurde sowohl ein Barwert über 10 Jahre als auch ein Barwert inkl. einer ewigen Rente für jedes Szenario ermittelt.

Die Bewertung der Kosten für einen alternativen Vollzug des BErzGG über Kreise und kreisfreie Städte ergibt für alle vier untersuchten Szenarien einen negativen Barwert, sowohl über 10 Jahre als auch unter Einbezug der ewigen Rente. Für das im

Rahmen dieses Gutachtens am wenigsten nachteilhafte Szenario C wurde ein Barwert über 10 Jahre in Höhe von -€ 18.356.263,43 ermittelt. Der Barwert inkl. ewiger Rente beträgt -€ 37.194.474,98.

Eine vollständige Analyse zur Bewertung eines alternativen Vollzuges beinhaltet die Integration von möglichen nutzensteigernden Aspekten. Die monetären Auswirkungen einer Nutzenintegration des Alternativvollzuges sind unabhängig von den Alternativszenarien. Identifiziert wurden in diesem Bereich im Wesentlichen die Nutzensteigerungen aus Sicht der Antragsteller. Einsparungen aufgrund von kürzeren Fahrtstrecken beim alternativen Vollzug sowie Opportunitätsgewinne durch die eingesparte Zeit, konnten mittels geeigneter Prämissen quantifiziert und bewertet werden. Ein positiver Nutzensaldo kann somit als Opportunitätsgewinn der Antragsteller in die Gesamtbewertung aufgenommen werden.

Die Ermittlung eines neuen Barwertes unter Einbezug der berechneten Nutzenkomponenten ergibt für das vorteilhafteste (am wenigsten nachteilhafte) Alternativszenario C einen Barwert über 10 Jahre in Höhe von -€ 11.633.483,98 sowie einen Barwert (inkl. ewiger Rente) in Höhe von -€ 19.058.056,37. Das Gesamtergebnis bleibt somit negativ. Die Saldierung der Kosten mit den bewerteten Nutzenkomponenten verringert lediglich den nachteiligen Barwert der Alternativszenarien. Darüber hinaus darf die Nutzenintegration nicht als Kosteneinsparung aus Landessicht gewertet werden, da die Nutzeneffekte lediglich die Ressourcensituation der Antragsteller tangieren. Ferner ist der bewertete Nutzen auch bei diesen nur zu geringen Anteilen zahlungswirksam.

Abschließend ist zu konstatieren, dass keines der beschriebenen Szenarien im Vergleich zu dem derzeitigen Vollzug der Versorgungsverwaltung NRW einen Kostenvorteil für das Land NRW darstellt, weder mittel- noch langfristig. Auch die Integration des Nutzens aus Perspektive der Antragsteller verändert das Gesamtergebnis nicht. Die bei dem derzeitigen zentralisierten Vollzug gemessene hohe Bürgerzufriedenheit mit den Leistungen der Versorgungsämter deutet ergänzend darauf hin, dass eventuell weitere, im Rahmen dieser Analyse nicht monetär bewertbare Nutzensteigerungen, nur mit einem unverhältnismäßig hohen Ressourceneinsatz zu erschließen wären.

7.6.6 Möglichkeiten und Grenzen eines wirkungsorientierten Controllings am Beispiel der Versorgungsverwaltung NRW

Die Ausführungen im Zusammenhang mit der Leistungserweiterung im Bereich *Beratung zur Elternzeit* sowie der *relativen Wertschöpfungsbetrachtung* haben gezeigt, dass das Institutionenarrangement zum Vollzug des BErzGG mutmaßlich einen Beitrag zur Ausweitung der gesellschaftlichen Wertschöpfung leisten kann. Dies resultiert vor allem aus der Optimierung und Priorisierung interner Gestaltungsoptionen. Nichtsdestotrotz werden an diesem Anwendungsbeispiel auch potenzielle Grenzen eines outcomeorientierten Managements deutlich. Vor allem für eine wirkungsorientierte Steuerung im Rahmen einer *strategischen Gesamtplanung* seitens der Politik über das öffentliche Aufgabenfeld BErzGG (in NRW) bleiben auch für die Zukunft berechtigte Zweifel.

Dies hängt im Wesentlichen damit zusammen, dass sowohl die Beeinflussbarkeit als auch die Zurechenbarkeit von Wirkungen auf die einzelnen Verwaltungsprodukte nicht in allen Fällen als signifikant nachgewiesen werden konnte. So wurden auf Basis der Schätzmodelle teilweise nur sehr schwache statistische Effekte in Bezug auf die *Zurechenbarkeit* des Outputs bspw. auf den Wirkungsbereich der *Fertilität* sowie den Bereich der *Kindesentwicklung* nachgewiesen.

Selbst wenn eine Zurechenbarkeit der Wirkungen des BErzGG in einzelnen Wirkungsbereichen gegeben ist, bleibt nicht zuletzt die Frage offen, inwieweit diese Wirkungen beeinflussbar sind bzw. ob die gebildeten Wirkungsbereiche originär mit der Gesetzgebung intendiert waren. So ist die Prognose des *Rückzugs von ca. 25.000 Personen vom Arbeitsmarkt* in NRW ausschließlich auf die Zahlung des Erziehungsgeldes zurückzuführen. Ob dieser Effekt tatsächlich gewünscht ist, kann nur seitens der Politik beurteilt werden, da eine ex-ante Zielformulierung durch die politische Führung für den Gesetzesbereich des BErzGG nicht explizit gegeben ist. Darüber hinaus ist die Höhe des Erziehungsgeldes – mit Ausnahme der Budgetvariante – gesetzlich determiniert. Für eine strategische Gesamtplanung indes bedarf es einer ausreichenden *Beeinflussbarkeit* der Wirkungen seitens des ausübenden Verwaltungsarrangements bzw. potenzieller (Wirkungs-)Kontraktpartner. Auch wurde im Rahmen der Kostenanalyse deutlich, dass das Produkt Zahlung von Erziehungsgeld ca. 75 % der Ressourcen der Verwaltung binden. Somit beschränken sich potenzielle wirkungsorientierte Vereinbarungen in diesem Zusammenhang im Wesentlichen auf die Beratungsprodukte der Versorgungsverwaltung.

Die Optimierung der Beratung zum Erziehungsgeld kann allerdings, wie im Rahmen der Hypothesengenerierung gezeigt, zu individuellen Nutzenoptimierungen der Antragsteller führen, was wiederum Auswirkungen auf die gebildeten Oberziele haben kann. Allerdings erscheint der beschränkte Spielraum im Rahmen des Produktes P1 ebenfalls nicht prädestiniert für Zielvereinbarungen über eine wirkungsorientierte Steuerung. Dies resultiert nicht zuletzt aus dem geringen Interesse potenzieller Empfänger zur Wahrnehmung der Budgetvariante.

Insofern verbleibt das Produkt Beratung zur Elternzeit. Hier sollten aber zunächst die Erfahrungsberichte im Rahmen der Produktdifferenzierung ausführlich analysiert und ausgewertet werden, so dass die Eignung dieses Teilbereiches für eine strategische Gesamtplanung bis zum heutigen Zeitpunkt noch nicht abgeschätzt werden kann. Somit wird deutlich, dass die Voraussetzungen für eine effektive politisch-administrative Steuerung – zumindest im Sinne einer Gesamtplanung für den Beispielbereich des BErzGG – aktuell nur eingeschränkt bzw. noch nicht gegeben sind. Nichtsdestotrotz sollten die gewonnenen Erkenntnisse über die Wirkungen des Gesetzes auch für eine analytische Politikberatung genutzt werden.

Grundsätzlich konnte im Rahmen des Projektes „Wertschöpfungsanalyse" gezeigt werden, wie über eine Strukturierung der angestrebten Ziele und Wirkungen einerseits und des Prozesses der Produkterstellung andererseits eine geschlossene und ausgewogene Darstellung des Verwaltungshandelns gelingen kann. Insbesondere auch über die Verknüpfung von Produkten und Wirkungen sowie durch den getrennten Ausweis der

Ebenen Output, Impact und Outcome konnten differenzierte Anhaltspunkte für eine kosten- und wirkungsorientierte Gestaltung gewonnen werden. Insgesamt sollte auch unabhängig von dem konkreten Steuerungsgedanken möglichst vielen Mitarbeitern und Führungskräften die Outcome-Philosophie vermittelt werden. Erste Erfahrungen des Projektes „Wertschöpfungsanalyse" zeigen, dass eine Transparenz der durch die eigene Arbeit geschaffenen gesellschaftlichen Wirkungen und Werte Führungskräfte bei ihrer Arbeit unterstützt und Mitarbeiter intrinsisch und nachhaltig motiviert. Darüber hinaus fördert eine sachgerechte Kommunikation der Verwaltungsbeiträge zum Gemeinwohl die Akzeptanz von Steuern und Abgaben sowie die Kooperationsbereitschaft mit staatlichen Einrichtungen. Aufgrund der solcherart gewonnenen Erfahrungen könnte es ggf. möglich sein, diese Überlegungen zukünftig im Sinne einer vollständigen Gesetzesfolgenabschätzung bereits in die Konzipierung neuer Gesetze einfließen zu lassen. Die Verwaltungsführung kann hierdurch die Lücke zwischen strategischem Verwaltungsmanagement und den Ansprüchen ökonomisch rationaler Politik ein Stück weit schließen und sich damit als kompetenter Gesprächspartner erweisen.

Durch den Ansatz einer bilanziellen Gegenüberstellung kann sowohl allgemein für eine stärkere Rationalität bei dem Vergleich gegebener Entscheidungsalternativen gesorgt als auch im Rahmen der Bewertung einer singulären Maßnahme eine Sensibilität für eine angemessene Kosten-Wirkungsrelation geschaffen werden. Wichtig ist im Ergebnis, die hinter den Outcome-Analysen und der Wertschöpfungsbilanz stehende Denkfigur zu verinnerlichen. Die Praxis zeigt, dass auch ohne hochanalytische Messverfahren zur Ableitung von Grenzeffekten Diskussionen konstruktiv versachlicht werden können, wenn die Strukturen einer integrierten Ressourcen- und Wirkungsbetrachtung systematisch angewandt werden, insbesondere da dies zu einer Offenlegung von geplanten Realisierungsformen und unterstellten Wirkungsprämissen führt. Die Verständigung über elementare Kausalzusammenhänge sowie überschlägige Kostentreiber und Wirkungshebel ist – auch im Sinne der Akzeptanz und Wirtschaftlichkeit – in vielen Fällen bereits als fördernd und teilweise sogar ausreichend anzusehen. Darüber hinaus könnte die Interpretation und Kommunikation der Ergebnisse in Form einer aggregierten Wertschöpfungsbilanz im Rahmen einer analytischen Politikberatung bewirken, dass nicht nur die Verwaltung über die ermittelten Ergebnisse wertschöpfungsorientierte Anpassungen vornimmt. Für die Zukunft bleibt in diesem konkreten Fall zu hoffen, dass sich auch die Politik der gewonnenen Erkenntnisse annimmt, um potenzielle Gesetzes- oder Vollzugsänderungen wirkungs- und wertschöpfungsorientiert vorzunehmen.

8 Resümee

Die zentrale Zielgröße von Politik und Verwaltung ist die Erreichung spezifischer Wirkungen in der Gesellschaft. Ein modernes Verwaltungs- und Politikverständnis setzt diesbezüglich im Idealfall voraus, dass das Parlament Wirkungsziele vorgibt, welche Regierung und Verwaltung mit sachgerechten Maßnahmen umsetzen. Verwaltungshandeln legitimiert sich somit über seinen Wertschöpfungsbeitrag zum Gemeinwohl. In Abhängigkeit einzelner Maßnahmen ist der Gestaltungsspielraum der Verwaltung und damit ihr Einfluss auf das Wirkungsergebnis unterschiedlich groß. Dies darf jedoch nicht, wie in der Vergangenheit, zu einem Wirkungsfatalismus führen. Vielmehr muss die Verwaltung daran interessiert sein zu dokumentieren, dass die von ihr erstellten Produkte nicht nur eigenen Leistungsvorgaben, sondern auch den Wirkungsvorgaben des Parlamentes entsprechen. Hierzu bedarf es einerseits eines operativen binnenwirtschaftlichen Controllings und andererseits eines strategisch-wirkungsorientierten Controllings. Insbesondere aber für das wirkungsorientierte Controlling fehlten bislang sachgerechte Instrumente sowie ein konzeptioneller Gesamtrahmen.

Die Schaffung eines *integrierten Bezugsrahmens* für ein wirkungsorientiertes Controlling im politisch-administrativen System wurde als ein zentrales *Ziel* dieser Ausarbeitung formuliert. Um sich der genannten Zielsetzung zu nähern, wurden in *Kapitel 2* der Arbeit zunächst die wesentlichen Rahmenbedingungen und Entwicklungsstufen der Verwaltungsmodernisierung sowie die strukturellen Besonderheiten im politisch-administrativen Kontext erläutert. Der sich nicht nur aus den strukturellen Besonderheiten ergebende spezifische (wirkungsorientierte) Informationsbedarf auf unterschiedlichen Führungs- und Informationsebenen verdeutlicht die Ansprüche, die an einen konzeptionellen Gesamtrahmen zu stellen sind, um den einzelnen Informationsinteressen gerecht zu werden.

In *Kapitel 3* wurde in diesem Zusammenhang das zugrunde gelegte Controlling-Verständnis für das politisch-administrative System hergeleitet. Dafür wurden zunächst unterschiedliche Controlling-Konzeptionen aus der Privatwirtschaft dargestellt, bevor eine Übertragung auf Basis einer Controlling-Definition auf das öffentliche Umfeld vorgenommen wurde. Nicht zuletzt um die Notwendigkeit einer wirkungsorientierten Sichtweise darzulegen wurden die wesentlichen Motive für den Einsatz eines wirkungsorientierten Controllings beschrieben. In diesem Zusammenhang wurde untersucht, inwieweit (gesetzliche) Vorgaben in einzelnen Bundesländern den Einsatz eines wirkungsorientierten Controllings fördern oder ob sich das Motiv für einen Einsatz primär aus dem zu erwartenden Nutzen einer solchen Betrachtung ergibt. Insofern wurden auch die Perspektiven einer derartigen Sichtweise, d. h. im Wesentlichen die damit verbundenen Möglichkeiten sowie die speziellen Herausforderungen – auch einer Wirkungsoperationalisierung – thematisiert.

Über die Analyse ausgewählter Controlling- und Führungsmodelle in *Kapitel 4* wurde in Abhängigkeit gebildeter Anforderungskategorien eine Optimierung und Erweiterung eines bestehenden Controlling-Modells abgeleitet. Mit dem *Erweiterten Ziel- und Ergebnisebenenmodell öffentlicher Leistungserstellung* kann es gelingen, wie in *Kapitel 5* gezeigt wurde, eine prozessuale Darstellung der produktbezogenen Planungs-,

Steuerungs- und Kontrollkreisläufe innerhalb der relevanten Umwelt des Gesamtsystems abzubilden. Die Ermittlung und Zuordnung finanzieller und ressourcenorientierter Ziel- und Ergebnisgrößen erlaubt die Verfolgung unterschiedlicher Rechnungszwecke. Der Einsatz bspw. einer integrierten Verbundrechnung und/oder von Kostenrechnungssystemen erlaubt eine zukunftsgerichtete Abstimmung von Rechnungswesen und Haushaltsplan. Über die Integration von Produkten können auf der Ebene des Outputs zielorientierte Kennzahlen gebildet und neben einer Kostensteuerung kann auch eine Leistungssteuerung sowie eine Leistungsdokumentation vollzogen werden. An dieser Stelle kann auch über die Gegenüberstellung von Output und Input die Effizienz des Verwaltungshandelns beurteilt werden.

Die systematische Integration unterschiedlicher Wirkungsebenen in den Bezugsrahmen erlaubt neben einer potenziellen Ausrichtung auf den Bürger als Kunden auch die Berücksichtigung outcomeorientierter Management- und Steuerungsansätze. Unter dem Schlagwort value for money sollen Bürger erkennen, welcher Gegenwert für ihre Steuerzahlungen im Rahmen politischer Ziele erreicht wird. Die Transparenz der aufgelegten Regierungsprogramme und die Transparenz des jeweiligen Zielerreichungsgrads erhöhen sich durch die Outcome-Orientierung deutlich. Aus Sicht der Verwaltungen begünstigen Outcome-Informationen vor allem interne Steuerungszwecke, wie z. B. Aussagen über eine effektivere Ressourcenallokation. Aus Sicht der Politik können durch Wirkungsinformationen im Idealfall gesetzte Wirkungsziele überprüft, ggf. auch Gesetzesfolgen besser abgeschätzt werden. Langfristig kann über die Wirkungsinformationen eine verbesserte effektive Steuerung im politisch-administrativen System gelingen. Outcomes dienen damit als wesentliches Bindeglied zwischen den Prozessen von Politikformulierung, Ressourcenallokation und dem Management öffentlicher Verwaltungen. Durch diese Bindegliedfunktion können Kooperationen zwischen den beteiligten Institutionen gefördert werden.

Der Charakter des integrierten Bezugsrahmens erlaubt darüber hinaus, wesentliche Elemente des NSM sowie einer Good Governance zu integrieren und damit die Verwaltungsmodernisierungs- und Reformelemente miteinander zu verknüpfen. Über die Berücksichtigung ganzheitlicher Qualitätsdimensionen innerhalb des dynamischen Modells werden implizit hohe Anforderungen auf den unterschiedlichen Ebenen sowohl bei der Politikformulierung als auch auf den unterschiedlichen Stufen der Politikdurchführung vorausgesetzt. Dabei wird stets die Recht- und Ordnungsmäßigkeit des Aufgabenvollzugs berücksichtigt. Durch die Zuordnung wesentlicher Controlling-Instrumente und Verfahren zur Beschaffung, Aufbereitung, Analyse und Kommunikation von Daten kann es gelingen, eine Ergebnistransparenz auf den unterschiedlichen Ziel- und Ergebnisebenen herzustellen sowie die Führungsprozesse innerhalb des politisch-administrativen Systems (ober-)zielorientiert zu unterstützten. Das Analysepotenzial des Bezugsrahmens wird nicht zuletzt durch die Integration des Wertkettenmodells verbessert. Durch die systematische Betrachtung und Zerlegung des Leistungserstellungsprozesses können i. d. R. sowohl horizontale als auch vertikale Optimierungsmöglichkeiten identifiziert werden. Die Zuordnung von Instrumenten zur Bewertung von institutionellen Vollzugsalternativen und Gesetzesfolgen erlaubt auch eine ex-ante Überprüfung potenzieller Wirkungen und Wirkungszusammenhänge bereits in der Phase der Rechtsentwicklung und Rechtssetzung.

In *Kapitel 6* der Arbeit wird dargelegt, dass der erst über die Inhalte des Bezugsrahmens möglich werdende Integrationsansatz von Wirkungs- und Ressourcenbetrachtung eine Interpretation der Gesamtzusammenhänge öffentlichen Handelns im Sinne einer *gesellschaftlichen Wertschöpfung* erlaubt. Nicht nur, dass eine transparente Dokumentation der gesellschaftlichen Wertschöpfungsergebnisse zu einer erhöhten Akzeptanz in der Gesellschaft führen kann. In Abhängigkeit der Zurechenbarkeit und Beeinflussbarkeit öffentlicher Aufgaben inkl. deren Wirkungen, besteht die Möglichkeit einer wirkungsorientierten Steuerung innerhalb der öffentlichen Verwaltung bzw. im Idealfall auch im Rahmen einer strategischen Gesamtplanung der Politik über (einzelne) Aufgabenfelder der öffentlichen Verwaltung. Die Darstellung einer gesellschaftlichen Wertschöpfung ermöglicht darüber hinaus eine Versachlichung gesellschaftlicher Diskussionen. In diesem Zusammenhang ist es sinnvoll, sich zu vergegenwärtigen, dass eine gesellschaftliche Wertschöpfungssteigerung neben der Ausweitung positiver Wirkungen und der Verringerung negativer Wirkungen auch durch die Reduzierung gesellschaftlicher Kosten erreicht werden kann. Nicht zuletzt können in diesem Zusammenhang auch *wertschöpfungsorientierte Profilierungsmöglichkeiten* für die am Politikprozess beteiligten Akteure entstehen. Dies ermöglicht eine Klassifizierung öffentlicher Aufgabenbereiche in Abhängigkeit der gesellschaftlichen Bedeutung, der vorhandenen Gestaltungsspielräume beteiligter Akteure sowie dem Ressourceneinsatz für die Ausübung dieser Aufgabe. Die Vielzahl der potenziell über den Bezugsrahmen zu generierenden Informationen macht eine Verdichtung auf eine ausgewogene Anzahl an steuerungsrelevanten Größen notwendig. Die Überführung von Kennzahlen und Indikatoren in eine für das politisch-administrative System angepasste Balanced Scorecard ermöglicht die gezielte und dynamische Steuerung des Systems und verdeutlicht nicht zuletzt die Zusammenhänge zwischen dem Controlling als Führungsunterstützungsfunktion und den Aufgaben der Führung.

Die Darstellung eines möglichen *Evolutionspfades* verdeutlicht, dass die Entwicklung zu einem wirkungsorientierten Controlling nur sukzessive erfolgen kann. Zunächst sollte im Rahmen einer Formalzieldokumentation sowie einer sich parallel etablierenden Sachzieldokumentation der Fokus auf einer Finanz-, einer Ressourcen-, einer Output- und ggf. einer Impactbetrachtung liegen. Eine potenzielle Ausdehnung auf den Outcomebereich – sowie den damit implizit zusammenhängenden Ursache-Wirkungs-Beziehungen zwischen den Ziel- und Ergebnisebenen – kann ebenfalls in Stufen erfolgen. Eine schrittweise Annäherung zu diesem Thema ist in diesem Zusammenhang empfehlenswert. Dabei kann es von Vorteil sein, sich zunächst auf besonders geeignete Bereiche für eine Wirkungsbetrachtung zu konzentrieren. Der Einsatz von Teilevaluationen kann das Verständnis für die Gesamtthematik stärken.

Die Auseinandersetzung – und dies hat nicht zuletzt das Anwendungsbeispiel BErzGG in *Kapitel 7* gezeigt – fördert bereits vor dem Hintergrund einer potenziellen gesellschaftlichen Wertschöpfungsoptimierung intrinsisch die Motivation bei den Beschäftigten des politisch-administrativen Systems. Sind erste Erfahrungen mit einem wirkungsorientierten Ansatz gemacht, kann langfristig durch die Prüfung einer Spezialisierung bzw. einer Generalisierung der Wertschöpfungsbetrachtung das Controlling derart ausgebaut werden, dass die geforderte *Übersetzungsfunktion* im politisch-administrativen System im Idealfall ausgefüllt werden kann. Die vollständige Anwendung des Erweiterten Ziel- und Ergebnisebenenmodells öffentlicher Leistungserstellung kann dann einen Beitrag dazu leisten, die *„convergence of management, politics, and law in the public sector"*[1047] aus der Perspektive des Controllings beherrschbarer zu machen.

Das Erweiterte Ziel- und Ergebnisebenenmodell öffentlicher Leistungserstellung bezieht Aspekte aus originär unterschiedlichen wissenschaftlichen Disziplinen mit in die Betrachtung ein. Damit soll ein Versuch unternommen werden, diesen integrierten Bezugsrahmen für ein wirkungsorientiertes Controlling als Basis für *weitere Forschungsfragen* an dieser Stelle zu etablieren.

Aus der Perspektive der Betriebswirtschaftslehre ist grundsätzlich denkbar, den Bezugsrahmen in der Zukunft über die *Integration gestaltender Planungsinstrumente* bspw. aus dem Bereich des Kostenmanagements weiter auszudifferenzieren. In diesem Zusammenhang sollten jedoch ausreichend positive Erfahrungen mit Instrumenten in der Praxis nachgewiesen werden, um einen dauerhaften Erkenntnisgewinn für und über den Bezugsrahmen zu generieren.

Darüber hinaus erscheint es zweckmäßig bspw. unterschiedliche *Wirkungsarten* sowie damit verbundene gesellschaftliche *Wirkungsrichtungen* zu benennen und zu strukturieren. Eine Klassifizierung potenzieller *Wirkungsintensitäten* – bspw. in Abhängigkeit der Verwaltungsfunktion oder aufgrund der rechtlichen Verbindlichkeit einer (gesetzlichen) Vorgabe – kann dazu führen, grundsätzliche wirkungsorientierte Handlungsoptionen für Verwaltung und Politik offen zu legen. Eine differenzierte Systematisierung gesellschaftlicher *Wirkungsadressaten* und *Wirkungsauslöser* kann dazu führen, weitere potenzielle Anwender der wirkungsorientierten Gesamtthematik in der Praxis zu gewinnen, um neue Erkenntnisse zu generieren.

Private Institutionen müssen i. d. R. in Form einer jährlichen Berichterstattung ihren Share- und/oder Stakeholdern Überblick über den Zustand und die Lage des Unternehmens verschaffen. CAIDEN/CAIDEN fordern eine solche Berichterstattung auch für öffentliche Einrichtungen. Neben der Auskunft über die finanziellen Verhältnisse, werden Informationen über „den Fortschritt der Sache" sowie die „professionelle Leistungsfähigkeit und öffentliche Verantwortlichkeit" verlangt.[1048] Diesem Begehren bleibt sich nur anzuschließen. Das Erweiterte Ziel- und Ergebnisebenenmodell öffentlicher Leistungserstellung für das politisch-administrative System sowie dessen Integrationspotenzial kann in diesem Zusammenhang ein Baustein sein, dieser Forderung strukturiert nachzukommen.

[1047] Rosenbloom/Kravchuk (2005), S. 349.
[1048] Caiden/Caiden (1999), S. 145.

Literaturverzeichnis

Adamaschek, B. (2000): Konzepte und praktische Erfahrungen mit der Leistungserfassung in kommunalen Managementberichten, in: Leistungserfassung und Leistungsmessung in öffentlichen Verwaltungen, Budäus, D. (Hrsg.), Wiesbaden 2000, S. 207-217.

Adamaschek, B. (2005): Kosten- und Leistungsrechnung für den öffentlichen Sektor, in: Handbuch zur Verwaltungsreform, Blanke, B. et al. (Hrsg.), 3. Auflage, Wiesbaden 2005, S. 360-373.

Alt, J. M. (2002): Balanced Government – Die Eignung der Balanced Scorecard als Organisationsentwicklungsprozess in der Öffentlichen Verwaltung, in: Balanced Scorecard in Verwaltung und Non-Profit-Organisationen, Scherer, A. G./Alt, J. M. (Hrsg.), Stuttgart 2002, S. 43-72.

Altobelli, C./Bouncken, R. (1998): Wertkettenanalyse von Dienstleistungs-Anbietern, in: Handbuch Dienstleistungsmarketing, Meyer, A. (Hrsg.), Band 1, Stuttgart 1998, S. 282-296.

Bachmann, P. (2004): Controlling für die öffentliche Verwaltung, Wiesbaden 2004.

Bähr, U. (2002): Controlling in der öffentlichen Verwaltung, Sternenfels 2002.

Bak, B. (1999): Funktion und Wirkung von Kennzahlen, in: VOP, Personal, 21. Jg. (1999), Heft 4, S. 21-24.

Bals, H./Reichard, Ch. (2000): Das neue Kommunale Haushalts- und Rechnungswesen, in: Neues öffentliches Rechnungswesen, Budäus, D./Küpper, W./Streitfeldt, L. (Hrsg.), Wiesbaden 2000, S. 203-233.

Balthasar, A. (1997): Arbeitsschritte, in: Einführung in die Politikevaluation, Bussmann, W./Klöti, U./Knoepfel, P. (Hrsg.), Basel 1997, S. 175-184.

Balzer, K. (2005): Produkte als Informationsträger, in: Handbuch zur Verwaltungsreform, Blanke, B. et al. (Hrsg.), 3. Auflage, Wiesbaden 2005, S. 422-430.

Banner, G. (1991): Von der Behörde zum Dienstleistungsunternehmen, in: VOP, 13. Jg. (1991), Heft 1, S. 6-11.

Banner, G. (1994): Neue Trends im kommunalen Management, in: VOP, 16. Jg. (1994), Heft 1, S. 5-12.

Banner, G. (1997): Die Kommunale Modernisierungsbewegung, in: Kommunales Management im Wandel, Wissenschaftsförderung der Sparkassenorganisation e.V. (Hrsg.), Stuttgart 1997, S. 11-37.

Banner, G./Adamaschek, B. (2001): Die drei Kernelemente der modernen Verwaltung, in: VOP, 23. Jg. (2001), Heft 11, S. 9-11.

Baumann, F./Vogelsang, L./Weidner, A. (2003): Bürgerhaushalt Berlin-Mitte – Vorschlag eines Beteiligungsverfahrens auf bezirklicher Ebene, Berlin 2003.

Beblo, M./Wolf, E. (2002): Wage Penalties for Career Interruptions, An Empirical Analysis for West Germany, in: ZEW Discussion Paper, Mannheim 2002, No. 2-45.

Beck, W. (2005): Rechtliche Rahmenbedingungen von Public Private Partnerships, in: Public Private Partnerships – Zukunftsmodelle für die öffentliche Verwaltung, Stember, J. (Hrsg.), Ostbevern 2005, S. 54-76.

Becker, M. (1990): Wirkungsanalyse des Bundeserziehungsgeldgesetzes, des Erziehungsurlaubes und des Berliner Familiengeldes, unveröffentlichter Forschungsbericht, Freie Universität Berlin, Berlin 1990.

Beckmann, P. (2002): Zwischen Wunsch und Wirklichkeit, Tatsächliche und gewünschte Arbeitszeitmodelle von Frauen mit Kindern liegen immer noch weit auseinander, in: IAB-Werkstattbericht Nr. 12, Nürnberg, September 2002.

Benkenstein, M. (2002): Strategisches Marketing. Ein wettbewerbsorientierter Ansatz, in: Edition Marketing, Köhler, R./Meffert, H. (Hrsg.), 2. Auflage, Stuttgart 2002.

Benz, A. (2005): Verwaltung als Mehrebenensystem, in: Handbuch zur Verwaltungsreform, Blanke, B. et al. (Hrsg.), 3. Auflage, Wiesbaden 2005, S. 18-26.

Berens, W./Bertelsmann, R. (2002): Controlling, in: Handwörterbuch Unternehmensrechnung und Controlling, Küpper, H.-U./Wagenhofer, A. (Hrsg.), 4. Auflage, Stuttgart 2002, Sp. 280-288.

Berens, W./Budäus, D./Buschor, E./Fischer, E./Lüder, K./Streim, H. (2005): Eckpunkte für die Grundsätze ordnungsmäßiger Buchführung im öffentlichen Haushalts- und Rechnungswesen auf Basis der Integrierten Verbundrechnung, in: Die Wirtschaftsprüfung, 58. Jg. (2005), Heft 16, S. 887-890.

Berens, W./Fritsch, N. (2003): Benchmarking – eine Managementmethodik. Wozu sie dient, was sie leistet, in: „Vergleichen lohnt sich!" Benchmarking als effektives Instrument des Museumsmanagements, John, H. (Hrsg.), Bielefeld 2003, S. 13-34.

Berens, W./Hoffjan, A. (1998): Meinungsspiegel zum Thema „Benchmarking", in: BFuP, 50. Jg. (1998), Heft 4, S. 451-470.

Berens, W./Hoffjan, A./Strack, M. (1995): Ökologiebezogenes Controlling – Umweltorientierte Koordination in kommunalen Versorgungsunternehmen, in: ZögU, (1995), Heft 2, S. 143-160.

Berens, W./Hoffjan, A: (2004): Controlling in der öffentlichen Verwaltung, Stuttgart 2004.

Berens, W./Karlowitsch, M./Mertes, M. (2000): Die Balanced Scorecard als Controllinginstrument in Non-Profit-Organisationen, in: Controlling, 12. Jg. (2000), Heft 1, S. 23-28.

Berens, W./Mosiek, Th./Röhrig, A./Gerhardt, B. (2004): Outcome-orientiertes Management in der öffentlichen Verwaltung: Evolutionspfade zu einem wirkungsorientierten Controlling, in: BFuP, 56. Jg. (2004), Heft 4, S. 323-341.

Beyer, L./Kinzel, H. G. (2005): Öffentliches Rechnungswesen: Kameralistik oder Doppik?, in: Handbuch zur Verwaltungsreform, Blanke, B. et al. (Hrsg.), 3. Auflage, Wiesbaden 2005, S. 351-360.

BMS Consulting (2003a): Entwicklung eines Konzeptes zur Wert-/Wertschöpfungsanalyse der Bezirksregierung Münster/Versorgungsverwaltung NRW, Abschlussbericht Phase 1, Düsseldorf, Januar 2003.

BMS Consulting (2003b): Bewertung der Kosten des Vollzugs des BErzGG durch Kreise und kreisfreie Städte, Abschlussbericht, Düsseldorf, September 2003.

BMS Consulting (2004): Wirkungsorientiertes Controlling: Entwicklung eines Konzeptes zur Wertschöpfungsanalyse der Bezirksregierung Münster/ Versorgungsverwaltung NRW, Abschlussbericht Gesamtprojekt, Düsseldorf, August 2004.

Bogumil, J. (2003): Die politische Führung öffentlicher Dienste – Möglichkeiten und Grenzen der Reorganisation, in: New Public Service, Koch, R./Conrad, P. (Hrsg.), Wiesbaden 2003, S. 61-78.

Bogumil, J./Holtkamp, L. (1999): Auf dem Weg zur lokalen Bürgerschaft? Initiatoren, Erfolgsfaktoren und Instrumente bürgerschaftlichen Engagements, in: Bürgerschaftliches Engagement in der kommunalen Praxis, Bogumil, J./Vogel, H. J. (Hrsg.), KGSt, Köln 1999.

Bogumil, J./Holtkamp, L. (2001): Die Neugestaltung des kommunalen Kräftedreiecks: Grundlegende Konzeption zur Bürgerkommune, in: VOP, 23. Jg. (2001), Heft 4, S. 10-12.

Bogumil, J./Holtkamp, L. (2005): Die Bürgerkommune, in: Handbuch zur Verwaltungsreform, Blanke, B. et al. (Hrsg.), 3. Auflage, Wiesbaden 2005, S. 128-136.

Bogumil, J./Holtkamp, L./Schwarz, G. (2003): Das Reformmodell Bürgerkommune. Leistungen – Grenzen – Perspektiven, Berlin 2003.

Bogumil, J./Jann, W. (2005): Verwaltung und Verwaltungswissenschaft in Deutschland, 1. Auflage, Wiesbaden 2005.

Böhret, C. (2000): Gesetzescontrolling – ein gewichtiges Element der Gesetzesfolgenabschätzung, in: Neues öffentliches Rechnungswesen, Budäus, D./Küpper, W./Streitfeldt, L. (Hrsg.), Wiesbaden 2000, S. 549-569.

Böhret, C. (2005): Verwaltungspolitik als Führungsauftrag, in: Handbuch zur Verwaltungsreform, Blanke, B. et al. (Hrsg.), 3. Auflage, Wiesbaden 2005, S. 44-50.

Böhret, C./Konzendorf, G. (2000): Leitfaden zur Gesetzesfolgenabschätzung, in: Moderner Staat – Moderne Verwaltung: Leitfaden zur Gesetzesfolgenabschätzung, Bundesministerium des Inneren (Hrsg.), Berlin 2000.

Böhret, C./Konzendorf, G. (2001): Handbuch Gesetzesfolgenabschätzung (GFA) – Gesetze, Verordnungen, Verwaltungsvorschriften, im Auftrag des Bundesministeriums des Inneren, Speyer, Berlin, Stuttgart 2001.

Böllhoff, D./Wewer, G. (2005): Zieldefinition in der Verwaltung, in: Handbuch zur Verwaltungsreform, Blanke, B. et al. (Hrsg.), 3. Auflage, Wiesbaden 2005, S.147-153.

Borins, S./Grüning, G. (1998): New Public Management – Theoretische Grundlagen und problematische Aspekte der Kritik, in: Managementforschung, Band 8 – New Public Management, Budäus, D./Conrad, P./Schreyögg, G. (Hrsg.), Berlin, New York 1998, S. 11-53.

Bortz, J./Döring, N. (2005): Forschungsmethoden und Evaluation, 3. Auflage, Heidelberg 2005.

Bräunig, D. (2004): Rechnungswesen und Steuerung öffentlicher Verwaltungen, in: BFuP, 56. Jg. (2004), Heft 4, S. 309-322.

Bräunlein, T. (2004): Integration der Gesetzesfolgenabschätzung ins Politisch-Administrative System der Bundesrepublik Deutschland, Frankfurt am Main 2004.

Brinkmann, H./Ernst, T./Frick, F./Koop, A. (2006): Das Standard-Kosten-Modell – Bürokratie messen, Belastung transparent machen, Bertelsmann Stiftung (Hrsg.), Gütersloh 2006.

Broekmate, L./Dahrendorf, K./Dunker, K. (2001): Qualitätsmanagement in der öffentlichen Verwaltung, München 2001.

Brüggemeier, M. (2004): Von der Kunst erfolgreich zu scheitern – Wirkungsorientiertes Controlling in öffentlichen Verwaltungen, in: Kuhlmann, S./Bogumil, J./Wollmann, H. (Hrsg.): Leistungsmessung und -vergleich in Politik und Verwaltung, Berlin 2004, S. 374-391.

Bruhn, M. (1999): Kundenorientierung – Bausteine eines exzellenten Unternehmens, 1. Auflage, München 1999.

Bruhn, M. (2000): Qualitätssicherung im Dienstleistungsmarketing – eine Einführung in die theoretischen und praktischen Probleme, in: Dienstleistungsqualität. Konzepte – Methoden – Erfahrungen, Bruhn, M./Stauss, B. (Hrsg.), 3. Auflage, Wiesbaden 2000, S. 21-48.

Bruhn, M. (2002): Das Konzept der kundenorientierten Unternehmensführung, in: Kundenorientierte Unternehmensführung, Hinterhuber, H. H./Matzler, K. (Hrsg.), 3. Auflage, Wiesbaden 2002, S. 33-62.

Bruhn, M. (2003): Qualitätsmanagement für Dienstleistungen: Grundlagen, Konzepte, Methoden, 4. Auflage, Berlin et al. 2003.

Buchholtz, K. (2001): Verwaltungssteuerung mit Kosten- und Leistungsrechnung: Internationale Erfahrungen, Anforderungen und Konzepte, Wiesbaden 2001.

Budäus, D. (1997): Neue Wege im Rechnungswesen und Controlling öffentlicher Einrichtungen, in: Controlling öffentlicher Einrichtungen, Baum, H.-G. et al. (Hrsg.), Stuttgart 1997.

Budäus, D. (1998): Von der bürokratischen Steuerung zum New Public Management – Eine Einführung, in: Managementforschung, Band 8 – New Public Management, Budäus, D./Conrad, P./Schreyögg, G. (Hrsg.), Berlin, New York 1998, S. 1-10.

Budäus, D. (1999a): Von der Dominanz der Sachziele im öffentlichen Sektor zum System von Formalzielen als Grundlage zukünftiger Reformentwicklungen, in: Stand und Perspektiven der Öffentlichen Betriebswirtschaftslehre, Bräuning, D./Greiling D. (Hrsg.), Berlin 1999, S. 55-65.

Budäus, D. (1999b): Neues öffentliches Rechnungswesen – Notwendigkeiten, Probleme und Perspektiven, in: Umsetzung neuer Rechnungs- und Informationssysteme in innovativen Verwaltungen, Budäus, D./Gronbach, P. (Hrsg.), Freiburg i. Br. 1999, S. 321-341.

Budäus, D. (2000): Aktuelle Bestrebungen um Leistungserfassung und leistungsorientierte Ressourcensteuerung in öffentlichen Verwaltungen, in: Leistungserfassung und Leistungsmessung in öffentlichen Verwaltungen, Budäus, D. (Hrsg.), Wiesbaden 2000, S. 11-21.

Budäus, D. (2002): Operatives und strategisches Verwaltungscontrolling im aktuellen Reformprozess des öffentlichen Sektors (Teil 1), in: Controlling, 14. Jg. (2002), Nr. 4-5, S. 205-211.

Budäus, D./Buchholtz, K. (1997): Konzeptionelle Grundlagen des Controlling in öffentlichen Verwaltungen, in: Die Betriebswirtschaft, 57. Jg. (1997), Heft 3, S. 322-337.

Budäus. D./Grüning, G. (1996): Public Private Partnership, Notwendigkeit und Ansatz einer begrifflichen Strukturierung, in: Verwaltung und Management, 2. Jg. (1996), Heft 5, S. 278-282.

Budäus, D./Grüning, G. (1998): New Public Management – Entwicklung und Grundlagen einer »Revolution« des öffentlichen Sektors, in: zfo, 67. Jg. (1998), Nr. 1, S.4-9.

Bürgerbefragung (2002): Bürgerinnen- und Bürgerbefragung 2002 – Bezirksregierung Münster/Versorgungsverwaltung NRW, unveröffentlicht.

Bühler, B. (2002): Von Outputs zu Outcomes, in: Verwaltung und Management, 8. Jg. (2002), Heft 5, S. 273-278.

Bundesministerium des Inneren (1999): Moderner Staat – Moderne Verwaltung: Das Programm der Bundesregierung, Berlin 1999.

Bundesministerium des Inneren (2005): Fortschrittsbericht 2005 des Regierungsprogramms „Moderner Staat– Moderne Verwaltung" im Bereich Modernes Verwaltungsmanagement, Berlin 2005.

Bundesministerium für Familie, Senioren, Frauen und Jugend (2003): Prognos AG - Betriebswirtschaftliche Effekte familienfreundlicher Maßnahmen – Kosten-Nutzen-Analyse, Berlin 2003.

Bundesregierung (2005): Gemeinsam für Deutschland – mit Mut und Menschlichkeit, Koalitionsvertrag von CDU, CSU und SPD vom 11.11.2005.

Bundesverwaltungsamt (2000a): Neue Gemeinsame Geschäftsordnung der Bundesministerien (GGO) – Grundlage für eine zeitgemäße Steuerung, Info Nr. 1611, August 2000.

Bundesverwaltungsamt (2000b): Qualitätsoffensive Statistik, Info Nr. 1613, Berlin, August 2003.

Buschor, E. (2002): Evaluation und New Public Management, in: Zeitschrift für Evaluation, 1. Jg. (2002), Heft 1, S. 61-73.

CAF (2003): Common Assessment Framework (CAF): Verbesserung der Organisation durch Selbstbewertung, Bundesministerium des Inneren (Hrsg.), Berlin 2003.

Caiden, J./Caiden, N. (1999): Überwachung, Messung und Evaluierung der Leistung öffentlicher Programme, in: Verwaltung und Management, 5. Jg. (1999), Nr. 3, S. 138-146.

Cezanne, W. (1999): Allgemeine Volkswirtschaftslehre, 4. Auflage, München 1999.

Chandler, A. D. (1962): Strategy and Structure, Chapters in the History of the Industrial Enterprise, Massachusetts Institute of Technology, Cambridge, Massachusetts 1962.

Cigno, A./Casolaro, L./Rosati, F. (2003): The Impact of Social Security on Saving and Fertility in Germany, in: Finanzarchiv, 59. Jg. (2003), Heft 2, S. 189-211.

Coates, J./Rickwood, C./Stacey, R. (1993): Control and Audit in Management Accounting, Second Edition, Oxford 1993.

Curtin, D./Dekker, I. (2005): Good Governance: The Concept and its Application by the European Union, in: Good Governance and the European Union – Reflections on Concepts, Institutions and Substance, Curtin, D./Wessel, R. (eds.), Antwerp, Oxford, New York 2005, S. 3-20.

Czenskowsky, T./Schünemann, G./Zdrowomyslaw, N. (2002): Controlling – Grundzüge des Controlling, Gernsbach 2002.

Deyhle, A. (1997): Management- und Controllingbrevier, Band I, Manager und Controller im Team, 7. Auflage, Wörtsee-Etterschlag 1997.

DIN (2000): Qualitätsmanagementsysteme: Anforderungen (ISO 9001:2000), Dreisprachige Fassung EN ISO 9001:2000, Europäisches Komitee für Normung, Brüssel 2000.

Donabedian, A. (1980): The Definition of Quality and Approaches to its Assessment. Explorations in Quality, Assessment and Monitoring, Vol. I, Ann Arbor 1980.

Dunkhorst, P. (1999): Handbuch Qualitätsmanagement in der öffentlichen Verwaltung, Baden-Baden 1997.

Ebel, B. (2003): Qualitätsmanagement: Konzepte des Qualitätsmanagements, Organisation und Führung, Ressourcenmanagement und Wertschöpfung, 2. Auflage, Herne, Berlin 2003.

Econcept (2002): Evaluation der Verwaltungsreform wif!, Schlussbericht, im Auftrag des Regierungsrates des Kantons Zürich, November 2002.

EFQM (2003): Das EFQM-Modell für Excellence: Version für Öffentlichen Dienst und soziale Einrichtungen, European Foundation for Quality Management, Brüssel 2003.

Eichhorn, P. (1993): Rechnungsziele und Rechnungssysteme in Unternehmen und Verwaltungen, in: ZfB, 63. Jg. (1993), Heft 9, S. 859-872.

Eichhorn, P. (2001): Öffentliche Dienstleistungen – Reader über Funktionen, Institutionen und Konzeptionen, Baden-Baden 2001.

Eichhorn, P. (2002): Öffentliche Verwaltung, in: Verwaltungslexikon, Eichhorn, P. et al. (Hrsg.), 3. Auflage, Baden-Baden 2002, S. 760-763.

Eichhorst, W./Thode, E. (2002): Vereinbarkeit von Familie und Beruf, Bertelsmann Stiftung (Hrsg.), Gütersloh 2002.

Engel, C. (2002): Common Assessment Framework: The state of affairs, in: Eipascope, No. 1 (2002), S. 35-39.

Engelhardt, W. H./Schwab, W. (1982): Die Beschaffung von investiven Dienstleistungen, in: DBW, 42. Jg. (1982), Heft 4, S. 503-513.

Färber, G. (1998): Instrumente und Bedingungen für eine wirksame Aufgabenkritik, in: Politik und Verwaltung auf dem Weg in die transindustrielle Gesellschaft. Festschrift zum 65. Geburtstag von Carl Böhret, Jann, W./König, K./Landfried, C./Wordelmann, P. (Hrsg.), Baden-Baden 1998, S. 189-216.

FAS (2006): Merkel misst, was der Papierkram kostet, in: Frankfurter Allgemeine Sonntagszeitung (Hrsg.), Ausgabe vom 23.04.2006, S. 38.

Felix, J. (2003): Besonderheiten eines Qualitätsmanagements in der öffentlichen Verwaltung, zugleich Diss. Universität St. Gallen, Bamberg 2003.

Finanzministerium des Landes Nordrhein-Westfalen (2005a): Einführung von Produkthaushalten zur outputorientierten Steuerung (EPOS.NRW) – Fachliches Rahmenkonzept zur Einführung des Produkthaushaltes auf Basis der integrierten Verbundrechnung, Düsseldorf, Februar 2005.

Finanzministerium des Landes Nordrhein-Westfalen (2005b): Einführung von Produkthaushalten zur outputorientierten Steuerung (EPOS.NRW) – Management Summary – Kurzfassung des fachlichen Rahmenkonzeptes zur Einführung des Produkthaushaltes auf Basis der integrierten Verbundrechnung, Düsseldorf, Februar 2005.

Flacke, K./Kraft, M./Triska, Th. (2006): Grundlagen des betriebswirtschaftlichen Rechnungswesens, Berens, W. (Hrsg.), 3. Auflage, Münster 2006.

Franzen, O./Waldherr, R. (1997): Controlling der Kundenzufriedenheit, in: Planung & Analyse, 24. Jg. (1997), Nr. 4, S. 54-58.

Frey, H.-E. (1994): Agonie des Bürokratiemodells?, in: Lean Administration – die Krise der öffentlichen Verwaltung als Chance, Steger, U. (Hrsg.), Frankfurt/New York 1994, S. 23-47.

Gleich, R. (1997): Was wollen die Bürger? – Bürgerorientierung in der öffentlichen Verwaltung, in: Neues Verwaltungsmanagement, Horváth, P. (Hrsg.), Loseblatt-sammlung, Kapitel C 5.3, Düsseldorf 1997, S. 1-18.

Grönroos, C. (2000): Service Management and Marketing, 2. Auflage, New York 2000.

Grommas, D. (2005): Interne Budgetierung in öffentlichen Verwaltungen und Betrie-ben, Univ.-Diss., Göttingen 2005.

Haiber, T. (1997): Controlling für öffentliche Unternehmen, München 1997.

Haldemann, T. (1998): Zur Konzeption wirkungsorientierter Planung und Budgetie-rung in Politik und Verwaltung, in: New Public Management, Managementforschung Nr. 8, Budäus, D./Schreyögg, G./Gruyter, W. (Hrsg.), Berlin/New York, 1998, S. 191-215.

Haldemann, T./Marek, D. (2001): Evaluationsstudien für ein tatsächlich wirkungsori-entiertes NPM, in: LeGes, (2001), Nr. 2, S. 41-62.

Hanusch, H./Kuhn, Th./Cantner, U. (2002): Volkswirtschaftslehre 1 – Grundlegende Mikro- und Makroökonomik, 6. Auflage, Berlin 2002.

Harms, J. C. (1999): Die Reform des öffentlichen Rechnungswesens als wesentliches Element zukünftiger leistungsfähiger Verwaltungen, in: Umsetzung neuer Rech-nungs- und Informationssysteme in innovativen Verwaltungen, Budäus, D./Gronbach, P. (Hrsg.), Freiburg i. Br. 1999, S. 23-38.

Harrison, S. J./Stupak, R. (1993): Total Quality Management: The organizational equivalent of truth in public administration theory and practice, Public Administration Quaterly, 1993, No. 3, S. 416-429.

Heckmann, J. (1979): „Sample Selection Bias as a Specification Error", in: Econo-metrica, Vol. 47 (1979), No. 1, S. 153-161.

Heiß, H.-J. (2000): Konzeption und Erfahrungen kommunaler Leistungsvergleiche in Baden-Württemberg, in: Leistungserfassung und Leistungsmessung in öffentlichen Verwaltungen, Budäus, D. (Hrsg.), Wiesbaden 2000, S. 181-206.

Heldeweg, M. (2005): Good Environmental Governance in the EU: Lessons from Work in Progress?, in: Good Governance and the European Union – Reflections on Concepts, Institutions and Substance, Curtin, D./Wessel, R. (eds.), Antwerp, Oxford, New York 2005, S. 175-214.

Hessisches Ministerium der Finanzen (2000): Controllingkonzept, 1. Auflage, Wiesbaden 2000.

Hieber, F. (2003): Öffentliche Betriebswirtschaftslehre: Grundlagen für das Management in der öffentlichen Verwaltung, 4. Auflage, Berlin 2003.

Hill, H. (1997): Eine moderne Verwaltung erfordert neues Recht, in: VOP, 19. Jg. (1997), Heft 1-2, S. 28-29.

Hill, H. (1998): Abbau des Regulierungsdickichts – Neue Akzente für die Rechtsetzung, in: Politik und Verwaltung auf dem Weg in die transindustrielle Gesellschaft. Festschrift zum 65. Geburtstag von Carl Böhret, Jann, W./König, K./Landfried, C./Wordelmann, P. (Hrsg.), Baden-Baden 1998, S. 357-364.

Hill, H. (2000a): Über Binnenmodernisierung zu Good Governance, in: VOP, 22. Jg. (2000), Heft 12, S. 9-12.

Hill, H. (2002): Indikator Lebensqualität, Gütersloh 2002.

Hoffjan, A. (1998): Entwicklung einer verhaltensorientierten Controlling-Konzeption für die Arbeitsverwaltung, 2. Auflage, Wiesbaden 1998.

Homann, K. (2005): Verwaltungscontrolling: Grundlagen – Konzept – Anwendung, Wiesbaden 2005.

Homburg, C./Werner, H. (1996): Kundenzufriedenheit als Herausforderung für Management und Controlling, in: Controlling des Strukturwandels: Standortflexibilität und Kundenzufriedenheit schaffen, Horváth, P. (Hrsg.), Stuttgart 1996, S. 151-176.

Hopp, H./Göbel, A. (1999): Management in der öffentlichen Verwaltung, Stuttgart 1999.

Horak, T. (1995): Controlling in Nonprofit-Organisationen: Erfolgsfaktoren und Instrumente, 2. Auflage, Wiesbaden 1995, zugl. Univ. Diss., Wien 1992.

Horváth, P. (2000): Leistungserfassung und Leistungsmessung im neuen öffentlichen Rechnungswesen, in: Leistungserfassung und Leistungsmessung in öffentlichen Verwaltungen, Budäus, D. (Hrsg.), Wiesbaden 2000, S. 31-45.

Horváth, P. (2003): Controlling, 9., vollständig überarbeitete Auflage, München 2003.

Horváth, P./Kaufmann, L. (1998): Balanced Scorecard – ein Werkzeug zur Umsetzung von Strategien, in: Harvard Business Manager, 20. Jg. (1998), Heft 5, S. 39-48.

Horváth, P./Kühnle, A. (2002): Die Balanced Scorecard als Konzeption und Instrument zur Umsetzung politischer Programme und Strategien, in: Verwaltung und Management, 8. Jg. (2002), Heft 6, S. 329-334.

IMK (2003): Auszug aus der Sammlung der zur Veröffentlichung freigegebenen Beschlüsse der 173. Sitzung der Ständigen Konferenz der Innenminister und Senatoren der Länder am 21. November 2003, Beschluss-Nr. 18, Berlin 2003.

Innenministerium Baden-Württemberg (1999): Rahmenkonzeption Controlling, Schriftenreihe der Stabsstelle für Verwaltungsreform, Bd. 20, Stuttgart 1999.

Innenministerium des Landes Brandenburg (1998): Brandenburger Kommunen auf dem Weg – Handbuch, Potsdam 1998.

Innenministerium NRW/Bertelsmann Stiftung (2004): Kommunaler Bürgerhaushalt: Ein Leitfaden für die Praxis, Düsseldorf, Gütersloh 2004.

International Federation of Accountants (2002): Handbook of International Public Sector Accounting Pronouncements, Edition 2003, New York 2002.

Jann, W. (1998): Politik und Verwaltung im funktionalen Staat, in: Politik und Verwaltung auf dem Weg in die transindustrielle Gesellschaft. Festschrift zum 65. Geburtstag von Carl Böhret, Jann, W./König, K./Landfried, C./Wordelmann, P. (Hrsg.), Baden-Baden 1998, S. 253-282.

Jann, W. (2001): Verwaltungsreform als Verwaltungspolitik: Verwaltungsmodernisierung und Policy-Forschung, in: Empirische Policy und Verwaltungsforschung, Schröter, E. (Hrsg.), Opladen 2001, S. 321-344.

Jann, W. (2004): Einleitung: Instrumente, Resultate und Wirkungen – die deutsche Verwaltung im Modernisierungsschub?, in: Status-Report Verwaltungsreform: Eine Zwischenbilanz nach zehn Jahren, Jann, W. et. al. (Hrsg.), Reihe Modernisierung des öffentlichen Sektors, Bd. 24, Berlin 2004, S. 9-21.

Jann, W. (2005a): Verwaltungswissenschaft und Managementlehre, in: Handbuch zur Verwaltungsreform, Blanke, B. et al. (Hrsg.), 3. Auflage, Wiesbaden 2005, S. 50-60.

Jann, W. (2005b): Neues Steuerungsmodell, in: Handbuch zur Verwaltungsreform, Blanke, B. et al. (Hrsg.), 3. Auflage, Wiesbaden 2005, S. 74-83.

Jenkins, S. P./Schluter, C. (2002): The Effect of family income during childhood on later-life attainment: evidence from Germany, Deutsches Institut für Wirtschaftsforschung, Diskussionspapier Nr. 317, Berlin, Dezember 2002.

Joesch, J. M./Spieß, K. (2002): European Mothers' Time With Children: Differences and Similarities Across Nine Countries, Deutsches Institut für Wirtschaftsforschung, Diskussionspapier Nr. 305, Berlin, Oktober 2002.

John, B./Schmidt, H. (2001): Erziehungsurlaub – Regelungen, Inanspruchnahme und Evaluation – Gutachten der Familienwissenschaftlichen Forschungsstelle im Statistischen Landesamt Baden-Württemberg, im Auftrag des Sozialministeriums Baden-Württemberg (Hrsg.), Stuttgart 2001.

Kaltenborn, B. (1999): Arbeitsmarkteffekte subventionierter Sozialabgaben, Beiträge zur Arbeitsmarkt- und Berufsforschung, Bd. 228, Nürnberg, September 1999

Kaltenborn, B. (2000): Reformkonzepte für die Sozialhilfe: Finanzbedarf und Arbeitsmarkteffekte, Baden-Baden, April 2000.

Kaltenborn, B. (2002): Arbeitsangebotseffekte des Erziehungsgeldes, Beitrag WiPol Nr. 19, Bonn, November 2002.

Kaltenborn, B. (2003): Wirkungen von Erziehungsgeld und Erziehungsurlaub, Beitrag WiPol Nr. 25, Berlin, November 2003.

Kaplan, R./Norton, D. (1992): The Balanced Scorecard: Measures that drives Performance, in: Harvard Business Review, 70. Jg. (1992), Nr. 1, S. 71-79.

Kaplan, R./Norton, D. (1993): Putting the Balanced Scorecard to work, in: Harvard Business Review, 71. Jg. (1993), Nr. 5, S. 134-142.

Kaplan, R./Norton, D. (1996a): The Balanced Scorecard: translating strategy into action, Boston/Massachusetts 1996.

Kaplan, R./Norton, D. (1996b): Using the Balanced Scorecard as a Strategic Management System, in: Harvard Business Review, 74. Jg. (1996), Heft 1, S. 75-85.

Kaplan, R./Norton, D. (2001): The strategy-focused organisation: how balanced scorecard companies thrive in the new business environment. Boston/Massachusetts 2001.

Käthler, F. (1995): Erziehungsgeld und Erziehungsurlaub: Wahrnehmung und möglicher Einfluss auf generative Entscheidungen aus Sicht der jungen Mütter, eine explorative Studie, Osnabrück 1995.

KGSt (1991): Dezentrale Ressourcenverantwortung: Überlegungen zu einem neuen Steuerungsmodell, KGSt-Bericht Nr. 12, Köln 1991.

KGSt (1993): Das Neue Steuerungsmodell. Begründung, Konturen, Umsetzung. KGSt-Bericht Nr. 5, Köln 1993.

KGSt (1995): Qualitätsmanagement, KGSt-Bericht Nr. 6, Köln 1995.

KGSt (1998): Ziele finden, Zahlen kennen, Handeln können, CD-ROM, Köln 1998.

KGSt (2002): Kosten eines Arbeitsplatzes, KGSt-Bericht Nr. 6, Köln 2002.

Klages, H. (1998): Verwaltungsmodernisierung. „Harte" und „weiche" Aspekte II, 2. Auflage, Speyer 1998.

Klages, H. (2000): Good Governance in entwickelten Ländern? Erfordernisse und Möglichkeitsspielräume „aktivierender" Politik, in: Good Governance und Qualitätsmanagement – Europäische und internationale Entwicklungen, Hill, H./Klages, H. (Hrsg.), Speyerer Arbeitsheft Nr. 132, Deutsche Hochschule für Verwaltungswissenschaften, Speyer 2000, S. 1-15.

Klages, H. (2003): Nachhaltige Verwaltungsmodernisierung, in: Verwaltung und Management, 9. Jg. (2003), Heft 1, S. 4-12.

Klingebiel, N. (1997): Leistungscontrolling im New Public Management, in: BFuP, 49. Jg. (1997), Nr. 6, S. 629-652.

Klöti, U: (1997): Inhaltliche und methodische Anforderungen an wissenschaftliche Politikevaluationen, in: Einführung in die Politikevaluation, Bussmann, W./Klöti, U./Knoepfel, P. (Hrsg.), Basel 1997, S. 39-57.

Klümper, B./Möllers, H./Zimmermann, E. (2004): Kommunale Kosten- und Wirtschaftlichkeitsrechnung, 14. Auflage, Witten 2004.

Knoepfel, P./Bussmann, W. (1997): Die öffentliche Politik als Evaluationsobjekt, in: Einführung in die Politikevaluation, Bussmann, W./Klöti, U./Knoepfel, P. (Hrsg.), Basel 1997, S. 58-77.

Knust, P. (1998): Besser werden – Total Quality Management in der öffentlichen Verwaltung, in: Neues Verwaltungsmanagement, Horváth, P. (Hrsg.), Loseblattsammlung, Kapitel C 5.1, Düsseldorf 1998, S. 1-24.

König, K. (1995): „Neue" Verwaltung oder Verwaltungsmodernisierung: Verwaltungspolitik in den 90er Jahren, in: Die Öffentliche Verwaltung, 48. Jg. (1995), Heft 9, S. 349-358.

König, K. (1998): Gute Gouvernanz als Steuerungs- und Wertkonzept des modernen Verwaltungsstaates, in: Politik und Verwaltung auf dem Weg in die transindustrielle Gesellschaft. Festschrift zum 65. Geburtstag von Carl Böhret, Jann, W./König, K./Landfried, C./Wordelmann, P. (Hrsg.), Baden-Baden 1998, S. 227-252.

Konzendorf, G. (2005): Gesetzesfolgenabschätzung, in: Handbuch zur Verwaltungsreform, Blanke, B. et al. (Hrsg.), 3. Auflage, Wiesbaden 2005, S. 460-469.

Korthals, G. (1993): Wirtschaftlichkeitskontrollen unter besonderer Berücksichtigung von Erfolgskontrollen, in: Wirtschaftlichkeit in Staat und Verwaltung: Vorträge und Diskussionsbeiträge der 60. Staatswissenschaftlichen Fortbildungstagung 1992 der Hochschule für Verwaltungswissenschaften Speyer, von Arnim, H. H./Lüder, K. (Hrsg.), Berlin 1993, S. 87-107.

Kraus, H. (1999): Umstrukturierung des öffentlichen Rechnungswesens im Hinblick auf den IT-Einsatz, in: Umsetzung neuer Rechnungs- und Informationssysteme in innovativen Verwaltungen, Budäus, D./Gronbach, P. (Hrsg.), Freiburg i. Br. 1999, S. 189-208.

Kreibohm, H./Kaltenbrunner, H. (2005): Erstes Deutsches Handbuch zum Standard-kosten-Modell, Bielefeld 2005.

Kristensen, J./Groszyk W./Bühler, B. (2002): Outcome-focused Management and Budgeting, in: OECD Journal on Budgeting, Vol. 1 (2002), No. 4, S. 7-35.

Kückelhaus, M. (1999): Ergebnisorientierte Führung in Politik und Verwaltung, Wiesbaden 1999.

Kulosa, M. (2003): Die Steuerung wirtschaftlicher Aktivitäten von Kommunen, Stuttgart 2003.

Küpper, H.-U. (2001): Controlling: Konzeption, Aufgaben und Instrumente, 3., überarbeitete und erweiterte Auflage, Stuttgart 2001.

Küpper, H.-U./Weber, J./Zünd, A. (1990): Zum Verständnis und Selbstverständnis des Controlling - Thesen zur Konsensbildung, in: ZfB, 60. Jg. (1990), Heft 3, S. 281-293.

Küpper, H.-U./Winckler, B./Zhang, S. (1990): Planungsverfahren und Planungsinformationen als Instrumente des Controlling, in: DBW, 50. Jg. (1990), S. 435-458.

Lachnit, L. (2000): Struktur eines Qualitätscontrollingsystems für die öffentliche Verwaltung, in: krp, Sonderheft Nr. 1, 2000, S. 29-41.

Landtag von Baden-Württemberg (2004): Bericht und Empfehlung des Unterausschusses Neue Steuerungsinstrumente an den Finanzausschuss zum Projekt Neue Steuerungsinstrumente (NSI) – Die Einführung neuer Steuerungsinstrumente in der Landesverwaltung und deren Auswirkungen auf die Arbeit des Landtags und seine Rechte, Drucksache 13/3240 vom 28.05.2004.

Lindley, R. M. (1991): Methods of Evaluation for the European Social Fund: A Proposal for Generic Evaluation of the ESF, University of Warwick, Institute for Employment Research, Warwick 1991.

Liner, B./Hatry, H./Vinson, E./Allen, R./Dusenbury, P./Bryant, S./Snell, R. (2001): Making Results-based State Government Work, Washington 2001.

Lohmann-Himmighofen, M./Dienel, C./Goßmann, G.(1998): Übersicht über die gesetzlichen Maßnahmen in den EU-Ländern bei Erziehung von Kleinkindern, Bundesministerium für Familien, Senioren, Frauen und Jugend (Hrsg.), Schriftenreihe des Bundesministerium für Familien, Senioren, Frauen und Jugend, Band 158, Stuttgart 1998.

Lüder, K. (1998): Innovationen im öffentlichen Rechnungswesen in Deutschland und Europa, in: Politik und Verwaltung auf dem Weg in die transindustrielle Gesellschaft. Festschrift zum 65. Geburtstag von Carl Böhret, Jann, W./König, K./Landfried, C./Wordelmann, P. (Hrsg.), Baden-Baden 1998, S. 217-226.

Lüder, K. (1999): Konzeptionelle Grundlagen des Neuen Kommunalen Rechnungswesens (Speyerer Verfahren), 2. Auflage, Stuttgart 1999.

Lüder, K. (2001): Neues öffentliches Haushalts- und Rechnungswesen, Berlin 2001.

Lüder, K. (2004): Zur Reform des öffentlichen Rechnungswesens in Europa, in: Die Wirtschaftsprüfung, 57. Jg. (2004), Sonderheft, S. 11-18.

Meffert, H. (1989): Die Wertkette als Instrument der Unternehmensplanung, in: Der Integrationsgedanke in der Betriebswirtschaftslehre, Delfmann, W. (Hrsg.), Wiesbaden, S. 257-278.

Meffert, H. (2000): Marketing – Grundlagen marktorientierter Unternehmensführung, Wiesbaden 2000.

Meffert, H./Bruhn, M. (2003): Dienstleistungsmarketing, Grundlagen – Konzepte – Methoden, 4. Auflage, Wiesbaden 2003.

Meyer, A./Dornach, F. (2001): Kundenmonitor Deutschland – Qualität und Kundenorientierung: Jahrbuch der Kundenorientierung in Deutschland 2001, München 2001.

Meyer, A. (1994): Dienstleistungs-Marketing: Erkenntnisse und praktische Beispiele, 6. Auflage, München 1994, zugl. Univ. Diss., Augsburg 1983.

Meyer, Th. (2000): Was ist Politik?, Opladen 2000.

Mosiek, Th. (2002): Interne Kundenorientierung des Controlling, Frankfurt 2002.

Mosiek, Th./Gerhardt, B. (2003): Outcome-orientiertes Verwaltungsmanagement, in: Verwaltung und Management, 9. Jg. (2003), Heft 6, S. 288-294.

Mosiek, Th./Gerhardt, B./Wirtz, A./Berens, W. (2003): Wirkungsorientiertes Controlling, in: Controlling, 15. Jg. (2003), Heft 1, S. 27-35.

Müller, W. (1974): Die Koordination von Informationsbedarf und Informationsbeschaffung als zentrale Aufgabe des Controlling, in: Zfbf, 26. Jg. (1974), Heft 10, S. 683-693.

Münnich, M./Krebs, Th. (2002): „Ausgaben für Kinder in Deutschland", Berechnungen auf der Grundlage der Einkommens- und Verbraucherstichprobe 1998, Wirtschaft und Statistik, 54. Jg. (2002), Heft 12, S. 1080-1100.

Musgrave, R./Musgrave, P./Kullmer, L. (1984): Die öffentlichen Finanzen in Theorie und Praxis, 1. Band, 3. Auflage, Tübingen 1984.

Musil, A. (2005): Wettbewerb in der staatlichen Verwaltung, Tübingen 2005.

Naschold, F. (1998): Strategisches Management und Devolution – Zwei Herausforderungen an Politik und Verwaltung, in: Politik und Verwaltung auf dem Weg in die transindustrielle Gesellschaft. Festschrift zum 65. Geburtstag von Carl Böhret, Jann, W./König, K./Landfried, C./Wordelmann, P. (Hrsg.), Baden-Baden 1998, S. 167-188.

Naschold, F./Budäus, D./Jann, W./Mezger, E./Oppen, M./Picot, A./Reichard, C./ Schanze, E./Simon, N. (1996): Leistungstiefe im öffentlichen Sektor: Erfahrungen, Konzepte, Methoden, Berlin 1996.

Neuhaus, P. (1996): Interne Kunden-Lieferantenbeziehungen, Diss., Wiesbaden 1996.

Nick, M. (2005): Steuern mit Leitbild und Zielen – Strategisch Führen in Wirtschaft und Verwaltung, Hirschberg 2005.

NKF (2003): Modellprojekt „Doppischer Kommunalhaushalt in NRW", Neues Kommunales Finanzmanagement, 2. Auflage, Freiburg, Berlin. München, Zürich 2003.

NKFG NRW (2004): Gesetz über ein Neues Kommunales Finanzmanagement für Gemeinden im Land Nordrhein-Westfalen vom 16. November 2004, in: Gesetzes und Verordnungsblatt für das Land Nordrhein-Westfalen, Nr. 41 vom 24. November 2004.

Nullmeier, F. (2005): Output-Steuerung und Performance Measurement, in: Handbuch zur Verwaltungsreform, Blanke, B. et al. (Hrsg.), 3. Auflage, Wiesbaden 2005, S. 430-444.

OECD (2002): Public Sector Transparency and Accountability: Making it Happen, Paris 2002.

Oettle, K. (1991): Betriebswirtschaftliche Beiträge zur öffentlichen Finanzwirtschaft, Baden-Baden 1991.

Oettle, K. (2000): Zur Bewältigung erfolgsrechnerischer Probleme im Neuen Kommunalen Rechungswesen, in: Neues öffentliches Rechnungswesen, Budäus, D./Küpper, W./Streitfeldt, L. (Hrsg.), Wiesbaden 2000, S. 235-252.

Ondrich, J./Spieß, K./Yang, Q. (2003): „Changes in Women's Wages after Parental Leave", in: Schmollers Jahrbuch, 123. Jg. (2003), Heft 1, S. 125-138.

Osborne, D./Gaebler, T. (1993): Reinventing Government – How the Entrepreneurial Spirit is Transforming the Public Sector, New York 1993.

Osborne, D./Gaebler, T. (1997): Der innovative Staat: mit Unternehmergeist zur Verwaltung der Zukunft, Wiesbaden 1997.

Palupski, R. (1997): Marketing kommunaler Verwaltungen, München et al. 1997.

Pede, L. (1999): Externe, wirkungsorientierte Prüfung der öffentlichen Verwaltung im Sinne des New Public Managements, St. Gallen 1999.

Pfohl, H. C./Zettelmeyer, B. (1987): Strategisches Controlling?, in: ZfB, 57. Jg. (1987), Heft 2, S. 145-175.

Picot, A./Wolff, B. (1994): Zur ökonomischen Organisation öffentlicher Leistungen. „Lean Management" im öffentlichen Sektor?, in: Produktivität öffentlicher Dienstleistungen, Naschold, F./Pröhl, M. (Hrsg.), Band 1, Gütersloh 1994, S. 51-120.

Pook, M./Fischer, E. (2002): Controlling in der öffentlichen Verwaltung: Entwicklungsstand und Perspektiven für die Kommunalverwaltung, in: krp, Sonderheft 2 (2002), S. 43-53.

Porter, M. E. (1999): Wettbewerbsvorteile (Competitive Advantage): Spitzenleistungen erreichen und behaupten, 5. Auflage, Frankfurt am Main 1999.

Pröhl, M. (2002): Good Governance für Lebensqualität vor Ort: Internationale Praxisbeispiele für Kommunen, Gütersloh 2002.

Promberger, K./Koler, D./Koschar, H. (2005): Leistungs- und wirkungsorientierte Steuerung in der Polizei – Grundlagen und internationale Fallstudien, Wien, Graz 2005.

Reichard, C. (1994): Umdenken im Rathaus, Neue Steuerungsmodelle in der deutschen Kommunalverwaltung, Berlin 1994.

Reichard, C. (1995): Von Max Weber zum "New Public Management" - Verwaltungsmanagement im 20. Jahrhundert, in: Umbruch in Politik und Verwaltung: Ansichten und Erfahrungen zum New Public Management in der Schweiz, Hablützl, P./Haldemann, T./Schedler, K./Schwaar, K. (Hrsg.), Bern/Stuttgart/ Wien 1995, S. 57-80.

Reichard, C. (2001): Verwaltungsmodernisierung in Deutschland in internationaler Perspektive, in: Verwaltungserneuerung, Wallerath, M. (Hrsg.), Baden-Baden 2001, S. 13-35.

Reichard, C. (2002): Outcome-based service delivery: Some experiences from Germany and Switzerland, in: Outcome-based Governance: Assessing the results, Wyk, B./Molen, K. van der/Rooyen, A. van (Hrsg.), Sandown 2002, S. 23-38.

Rieper, B/Witte, Th./Berens, W. (1996): Betriebswirtschaftliches Controlling: Planung - Entscheidung - Organisation, Wiesbaden 1996.

Röber, M. (2005): Aufgabenkritik im Gewährleistungsstaat, in: Handbuch zur Verwaltungsreform, Blanke, B. et al. (Hrsg.), 3. Auflage, Wiesbaden 2005, S. 84-94.

Roschmann, Ch. (2005): Public-Private-Partnerships. Versuch der Bestimmung eines Begriffes und seiner Operationalisierung, in: Public Private Partnerships – Zukunftsmodelle für die öffentliche Verwaltung, Stember, J. (Hrsg.), Ostbevern 2005, S. 36-53.

Rosenbloom, D. H./Kravchuk, R. (2005): Public Administration – Understanding Management, Politics, and Law in the public sector, International Edition, Singapore 2005.

Ruhm, C. J. (1998): „The Economical Consequences of Parental Leave Mandats: Lessons from Europe", in: The Quaterly Journal of Economics, Vol. 113 (1998), No. 1, S. 285-317.

Rürup, B. (1982): Die Nutzwertanalyse, in: Das Wirtschaftsstudium, 11. Jg. (1982), Heft 3, S. 109-113.

Saatweber, V. S. (2003): Einstieg in einen kontinuierlichen Verbesserungsprozess: Die neue Version des Selbstbewertungsinstrumentes Common Assessment Framework (CAF) liegt vor, in KGSt Info Nr. 12/2003, Köln 2003, S. 97-99.

Schedler, K. (1996): Ansätze einer wirkungsorientierten Verwaltungsführung: Von der Idee des New Public Management (NPM) zum konkreten Gestaltungsmodell: Fallbeispiel Schweiz, 2. Auflage, Bern/Stuttgart/Wien 1996.

Schedler, K./Proeller, I. (2000): New Public Management, Bern/Stuttgart/Wien 2000.

Scherer, A. G. (2002): Besonderheiten der strategischen Steuerung in Öffentlichen Institutionen und der Beitrag der Balanced Scorecard, in: Balanced Scorecard in Verwaltung und Non-Profit-Organisationen, Scherer, A. G./Alt, J. M. (Hrsg.), Stuttgart 2002, S. 3-25.

Scherm, E./Pietsch, G. (2000): Die Präzisierung des Controlling als Führungs- und Führungsunterstützungsfunktion, in: Die Unternehmung, 54. Jg. (2000), S. 395-411.

Scherm, E./Pietsch, G. (2001a): Controlling – Rationalitätssicherung versus Führungs- und Führungsunterstützungsfunktion, in: Die Unternehmung, 55. Jg. (2001), Heft 1, S. 81-84.

Scherm, E./Pietsch, G. (2001b): Neue Controlling-Konzeptionen, in: WISU, 30. Jg. (2001), Nr. 2, S. 206-213.

Schindera, F. (1998): Der Bürger als König – Marketing für die öffentliche Verwaltung, in: Neues Verwaltungsmanagement, Horváth, P. (Hrsg.), Loseblattsammlung, Kapitel C 5.5, Düsseldorf 1998, S. 1-30.

Schröder, J./Kettiger, D. (2001): Wirkungsorientierte Steuerung in der sozialen Arbeit: Ergebnisse einer internationalen Recherche in den USA, den Niederlanden und der Schweiz, Schriftenreihe des Bundesministeriums für Familie, Senioren, Frauen und Jugend, Band 229, Stuttgart 2001.

Schröter, E./Wollmann, H. (2005): New Public Management, in: Handbuch zur Verwaltungsreform, Blanke, B. et al. (Hrsg.), 3. Auflage, Wiesbaden 2005, S. 63-74.

Schuppert, G. F. (1997): Vom produzierenden zum gewährleistenden Staat: Privatisierung als Veränderung staatlicher Handlungsformen, in: Privatisierung und staatliche Regulierung, König, K./Benz, A. (Hrsg.), Baden-Baden 1997, S. 539 ff.

Schuster, F. (2001a): Einführung in die Betriebswirtschaftslehre der Kommunalverwaltung, Hamburg 2001.

Schuster, F. (2001b): Benchmarking als Ersatz für Wettbewerb. Können interkommunale Leistungsvergleiche ein Motor für Veränderungen sein? in: Reorganisationsstrategien in Wirtschaft und Verwaltung, Edeling, Th./Jann, W./Wagner, D. (Hrsg.), Opladen 2001, S. 203-228.

Seghezzi, H. D. (2003): Integriertes Qualitätsmanagement: Das St. Gallener Konzept, 2. Auflage, München/Wien 2003.

Siems, C. (2005): Public Target Costing, Zielkostenmanagement als Controllinginstrument für die öffentliche Verwaltung, Frankfurt am Main 2005, zugl. Univ. Diss., Potsdam 2004.

Sintomer, Y./Herzberg, C./Röcke, A. (2005): Participatory Budgets in a European Comparative Approach – Perspectives and chances of the cooperative state at the municipal level in germany and europe, Final Report, Volume II (Documents), Berlin 2005.

SOEP Group (2001): „The German Socio-Economic Panel (GSOEP) after 15 years –
Overview", in: Vierteljahreshefte zur Wirtschaftsforschung, 70. Jg. (2001), Heft 1,
S. 7-14.

Spieß, K./Büchel, F./Wagner, G. G. (2003): Children's School Placement in Germany: Does Kindergarden Attendance Matter?, in: IZA Discussion Paper, No. 722,
Bonn, Februar 2003.

Statistisches Bundesamt (2001): Fachserie 1, Bevölkerung und Erwerbstätigkeit, Reihe 4.1.1, Stand und Entwicklung der Erwerbstätigkeit (Ergebnisse des Mikrozensus),
Berichtsjahr 2000, Wiesbaden, September 2001.

Stauss, B./Seidel, W. (1995): Prozessuale Zufriedenheitsermittlung und Zufrieden-
heitsdynamik bei Dienstleistungen, in: Kundenzufriedenheit, Konzepte – Methoden –
Erfahrungen, Simon, H./Homburg, C. (Hrsg.), Wiesbaden 1995, S. 179-203.

Stember, J. (2005): Partnerships und Kooperationen: Praktische Kooperationsmodelle
für zukunftsfähige Verwaltungen?, in: Public Private Partnerships – Zukunftsmodelle
für die öffentliche Verwaltung, Stember, J. (Hrsg.), Ostbevern 2005, S. 8-35.

Streitferdt, L. (2000): Das Neue Kommunale Rechnungswesen als Instrument zur Be-
urteilung der Wirtschaftlichkeit und der Wertschöpfung im öffentlichen Sektor, in:
Neues öffentliches Rechnungswesen, Budäus, D./Küpper, W./Streitfeldt, L. (Hrsg.),
Wiesbaden 2000, S. 271-299.

Teufel, E. (1997): Geleitwort, in: Der innovative Staat: mit Unternehmergeist zur
Verwaltung der Zukunft, Osborne, D./Gaebler, T. (Hrsg.): Wiesbaden 1997.

Töpfer, A. (1996): Kundenzufriedenheit und Wirtschaftlichkeit: Ein Anspruch an den
Controller, in: Controlling des Strukturwandels: Standortflexibilität und Kundenzufriedenheit schaffen, Horváth, P. (Hrsg.), Stuttgart 1996, S. 109-149.

Töpfer, A./Lindstädt, G./Förster, K. (2002): Balanced Score Card – Hoher Nutzen
trotz zu langer Einführungszeit, in: Controlling, 14. Jg. (2002), Heft 2, S. 79-84.

Ulrich, H./Sidler, F. (1977): Ein Management-Modell für die öffentliche Hand,
Bern/Stuttgart 1977.

Vernau, K. (2002): Effektive politisch-administrative Steuerung in Stadtverwaltungen
– Möglichkeiten und Grenzen einer Reform, zugl. Univ. Diss. Potsdam, Wiesbaden
2002.

Vogel, H. J. (1999): Bürgerinnen und Bürger als Mitgestalter der Kommunen. Die
soziale Erneuerung von Politik und Verwaltung, in: Bürgerschaftliches Engagement
in der kommunalen Praxis, Bogumil, J./Vogel, H. J. (Hrsg.), KGSt, Köln 1999.

Volz, J. (1980): Erfolgskontrolle kommunaler Planung: Eine Untersuchung über Möglichkeiten und Grenzen der Erfolgskontrolle kommunaler Planungen, in: Schriften zur Verwaltungslehre, Thieme, W. (Hrsg.), Heft 20, Diss. Hamburg 1980.

Wagner, D. (2001): Einführung: Reorganisationsstrategien in Wirtschaft und Gesellschaft, in: Reorganisationsstrategien in Wirtschaft und Verwaltung, Edeling, Th./Jann, W./Wagner, D. (Hrsg.), Opladen 2001, S. 7-12.

Weber, J. (2000): Neue Perspektiven des Controlling, in: Betriebs-Berater, 55. Jg. (2000), Heft 38, S. 1931-1935.

Weber, J. (2004): Einführung in das Controlling, 10., überarbeitete und aktualisierte Auflage, Stuttgart 2004.

Weber, J./Schäffer, U. (1999c): Sicherstellung der Rationalität von Führung als Aufgabe des Controlling?, in: DBW, 59. Jg. (1999), Heft 6, S. 731-747.

Weber, J./Schäffer, U. (2000a): Einführung der Balanced Scorecard – 8 Erfolgsfaktoren, in: controller magazin, 25. Jg. (2000), Nr.1, S. 3-7.

Weber, J./Schäffer, U. (2000b): Balanced Scorecard & Controlling, 2. Auflage, Wiesbaden 2000.

Weber, J./Schäffer, U. (2001): Controlling als Rationalitätssicherung der Führung, in: Die Unternehmung, 55. Jg. (2001), Heft 1, S. 75-79.

Weber, J./Hunold, K. (2002): Gestaltung und Nutzung der kommunalen Kostenrechnung – eine empirische Studie, in: krp, 46. Jg. (2002), Heft 1, S. 37-45.

Weber, M. (1980): Wirtschaft und Gesellschaft, 5. Auflage, Tübingen 1980.

Wegener, A. (2002): Die Kriterien zu Good Governance, in: Good Governance für Lebensqualität vor Ort: Internationale Praxisbeispiele für Kommunen, Pröhl, M. (Hrsg.), Gütersloh 2002, S. 16-115.

Widmer, T./Binder, H.-M. (1997): Forschungsmethoden, in: Einführung in die Politikevaluation, Bussmann, W./Klöti, U./Knoepfel, P. (Hrsg.), Basel 1997, S. 214-255.

Widmer, T./Landert, C./Bachmann, N. (2000): Evaluations-Standards der Schweizerischen Evaluationsgesellschaft (SEVAL-Standards), Dezember 2000.

wif! (2002): Wirkungsorientierte Verwaltungsführung - Die Verwaltungsreform wif! des Kantons Zürich und ihre Instrumente, Zürich 2002.

Winegarden, C. R./Bracy, P. M. (1995): „Demographic Consequences of Maternal Leave Programs in Industrial Countries: Evidence from Fixed –Effects Models", in: Southern Economic Journal, Vol. 61 (1995), No. 4, S. 1020-1035.

Wollmann, H. (2001): Zwischen Management- und Politiksystem: Die Kommunalverwaltung der 90er Jahre auf einer Modernisierungswelle, in: Reorganisationsstrategien in Wirtschaft und Verwaltung, Edeling, Th./Jann, W./Wagner, D. (Hrsg.), Opladen 2001, S. 15-57.

Wollmann, H. (2005): Evaluierung von Verwaltungsmodernisierung, in: Handbuch
zur Verwaltungsreform, Blanke, B. et al. (Hrsg.), 3. Auflage, Wiesbaden 2005, S.
502-510.

World Bank (1989): Sub-Saharan Africa. From Crisis to Sustainable Growth. A
Long-Term Perspection Study, Washington, D. C. 1989.

Quellenverzeichnis

RECHTSQUELLEN

BErzGG: Gesetz zum Erziehungsgeld und zur Elternzeit (Bundeserziehungsgeldgesetz) vom 09.02.2004 (BGBl. I S. 206), zuletzt geändert durch Art. 2 Tages-
betreuungsausbaugesetz vom 27.12.2004 (BGBl. I S. 3852).

BHO: Bundeshaushaltsordnung vom 19.08.1969 (BGBl. I S. 1284), zuletzt geändert
durch Art. 3 des Gesetzes zur Neuorganisation der Bundesfinanzverwaltung und
zur Schaffung eines Refinanzierungsregisters vom 22.09.2005 (BGBl. I S.
2809).

EStG: Einkommensteuergesetz der Fassung der Bekanntmachung vom 19.10.2002
(BGBl. I S. 4210), zuletzt geändert durch Art. 1 Gesetz zur Beschränkung der
Verlustverrechnung im Zusammenhang mit Steuerstundungsmodellen vom
22.12.2005 (BGBl. I S. 3683).

GG: Grundgesetz für die Bundesrepublik Deutschland vom 23. 05. 1949
(BGBl. I S. 1), zuletzt geändert durch zwei Gesetze zur Änderung des Grund-
gesetzes am 26.07.2002 (BGBl. I S. 2862/2863).

GGO: Gemeinsame Geschäftsordnung der Bundesministerien vom 26.07.2000, in:
Moderner Staat – Moderne Verwaltung, Bundesministerium des Inneren
(Hrsg.), Berlin 2000.

GO NW: Gemeindeordnung für das Land Nordrhein-Westfalen vom 14.07.1994, zuletzt geändert durch Art. 1 Lebenspartnerschaftsanpassungsgesetz vom
03.05.2005 (GVBl. NRW S. 498).

HBeglG: Haushaltsbegleitgesetz 2004 vom 29.12.2003. (BGBl. I S. 3076).

HGB: Handelsgesetzbuch in der Fassung vom 11.01.1989 (GVBl. I S. 25), zuletzt geändert durch Art. 5 Drittes Verwaltungsstrukturreformgesetz vom 17.10.2005
(GVBl. I S. 674).

HGrG: Gesetz über die Grundsätze des Haushaltsrechts des Bundes und der Länder
(Haushaltsgrundsätzegesetz) vom 19.08.1969 (BGBl. I 1969 S. 1273), geändert
durch das Gesetz zur Fortentwicklung des Haushaltsrechts von Bund und Län-
dern vom 22.12.1997 (BGBl. I 1997 S. 3251), zuletzt geändert durch Art. 63
Drittes Gesetz für moderne Dienstleistungen am Arbeitsmarkt vom 23.12.2003
(BGBl. I S. 2848).

LHO NW: Landeshaushaltsordnung vom 26.04.1999 (GVBl. NRW S. 158), zuletzt geändert durch Art. 7 des Gesetzes zur Neuregelung der Rechtsverhältnisse der öffentlichen Kreditinstitute in Nordrhein-Westfalen vom 02.07.2002 (GVBl. NRW S. 284).

NKFG NRW: Gesetz über ein Neues Kommunales Finanzmanagement für Gemeinden im Land Nordrhein-Westfalen vom 16.11.2004 (GVBl. NRW S. 644).

VGG: Drittes Gesetz zur Reform der Berliner Verwaltung (Verwaltungsreform-Grundsätze-Gesetz - VGG) vom 17.05.1999 (GVBl. S. 171).

INTERNETQUELLEN

Berlin (2006): Neuordnungsagenda 2006, in: http://www.berlin.de/verwaltungs-modernisierung/neuordnungsagenda/index.html, Datum: 17.05.2006.

Erfolgsfaktor Familie (2006): Bundesministerium für Familie, Senioren, Frauen und Jugend, in: http://www.erfolgsfaktor-familie.de, Datum: 09.05.2006.

Ernst, T./Frick, F. (2005): Überzeugende Argumente für Bürokratiekostenmessung ..., in: Bertelsmann Stiftung (Hrsg.), Thesenpapier BST 10/2005, Gütersloh 2005, in: http://www.bertelsmann-stiftung.de/cps/rde/xchg/SID-0A000F0A-1CCD3F8 E/bst/hs.xsl/nachrichten_16263.htm, Datum: 26.04. 2006.

Hessisches Ministerium der Finanzen (2006), in: http://www.hmdf.hessen.de/-internethmdf/broker?uMen=08730947-4725-86fc-76d9-4549a562af49, Datum: 18.05.2006.

Hill, H. (2000b): Bürgerorientierung als Eckpfeiler der Staatsmodernisierung, Festvortrag anlässlich der Preisverleihung zum Wettbewerb „Innovative Verwaltung" am 09. Oktober 2000 in München, http://www.hfv-speyer.de/Hill/Publikationen/Bürgerorientierung.pdf, Datum: 12.03.2006.

Hill, H. (2003): Die Zukunft der Kommunen: Wege aus der Krise, Vortrag zum Städtebundtag des Städtebundes Schleswig Holstein in Bad Segeberg vom 23.05.2003, http://www.hfv-speyer.de/Hill/Publikationen/Kommunen_S-H.pdf, Datum: 12.03.2006.

Institut der deutschen Wirtschaft (2006): Entbürokratisierung als Aufgabe für die neue Legislaturperiode – Thesenpapier, Pressekonferenz, 23. Januar 2006, Berlin, in: http://www.iwkoeln.de, Datum: 12.05.2006.

Joint Committee (1994): The Joint Committee on Standards for Educational Evaluation, in: http://www.wmich.edu/evalctr/jc/, Datum: 17.05.2006.

Krems, B. (2006a): Online-Verwaltungslexikon – Begriffsdefinition: Mission, in: http://www.olev.de, Datum: 16.05.2006.

Krems, B. (2006b): Online-Verwaltungslexikon – Begriffsdefinition: Vision, in: http://www.olev.de, Datum: 16.05.2006.

Krems, B. (2006c): Online-Verwaltungslexikon – Begriffsdefinition: Leitbild, in: http://www.olev.de, Datum: 16.05.2006.

Kundenmonitor Deutschland (2001): Handlungsrelevanzmatrix, in: http://www. servicebarometer.de/kundenmonitor2001. Datum: 23.02.2006.

SEVAL (2000): Schweizerische Evaluationsgesellschaft, in: http://www.seval.ch, Datum: 08.11.2005.

wif! (2006): Dokumentation der Einzel- und Querschnittsprojekte, in: http://www.wif.zh.ch/internet/sk/wif/de/ver_reform/projekte_wif.html, Datum: 16.05.2006.

Beiträge zum Controlling

Herausgegeben von Wolfgang Berens

Band 1 Wolfgang Berens / Joachim Strauch: Due Diligence bei Unternehmensakquisitionen – eine empirische Untersuchung. Unter Mitarbeit von Thorsten Behrens und Julia Lescher. 2002.

Band 2 Andreas Siemes: Marktorientierte Kreditrisikobewertung. Eine empirische Untersuchung mittels Künstlicher Neuronaler Netze. 2002.

Band 3 Karl Christoph Heinen: Die Berücksichtigung von Kosten in der Konkurrenzanalyse. 2002.

Band 4 Thomas Mosiek: Interne Kundenorientierung des Controlling. 2002.

Band 5 Vera Südmeyer: Wettbewerbsvorteile durch strategisches Betriebsformenmanagement. Ein dynamischer Bezugsrahmen für Einzelhandelsunternehmen. 2003.

Band 6 Wolfgang Berens / Walter Schmitting (Hrsg.): Controlling im E-Business. Rückkehr zur Rationalität. 2004.

Band 7 René Bertelsmann: Entwicklung einer Controlling-Konzeption im verallgemeinerten Neuen Steuerungsmodell für Trägerorganisationen der gesetzlichen Unfallversicherung. 2005.

Band 8 Mirko Tillmann: Risikokapitalbasierte Steuerung in der Schaden- und Unfallversicherung. Konzeption einer modellgestützten Risikoanalyse. 2005.

Band 9 Andreas Hoffjan: Risikorechnung bei industrieller Auftragsfertigung. Theoretische Konzeption und Anwendung für die Bauwirtschaft. 2006.

Band 10 Pascal Nevries: Die Marketingwirkungen von Börsengängen. Eine konzeptionelle Analyse. 2006.

Band 11 Klaus Segbers: Die Geschäftsbeziehung zwischen mittelständischen Unternehmen und ihrer Hausbank. Eine ökonomische und verhaltenswissenschaftliche Analyse. 2007.

Band 12 Andreas Röhrig: Wirkungsorientiertes Controlling im politisch-administrativen System. Unter besonderer Berücksichtigung der Gestaltungsmöglichkeiten von öffentlichen Verwaltungen. 2008.

www.peterlang.de